Rainer Elschen / Theo Lieven (Hrsg.)

Der Werdegang der Krise

Rainer Elschen
Theo Lieven (Hrsg.)

Der Werdegang der Krise

Von der Subprime- zur Systemkrise

Bibliografische Information der Deutschen Nationalbibliothek
Die Deutsche Nationalbibliothek verzeichnet diese Publikation in der
Deutschen Nationalbibliografie; detaillierte bibliografische Daten sind im Internet über
<http://dnb.d-nb.de> abrufbar.

1. Auflage 2009

Alle Rechte vorbehalten
© Gabler | GWV Fachverlage GmbH, Wiesbaden 2009

Lektorat: Guido Notthoff

Gabler ist Teil der Fachverlagsgruppe Springer Science+Business Media.
www.gabler.de

Das Werk einschließlich aller seiner Teile ist urheberrechtlich geschützt. Jede Verwertung außerhalb der engen Grenzen des Urheberrechtsgesetzes ist ohne Zustimmung des Verlags unzulässig und strafbar. Das gilt insbesondere für Vervielfältigungen, Übersetzungen, Mikroverfilmungen und die Einspeicherung und Verarbeitung in elektronischen Systemen.

Die Wiedergabe von Gebrauchsnamen, Handelsnamen, Warenbezeichnungen usw. in diesem Werk berechtigt auch ohne besondere Kennzeichnung nicht zu der Annahme, dass solche Namen im Sinne der Warenzeichen- und Markenschutz-Gesetzgebung als frei zu betrachten wären und daher von jedermann benutzt werden dürften.

Umschlaggestaltung: KünkelLopka Medienentwicklung, Heidelberg
Druck und buchbinderische Verarbeitung: Ten Brink, Meppel

Printed in the Netherlands

ISBN 978-3-8349-2026-3

Vorwort

Die literarische Aufarbeitung der gegenwärtigen Wirtschaftskrise ist enttäuschend. Zwar wurde „viel Tinte verspritzt", doch die Analysen werden der Krise und ihren Ursachen nicht gerecht, halten nicht Schritt mit ihrer Entwicklung. Die hat mittlerweile das Stadium einer internationalen Wirtschaftskrise erreicht. Und sie droht keine zwanzig Jahre nach dem Untergang der sozialistischen Zentralverwaltungswirtschaft zu einer Krise des Systems westlicher Marktwirtschaften zu werden.

Die recht harmlosen Ursprünge der Krise in „faulen" Krediten der privaten Immobilienfinanzierung in den USA erinnern an den Schmetterling, den der Meteorologe Edward N. Lorenz in Brasilien mit den Flügeln schlagen ließ, um in Texas einen Tornado zu erzeugen. Geht es danach, werden wir vermutlich noch relativ glimpflich davonkommen. Dennoch ist die Lage bedenklich eskaliert und niemand kann mehr chaotische Veränderungen ausschließen.

Aus einer nationalen Krise einer einzelnen Branche wurden eine multinationale Krise der Finanzwirtschaft und schließlich eine internationale Krise der gesamten Wirtschaft. Ein Flächenbrand, von dem selbst Staaten betroffen sind, an denen die Finanzkrise noch fast spurlos vorbeiging, etwa die arabischen Staaten oder Japan. Und schon in der Finanzkrise gab es Staaten wie Island und Irland, die stärker litten als die USA, wo die Krise ihren Ursprung hatte.

Wer den Einstieg in die Materie sucht, möge mit der Auflistung der bisher aufgelaufenen Verluste auf Seite 160 beginnen. Die Tabelle gleicht einer Gedenktafel an die Opfer aus dem *Global Village*. 1.500 Mrd. USD haben sich bisher aufgehäuft (in Worten: Eine Million Fünfhunderttausend mal eine Million). Das sind 50 Millionen Mittelklassewagen, 5 Millionen Einfamilienhäuser in den G8-Staaten oder aufsummiert die Pro-Kopf-Jahreseinkommen von einer Milliarde Menschen in den ca. 60 ärmsten Ländern der Welt.

Doch welche Ursache ist dafür verantwortlich? – Keine einzelne Ursache, sondern ein ganzes Bündel von Ursachen führte in Kombination zunächst zur Subprime-Krise. Damit sich diese auf das Finanzsystem anderer Staaten übertrug, war erneut eine Reihe von Ursachen erforderlich. Ein nationales oder internationales Risikomanagement im Finanzsystem hat daher gleich mehrere Ansatzpunkte, wenngleich Weltvereinfacher und Weltverbesserer die Krise gern monokausal betrachten. Will der Leser die gesamte Krise verstehen, bleibt ihm nur, das gesamte Buch zu lesen.

Die Beiträge im ersten Teil dieses Bandes analysieren daher auch mehrere Ursachen für die Subprime-Krise in den USA:

Vorwort

- die Politik der US-Notenbank vor und nach dem 11. September 2001;
- die amerikanischen Hypothekenverträge für Subprime-Kredite und das amerikanische Konsumverhalten;
- das aggressive Marketing amerikanischer Banken und Finanzvermittler und die dahinterstehenden Anreize.

Für die Diffusion der Subprime-Krise auf das amerikanische Bankensystem und auf andere Staaten gab es andere Ursachen, die Gegenstand des zweiten Teils sind. Dadurch wurde aus der nationalen Subprime-Krise die multinationale Finanzkrise:

- strukturierte Bankprodukte und das darin kumulierte Risikopotential,
- das „zielorientierte" Rating auf Bestellung;
- die Rechnungslegung nach dem „Fair-Value".

Im Ergebnis waren die Banken von der Finanzkrise besonders betroffen, die sich für den Kauf strukturierter Produkte aus dem amerikanischen Subprime-Standard entschieden, und entsprechend deren Herkunftsländer. Denn direkte Engagements ausländischer Banken bei amerikanischen Residential Real Estates (Wohnimmobilien) gab es kaum, eher noch solche bei Commercial Real Estates (Gewerbeimmobilien). Doch angesichts der Verflechtung des weltweiten Finanzsystems waren alsbald Bankkunden in aller Welt betroffen. Gegenstand von Teil III, der den Weg von der Finanz- in die Wirtschaftsblase nachzeichnet, sind daher zuerst:

- die Folgen der Krise für die internationale Finanzwirtschaft.

Besondere Bedeutung für die Realwirtschaft hat die Investitionstätigkeit der Unternehmungen, die wiederum vom Kreditvergabeverhalten des Finanzsektors erheblich beeinflusst wird. Der zweite Aufsatz von Teil III zeigt exemplarisch am Beispiel Deutschlands:

- die Wirkungen der Krise auf die Kreditvergabe und Investitionstätigkeit.

Wenn der „Blutkreislauf" des Geldes stockt und Vergiftungserscheinungen zeigt, ist auch der realwirtschaftliche Körper betroffen. Damit geht die multinationale Finanzkrise in eine internationale Wirtschaftskrise über. Von der sind dann vor allem exportorientierte Länder oder das Transportgewerbe betroffen, selbst wenn sie ursprünglich weder eine Affinität zum Markt der amerikanischen Subprime-Kredite noch zum Finanzsystem der von der Finanzkrise betroffenen Länder hatten. Der dritte Aufsatz in Teil III handelt daher von:

- den Folgen der Krise für die internationale Realwirtschaft.

Spätestens nach der Lektüre der vorangegangenen Beiträge wird dem Leser die historisch herausragende Stellung der Insolvenz von Lehman Brothers am 15. September 2009 bewusst sein. Im vierten Aufsatz geht es daher um:

Vorwort

- Lehman 9/15: Die größte Insolvenz aller Zeiten.

Der vierte Teil dieses Buches befasst sich mit dem Krisenmanagement, den Aktivitäten der staatlichen Feuerwehren, die ein Übergreifen des Flächenbrandes in der Finanzwirtschaft auf die Realwirtschaft verhindern sollten, und dem vorläufigen Ergebnis. Es geht um:

- Reaktionen der Zentralbanken im internationalen Vergleich;
- Reaktionen der Staaten im internationalen Vergleich.

Mittlerweile scheinen sich einige Banken von der Finanzkrise erholt zu haben, denn sie fahren bereits wieder beträchtliche Gewinne ein. Dort hat der stark ausgeweitete Handel mit Unternehmensanleihen die eigene Kreditvergabe mit ihren deutlich höheren Risiken abgelöst. Doch auch das klassische Geschäft zeigt Veränderungen: Bei verminderten Umsätzen haben sich die Margen vergrößert. Die deutlich höheren Spreads signalisieren nun eine Einpreisung der größeren Risiken und die verringerte Liquidität des Marktes. Die hat ihre Ursachen in der mangelnden Bereitschaft der Banken, sich innerhalb des Interbankenmarktes gegenseitig „Kredit" einzuräumen. Hier erhält das Wort „Kredit" wieder seine ursprüngliche Bedeutung von „Glauben" und „Vertrauen".

Durch seine ethische Orientierung und die Nähe zur Realwirtschaft ist das islamische Bankensystem bislang eher Alternative *im* System als Alternative *zum* System und von der Finanzkrise nicht (direkt) betroffen. Daher hat die Presse vom Osservatore Romano über 3sat bis hin zur Financial Times Deutschland den Ethikcode des Islamischen Finanzsystems oder sogar das Islamic Banking insgesamt zum Vorbild für ein neues Bankensystem in der „westlichen Welt" gemacht. Damit befasst sich der erste Beitrag des Teils V, der einen Blick in die „mögliche" Zukunft wagt:

- Islamic Banking - Vorbild für ein künftiges Bankensystem?

„Gier ohne Ethik" wird schließlich häufig als eine der moralischen Ursachen der Krise genannt. Sie spiegele sich sowohl im aggressiven Bankmarketing der Subprime-Krise als auch in Konstruktion und Vertrieb der strukturierten Bankprodukte mit einer entsprechenden Gier auf Seiten der Käufer. Alle verloren dabei die Transparenz dieser Produkte aus dem Auge und deren Bezug zu den realwirtschaftlichen Grundlagen.

Durch das Wegschwinden dieser Grundlagen scheint zugleich die Basis des Sozialstaates gefährdet. Der war schon vor der Krise fast an seiner Belastungsgrenze. Drohen nun soziale Unruhen?

Der zweite Aufsatz von Teil V befasst sich mit dem Problem:

- Sozialkrise – die Finanzkrise des Sozialsystems.

Die Frage nach einem Scheitern der Marktwirtschaft westlicher Prägung schließt den fünften und letzten Teil ab:

Vorwort

■ Krisen im System oder Krise des Systems?

Dieser Beitrag nimmt Bezug auf die Vorstellung von einem Ende des marktwirtschaftlichen Wirtschaftssystems durch ein universelles Marktversagen. Das System der Marktwirtschaft gehe in der gegenwärtigen Krise an seiner Widersprüchlichkeit zugrunde. Nicht auszuschließen seien daher radikale politische Veränderungen.

Eine mildere Form der politischen Veränderungen ist der Versuch, mehr Staatskontrolle auszuüben und stärker in das Marktgeschehen einzugreifen. Nach dieser Ansicht ist der „Marktradikalismus" der Deregulierer eine der Hauptursachen für die Krisenfolge. Die Gegenposition weist gerade regulatorischen Eingriffen die Hauptschuld an der Krise zu: von der Zinspolitik der US-Notenbank über Basel II bis hin zu verfehlten staatlichen Reaktionen wie im Fall von Lehman Brothers. Die überstaatliche Rolle der Rating-Agenturen auf den Finanzmärkten wird dabei ebenfalls als Folge verfehlter Regulierung betrachtet.

Bei der Skepsis, die nicht nur in Deutschland gegenüber Fähigkeiten und Arbeitseifer von Staatsdienern herrscht, muss der Ruf nach einer Krisenlösung durch verstärkte staatliche Regulierung ohnehin verwundern. – Wer kontrolliert dann die staatlichen Kontrolleure und zieht sie bei Fehlleistungen zur Verantwortung?

Allenthalben wird beklagt, der Steuerzahler müsse nun für die Fehlleistungen der Banken aufkommen und ihnen zusätzlich die Taschen vollstopfen. Soweit die Kritik am Anreizsystem für die Topmanager und die häufig dabei vergessenen Investmentbanker ist, mag man diese Kritik durchaus teilen. Doch die ersten Schäden der Banken sind durch die Privatinsolvenz der amerikanischen Häuslebauer entstanden. Und deren Geld haben nicht die Banken, sondern vor allem diejenigen, die im amerikanischen Immobilienboom Häuser verkauft oder gebaut haben.

Über Generationen hinaus wird die Welt unter dieser Krise leiden, die doch recht harmlos als „Subprime-Krise" begann. Die Staatsverschuldung als Reaktion darauf wird vermutlich noch die Steuerpolitik künftiger Generationen prägen oder sie wird auf dem Wege der Inflation „unsauber bereinigt" werden. Soweit die Sozialkrise in der Folge eine politische Krise auslöst, ist das Wirtschaftssystem selbst dann in Gefahr, wenn eigentlich die Regulierer verantwortlich sind.

Dieses Buch ist das Ergebnis eines „strukturierten" (in dieser Krise fast ein Schimpfwort) Seminars mit Studenten der Universität Duisburg-Essen am Campus Essen im April 2009, das von den beiden Herausgebern angeleitet und geleitet wurde. Soweit die Arbeiten der Studierenden den Standards der Herausgeber entsprachen, wurden sie hier veröffentlicht. Soweit sie der Veränderung oder Erweiterung bedurften, legten die Mitarbeiter des Lehrstuhls für Finanzwirtschaft und Banken oder die Herausgeber selbst Hand an. Petra Lieven hat einen Gastbeitrag über die Schlüsselrolle der Insolvenz von Lehman Brothers erstellt.

So entstand aus unserer Sicht ein Werk, das die gegenwärtige Wirtschaftskrise in ihren Ursachen und Entwicklungsstadien nachzeichnet und darüber hinaus die Frage nach der Zukunft des Systems stellt. Die große Zahl an Verweisen auf aktuelle Presseberichte und Internetquellen soll dem Buch über die wirtschafts*wissenschaftliche* Behandlung hinaus den Charakter eines zeitgeschichtlichen Dokuments aus der Sicht des *Chronisten* zur Mitte des Jahres 2009 geben. Verweise innerhalb dieses Buches zeigen die enge Verflechtung der Probleme. Sie finden sich im Text als Klammerzusätze.

Für die Mitarbeit an diesem Werk danken wir allen Teilnehmern. Besonderer Dank gilt den Mitarbeitern des Lehrstuhls „Finanzwirtschaft und Banken" an der Universität Duisburg-Essen: Tobias Boland, Arthur Dill und Sven Lauterjung. Tatjana Guse hat die Hauptlast und die Hauptverantwortung für die Entstehung dieses Buches getragen. Ohne ihre besondere Leistung wäre dieses Buch nicht zustande gekommen.

Essen und Lugano im August 2009

Rainer Elschen

Theo Lieven

Inhaltsverzeichnis

Vorwort V

Abkürzungsverzeichnis und Glossar XV

Autorenverzeichnis XXV

Teil I

Ursachen der Subprime-Krise

I.1 Die Politik des Federal Reserve Systems – Das Fundament der Krise 3
   Tatjana Guse

I.2 Konsumverhalten und Hypothekenmarkt in den USA 29
   Mario Czaykowski, Kerstin Wink, Thomas Theiselmann, Hermann Gehring

I.3 Aggressives Marketing von Banken und Finanzvermittlern 47
   Tobias Huth

Teil II

Von der Subprime-Krise zur Finanzkrise

II.1 Asset Backed Securities (ABS) und ihr Einfluss auf die Entwicklung der
     Finanzkrise 67
   Annika Krassin, Thi Mai Yen Tran, Theo Lieven

II.2 Rating-Agenturen, ihre Methoden und Risikobewertungen 97
   Buket Bastürk

II.3 Die Auswirkung bilanzieller Bewertungsregeln auf die Finanzkrise 115
   Theo Lieven

Teil III

Von der Finanzkrise in die Wirtschaftskrise

III.1 Folgen der Krise für die internationale Finanzwirtschaft 143
    Jan Hader, Kyrill Bryazgin, Theo Lieven

III.2 Die Auswirkungen der Finanzkrise auf die Unternehmensfinanzierung
und das Kreditvergabeverhalten deutscher Banken
Eine Ursachen-Wirkungsanalyse 165
    Tobias Boland

III.3 Folgen der Krise für die internationale Realwirtschaft 197
    Arthur Dill, Theo Lieven

III.4 Lehman 9/15: Die größte Insolvenz aller Zeiten 219
    Petra Lieven

Teil IV

Das Krisenmanagement der Staaten und Zentralbanken

IV.1 Die Reaktionen der Zentralbanken im internationalen Vergleich 239
    Adalbert Polonis, Firat Göcmen

IV.2 Die Reaktionen der Staaten im internationalen Vergleich 259
    Tobias Lösel

Teil V

Folgekrisen: Sozialkrise – Finanzsystemkrise - Wirtschaftssystemkrise

V.1 Islamic Banking – Vorbild für ein künftiges Bankensystem? 283
    Vitali Lysenko, Rainer Elschen

V.2 Sozialkrise – Die Finanzkrise des Sozialsystems 305
    Sven Lauterjung

V.3 Krisen im System oder Krise des Systems 335
    Rainer Elschen

Anhang

Chronologie der Wirtschaftskrise 367

Index 379

Abkürzungsverzeichnis und Glossar

$	Dollar
EUR	Euro
%	Prozent
+	Plus
§	Paragraph
90er	Neunziger
Abb.	Abbildung
ABCP	Asset Backed Commercial Papers. Durch „Assets" (z. B. ABS oder CDOs) besicherte Geldmarktpapiere zur Generierung kurzfristiger Liquidität.
ABS	Asset Backed Securities. Strukturierte verzinsliche Wertpapiere, welche Zahlungsansprüche gegen eine Zweckgesellschaft (englisch: „Special Purpose Vehicle", kurz „SPV") zum Gegenstand haben. Die Zweckgesellschaft erwirbt Forderungen meist mehrerer Gläubiger und verbrieft diese zu einem Wertpapier. Die ABS sind unterteilt in drei Tranchen mit hoher (Senior), mittlerer (Mezzanine) und niedriger (Equity- oder First Loss Piece) Bonität, wobei die höchste Bonität die niedrigste Verzinsung verspricht und umgekehrt.
Abs.	Absatz
ABSCP	Asset Backed Securities Commercial Paper. Siehe ABCP.
AIG	American International Group. International tätiger Versicherungskonzern mit Hauptsitz in New York City. Das Unternehmen war lange Zeit der größte Erstversicherungs-Konzern der Welt; heute steht es nach der Allianz SE und der ING Groep an dritter Stelle.
ALG	Arbeitslosengeld
ALR	Allgemeines Landrecht für die Preußischen Staaten
Ambac	Zweitgrößter Anleihen- und Kreditversicherer der USA (so genannter Monoliner). Siehe auch MBIA.
ARD	Arbeitsgemeinschaft der öffentlich-rechtlichen Rundfunkanstalten der Bundesrepublik Deutschland

Abkürzungsverzeichnis und Glossar

ARM	auch hybrid ARM: Adjustable Mortgage Rates. Variabel verzinste Hypothek mit niedrigerem Festzins in der Anfangsphase, danach variabel angepasster Zinssatz. Ein 5/1 hybrid ARM bedeutet: Zinssatz fünf Jahre fest, danach jährliche Anpassung.
Art.	Artikel
ASEAN	Association of Southeast Asian Nations
ASU	Die Familienunternehmer ASU e.V.
Aufl.	Auflage
Az	Aktenzeichen
BaFin	Bundesanstalt für Finanzdienstleistungsaufsicht
Bd.	Band
BdB	Bundesverband deutscher Banken
BGB	Bürgerliches Gesetzbuch
BIP	Bruttoinlandsprodukt. Gibt den Gesamtwert aller Güter (Waren und Dienstleistungen) an, die innerhalb eines Jahres innerhalb der Landesgrenzen einer Volkswirtschaft für den Endverbrauch hergestellt wurden.
BIZ	Bank für Internationalen Zahlungsausgleich (englisch BIS, Bank for International Settlements). Sie verwaltet Teile der internationalen Währungsreserven und gilt damit quasi als Bank der Zentralbanken der Welt. Sitz der BIZ ist Basel (Schweiz).
BJU	Die Jungen Unternehmer e.V.
BMWi	Bundesministerium für Wirtschaft und Technologie
BoA	Bank of America
BoE	Bank of England
BP	Basispunkt(e). Ein Basispunkt entspricht einem Hundertstel Prozent.
BRD	Bundesrepublik Deutschland
bspw.	beispielsweise
bzw.	beziehungsweise
CAISO	California ISO, kalifornische Non-Profit-Organisation

Abkürzungsverzeichnis und Glossar

CBO	Collateralized Bond Obligation. Wie CDO, jedoch meist an Unternehmensanleihen (Bonds) gekoppelt.
CDO	Collateralized Debt Obligation. Aus Tranchen von ABS und MBS synthetisch strukturierte Wertpapiere mit ähnlicher Tranchenstruktur. CDOs ermöglich(t)en die Generierung von Senior-AAA-Tranchen aus mezzaninen Tranchen eines ABS mit BBB-Ratings. Aus CDOs können neue CDOs konstruiert werden, so genannte Squared CDOs.
CDS	Credit Default Swap. Kreditderivat zum Handeln von Krediten, Anleihen und Schuldnernamen. Gegen einmalige und/oder regelmäßige Zahlungen des Sicherungsnehmers erhält dieser von der Gegenpartei eine Ausgleichszahlung, falls das zugrundeliegende Kreditereignis eintritt (Bonitätsverschlechterung, Zahlungsausfall). CDS sind nicht generell Kreditversicherungen. Denn anders als bei diesen erhält der Sicherungsnehmer die Zahlung auch dann, wenn er nicht von einem Kreditereignis, also Schaden, betroffen ist. Es handelt sich bei CDSs um eine Wette, bei der der auszuzahlende Betrag an die Sicherungsnehmer die Schadensumme überschreiten kann.
CEO	Chief Executive Officer. Höchstes Exekutivorgan der U.S.-amerikanischen Corporation. Entspricht dem Vorstandsvorsitzenden der deutschen Aktiengesellschaft.
CESR	Committee of European Securities Regulation
CLN	Credit Linked Notes. Kreditderivat (ähnlich CDS), bei der die Rückzahlung eines verzinslichen Wertpapiers an ein Kreditereignis (z. B. Ausfall) gebunden ist.
CLO	Collateralized Loan Obligation. Wie CDO, jedoch meist an Unternehmenskredite durch Banken (Loans) gekoppelt.
CMBS	Commercial Mortgage Backed Securities. Wie ABS, jedoch an Hypotheken im Gewerbeimmobiliensektor gebunden.
d.h.	das heißt
DAX	Deutscher Aktienindex
DDR	Deutsche Demokratische Republik
DGUV	Deutsche Gesetzliche Unfallversicherung
DSVAE	Deutsche Sozialversicherung - Arbeitsgemeinschaft Europa e.V.

Abkürzungsverzeichnis und Glossar

DTI	Debt payment-To-Income-ratio. Prozentualer Anteil der monatlichen Zins- und Tilgungsleistungen am Bruttoeinkommen des Verbrauchers.
e.V.	eingetragener Verein
EBIT	Earnings Before Interest and Taxes. Ergebnis vor Berücksichtigung von (Soll- und Haben-)zinsen und Steuern.
EG-Vertrag	Vertrag zur Gründung der Europäischen Gemeinschaft.
EMEA	Europe, Middle East, Africa
EONIA	Euro Overnight Index Average. Offiziell durch die EZB berechneter Tagesgeldzinssatz für den EUR.
ESZB	Europäisches System der Zentralbanken
et al.	und andere
EU	Europäische Union
EUR	Euro
EURIBOR	EURO Interbank Offered Rate. Wie LIBOR, jedoch für den EUR.
evtl.	eventuell
EZB	Europäische Zentralbank
f.	(die) folgende
Fannie Mae	Federal National Mortgage Association. Zusammen mit Freddie Mac der größte Hypothekenfinanzierer der USA (ca. 50 % des Gesamtvolumens).
FAS	Financial Accounting Rules. Amerikanisches Gegenstück zu den IAS.
FAZ	Frankfurter Allgemeine Zeitung
FBI	Federal Bureau of Investigation. Bundesamt für Ermittlungen der USA.
Fed	Federal Reserve, US-Notenbank
ff.	fortfolgende
FFR	Federal Funds Rate. Von der US-Notenbank festgelegter Zinssatz, zu dem sich die amerikanischen Finanzinstitute Geld untereinander leihen, um ihre Salden im Rahmen der Mindestreserveverpflichtung bei der Zentralbank auszugleichen.

Abkürzungsverzeichnis und Glossar

FICO-Credit-Score	Isaac & Company Inc.-Credit-Score. Amerikanische Kreditwürdigkeitsauskunftei (ähnlich deutscher Schufa).
FMStErgG	Finanzmarktstabilisierungsergänzungsgesetz
FMStG	Finanzmarktstabilisierungsgesetz
FOMC	Federal Open Market Committee. Höchstes Organ des amerikanischen Federal Reserve Systems.
Freddie Mac	Federal Home Loan Mortgage Corporation. Zusammen mit Fannie Mae der größte Hypothekenfinanzier der USA (ca. 50 % des Gesamtvolumens).
FSA	Financial Services Authority
FSO	Feinsteuerungsoperation
FTD	Financial Times Deutschland
FV	Fair-Value. Beizulegender Zeitwert. Betrag, zu dem zwischen sachverständigen, vertragswilligen und voneinander unabhängigen Geschäftspartnern ein Vermögenswert getauscht oder eine Schuld beglichen werden könnte.
G7	Die sieben führenden Industrienationen der Welt.
G8	G7 und Russland
GDP	Gross Domestic Product. Bruttoinlandsprodukt. Siehe dort.
gen.	genutzt
gew.	gewerblich
ggf.	gegebenenfalls
GPO	U.S Government Printing Office
Ginnie Mae	Government National Mortgage Association
GKV	Gesetzliche Krankenversicherung
GKV-WSG	Gesetz zur Stärkung des Wettbewerbs in der gesetzlichen Krankenversicherung.
HFC	Household Finance Corporation
HRE	Hypo Real Estate
HRG	Hauptrefinanzierungsgeschäfte
Hrsg.	Herausgeber

Abkürzungsverzeichnis und Glossar

HSBC	Hongkong and Shanghai Banking Corporation
HSH	Hamburgisch-Schleswig-Holsteinisch
i. H. v.	in Höhe von
i. V. m.	in Verbindung mit
IAS	International Accounting Standard. In Europa ab 2005 verbindliche Bilanzierungsregeln für am Kapitalmarkt gelistete Unternehmen.
IASB	International Accounting Standards Board.
IASC	International Accounting Standards Committee.
IBCA	International Bank Credit Analyst
Ifo	Institut für Wirtschaftsforschung e. V.
IKB	IKB Deutsche Industriebank AG
insb.	insbesondere
INSO	Insolvenzordnung
IO	Interest-Only
IOSCO	International Organization of Securities Commissions
ISO	International Organization of Standardization
IT	Informationstechnologie
IWF	Internationaler Währungsfond
Jg.	Jahrgang
JP	Japan
KfW	Kreditanstalt für Wiederaufbau
KW	Kalenderwoche
LB	Landesbank
LBBW	Landesbank Baden-Württemberg
LIBOR	London Interbank Offered Rate. An jedem Arbeitstag um 11.00 Uhr in London festgelegter Referenzzinssatz für Kredite, die sich die Banken untereinander leihen.
LOLR	Lender of Last Resort. Kreditgeber letzter Instanz. In der Regel die nationale Notenbank mit der Aufgabe, das Bankensystem mit Liquidität zu versorgen und das Vertrauen in das Bankensystem zu festigen (primäre Aufgabe ist nicht die Rettung einzelner Institute).

Abkürzungsverzeichnis und Glossar

LTV	Loan-to-Value-Ratio. Prozentuale Beleihung eines Investitionsgutes.
MBIA	Größter Anleihen- und Kreditversicherer der USA (so genannter Monoliner). Siehe auch Ambac.
MBS	Mortgage Backed Securities. Wie ABS, jedoch mit Hypothekenkrediten unterlegt.
MdB	Mitglied des Deutschen Bundestages
Mio.	Million(en)
MMDA	Money Market Deposit Accounts
MoU	Memorandum of Understanding
MPC	Monetary Policy Committee. Geldpolitischer Ausschuss der Bank of England.
Mrd.	Milliarde(n)
NINJA	No Income, No Job, no Assets, Personen ohne Einkommen, Arbeitsplatz und sonstigem Vermögen
Nr.	Nummer
NRSRO	Nationally Recognized Statistical Rating Organizations (die Rating-Agenturen Standard & Poor's, Moody's, Firch).
NZZ	Neue Züricher Zeitung
o. A.	ohne Angabe
o. g.	oben genannt
o. V.	ohne Verfasser
OECD	Organisation for Economic Co-operation and Development, Organisation für wirtschaftliche Zusammenarbeit und Entwicklung.
OFHEO	Office of Federal Housing Enterprise Oversight
OPEC	Organisation of Petroleum Exporting Countries
Originator	Im Zusammenhang mit einer Verbriefungstransaktion ein Kreditinstitut, das als Initiator die zur verbriefenden Schulden (*assets*) entweder allein oder in einem Konsortium durch Kreditausreichung oder durch Ankauf bestehender Forderungen (Portfolio) begründet.
PDCF	Primary Dealer Credit Facility. Overnight-Kredite an ausgesuchte Institute mit akzeptierten Sicherheiten.
priv.	privat

RBS	Royal Bank of Scotland
RMBS	Residential Mortgage Backed Securities. Wie ABS, jedoch an Hypotheken im Privatimmobiliensektor gebunden.
RWI	Rheinisch-Westfälisches Institut für Wirtschaftsforschung
S&P	Standard and Poor's (eine der drei größten Rating-Agenturen).
s.	siehe
S.	Seite(n)
Securitization	Verbriefung, z. B. durch Bündelung von Einzelforderungen mittels eines Wertpapiers („Wert-Briefs").
SF	Schweizer Fernsehen
SFEF	Société de financement de l´economie française
SF-Produkte	strukturierte Finanzprodukte
SGB	Sozialgesetzbuch
SIV	Structured Investment Vehicle. Fond im Schattenbankenbereich (Bank außerhalb der Bank) mit dem Ziel, kurzfristig Geld zu niedrigen Zinsen zu leihen und langfristig in höher verzinsliche Wertpapieren, vornehmlich ABS und CDOs, anzulegen.
SoFFin	Sonder-Fond Finanzmarktstabilisierung
SPE	Special Purpose Entity. Siehe SPV.
SPPE	Société de prises de participation de l´Etat
SPV	Special Purpose Vehicle. Zweckgesellschaft mit einem klar definierten Ziel. SPVs werden bei der Strukturierung von ABS und CDOs eingesetzt.
Tab.	Tabelle
TARP	Troubled Asset Relief Program
TSLF	Term Security Lending Facility
u. a.	unter anderem
UBS	Union de Banques Suisses
Underlying	Basiswert in Form von Vertragsgegenständen oder Wertpapieren, der einem weiteren Wertpapier als Grundlage dient.
US	United States

Abkürzungsverzeichnis und Glossar

USA	United States of America
USD	amerikanischer Dollar
US-GAAP	United States Generally Accepted Accounting Principles. Amerikanisches Gegenstück zum IFRS.
Vgl.	Vergleiche
VW	Volkswagen
WSK	Wahrscheinlichkeit
WTO	World Trading Organisation (Welthandelsorganisation)
z. B.	zum Beispiel

Autorenverzeichnis

Buket Bastürk
Studentin des Studiengangs Bachelor of Science Betriebswirtschaftslehre, Universität Duisburg-Essen.

Dipl.-Kfm. Tobias Boland
Mitarbeiter und Doktorand am Lehrstuhl für Finanzwirtschaft & Banken, Universität Duisburg-Essen.

Kyrill Bryazgin
Student des Studiengangs BWL Diplom, Universität Duisburg-Essen.

Mario Czaykowski
Student des Studiengangs BWL Diplom, Universität Duisburg-Essen.

Dipl.-Wirt. Inf. Arthur Dill
Mitarbeiter und Doktorand am Lehrstuhl für Finanzwirtschaft & Banken, Universität Duisburg-Essen.

Prof. Dr. Rainer Elschen
Ordinarius für Finanzwirtschaft und Banken an der Universität Duisburg-Essen.

Hermann Gehring
Student des Studiengangs BWL Diplom, Universität Duisburg-Essen.

Adalbert Polonis
Student des Studiengangs BWL Diplom, Universität Duisburg-Essen.

Firat Göcmen
Student des Studiengangs BWL Diplom, Universität Duisburg-Essen.

Dipl.-Kff. Tatjana Guse
Mitarbeiterin und Doktorandin am Lehrstuhl für Finanzwirtschaft & Banken, Universität Duisburg-Essen.

Jan Hader
Student des Studiengangs Bachelor of Science Betriebswirtschaftslehre, Universität Duisburg-Essen.

Tobias Huth
Student des Studiengangs BWL Diplom, Universität Duisburg-Essen.

Annika Krassin
Studentin des Studiengangs BWL Diplom, Universität Duisburg-Essen.

Autorenverzeichnis

Dipl.-Kfm. Sven Lauterjung
Mitarbeiter und Doktorand am Lehrstuhl für Finanzwirtschaft & Banken, Universität Duisburg-Essen.

Petra Lieven MBA (University of Wales)
VINCERO Holding, Aachen.

Dr. Theo Lieven
Geschäftsführender Gesellschafter der Private-Equity-Gesellschaft VINCERO Holding, Aachen.

Tobias Lösel
Student des Studiengangs BWL Diplom, Universität Duisburg-Essen.

Vitali Lysenko
Student des Studiengangs BWL Diplom, Universität Duisburg-Essen.

Adalbert Polonis
Student des Studiengangs BWL Diplom, Universität Duisburg-Essen.

Thomas Theiselmann
Student des Studiengangs BWL Diplom, Universität Duisburg-Essen.

Thi Mai Yen Tran
Studentin des Studiengangs BWL Diplom, Universität Duisburg-Essen.

Kerstin Wink
Studentin des Studiengangs BWL Diplom, Universität Duisburg-Essen.

Teil I
Ursachen der Subprime-Krise

Tatjana Guse

I.1 Die Politik des Federal Reserve Systems
Das Fundament der Krise

1 Das Federal Reserve System 6
   1.1 Aufbau und Struktur 6
   1.2 Ziele und Aufgaben 8
   1.3 Geldpolitische Instrumentarien 9

2 Die Geldpolitik der Fed - Steuerungsinstrument "Leitzins" 11
   2.1 Ära Greenspan – zwei Jahrzehnte des „leichten Geldes" 11
       2.1.1 Geldpolitik 2000 - 2003: Explosion der Geldmenge 12
       2.1.2 Geldpolitik 2004: Leitzinssenkungen verpuffen – Verzerrende Wirkung der Notenbanken 16
   2.2 Die Ära Bernanke und das Erbe Greenspans 17
       2.2.1 Geldpolitik 2006: Unsicherheit – der Leitzins stagniert 17
       2.2.2 Geldpolitik 2007: Leitzinserhöhungen als Auslöser der Subprime-Krise 18
       2.2.3 Geldpolitik 2008: Massive Leitzinssenkungen sollen die Lage stabilisieren 19
       2.2.4 Geldpolitik seit 2009: Abschied von der klassischen US-Zinspolitik 20

3 Schuldzuweisung – Kritische Würdigung der Geldpolitik des Federal Reserve Systems 21

Literaturverzeichnis 24

I.1 Die Politik des Federal Reserve Systems

„Die überschüssigen Kredite, die die Fed in die Wirtschaft pumpte, fanden ihren Weg an die Aktienmärkte und lösten einen phantastischen spekulativen Boom aus. Zu spät versuchten die Notenbanker die überschüssige Liquidität abzuziehen und waren schließlich erfolgreich in ihren Bemühungen, den Boom zu beenden. Aber es war zu spät: 1929 waren die spekulativen Ungleichgewichte so überwältigend groß, dass das Vorgehen der Notenbanken einen scharfen wirtschaftlichen Rückgang auslöste, der wiederum zu einer massiven Eintrübung des Geschäftsklimas führte. Das Ergebnis war der Zusammenbruch der amerikanischen Wirtschaft. [...] Die Weltwirtschaft stürzte in die Große Depression der Dreißiger."[1]

Vor seiner Amtszeit als Chairman der Fed kritisiert Alan Greenspan die „Politik des leichten Geldes" und identifiziert den zögerlichen Kurswechsel der damaligen Verantwortlichen als Ursache der Weltwirtschaftkrise der 1930er Jahre.

Mit seinem Amtsantritt hat Alan Greenspan anscheinend diese Erkenntnis vergessen. Seine Ära ist geprägt von „Liquiditätsfluten". Doch seine damalige Kritik soll sich spätestens 2007 bestätigen.

Die seit 2007 an den Finanzmärkten vorherrschende Situation ist zweifellos die schwerste Krise seit den 1930er Jahren. Die derzeitige Konzentration auf Schuldzuweisungen drängt eine Ursachenanalyse zunehmend in den Hintergrund. Doch die Regierungen der Industrieländer haben die vermeintlich Schuldigen bereits ausgemacht und fordern ein lückenloses Regel- und Kontrollwerk für die Teilnehmer an den Finanzmärkten. Freie Spekulation und die Gier der Banker seien zu unterbinden, um in Zukunft die Entstehung von „Spekulationsblasen" zu verhindern. Banken, Rating-Agenturen, Hedgefonds, Private Equity-Gesellschaften – fast allen Finanzakteuren sollen die Zügel angelegt werden. Fast – denn neben Banken und Finanzalchemisten zählen auch Regierungen und internationale Notenbanken zu den bedeutenden Akteuren der Krise. Schließlich schufen die Notenbanken durch die massiven Zinssenkungen nach dem Ende der New Economy – allen voran die Fed – die Basis für die „Super-Blase" an den Immobilien-, Rohstoff- und Kreditmärkten.[2]

Dieser Aufsatz stellt die Notwendigkeit einer (stärkeren) Regulierung der bisher in der Kritik stehenden Akteure nicht in Frage. Vielmehr gilt es zu untersuchen, inwiefern die geldpolitischen Entscheidungen der US-Notenbank zu der Weltfinanzkrise beitrugen und ob ein rechtzeitiger Kurswechsel die Krise hätte abwenden können.

Um das Handeln der Fed zu verstehen, gibt das erste Kapitel zunächst einen Überblick über den institutionellen Aufbau, die Strukturen, Ziele und Aufgaben sowie Instrumente der Fed. Im Folgenden wird der Zusammenhang zwischen dem Einsatz des geldpolitischen Instrumentariums und der Entstehung der Finanzkrise analysiert. Der Fokus der Ausarbeitungen liegt dabei auf dem forcierten Einsatz des Steuerungsin-

---

[1] Alan Greenspan (1966) vor seiner Amtszeit als US-Notenbank-Chef, zitiert nach Leuschel, R./Vogt, C. (2006), S. 209.
[2] Vgl. Fischer, M. (2009), S. 40.

struments „Leitzins" seit dem Ende der New Economy sowie den Anschlägen vom 11. September 2001. Da das Platzen der Subprime-Blase im August 2007 allgemein als Auslöser der seitdem anhaltenden Finanzkrise angesehen wird, endet die Ursachenanalyse mit diesem Zeitpunkt. Alternative Maßnahmen, die in jüngster Zeit aktiv zur Krisenbewältigung zum Einsatz kommen und unter dem Begriff der „Quantitativen Lockerung" zusammengefasst werden, sind nicht Bestandteil dieses Aufsatzes. Weitere Ausführungen bezüglich späterer geldpolitischer Maßnahmen bzw. Reaktionen werden zwar der Vollständigkeit halber skizziert, eine detaillierte Behandlung erfolgt jedoch erst im vierten Teil dieses Buches.

1   Das Federal Reserve System

1.1   Aufbau und Struktur

Als Reaktion auf die Finanzkrise im Jahre 1907 wurde am 23. Dezember 1913 per Gesetz das Federal Reserve System geschaffen. Die damalige Krise veranlasste den Kongress der Vereinigten Staaten, eine Studie über das Geldwesen zu initiieren. Das Ergebnis zeigte, dass beinahe alle Länder, die eine Zentralbank besaßen, in der Lage waren ihre Geldmenge elastisch zu steuern. In Anlehnung an diese Vorbilder wurde das Federal Reserve System leicht modifiziert aufgebaut. Es besteht seither aus dem Board of Governors, dem Federal Open Market Committee (FOMC) sowie den zwölf Federal Reserve Banks[3] mit ihren 25 Zweigstellen und Mitgliedsbanken.[4] Dem Namen ist bereits zu entnehmen, dass das Federal Reserve System föderal und somit dezentralisiert aufgebaut ist:

Kern des Federal Reserve System ist das Board of Governors oder der Vorstand. Er besteht aus sieben Mitgliedern, die vom Präsidenten der USA nach Zustimmung des Senats für jeweils 14 Jahre ins Amt berufen werden. Im Fall des vorzeitigen Ausscheidens eines Vorstandsmitglieds kann sich die Amtszeit des in diesen Vertrag eintretenden neuen Mitglieds über die üblichen 14 Jahre hinaus verlängern.

Die Zusammensetzung des Vorstands unterliegt dem Rotationsprinzip. Alle zwei Jahre scheidet ein Mitglied aus und die vakante Position wird neu besetzt. Der Vorstandsvorsitzende und sein Vertreter werden vom Präsidenten der Vereinigten Staaten

---

[3] Federal Reserve Banks of: Boston, New York, Philadelphia, Cleveland, Atlanta, Chicago, Richmond, St. Louise, Minneapolis, Kansas City, Dallas, San Francisco.
[4] Vgl. Müller, F. B. (1996), S. 3.

für vier Jahre gewählt. Diese Amtszeit kann immer wieder verlängert werden, solange die Mitgliedschaft im Board of Governors besteht.[5] Am 1. Februar 2006 übernahm der Wirtschaftsprofessor und ehemaliger Bush-Berater Ben Shalom Bernanke das Amt des Notenbankchefs und beendete die knapp 20-jährige Ära Greenspan.

Abbildung 1: Aufbau und Strukturen des Federal Reserve Systems[6]

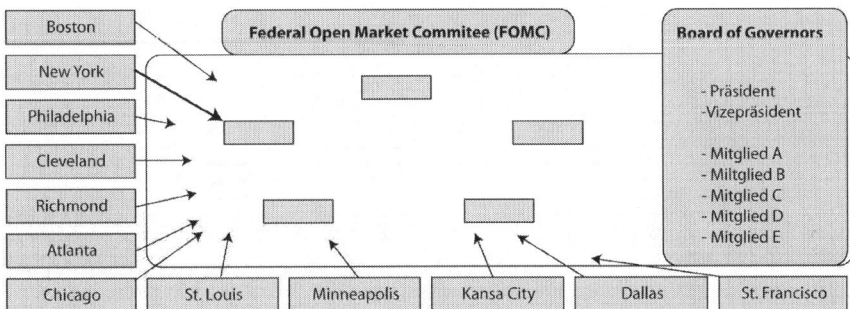

Um im Zeitalter des Föderalismus sicherzustellen, dass den verschiedenen Regionen auch eine Stimme bei Bankangelegenheiten zusteht und um einer zu starken Konzentration der Zentralbankmacht in Washington sowie der Banker des Ostküsten-Establishments entgegenzuwirken, stammen die Gouverneure des Boards aus den einzelnen Federal Reserve Distrikten.[7]

Die zwölf Federal Reserve Banks mit ihren 25 Federal Reserve Branches sind gemeinwirtschaftlich organisiert. Dabei besitzt jede regionale Federal Reserve Bank neun Direktoren, von denen jeweils drei pro Bank vom Vorstand der Fed und weitere sechs von den Mitgliedsbanken selbst gewählt werden. Die Aufgabe der einzelnen Federal Reserve Banks ist die Analyse der Wirtschaftsentwicklung und die praktische Umsetzung der geldpolitischen Entscheidung in ihrer Region. Die Mitgliedsbanken stellen der zugehörigen Federal Reserve Bank das Kapital zur Verfügung und sind somit formal Eigentümer. Im Gegenzug erhalten sie eine Dividende von sechs Prozent. Ob eine Bank Mitgliedsbank wird, fällt nicht in ihren Entscheidungsrahmen, sondern ist gesetzlich geregelt. Gemäß Federal Reserve Act muss eine Bank ab Erreichen einer gesetzlich definierten Größe Mitglied der Fed werden. Kleineren Geldinstituten steht die Entscheidung für eine Mitgliedschaft offen. Insgesamt sind 40 % der 8.500 Banken in den USA Mitglied im Federal Reserve System.[8]

Wichtigster Entscheidungsträger innerhalb der Fed ist der Offenmarktausschuss, das so genannte Federal Open Market Committee (FOMC). Es setzt sich zusammen aus

---

[5] Vgl. Görgens, E./Ruckriegel, K./Seitz, F. (2008), S. 89f.
[6] Eigene Darstellung.
[7] Vgl. Samuelson, P. A./Nordhaus, W. D. (2007), S. 747.
[8] Vgl. Terlau, W. (2004), S. 32.

den sieben Vorstandsmitgliedern (Gouverneuren), dem Präsidenten der Federal Reserve Bank of New York und vier weiteren Präsidenten der zwölf Federal Reserve Banks. Diesem Gremium unterliegt die Kontrolle über die Reservehaltung der Banken und somit über das wichtigste und am stärksten eingesetzte Instrument der Geldpolitik.[9] Einen besonderen Stellenwert hat die Federal Reserve Bank of New York, weil ausschließlich sie für die Durchführung der geldpolitischen Operationen[10] des Federal Reserve Systems – außer der Diskontpolitik – verantwortlich ist.[11]

1.2 Ziele und Aufgaben

Es gibt zentrale Ziele, die sowohl die Fed als auch andere Zentralbanken ihrem Handeln zugrunde legen: Maximale Beschäftigung, Wirtschaftswachstum, Stabilität des Preis- und Zinsniveaus sowie die Stabilität des Finanz- und Devisenmarktes.[12] Im Gegensatz zur Europäischen Zentralbank (EZB), die das Primärziel Preisstabilität verfolgt, hat die Fed einen Multi-Indikatoren-Ansatz ohne ein explizites Zwischenziel.[13] Die Fed selbst beschreibt ihre Aufgabe wie folgt:

„The Federal Reserve sets the nation's monetary policy to promote the objectives of maximum employment, stable prices and moderate long-term interest rates."[14]

Diese bereits seit dem Gründungsjahr 1913 verfolgten Ziele wurden 1977 im Federal Reserve Reform Act erneut bekräftigt.[15] Jedoch stehen sie oftmals in einem Konflikt zueinander. So ist bspw. das gleichzeitige Streben nach maximaler Beschäftigung, Zinsniveaustabilität und Stabilität des Finanzmarktes in der Regel (kurzfristig) nicht zielführend.

„The challenge for policy makers is that tensions amoung the goals can arise in the short run and that information about the economy becomes available only with a lag and may be imperfect."[16]

Hinzu kommt, dass die Zentralbanken mit ihren zinspolitischen Maßnahmen nur indirekt Einfluss auf das Verhalten der wirtschaftlichen Akteure nehmen. Darüber hinaus wird die Wirksamkeit der Geldpolitik neben den traditionellen Zinswirkungen zunehmend auch durch den Erwartungskanal der Marktteilnehmer bestimmt. Dem-

---

[9] Vgl. Terlau, W. (2004), S. 33 und vgl. Samuelson, P. A./Nordhaus, W. D. (2007), S. 747.
[10] Diese umfassen Offenmarktgeschäfte und ggf. Devisenmarktinterventionen.
[11] Vgl. Ruckriegel, K./Seitz, F. (2006), S. 401.
[12] Vgl. Mishkin, F. S. (2000), S. 221.
[13] Vgl. Görgens, E./Ruckriegel, K./Seitz, F. (2008), S. 170 und vgl. Terlau, W. (2004), S. 43.
[14] Publication Committee of the Federal Reserve System (2005), S. 15.
[15] Vgl. Publication Committee of the Federal Reserve System (2005), S. 2.
[16] Publication Committee of the Federal Reserve System (2005), S. 15.

nach müsste die Zentralbank die Inflationserwartungen niedrig halten, diese hängen jedoch im Wesentlichen vom institutionellen Zuschnitt der Zentralbank ab, weil dieser maßgeblich für ihre Handlungsmöglichkeiten ist.[17]

Die wichtigsten Aufgaben der Fed leiten sich aus den definierten Zielen ab und entsprechen den klassischen Aufgaben einer Zentralbank. Neben der Durchführung der Geldpolitik fallen auch die Überwachung und Regulierung des Bankwesens, die Aufrechterhaltung der Stabilität des Finanzsystems und die Bereitstellung bestimmter Finanzdienstleistungen für die Regierung und die Öffentlichkeit in den Aufgabenbereich der Fed.[18] Die Ausgestaltung der Aufgabenumsetzung obliegt dem FOMC. Die Umsetzung ist dagegen Aufgabe des Board of Governors.

1.3 Geldpolitische Instrumentarien

Zur Umsetzung der übergeordneten Ziele verfügt die Fed über drei Steuerungsinstrumente: Mindestreserve, Diskontkredite und Offenmarktgeschäfte.

Generell üben die Notenbanken die monetäre Steuerung über die Kreditpolitik der Geschäftsbanken aus, weil sie diese direkt beeinflussen können. Weltweit müssen Kreditinstitute einen bestimmten Prozentsatz der vergebenen Kredite bei der Notenbank hinterlegen. Durch eine Erhöhung der so genannten Mindestreserve können die Banken weniger Kredite vergeben und die Geldmenge geht zurück.[19] Im Gegensatz zum Eurosystem unterliegen in den USA jedoch nur Guthaben auf Transaktionskonten der Hinterlegungspflicht und Bargeldbestände werden auf die Mindestreserve angerechnet. Die Nichtverzinsung mindestreservebedingter Guthaben und ein hoher Mindestreservesatz veranlassen die Geschäftsbanken in den USA zu massiven Ausweichreaktionen.[20]

Seit Mitte der 1990er Jahre werden Guthaben von Transaktionskonten zum Mindestreservestichtag – mittels „Retail Sweep Programs"- automatisch auf nicht mindestreservepflichtige Sparkonten[21] umgebucht. Aufgrund dessen sind bei vielen Geschäftsbanken die mindestreservebedingt zu haltenden Guthaben geringer als die Guthaben, die sie zur Abwicklung des Zahlungsverkehrs mit der Fed benötigen.[22] Dadurch hat die Mindestreservepolitik in den USA stark an Bedeutung verloren.

---

[17] Vgl. Görgens, E./Ruckriegel, K./Seitz, F. (2008), S. 72.
[18] Vgl. Samuelson, P. A./Nordhaus, W. D. (2007), S. 747.
[19] Vgl. Sommer, R. (2009), S. 75.
[20] Vgl. Görgens, E./Ruckriegel, K./Seitz, F. (2008), S. 221, 278f.
[21] Bei den Sparkonten handelte es sich um so genannte Money Market Deposit Accounts (MMDA).
[22] Vgl. Ruckriegel, K./Seitz, F. (2006), S. 542.

Die US-Notenbank reguliert die Geldmenge mittels Offenmarktgeschäften. Im Gegensatz zur EZB, die unter Offenmarktgeschäften alle geldpolitischen Operationen versteht, die auf Initiative der Zentralbank durchgeführt werden,[23] bezeichnet die Fed damit nur Käufe und Verkäufe von Wertpapieren am öffentlichen Markt. Dieser Handel kann von der Zentralbank endgültig (Outright Operations) oder in Form von Wertpapiergeschäften mit Rücknahmevereinbarung (Repos) abgeschlossen werden. Handelspartner der Fed sind dabei nur ausgewählte Banken (Primary Dealers).[24] Durch den Kauf von Wertpapieren erhöht die Notenbank die Geldmenge und nimmt auf diese Weise Einfluss auf die Kreditvergabe der Banken.[25]

Die Kurse und Zinssätze dieser Papiere werden aufgrund der Größe und Liquidität des Marktes durch die Transaktionen der Fed kaum tangiert. Dieser Aspekt ist entscheidend, da durch die Offenmarktgeschäfte der Fed lediglich die Liquiditätsausstattung des Bankensystems verändert und auf diese Weise der Tagesgeldsatz unter Banken, auch Federal Funds Rate oder Leitzins genannt, gesteuert werden soll.[26] Die Fed ist in der Regel täglich am Markt präsent und versucht, mit ihren Offenmarktgeschäften den Interbankenzinssatz auf Höhe des vom FOCM vorgegebenen Federal Funds Rate Ziels zu halten.[27]

Im Rahmen der Diskontpolitik werden von der Fed Kredite an Kreditinstitute gewährt. Als Diskontsatz wird dabei der hierfür in Rechnung gestellte Zinssatz bezeichnet. Ursprünglich wurden die Diskontkredite für Kreditinstitute mit Liquiditätsproblemen entwickelt und zogen eine verstärkte Bankenaufsicht in Form administrativer Auflagen der Fed nach sich. Schnell wurde die Inanspruchnahme eines Diskontkredits unter Marktteilnehmern bekannt. Dies führte unverzüglich zu einer Senkung der Bonität der kreditnehmenden Bank. Somit war die Aufnahme von Diskontkrediten relativ selten. Erst seit im Rahmen einer grundlegenden Reform 2003 eine Umwandlung des Diskontkredits in eine Spitzenfinanzierung erfolgte, wird der Diskontkredit auch von verschiedenen Kreditinstituten mit guter Bonität in Anspruch genommen. Der Diskontsatz für die Inanspruchnahme so genannter Primary Credits liegt ca. 100 Basispunkte über dem angestrebten Federal Funds Rate Target. Für die Aufnahme von Secondary Credits von Kreditinstituten mit schlechter Bonität liegt der Diskontzins ca. 50 Basispunkte über dem Primary-Credit Zins.[28]

Da die Höhe des Diskontsatzes sich relativ zuverlässig vom Niveau des Leitzinses ableiten lässt und die Mindestreservepolitik wegen der Nichtverzinsung als geldpoliti-

---

[23] Vgl. Görgens, E./Ruckriegel, K./Seitz, F. (2008), S. 224.
[24] Vgl. Görgens, E./Ruckriegel, K./Seitz, F. (2008), S. 238.
[25] Vgl. Sommer, R. (2009), S. 75.
[26] Vgl. Görgens, E./Ruckriegel, K./Seitz, F. (2008), S. 238.
[27] Vgl. Görgens, E./Ruckriegel, K./Seitz, F. (2008), S. 279.
[28] Vgl. Görgens, E./Ruckriegel, K./Seitz, F. (2008), S. 239.

sches Instrument kaum zum Einsatz kommt, wird im weiteren Verlauf der Untersuchung der Leitzins als wesentliches Instrument der Fed betrachtet.

2 Die Geldpolitik der Fed - Steuerungsinstrument "Leitzins"

Das bedeutendste Steuerungsinstrument der Fed ist zweifellos der Leitzins bzw. die Federal Funds Rate, d.h. der Zinssatz, zu dem sich Banken gegenseitig Geld leihen, um die bei der Notenbank erforderliche Mindestreserve einhalten zu können. Bis 1995 orientierten sich die Banken an dem durch das Handeln der Fed gebildeten Marktzins. Erst seit 1994 kommuniziert die Fed offen ihren geldpolitischen Kurs, seit 1995 veröffentlicht sie explizit den angestrebten Leitzins.

Aggressive Leitzinssenkungen dienen seit der Ära Greenspan als profanes Mittel der Fed zur Bekämpfung von Krisen. Auch der aktuelle US-Notenbankchef Ben Bernanke bedient sich seit September 2007 dieses Instruments, um die Folgen der Subprime-Krise einzudämmen und einer Rezession entgegenzuwirken. So hat er seit Mitte September 2007 den Leitzins von 5,25 % auf inzwischen 0 bis 0,25 % gesenkt. Damit setzt er die Politik des „leichten Geldes" seines Amtsvorgängers Alan Greenspan fort.

Doch die Federal Funds Rate stand nicht immer im Fokus der Geldpolitik. Im Jahre 1997 konzentrierte sich die Fed auf die quantitative Steuerung der Geldmenge M1. Erst als sich diese infolge von Finanzinnovationen nicht mehr als aussagefähig erwies, wandten sich die amerikanischen Notenbanker wieder der Steuerung über den Leitzins zu.[29]

2.1 Ära Greenspan - zwei Jahrzehnte des „leichten Geldes"

1987 wurde Alan Greenspan vom damaligen Präsidenten der Vereinigten Staaten Reagan zum Vorsitzenden des Federal Reserve Systems berufen. Als bereits wenige Monate nach seinem Amtsantritt der Aktienmarkt kollabierte – der Dow Jones verzeichnete am 19. Oktober ein Minus von 22 % – machte sich Nervosität auf den internationalen Finanzmärkten breit. Alan Greenspan handelte unverzüglich und verkündete in einer Pressemitteilung: Die Federal Reserve Bank bestätige in Übereinstimmung mit ihrer Verantwortung als Zentralbank der Nation ihre Bereitschaft, als Quelle der Liquidität für

---

[29] Vgl. Bayer, T. (2009).

das Finanzsystem zu dienen und das Wirtschaft- und Finanzsystem zu unterstützen.[30] Greenspan drehte den Geldhahn auf und ertränkte die Krise in Liquidität. Vergessen waren Forderungen nach einer stärkeren Einschränkung des staatlichen Einflusses und die scharfe Kritik am Sozialstaat, die Greenspan vor seiner Ernennung zum Chairman der Fed im Objectivist veröffentlichte:

„Ohne Goldstandard haben Privatpersonen keine Möglichkeit, Ersparnisse vor der Konfiszierung durch Inflation zu schützen. Es gibt dann kein sicheres Wertaufbewahrungsmittel. Wenn es eines gäbe, müsste die Regierung den Privatbesitz – wie bei Gold – verbieten. Wenn zum Beispiel jedermann seine Bankeinlagen in Silber umtauschen und dann Bankschecks nicht mehr akzeptieren würde, wären Bankeinlagen wertlos. Die Politik des Sozialstaats macht es erforderlich, dass es keinen Weg für die Besitzer von Vermögen gibt, ihr Vermögen zu schützen."[31]

„Greenspan, der Befürworter einer Goldwährung, war im Sozialstaat angekommen. Und für den Sozialstaat ist es, wie Greenspan selber zwei Jahrzehnte zuvor geschrieben hatte, wichtig, dass sich die Inhaber der Vermögen nicht schützen können. Was damals als Kritik gemeint war, hatte der Chairman nun als Politikrichtlinie verinnerlicht."[32]

2.1.1 Geldpolitik 2000 - 2003: Explosion der Geldmenge

Die Politik des „leichten Geldes" verfolgte Greenspan über die gesamte Epoche des Technologiebooms der 1990er Jahre. Indem er den massiven Geldzufluss in den Aktienmarkt gewährleistete, ermöglichte er erst die New Economy. Durch den einfachen Zugang zu Kredit und Geld wurden auch schlechte Geschäftsideen finanziert. „Da die Anleger nicht wissen, wohin mit dem Geld, kaufen sie Vermögensgegenstände und treiben die Preise immer weiter in die Höhe."[33]

Ab März 2000 neigte sich die New Economy dem Ende zu. Bis Ende des dritten Quartals 2002 verzeichnete die amerikanische Technologiebörse NASDAQ, ausgehend von ihrem Höchststand von 5.048,62 Punkten einen Verlust von 79 %. Auch der Dax fiel in dieser Zeit um etwa 80 % seines Wertes, so dass insgesamt an den internationalen Börsen durch das Platzen der New Economy-Blase bis zu zwölf Billionen USD verbrannt wurden.[34]

Die überbewerteten Aktien der Internetunternehmen verloren drastisch an Wert. Neubewertungen der Gewinnerwartungen im High-Tech-Sektor sowie steigende Energiekosten leiteten den wirtschaftlichen Abschwung im ersten Halbjahr 2001 ein. Die ge-

---

[30] Vgl. Bonner W./Wiggin, A. (2005), S. 164, zitiert nach Otte, M. (2009), S. 160.
[31] Alan Greenspan (1966), zitiert nach Otte, M. (2009), S. 160.
[32] Otte, M. (2009), S. 160.
[33] Otte, M. (2009), S. 161.
[34] Vgl. Otte, M. (2009), S. 162.

ringe Nachfrage der privaten Haushalte und die Unsicherheit bezüglich der zukünftigen Entwicklung veranlasste die Unternehmen ihre Investitionen zurückzufahren. Bis August 2001 stieg die Arbeitslosenrate von 3,9 % (Ende 2000) auf 4,9 %.[35] Um eine Ausweitung der Rezession zu verhindern, reagierte die Fed auf die schwache Wirtschaft mit einer schrittweisen Herabsetzung des Ziels der Federal Funds Rate von 6,5 % (Mai 2000) auf 3,5 % (August 2001).[36]

Die Handelsplätze, an denen die größeren und etablierten Unternehmen gelistet waren, hielten sich anfangs noch gut. Doch nach den Anschlägen des 11. September 2001 brach auch dieser Markt ein. Der Dow Jones rutschte auf 7.500 Punkte ab und der S&P 500 fiel auf die Hälfte seiner alten Höchststände zurück. Konjunkturelle Schwankungen und Unsicherheiten bezüglich der Auswirkungen des Irak-Kriegs verschärften die Situation.[37]

Die Gefährdung der gesamten Wirtschaft durch die Ausweitung der Turbulenzen vom ursprünglichen Segment der technologiebezogenen Aktien erforderte politische Maßnahmen. Greenspan griff nun auf das bisher bewährte Mittel der Leitzinssenkung zurück und kurbelte die Geldmaschine an – die Geldmenge explodierte. Allein im Zeitraum von September bis Dezember 2001 wurde der Leitzins in vier Schritten von 3,5 % auf 1,75 % gesenkt und verzeichnete damit den niedrigsten Stand seit 40 Jahren. Insgesamt senkte die Fed den Leitzins innerhalb von 3,5 Jahren um 5,56 % auf knapp ein Prozent.[38] Zinssenkungen dieses Ausmaßes verzeichnete bisher nur die Weltwirtschaftskrise, wo die Notenbankzinsen zwischen 1929 und 1931 von sechs Prozent auf 1,5 % gesenkt wurden.[39]

Das Ziel der Politik des „leichten Geldes", die US-Konjunktur mittels reichlich Liquidität im Gang zu halten, schien erreicht. Banken nutzten die günstigen Refinanzierungsmöglichkeiten und gaben diese in Form billiger Kredite an Unternehmen und private Haushalte weiter. Die US-Bürger nahmen diese Möglichkeit dankbar an und finanzierten auf diese Weise ihre Immobilien im großen Stil.

Im Jahr 2002 erholte sich die Wirtschaft und die Nachfrage privater Haushalte stieg weiter an. Jedoch war die Fed unsicher über die Wirtschaftsentwicklung. Folglich beließ das FOMC die Federal Funds Rate auf dem niedrigen Niveau von 1,7 %, um die wirtschaftliche Entwicklung zu stabilisieren.[40] Im zweiten Halbjahr senkte das FOMC die Federal Funds Rate erneut auf 1,25 %[41] und reagierte damit auf die sich schlechter entwickelnde Wirtschaft, hervorgerufen durch die Unsicherheit der Unternehmen bezüglich des Konflikts mit dem Irak, der steigenden Ölpreise und der erhöhten Ar-

---

[35] Vgl. Kahn, G. A. (2001), S. 3.
[36] Vgl. Kahn, G. A. (2001), S. 4.
[37] Vgl. Otte, M. (2009), S. 162.
[38] ebenda.
[39] Vgl. o.V. (2001), S. 23.
[40] Vgl. Monetary Policy Report (2003), S. 2f.
[41] Vgl. Monetary Policy Report (2003), S. 1.

beitslosenquote (sechs Prozent Dezember 2002[42]).[43] Die Hypothekenzinsen verweilten daraufhin auf dem niedrigem Niveau von 1,25 %, wodurch der Immobilien- und Wohnungsmarkt einen zusätzlichen Aufschwung erlebte. Die Realinvestitionen für Immobilien stiegen gegenüber dem Vorjahr um sechs Prozent.[44]

Somit betrug der Wert der refinanzierten Immobilienkredite 2002 1,5 Billionen USD. Der Anteil der Hausbesitzer stieg von 56 % (im Jahre 1950) auf 66 %.[45] Die Wirtschaft konnte gemessen am BIP ein Wachstum aufweisen, das nominale Haushaltseinkommen ging dagegen im Vergleich zum Vorjahr (2001) um 1,1 % zurück (s. Abbildung 2).

Die Kombination aus anscheinend stabiler Wirtschaftslage und günstigen Finanzierungsmöglichkeiten kompensierte jedoch das gesunkene Haushalteinkommen der US-Bürger, so dass der Wunsch einer eigenen Immobilie weiterhin bestand und zu einem Run auf den Immobilienmarkt führte.[46] Die neu geschaffene Liquidität floss neben dem Immobiliensektor auch in den privaten Konsum. Zu diesem Zeitpunkt lagen die Zinsen unterhalb der Inflationsrate (gemessen am Verbraucherpreisindex CPI, s. Abbildung 1). Da Zinsgewinne aus den Ersparnissen durch die Inflation neutralisiert wurden, lohnte sich das Sparen aus Sicht der Bürger nicht. Vielmehr erschien es ihnen unter diesen Bedingungen wirtschaftlich attraktiver, sich bei einer Bank Geld zu leihen, um neue Vermögenswerte zu schaffen.

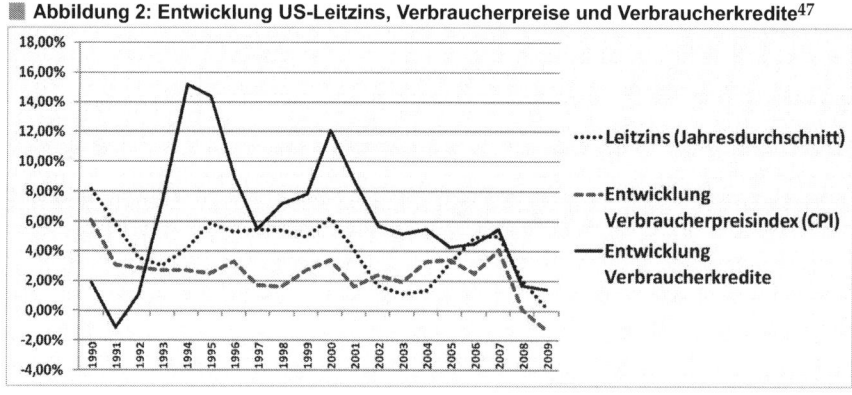

Abbildung 2: Entwicklung US-Leitzins, Verbraucherpreise und Verbraucherkredite[47]

Einen zusätzlichen Anreiz bot die Möglichkeit, eine Hypothek jederzeit vorzeitig zu kündigen ohne Zahlung eines Strafzinses. Somit war es bei fallenden Hypothekenzinsen sinnvoll, bestehende Darlehen durch ein günstigeres Hypothekendarlehen abzulö-

---

[42] Vgl. Monetary Policy Report (2003, S. 5.
[43] Vgl. Monetary Policy Report (2003), S. 3f., S. 16.
[44] Vgl. Monetary Policy Report (2003), S. 7.
[45] Vgl. Otte, M. (2009), S. 88-96.
[46] Vgl. Krüger, A. (2008), S. 1.
[47] Bloomberg (Stand 31.05.2009).

I.1 Die Politik des Federal Reserve Systems

sen.[48] Millionen von Haushalten stand durch eine solche Umschuldung mehr Geld für Konsum zur Verfügung. Durch die Erhöhung bestehender Hypothekenschulden konnte die private Liquidität ausgeweitet werden, so dass mit dem zusätzlichen Kredit neue Vermögenswerte angeschafft werden konnten (s. Abbildung 2).[49]

Durch die enorme Immobiliennachfrage schnellten die Häuserpreise in die Höhe, trotz sinkender Haushaltseinkommen in den Jahren 2002 und 2003. Parallel führten die von Anfang 2001 bis Ende 2003 von 6,5 % auf ein Prozent gesenkten Zinssätze zu einem Rückgang der Sparquote gegen Null und trieben den Kreditboom.

Abbildung 3: Entwicklung Leitzins, Hauspreisindex und Haushaltseinkommen[50]

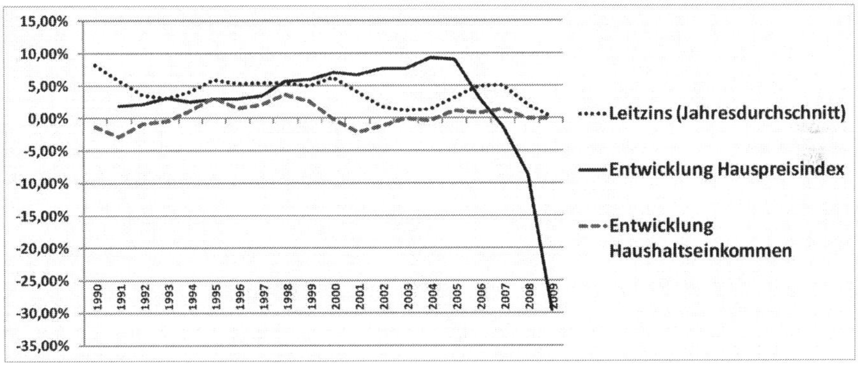

Das kreditfinanzierte Streben nach Rendite trieb nicht nur die Immobilienpreise, sondern auch Aktien-, Anleihen- und Rohstoffpreise nach oben. Der Zustrom von Waren und Kapital aus dem Ausland, insbesondere chinesischen Billigimporten, verhinderten einen Anstieg der Güter- und Verbraucherpreise.[51] In der Spätphase des Kreditbooms, der Leitzins lag zu diesem Zeitpunkt bei ein Prozent, gestalteten viele Banken ihre Kreditvergabepolitik wesentlich freizügiger als bisher. Kredite an Schuldner mit schlechter Bonität, so genannte Subprime-Kredite, wurden die Regel.

Auf diese Weise breitete sich der Immobilienboom in allen Bevölkerungsschichten aus. Die Nachfrage nach Immobilien und anderen dauerhaften Gütern stieg schneller als das Angebot. Besichert durch die „explodierenden" Immobilienpreise sowie die Möglichkeit die Subprime-Kredite mittels Verbriefung aus den Bilanzen zu entfernen, erschien dieses Geschäft vielen Banken risikolos. Auch institutionelle Investoren stuf-

---

[48] Vgl. Balzli, B./Brinkbäumer, K., u.a. (2008), S. 56.
[49] Vgl. Fehr, B. (2008), S. 1.
[50] Bloomberg (Stand 31.05.2009).
[51] Vgl. Fehr, B. (2008), S. 1.

ten die Verbriefungen als relativ sicher ein und präferierten sie aufgrund höherer Renditen im Vergleich zu Staatsanleihen.[52]

Die zusammengeschnürten Kreditpakete erhielten von anerkannten Rating-Agenturen oftmals ausgezeichnete Bonitätsratings. Dies führte dazu, dass Banken in ihrem Ziel, in Zeiten niedriger Zinsen ihre Rendite zu verbessern, häufig in großen Mengen Verbindlichkeiten ankauften, ohne auf die Qualität der einzelnen Kredite in den Paketen zu achten.[53] Bei steigenden Immobilienwerten und konstanten Zinsen wurde die sich anbahnende Gefahr weder seitens der Banken noch der Bürger wahrgenommen. Vielmehr bestärkte die (scheinbare) Option, im Falle eines Kreditnehmerausfalls die Immobilien gewinnbringend an neue Kunden zu vermitteln, die Banken in ihrer Kreditvergabepolitik. Die US-Bürger wähnten sich aufgrund der steigenden Häuserpreise in Sicherheit und nahmen erneut Kredite über den gestiegenen Wert der Immobilien auf, um ihren Konsum weiter auszudehnen. Die Möglichkeit, Fremdkapitalzinsen steuerlich abzusetzen verschärfte die Situation zusätzlich. So wurden viel mehr Kredite an das US-Volk vergeben als vom System tragbar waren.[54]

2.1.2 Geldpolitik 2004: Leitzinssenkungen verpuffen - Verzerrende Wirkung der Notenbanken

Aufgrund der sich stabilisierenden Wirtschaft richtete die Fed ab Juni 2004 ihre Politik auf das Ziel der Preisstabilität aus.[55] Aus Angst vor steigender Inflationsgefahr erhöhte Fed-Chef Alan Greenspan am 30. Juni 2004 den Leitzins erstmals seit den Anschlägen vom 11. September 2001 auf 2,2 %, um nachhaltiges Wirtschaftswachstum ohne Ausweitung der Inflation zu erreichen.[56] Doch anders als geplant stiegen die langfristigen Zinsen zunächst nicht.[57] Verantwortlich hierfür war die marktverzerrende Wirkung der Zentralbanken, speziell der großen asiatischen Länder. Diese hielten infolge der verheerenden Krise 1997/98 ihre Währung künstlich niedrig bewertet, um den Wirtschaftsmotor „Export" zu fördern. Dazu kauften sie USD auf.

Allein in den Jahren 2003 und 2004 erwarb Japan ca. 300 Mrd. USD und verhinderte durch diesen Eingriff in den Devisenmarkt ein Gleichgewicht an den globalen Waren- und Kapitalströmen. Bis 2007 stiegen die Währungsreserven Japans und Chinas auf 1.000 Mrd. USD bzw. 1.600 Mrd. $ an. Zwar stellte Japan seit 2004 seine Investitionen

---

[52] Vgl. Beck, H./Wienert, H. (2009), S. 9f.
[53] Vgl. Görgens, E./Ruckriegel, K./Seitz, F. (2008), S. 272.
[54] Vgl. Stroisch, J./Jeimke-Karge, H., u.a. (2009), S. 1.
[55] Vgl. Monetary Policy Report (2005), S. 2.
[56] Vgl. Bloss, M. (2009), S. 155.
[57] Vgl. Fehr, B. (2008), S. 1.

in den freien Devisenhandel ein, aber durch die aggressive Geldpolitik der japanischen Notenbank (Leitzins Null Prozent) blieb der Yen weiterhin niedrig bewertet.[58]

Die billigen Yen-Kredite wurden weltweit von Investoren aufgenommen, um damit Aktien, Unternehmens- und Schwellenländeranleihen, Rohstoffe oder ganze Unternehmen zu kaufen. Die Preise der Vermögenswerte wuchsen weiter an. Im harten Wettbewerb der Banken um den Abschluss neuer Geschäfte wurden die erhöhten Buchwerte als Sicherheit akzeptiert und ermöglichten die Aufnahme weiterer Kredite. Die Kreditblase blähte sich immer mehr auf.

Ein entscheidender Punkt, weshalb die Leitzinserhöhung der Fed zunächst keine Wirkung auf den Run auf Kredite zeigte, war die Tatsache, dass sowohl asiatische als auch „in Petro-Dollar schwimmende Ölländer" den Großteil ihrer Dollars in langlaufenden amerikanischen Staatsanleihen und ähnlichen Papieren anlegten. Die verstärkte Nachfrage nach diesen Anleihen führte zu einem Anstieg der Kurse und ließ deren Renditen sinken.[59]

2.2 Die Ära Bernanke und das Erbe Greenspans

Am 1. Februar 2006 folgte der Ökonom und ehemalige Stanford-Professor Ben Shalom Bernanke Alan Greenspan ins Amt des Chairman der US-Notenbank. Nach der knapp 20-jährigen Ära des „leichten Geldes", mit der sein Amtsvorgänger das Fundament für die derzeitige Finanzkrise legte, trat der strenge Befürworter festgelegter Inflationsziele ein schweres Erbe an.[60]

2.2.1 Geldpolitik 2006: Unsicherheit – der Leitzins stagniert

Nach mehreren Leitzins-Erhöhungen der Fed auf 4,25 % Ende 2005 entwickelte sich die Wirtschaft 2006 zunächst weiter positiv. Die Konsumausgaben, die Investitionen der Unternehmen und die Exporte stiegen, die Arbeitslosenquote sank. Infolgedessen erhöhte die Fed im Juni 2006 das Ziel der Federal Funds Rate auf 5,25 %. Doch das führte zu einem deutlichen Nachfragerückgang im Immobiliensektor. Die Fed ging von einer baldigen Stabilisierung der Nachfrage aus.[61]

---

[58] Diese Politik dient dem Schutz der japanischen Exportwirtschaft, die gegenüber dem erstarkenden Rivalen China abzufallen droht.
[59] Vgl. Fehr, B. (2008), S. 11.
[60] Vgl. Boing, G. (2009), S. 94f.
[61] Vgl. Monetary Policy Report (2007a), S. 6.

Auch zu Beginn des ersten Halbjahres 2007 prognostizierte das FOMC eine weiterhin positive Entwicklung der Wirtschaft. Die negativen Auswirkungen der sinkenden Nachfrage im Immobiliensektor würden das Wirtschaftswachstum nicht wesentlich beeinflussen.[62] Für das zweite Halbjahr erwartete das FOMC jedoch eine Mäßigung des Wirtschaftswachstums[63] und darüber hinaus eine Abschwächung des Inflationsrückgangs.[64] In Anbetracht der unsicheren Entwicklung beließ das FOMC das Ziel der Funds Rate bei 5,25 % und machte die zukünftige Politik von der Entwicklung der Wirtschaft und der Inflation abhängig.[65]

Entgegen den Prognosen des FOMC kam es im ersten Halbjahr 2007 erneut zu einem dramatischen Rückgang der Immobiliennachfrage.[66] Die Verantwortlichen erkannten im Juli die Gefahr, dass sich die Immobilienpreise – anders als erwartet – nicht stabilisieren würden und sich dies negativ auf andere Sektoren wie den privaten Konsum auswirken könnte.[67] Die Notwendigkeit Maßnahmen zu ergreifen, sah das FOMC zu diesem Zeitpunkt nicht.

2.2.2 Geldpolitik 2007: Leitzinserhöhungen als Auslöser der Subprime-Krise

Die sukzessive Erhöhung des Leitzinses seit 2004 brachte einen Anstieg der Zinsen für Kredite, so dass zahlreiche Haushalte, die Subprime-Kredite aufgenommen hatten, die gestiegen Hypothekenzinsen nicht mehr bezahlen konnten. Daraufhin folgte in der zweiten Jahreshälfte 2007 ein massiver Anstieg von Zahlungsausfällen am US-Markt für Hypothekenkredite, der neben erheblichen Neubewertungen von Krediten, Auflösungen von Kreditportfolios und Notfinanzierungen von Spezialinstituten auch zum Zusammenbruch von Finanzierungsgesellschaften führte. Immer mehr Immobilien mussten zwangsversteigert werden. Dadurch entstand ein Überangebot am Immobilienmarkt, das die Häuserpreise in die Tiefe drückte. Aufgrund der Refinanzierung der US-Hypothekenkredite am internationalen Hypothekenmarkt erreichte die Subprime-Krise im August 2007 auch die weltweiten Finanzmärkte.[68]

Das Ausmaß und die Folgen der Subprime-Krise haben sich nachträglich als gravierend herausgestellt. Die anfängliche US-Subprime-Krise entwickelte sich rasant zu einer globalen Finanzkrise, in der die Interbankenmärkte aufgrund des verlorenen

---

[62] Vgl. Monetary Policy Report,(2007a), S. 3f.
[63] Vgl. Monetary Policy Report (2007b), S. 4.
[64] Vgl. Monetary Policy Report (2007b), S. 2.
[65] Vgl. Monetary Policy Report (2007b), S. 3.
[66] Vgl. Monetary Policy Report (2007b), S. 6f.
[67] Vgl. Monetary Policy Report (2007b), S. 2.
[68] Vgl. Michler, A. (2008), S. 266.

Vertrauens der Banken untereinander fast zum Stillstand kamen. In Anbetracht der hohen Verschuldung der Konsumenten und einer Sparquote gegen Null blieb dem Chef der US-Notenbank Ben Bernanke nur eine Möglichkeit, das Wirtschaftswachstum zu fördern und Arbeitsplätze zu sichern: Er musste Greenspans „Fehler" wiederholen und die Märkte mit Liquidität fluten, um so eine allgemeine Untergangsstimmung zu vermeiden.[69] Die Federal Funds Rate wurde daraufhin im September 2007 zunächst auf 4,75 % und im Dezember in zwei weiteren Schritten auf 4,25 % gesenkt.[70]

2.2.3 Geldpolitik 2008: Massive Leitzinssenkungen sollen die Lage stabilisieren

Doch bereits im Januar 2008 erlebten die Börsen die größten Einbrüche seit dem 11. September 2001. Der US-Notenbank-Chef Ben Bernanke reagierte aus Angst vor einer Rezession mit erneuten Zinssenkungen. Innerhalb eines Monats wurde der Leitzins um einen vollen Prozentpunkt auf 3 % gesenkt.[71] Die massive Zinssenkung zeigte allerdings nicht die erhoffte Wirkung bei den Anlegern. Denn einerseits war es für viele ein Zeichen, dass die Notenbank selbst offenbar die Wirtschaftslage negativ einschätzte, andererseits erreichten die Zinssenkungen nicht die Endkunden (Kreditnehmer), weil die Banken gleichzeitig ihre Risikoaufschläge erhöhten.[72]

Der US-Leitzins wurde daraufhin im März und April erneut auf 2,25 % bzw. auf 2 % gesenkt. Insbesondere durch die steigenden Energiepreise drohte ein Inflationsanstieg. Doch die angespannte Marktsituation führte zu einem Rückgang der Konsumausgaben, wodurch die Inflation zunächst auf einem akzeptablen Niveau verweilte.[73] Der Notenbank-Chef Ben Bernanke deutete in mehreren Interviews darauf hin, dass die Ungewissheit hinsichtlich der Inflationsentwicklung hoch sei und verkündete, dass er mit dem Zinsniveau recht zufrieden sei. Die Analysten der Finanzkrise hofften, dass die Zinssenkungen nicht fortgesetzt würden und rechneten im September/Oktober sogar mit einer leichten Zinserhöhung.[74]

Es kam anders. Ende des Jahres griff die US-Notenbank erneut zum Mittel „Leitzins-Senkung", diesmal auf das historische Tief nahe Null Prozent. Mit der Zinssenkung wurde auch der Diskontsatz, zu dem sich die Geschäftsbanken bei der Fed mit Liquidität versorgen können, auf 0,5 Prozentpunkte gesenkt. Nach mehreren massiven Senkungen hatte der Leitzins seine Steuerungsfunktion verloren und die Fed musste

---

[69] Vgl. Boing, G. (2009), S. 94f.
[70] Vgl. Finanzen.net (2009).
[71] Vgl. Balzli, B./Brinkbäumer, K., u.a. (2008), S. 71f.
[72] Vgl. o.V. (2008a).
[73] Vgl. Abbildung 1, Consumer Price Index.
[74] Vgl. o.V. (2008b), S. 6.

ihre Politik auf direkte Interventionen und die Geldmenge umstellen.[75] Im Mittelpunkt der Geldpolitik stand nun die Steuerung des Bargeldumlaufs und der Geschäftsbankeneinlagen bei der Fed.[76]

2.2.4 Geldpolitik seit 2009: Abschied von der klassischen Zinspolitik

Da der Leitzins keinen Spielraum mehr für weitere Senkungen zulässt, hat sich die Fed Ende vergangenen Jahres von der klassischen Zinspolitik verabschiedet und geht nun Schritt für Schritt zur Steuerung der Wirtschaft mittels einer direkten Ausweitung der Geldmenge über. Ein Mittel, das ihr dabei zur Verfügung steht, ist der massive Ankauf von Staatspapieren, wodurch zusätzliches Geld in das Finanzsystem fließt. Ein ähnlicher geldpolitischer Ansatz wurde in der Vergangenheit von der japanischen Notenbank in der Rezessionsphase 2001 gewählt.

Bei dem Konzept der „quantitativen Lockerung" versucht die Zentralbank über eine Erhöhung der Geldmenge Einfluss auf die Marktzinsen zu nehmen.[77] Insgesamt lassen sich die alternativen Maßnahmen der Fed in drei Kategorien unterteilen: Die Bereitstellung zusätzlicher kurzfristiger Liquidität für Finanzinstitute, die Unterstützung strategisch wichtiger Kreditmärkte durch Aufkauf kurzfristiger Schuldverschreibungen und die Stabilisierung der Märkte durch den Kauf langfristiger Wertpapiere.

Die Instrumente der ersten Maßnahme knüpfen eng an die traditionelle Rolle der Notenbank als Liquiditätsquelle an. Mit dieser Maßnahme hat die Fed zum einen die Differenz zwischen dem Diskontsatz und Tagesgeldsatz von 100 Basispunkten auf 25 Basispunkte reduziert und die Laufzeiten der Ausleihungen für Übernacht-Kredite auf bis zu 90 Tage ausgedehnt. Im Rahmen der Bereitstellung kurzfristiger Liquidität erhalten die Kreditinstitute, die über Einlagen verfügen, gegen Hinterlegung von Sicherheiten Kredite der Notenbank mit Laufzeiten von 28 bzw. 84 Tagen. Zusätzlich zu diesem Programm stellt die Fed den Banken, die mit ihr direkt über Offenmarktgeschäfte handeln, liquide kurzfristige US-Staatsanleihen im Tausch gegen weniger liquide Papiere zur Verfügung.

Um die strategisch wichtigen Finanzmärkte zu unterstützen, finanziert die Fed den Ankauf kurzfristiger Unternehmensschuldtitel, die für US-Unternehmen eine bedeutende kurzfristige Finanzierungsquelle darstellen, welche durch die Lehman-Insolvenz vollständig zu versiegen drohte. Zudem stützt die Notenbank Geldmarktfonds, die unter Mittelabflüssen leiden.

---

[75] Vgl. Toller, A. (2009), S. 1.
[76] Vgl. Fischer, M. (2009), S. 40.
[77] Vgl. o.V. (2009).

Im Rahmen der Stabilisierung der Märkte kündigte die Fed an, im Umfang von 100 Mrd. USD Anleihen der staatlichen Hypothekenfinanzierer und im Umfang von 500 Mrd. USD Mortgage Backed Securities dieser Institute anzukaufen. Auf diese Weise will die Fed die Zinsen für Hypotheken drücken. Darüber hinaus hat die Notenbank angekündigt, langfristige Staatsanleihen anzukaufen.

Ob diese Maßnahmen ausreichen, um die US-Wirtschaft nachhaltig zu stützen, wird in der Fachwelt kontrovers diskutiert.[78]

3 Schuldzuweisung – Kritische Würdigung der Geldpolitik des Federal Reserve System

Weder die internationale Bankenkrise 1982, die Sparkassenkrise 1986, das Portfolioversicherungsdebakel 1987, das Scheitern von Kidder Peabody im Jahre 1994, die Emerging-Market-Krise 1998, der Skandal um den Hedge-Fonds Long Term Capital Management im Jahre 1998 noch die Technologieblase von 2000 sind mit der bestehenden Situation vergleichbar. Sie können rückblickend als periodische Tiefpunkte betrachtet werden, die Bestandteile eines größeren „Boom-Bust-Zykluses" waren. Die aktuelle Krise ist dagegen das Ergebnis dieses Superbooms, der sich über die letzten 25 Jahre erstreckt, das gesamte Finanzsystem betrifft und das Ende der auf dem Dollar als internationale Devisenreserve basierenden Ära der Kreditexpansion bedeutet.[79]

Nach dem Kollaps an den Technologiebörsen im Jahr 2000 und den Anschlägen vom 11. September 2001 erschien die damalige Geldpolitik vor dem Hintergrund der Mehrfachzielorientierung angemessen. Die Verschlechterung der gesamtwirtschaftlichen Lage erforderte von der Fed Stabilisierungs- bzw. Wachstumsmaßnahmen. Die Politik des „leichten Geldes" hatte sich bereits in den vergangenen Jahren als Instrument bewährt, um den wirtschaftlichen Aufschwung einzuleiten.

Der Ansatz der Fed scheint demnach nicht falsch: In den durch Zinssenkungen gekennzeichneten Jahren 2001-2003 florierte die US-Wirtschaft. Zwar stieg die Arbeitslosenquote in den Jahren 2002/2003, aber dies wurde durch den deutlichen Anstieg des BIPs und eine stabile Inflationsrate kompensiert.

In der Kritik steht vielmehr der zu zögerliche Kurswechsel der Fed. Nachdem sie den US-Leitzins zügig und (zu) massiv gesenkt hatte, um eine weitere wirtschaftliche Ab-

---

[78] Vgl. Busch A. (2009), S. 2.
[79] Vgl. Soros, G. (2008), S. 7, 93.

schwächung zu verhindern, verpasste sie es, die Zinsen in Zeiten bereits gefestigten Aufschwungs zeitnah anzuheben: Die Fed-Politik des „billigen Geldes" (Leitzinsniveau um ein Prozent) wurde auch beibehalten, als das US-Wirtschaftswachstum in den Jahren 2003/04 ein gesundes Niveau von 2-2,5 % ausgewiesen hat. Dies verursachte ein Moral Hazard Problem:

Dieses eigentlich psychologische Argument der Versicherungsbranche lässt sich gut auf die Finanzmärkte anwenden, denn die indirekte Zusicherung der Fed, im Falle einer Krise den Investoren durch niedrige Zinsen auszuhelfen, fördert die Spekulationsbereitschaft der Marktakteure.[80] Insbesondere Finanzinstitute, die mit einem extrem hohen Risiko gehandelt haben, wurden unterstützt und mit niedrig verzinsten Krediten belohnt, die sie ohne die Zinspolitik der Fed nicht erhalten hätten.[81]

Der verengte Blick der Währungshüter auf den Index der Verbraucherpreise sowie die Missachtung der Geldmengenentwicklung ermöglichte die Entstehung gigantischer Preisblasen an den Vermögensmärkten, deren Zerplatzen die Weltwirtschaft an den Rand der Depression führte.[82]

Eine rechtzeitige Anhebung des Leitzinses hätte evtl. den Run auf Kredite und die resultierenden Preisexplosionen abgeschwächt. Doch die US-Notenbank reagierte mit einer zögerlichen Zinserhöhung erst 2004, als die Immobilienpreise jährliche Teuerungsraten jenseits der sieben Prozent erreichten und die Inflation langsam anzog. Die folgenden drei Jahre wurde diese Strategie fortgesetzt (Mitte 2004: ein Prozent bis Mitte 2007: 5,3 %), bis Mitte 2007 massive Zahlungsausfälle im Subprime-Segment den US-Hypothekenmarkt einstürzen ließen. Somit musste Ben Bernanke den „Fehler" seines Amtsvorgängers wiederholen und den Geldhahn aufdrehen.

Zu dem Zeitpunkt, als die Federal Funds Rate gegen Null ging, verlor das geldpolitische Hauptinstrument der Fed seine Wirksamkeit. Deshalb versucht die US-Notenbank die amerikanische Wirtschaft aus der Rezession zu retten, seit Januar 2009 verstärkt durch andere Liquiditätsmaßnahmen, wie der angekündigte Ankauf von faulen Hypothekenkrediten und langfristigen Staatsanleihen. Kritisch ist die daraus resultierende Verschlechterung der Notenbankbilanz, denn durch den Aufkauf der MBS in Höhe von 500 Mrd. USD schlägt ein Kreditausfall unmittelbar auf das Eigenkapital der Fed durch.[83] Zudem vergibt sie erstklassige Staatsanleihen und akzeptiert im Rahmen der TSLF und PDCF Programme minderwertige Wertpapiere als Sicherheiten, für die kein Markt besteht, und trägt das Ausfallrisiko.[84]

---

[80] Vgl. Zeise, L. (2008), S. 105.
[81] Vgl. Shiller, R. (2008), S. 99f.
[82] Vgl. Fischer, M. (2009), S. 40.
[83] Vgl. Schmidt, A. P. (2009).
[84] Vgl. Shiller, R. (2008), S. 100f.

Selbst als sicher bewertete AAA Wertpapiere, die Subprime-Kredite im Portfolio halten, können sich als nicht liquide herausstellen.[85] Darüber hinaus wirkt sich die quantitative Lockerung nur dann positiv aus, wenn die Banken den gesenkten Zins an die Endverbraucher weiterreichen und Bürger und Unternehmen diese Kredite wieder nachfragen.[86] In Situationen großer Unsicherheit wird auch trotz einer Null-Prozent Verzinsung wenig konsumiert. Eine Belebung der stark konsumgetriebenen und oftmals kreditfinanzierten US-Wirtschaft ist nur über die Wiedergewinnung des Verbrauchervertrauens möglich. Die Fed kann mit ihrer Geldpolitik nur die Rahmenbedingungen schaffen. Darauf aufbauend kann die Wirtschaftspolitik mit Stimulationsmaßnahmen („Konjunkturpakete") das Vertrauen des US-Bürger stärken und über den Konsum die Wirtschaft ankurbeln.

Abschließend bleibt die Schuldfrage zu klären: Rückblickend lässt sich festhalten, dass die US-Notenbank mit ihrer flexiblen Zinspolitik sowie der Fokussierung auf ein Wirtschaftswachstum ohne echte Wertsteigerung das Fundament für die Subprime-Krise und somit auch für die sich anschließende Finanzkrise legte. Man muss ihr vorwerfen, dass ihr bewusst sein musste, dass sich der private Konsum über irrationale Immobilienpreiserhöhungen nicht unendlich finanzieren lässt.[87]

Bereits 1996 während der New Economy hatte der damalige Chairman der Fed, Alan Greenspan, sich in einer Rede auf die eigentlichen Ziele Währungssicherung und langfristige finanzielle Stabilität besonnen und gewarnt: „Wie können wir wissen, wann irrationaler Überschwang die Preise von Anlageobjekten unangemessen nach oben getrieben hat, so dass sie dann unerwarteten und langanhaltenden Rückgängen unterliegen wie in Japan im letzten Jahrzehnt?"[88]

Seine Warnung wurde (fälschlicherweise) ignoriert. Wie damals wurde auch diesmal die Gefahr des Platzens der Immobilienblase unterschätzt. Zu spät wurden Gegenmaßnahmen eingeleitet.[89]

Künftig müssen sich die Notenbanken neben der Kontrolle der umlaufenden Geldmenge auch um die Kreditvergabe kümmern. Ihre Aufgabe ist es, nicht nur die Lohninflation, sondern auch die Entstehung von Spekulationsblasen zu verhindern. Dazu müssen die Notenbanker bei der Kontrolle der Geldmenge die vorherrschenden Kreditbedingungen in ihre Entscheidungen einfließen lassen, denn die Preisentwicklung von Vermögenswerten ist nicht nur von der Verfügbarkeit des Geldes abhängig. Ein wesentlicher Faktor ist die Bereitschaft, dieses Geld zu verleihen.[90]

---

[85] Vgl. Bischoff, J. (2008), S. 73.
[86] Vgl. Benders, R. (2009), S. 2.
[87] Vgl. Monetary Policy Report (2005), S. 6.
[88] Otte, M. (2009), S. 161.
[89] Vgl. Monetary Policy Report (2007a), S. 6 und vgl. Monetary Policy Report (2007b), S. 2.
[90] Vgl. Soros, G. (2008), S. 153.

Die Fed trägt sicher nicht die alleinige Schuld an der Finanzkrise. Sie ist vielmehr ein Teil des Problems. Kreditgeber und Kreditnehmer, die Kredite ohne Sicherheiten vergaben bzw. nahmen, Rating-Agenturen mit ihren (zu) optimistischen Ratings, Investmentbanken, die höchst spekulative Risiken handelten – um nur einige wenige Mitverantwortliche zu nennen – gehören ebenfalls zu den Akteuren und tragen Mitschuld an dem derzeitigen Ausmaß dieser Krise.[91]

Literaturverzeichnis

Balzi, B. & Brinkbäumer, K. (2008). Der Bankraub. In: Der Spiegel, Nr. 47, S. 45-80.

Bayer, T. (2009). *Operieren am Nullzins - Der Werkzeugkasten der US-Notenbank, in FTD.de vom 29.01.2009.* Abgerufen am 12. Juni 2009 von http://www.ftd.de/boersen_maerkte/aktien/marktberichte/:Operieren-am-Nullzins-Der-Werkzeugkasten-der-US-Notenbank/467518.html.

Beck, H. & Wienert, H. (2009). *Anatomie der Weltwirtschaftskrise: Ursachen und Schuldige.* In: Aus Politik und Zeitgeschichte 20/2009; Beilage zur Wochenzeitung Das Parlament vom 11.05. 2009, S. 7-12.

Benders, R. (2009). *Was nun Mr. Bernanke?* In: Handelsblatt Nr. 53 vom 17.03.2009 , S. 2.

Bischoff, J. (2008). *Globale Finanzkrise - Über Vermögensblasen, Realökonomie und die "neue Fesselung" des Kapitals.* Hamburg.

Bloss, M. & u.a. (2009). *Von der Subprime-Krise zur Finanzkrise - Immobilienblase: Ursachen, Auswirkungen, Handlungsempfehlungen.* München.

Board of Governors of the Federal Reserve System. (2005). *The Federal Reserve System - Purposes and Functions.* Abgerufen am 2009 von www.federalreserve.gov./pf./pf.htm.

Boing, G. (2009). Zinsen und Anleihen. In F. M. Albrecht F. Schirmacher (Hrsg.), *Platow Prognose 2009.*

Bonner, B. & Wiggin, A. (2005). *Tage der Abrechnung - Die internationalen Finanzmärkte im Umbruch. Oder: Wie wir die schleichende Wirtschaftkrise des 21.ten Jahrhunderts überleben.* München.

Busch, A. A. (2009). *Geldpolitische Optionen der Fed in Krisenzeiten, in: Bantleon - Der Anlagemanager vom 02.03.2009.* Abgerufen am 17. Juni 2009 von http://www.bantleon.com/media/meta/Kommentar/monatsbericht_maerz_2009.pdf.

---

[91] Vgl. Shiller, R. (2008), S.119 f.

Fehr, B. (2008). Der Weg in die Krise. In: *Frankfurter Allgemeine Zeitung, Nr. 66* (18.03.2008), S. 11.

Finanzen.net. (2009). Abgerufen am 17. Juni 2009 von www.finanzen.net/leitzinsindex.asp?inLeitzinsNr=3&inHist=1

Fischer, M. (2009). Zinsentscheidungen in der Badewanne. In: *Wirtschaftwoche, Nr. 10* vom 02.03.2009, S. 40.

Görgens, E., Ruckriegel, K. & Seitz, F. (2008). *Die europäische Geldpolitik - Theorie, Empirie und Praxis.* 5. vollst. überarb. Ausgabe. Stuttgart.

Greenspan, A. (1967, Nachdruck von: The Objectivist, 1966). Gold *and economic freedom.* In: A. Rand, Capitalism -The unknown Ideal, S. 96-101. New York.

Greenspan, A. (2002). *Federal Reserve Board's semiannual monetary policy report to the Congress Before the Committee on Banking, Housing, and Urban Affairs, U.S. Senate July 16, 2002.* Abgerufen am 5. Juli 2009 von http://www.federalreserve.gov/BoardDocs/HH/2002/july/testimony.htm .

Kahn, G. A. (2001). *The Economist Outlook and Monetary Policy Before and After September 11.* Abgerufen am 17. Juni 2009 von http://www.kc.frb.org/SpeechBio/oklahoma2001/ok2001doc.pdf

Krüger, A. (2008). *Hintergrund: Fragen und Antworten zur Immobilienkrise.* Abgerufen am 17. Juni 2009 von http://www.tagesschau.de/wirtschaft/immobilienkrise16.html

Leuschel, R. & Vogt, C. (2006). *Das Greenspan-Dossier – Alan und seine Jünger: Bilanz einer Ära.* 3, erweiterte Auflage. München.

Mishkin, F. S. & Eakins, S. G. (2000). *Financial Markets and Institutions* (3. ed.).

Monetary Policy Report. (2003). *Monetary Policy Report to the Congress February 11, 2003.* Abgerufen am 17. Juni 2009 von http://www.federalreserve.gov/boarddocs/hh/2003/February/FullReport.pdf

Monetary Policy Report. (2005). *Monetary Policy Report to the Congress February 16, 2005.* Abgerufen am 17. Juni 2009 von http://www.federalreserve.gov/boarddocs/hh/2005/February/fullreport.pdf

Monetary Policy Report. (2007a). *Monetary Policy Report to the Congrss February 14, 2007.* Abgerufen am 17. Juni 2009 von http://www.federalreserve.gov/monetarypolicy/files/20070214_mprfullreport.pdf

Monetary Policy Report. (2007b). *Monetary Policy Report to the Congress July 18, 2007.* Abgerufen am 17. Juni 2009 von http://www.federalreserve.gov/monetarypolicy/files/20070718_mprfullreport.pdf

Müller, F. B. (1996). *Geldpolitik und Finanzinnovationen.* Hamburg.

o.V. (2001). *Kritik an drastischen Zinssenkungen in den USA.* In: Handelsblatt, Nr. 216 vom 08.11.2001, S. 23.

o.V. (2008a). *Panik unter Anlegern - Märkte durch Zinssenkungen der Fed verunsichert,* 23.01.2008. Abgerufen am 2009. Juni 17 von www.wiwo.de/finanzen/maerkte-durch-zinssenkung-der-Fed-verunsichert-262999/

o.V. (2008b). *US-Notenbank warnt eindinglich vor Inflation.* In: Handelsblatt, Nr. 112 vom 12.06.2008 , S. 6.

o.V. (2009). *US-Notenbank - Fed will US-Staatsanleihen aufkaufen.* Abgerufen am 17. Juni 2009 von http://www.fr-online.de/in_und_ausland/wirtschaft/aktuell/1666983_Fed-will-US-Staatsanleihen-%20aufkaufen.html.

Otte, M. (2009). *Der Crash kommt - Die neue Weltwirtschaftkrise und was Sie jetzt tun können.* Berlin.

Publication Committe of the Federal Reserve System. (2005). *The Federal Reserve System - Purposes an Functions* (9. Ausg.). Washington D.C.

Ruckriegel, K./Seitz, F. (2006). *Die operative Umsetzung der Geldpolitik: Eurosystem, Fed, Bank of Endland. In: Wirtschaftsdienst,* 86 Jg., S. 540-548.

Ruckriegel, K./Seitz, F. (2006). *Eurosystem versus Federal Reserve System – ein kritischer Vergleich unter Berücksichtigung der Glaubwürdigkeitsdiskussion.* In Pfahler, T./Thuy, P. (Hrsg.), Wirtschaftliche Entwicklung und struktureller Wandel – Egon Görgens zum 65. Geburtstag (S. 397-416). Bern u.a.

Samuelson, P. A./Nordhaus, W. D. (2007). *Volswirtschaftlehre - Das internationale Standardwerk der Makro- und Mikroökonimie, 3. , aktualisierte Auflage.* (Berger, R./ Hilgner, B. /Pumpernig, A., Übers.).

Schmidt, A. P. (2009). *Ist die Fed bankrott - Verschuldungsinnovationen vom 17.02.2009.* Abgerufen am 17. Juni 2009 von http://www.heise.de/tp/r4/artikel/29/29752/4.html

Shiller, R. (2008). *Die Subprime-Lösung - Wie wir in die Finanzkrise hineingeraten sind - und was wir jetzt tun sollten.* Kulmbach.

Soros, G. (2008). *Das Ende der Finanzmärkte und deren Zukunft.* München.

Stoisch, J./Jeimke-Karge, H. et al. (2009). *Finanzkrise: Vom Immobilienboom zum Börsencrash.* Abgerufen am 17. Juni 2009 von http://www.wiwo.de/finanzen/finanzkrise-vom-immobilienboom-zum-boersen-crash-271063/

Terlau, W. (2004). *Volkswirtschaftliche Schriftenreihe, Vergleichende Analyse der europäischen und amerikanischen Geldpolitik* (Bd. 31). Münster.

Toller, A. (2009). *Zinssenkungen der US-Notenbank - Geldpolitik über die Notenpresse, in: wiwo.de vom 17.12.2008.* Abgerufen am 17. Juni 2009 von http://www.wiwo.de/finanzen/geldpolitik-ueber-die-notenpresse-381526/

Zeise, L. (2008). *Ende der Party - Die Explosion im Finanzsektor und die Krise der Weltwirtschaft.* Köln.

Mario Czaykowski, Kerstin Wink, Thomas Theiselmann, Hermann Gehring

I.2 Konsumverhalten und Hypothekenmarkt in den USA

1 Konsumverhalten 31
   1.1 Grundlagen der Konsumentscheidung 31
   1.2 Erfolg und Status 32
   1.3 Konsumverhalten der US-Amerikaner 32
   1.4 Sparverhalten der US-Amerikaner 34
   1.5 Verbrauchervertrauen der US-Amerikaner 35

2 Immobilien- und Hypothekenmarkt in den USA 36
   2.1 Entwicklung der US-Immobilienpreise 36
   2.2 Entwicklung der Häuserverkäufe 37
   2.3 Unterschiedliche Kreditstandards 39
   2.4 Subprime-Kredite 40
   2.5 Immobilienerwerb zum Zwecke des Konsums 41
   2.6 Hypotheken mit speziellen Gestaltungsmerkmalen 41

3 Zusammenfassung 43

Literaturverzeichnis 44

„Sinn und Zweck jeder Produktion ist der Konsum […]"[1] (Übersetzung durch die Verf.)

Dieses Kapitel befasst sich mit den Eigenheiten des Konsumverhaltens der US-Amerikaner und dem Immobilien- und Hypothekenmarkt in der Zeit von 2001 bis 2009. Sinkende Zinsen alleine können noch nicht die Ursache für die Entstehung einer Blase sein (Beitrag I.1). Starke Preissteigerungen bei Wohnimmobilien entstehen erst dann, wenn das billige Geld bei den Konsumenten angekommen ist. Die entsprechenden Vorgänge werden insbesondere bezüglich der Wechselwirkungen zwischen Konsumverhalten und Hypothekenmarkt in den USA zu Beginn der Subprime-Krise analysiert.

1 Konsumverhalten

1.1 Grundlagen der Konsumentscheidung

Nach Keynes wird der Konsum der privaten Haushalte von sieben Faktoren beeinflusst: dem zur Verfügung stehenden Einkommen, den Erwartungen über dessen Entwicklung, dem Einkommen anderer, dem Willen zu sparen, dem Vermögen, den Entwicklungen des Preisniveaus und der Zins- und Kreditpolitik. Vereinfacht geht er davon aus, der Konsum einer Periode sei eine Funktion des Einkommens der gleichen Periode.

Konsum und Sparen lassen sich nur schwer trennen. Mit der Konsumhöhe wird gleichzeitig die Ersparnis festgelegt.[2] Denn erwirtschaftetes Einkommen kann entweder für Konsumzwecke ausgegeben oder gespart werden. Wird es für Konsum genutzt, fließt es auf direktem Wege zurück in den Wirtschaftskreislauf und steht erneut in vollem Umfang zur Verfügung. Konsumiert eine Volkswirtschaft viel, wirkt sich dies positiv auf ihr Bruttoinlandsprodukt aus. Es steigt an, soweit dies nicht zu Lasten der Investitionen oder der Exportbilanz geht. Dies ergibt sich gemäß folgender Gleichung: Bruttoinlandsprodukt = Konsum der Volkswirtschaft + Bruttoinvestitionen + Exporte abzüglich Importe.[3]

---

[1] „Consumption is the sole end and purpose of all production; […]", Smith, Adam (1776).
[2] Vgl. Rittenbruch, K. (2000), S. 162-164.
[3] Vgl. Rittenbruch, K. (2000), S. 60.

Mario Czaykowski, Kerstin Wink, Thomas Theiselmann, Hermann Gehring

1.2 Erfolg und Status

Erst ab dem 18. Jahrhundert entwickelte sich der Konsum so, wie wir ihn heute kennen. Zuvor war er in großen Teilen der Welt gesetzlichen Regelungen unterworfen. Festgelegt war unter anderem, welche Standesangehörigen welche Stoffe oder welches Geschmeide zu tragen hatten oder wie hoch ihre Absätze sein durften. Der Handlungsspielraum zur Entfaltung der Konsumbedürfnisse war sehr klein. Ziel des Konsums war die unmittelbare Erkennbarkeit der standesgesellschaftlichen Position. Darüber hinaus verfügte der Großteil der Bevölkerung nicht über die finanziellen Mittel, etwa zur Anschaffung teurer Stoffe. Verschwendung war insbesondere in der Oberschicht ein beliebtes Mittel zur Demonstration von Liquidität und finanzieller Unabhängigkeit. Die Frage der Abstammung hatte eine besondere Bedeutung für die Standeszugehörigkeit. Seit langer Zeit im Familienbesitz befindliche Wertgegenstände zeugten von Reichtum und Wohlstand vieler Generationen.[4]

Prestigedenken und der Wunsch nach hohem gesellschaftlichen Status ist bis in die heutige Zeit erhalten geblieben, auch und vor allem in den Vereinigten Staaten von Amerika. Vorfahren der heutigen Amerikaner waren meist Europäer, die aufgrund finanzieller Probleme den Schritt in die „Neue Welt" wagten, in der Hoffnung, den amerikanischen Traum von einem Leben in Wohlstand zu verwirklichen. Die eigenen finanziellen Erfolge für sein Umfeld sichtbar werden zu lassen, war in der „Neuen Welt" das Entscheidende für den gesellschaftlichen Status. Ein verschwenderischer Umgang mit Geld schien auch hier das geeignete Mittel zu sein, denn wer immer genug Geld hat, der muss nicht sparsam sein und für die Zukunft vorsorgen.

1.3 Konsumverhalten der US-Amerikaner

Das Konsumverhalten der US-Amerikaner weicht erheblich von dem der Europäer ab. Über Konsum vertreten die US-Amerikaner ihren Status. Reichtum wird gerne nach außen gezeigt und ihm wird größere Bedeutung beigemessen als in Europa.

Der Durchschnittsamerikaner zieht im Vergleich zum Durchschnittseuropäer häufiger um und wechselt mehrmals seinen Beruf. Wer wie der Europäer lange Zeit am selben Ort wohnt, ist stärker mit seinem Wohnort und mit den dort lebenden Menschen verbunden. Sein familiärer Hintergrund ist bei geringer Umzugshäufigkeit bekannt. Der Durchschnittsamerikaner versucht dagegen, seinen Platz in der Gesellschaft über möglichst imposante Statussymbole zu erlangen.[5]

---

[4] Vgl. Ulrich, W. (2006), S. 17-27.
[5] Vgl. Rickens, C. (2005), S. 134-142.

US-Amerikaner haben eine positive Zukunftserwartung bezüglich ihres Einkommens sowie bezüglich der Wertsteigerung ihrer Immobilien und Aktien. Dies lässt sich auf die positiven Erfahrungen der Vergangenheit zurückführen. Entsprechend dieser positiven Grundhaltung sind sie im Vergleich zu den europäischen Verbrauchern äußerst konsumfreudig. Fast 70 % beträgt der Anteil der Verbraucherausgaben am US-amerikanischen Bruttoinlandsprodukt, hierzulande sind es lediglich 56 %.[6]

Der Amerikaner ist es nicht gewöhnt zu warten. Die Erfüllung des Wunsches nach einem neuen Wagen wird nicht durch eine mehr oder weniger lange Ansparphase verzögert. Er geht in ein Autohaus, kauft den PKW und möchte diesen sofort mitnehmen. Verfügt er nicht über ausreichend finanzielle Mittel, nimmt er eines der zahlreichen Kreditangebote in Anspruch.

Selbst die Geschehnisse des 11. September 2001 hatten mittelfristig keine Einschränkung des amerikanischen Konsums zur Folge, u. a. auch wegen der Lockerung der Zinspolitik durch die Notenbank. Viele Amerikaner empfanden es sogar als ihre „patriotische Pflicht", in schwieriger Wirtschaftslage mehr zu konsumieren.

Der Begriff des Konsums unterscheidet sich in den USA von dem in Europa. Während in Europa darunter eher der Kauf von Verbrauchsgütern gemeint ist, zählen dort auch Ausgaben für den Gesundheitssektor, die Altersvorsorge und die Bildung dazu. Es gibt keine allgemeine Krankenversicherungspflicht. Im Krankheitsfall müssen Arzt-, Krankenhaus- oder Medizinkosten gegebenenfalls aus eigener Tasche bezahlt werden. Gerade bei Operationen oder chronischen Erkrankungen können diese Kosten so große Dimensionen annehmen, dass Kredite aufgenommen werden müssen. Auch eine gute Schulbildung kann oft nur mit Darlehen garantiert werden.[7]

Tabelle 1: Konsumausgaben der privaten Haushalte in den USA (in Mrd. USD)[8]

	1999	2000	2001	2002	2003	2004	2005	2006	2007
Bekleidung und Schuhe	325,4	339,9	341,9	349,6	359,5	378,5	398,9	421,9	438,1
Gesundheit	1055,7	1134,4	1237,9	1344,6	1444,0	1540,7	1640,0	1742,0	1854,8
Fortbewegungsmittel	751,4	821,4	839,9	849,0	886,9	939,1	1011,0	1050,0	1096,8
Freizeit, Unterhaltung und Kultur	582,2	622,6	640,8	667,8	697,5	745,3	784,3	838,4	886,8
Restaurants und Hotels	386,6	413,9	425,1	443,8	467,4	499,4	531,8	570,7	602,0
Bildung	150,5	163,8	178,1	190,2	203,1	212,8	226,3	240,9	257,3
Versicherungen	208,1	226,9	230,2	231,6	252,9	288,4	312,1	320,9	337,5

Nur für Bildung (ohne Mehrkosten für Immobilien im Einzugsgebiet der als gut erachteten Schulen) gaben die privaten Haushalte 2007 in den USA 257,3 Mrd. $ aus. Um all

---

[6] Vgl. Statistisches Bundesamt (2009).
[7] Vgl. Rickens, C. (2005), S. 138.
[8] Vgl. U.S. Bureau of Economic Analysis (2009).

dies zu finanzieren, sind Doppelverdiener üblich. 2006 waren 59 %[9] aller Frauen über 16 Jahre berufstätig. Folglich benötigten sie ein Fortbewegungsmittel – etwa ein Auto – um zur Arbeit zu gelangen. Auch in diesem Bereich fallen somit hohe Kosten an.

1.4 Sparverhalten der US-Amerikaner

Das US-amerikanische Sparverhalten weicht stark vom deutschen ab. Bereits das gesamtwirtschaftliche Sparen der USA ist geringer. Besonders deutlich werden die Unterschiede im Bereich der privaten Haushalte. Seit Beginn der New Economy[10] verstärkte sich diese Differenz zunehmend.[11]

Typischerweise geben die amerikanischen privaten Haushalte häufig mehr Geld aus als sie einnehmen, woraus eine negative Sparquote entsteht. Für die aufgenommenen Kredite fallen Zins- und Tilgungszahlungen an. Das tatsächlich für neuen Konsum zur Verfügung stehende Budget in folgenden Perioden ist demnach geringer. Dennoch möchten die Betroffenen auch weiterhin konsumieren und nicht auf ihren gewohnten Standard verzichten. Es werden gegebenenfalls weitere Kredite aufgenommen. Es ist nicht einfach, einen Weg aus diesem Verhaltensmuster zu finden. Denn die Menschen aus dem Umfeld der Betroffenen verhalten sich häufig ebenso. Deshalb wird das als normal und unbedenklich empfunden. Durch diese Mentalität entsteht ein Teufelskreis, der die Schulden weiter steigen lässt.

Dieses Sparverhalten wurde auch durch vergangene wirtschaftliche Entwicklungen beeinflusst. Bereits seit den 80er Jahren stiegen die Marktwerte der Aktien stark an - viel stärker als Realkapital. Etwa zeitgleich wurde die Sparquote geringer und die Konsumquote höher. Vermögen war nicht das Ergebnis des Sparverhaltens, sondern wurde durch Preissteigerungen der Wertpapiere verursacht. So sank die Sparquote zwischen 1982 und 2000 von 11,5 % auf 2,4 %, während die Konsumquote anstieg. Sie blieb trotz der Folgen der Rezession von 2001 relativ konstant.

Die Sparquote betrug 1999 in Deutschland 9 %, während sie in den USA bei 2,5 % lag. Insbesondere die einkommensschwachen Bevölkerungskreise konsumierten mehr als sie einnahmen. Sie entwickelten positive Zukunftserwartungen und gewöhnten sich an hohen Konsum. Dies änderte sich auch nicht nach 2000/2001, als die Aktienentwicklung nicht mehr derart positiv war.

Ein zusätzlicher Anreiz zur Aufnahme privater Kredite wird in den USA durch die Möglichkeit einer vergleichsweise unkomplizierten Privatinsolvenz geboten. Wenn der Schuldner lediglich die nächsten sieben Jahre nicht wieder in die gleiche Lage der

---

[9] Vgl. U.S. Census Bureau (2006).
[10] Bezeichnung für den beispiellosen Aufschwung der USA in den 1990ern.
[11] Vgl. Bardt, H./Grömling, M. (2003) , S. 30-34.

1.2 Konsumverhalten und Hypothekenmarkt in den USA

Insolvenz gerät, ist er von allen Schulden befreit. Aus diesem Grund ist die Anzahl der Privatinsolvenzen in Amerika um ein Vielfaches höher als in Deutschland. Sollte man sich mit seinen Ausgaben verkalkuliert haben, so gibt es immer noch die Option der raschen Entschuldung. Aufgrund der relativ geringen Konsequenzen wird das Risiko der Fehlkalkulation in Kauf genommen. Während 2004 für Deutschland 50.000 Privatinsolvenzen verzeichnet wurden, lag die Zahl in Amerika bei 1.600.000.[12]

1.5 Verbrauchervertrauen der US-Amerikaner

Entsprechend der großen Bedeutung des Konsums für die amerikanische Volkswirtschaft findet der Index für Verbrauchervertrauen starke Beachtung. Er wird monatlich vom Conference Board veröffentlicht (Abbildung 1).

Abbildung 1: Verbrauchervertrauen in den USA von 1990 bis April 2009 [13]

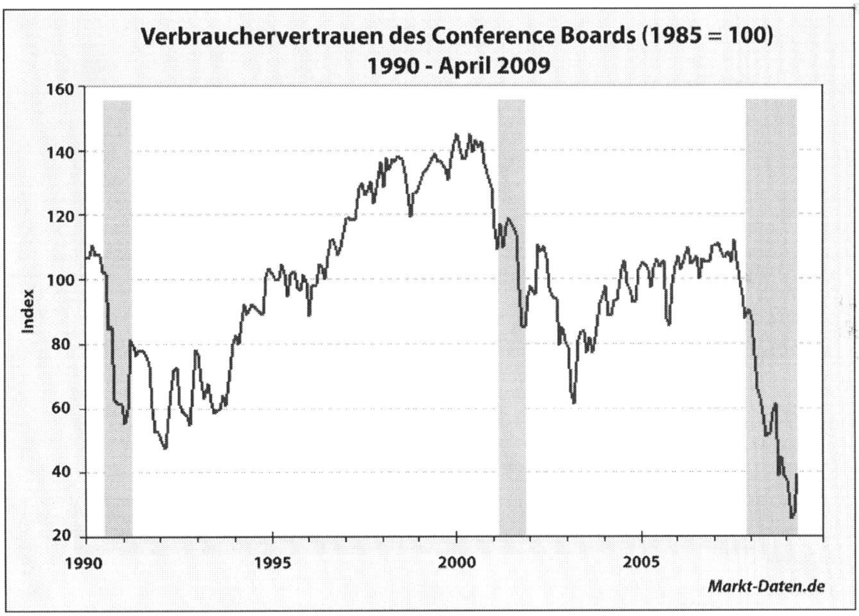

Seinen Höchststand erreichte der Index kurz vor Ausbruch der DotCom-Krise im Jahre 2000. Danach fiel er bis auf 60 %, auch bedingt durch die Ereignisse des 11. September 2001 und den Ausbruch des zweiten Irak-Krieges. Dann aber erholte er sich

---

[12] Vgl. Rickens, C. (2005), S.135f.
[13] Markt-Daten.de (2009).

wieder. Eine der Ursachen für die Belebung dieses Vertrauens, das die Zuversicht der US-amerikanischen Verbraucher bezüglich zukünftiger zu realisierender Konsumabsichten wiedergibt, liegt in der Entwicklung des amerikanischen Hypothekenmarktes.

2 Immobilien- und Hypothekenmarkt in den USA

2.1 Entwicklung der US-Immobilienpreise

Eine negative Korrelation zwischen Leitzins und Häuserpreisen ist in der folgenden Langzeitgrafik (Abbildung 2) nicht unbedingt zu erkennen.

Abbildung 2: Reale Hauspreisindizes und Leitzinsen seit 1890 [14]

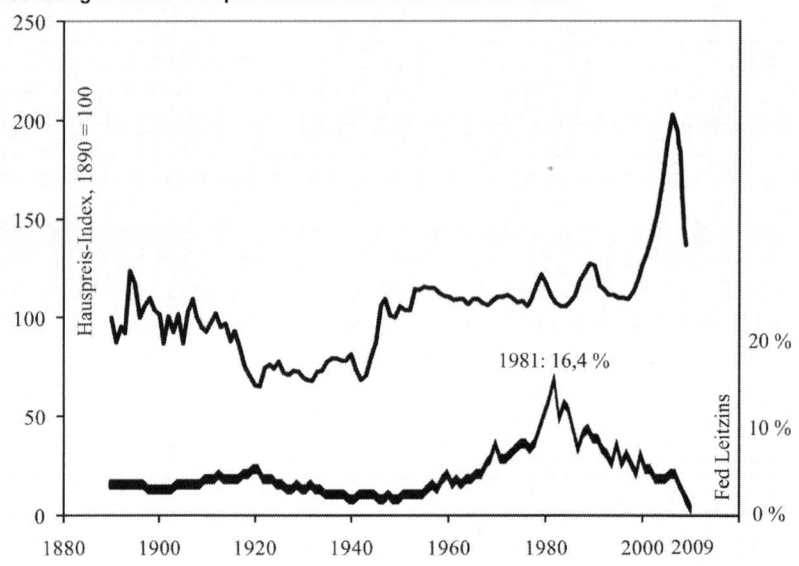

In der Phase der großen Inflation nach dem Ölpreisschock von 1973 stieg der Leitzins im Jahresdurchschnitt auf 16,4 %, die höchste Inflationsrate wurde 1981 mit 13,2 %

---

[14] Eigene Darstellung nach Shiller (2009) unter Verwendung der Fed Funds Rate History.

erreicht. Dennoch fielen die realen Hauspreise nicht. Die Werte in Abbildung 2 sind inflationsbereinigt.

Einzig der starke Anstieg der nominalen Preise ab 2001 scheint in engem Zusammenhang mit den drastischen Leitzinssenkungen durch die Fed zu stehen. Auch 1940 waren die Zinsen niedrig. Aufgrund des Ausbruchs des zweiten Weltkrieges hatte dies aber nicht zu einer Vermehrung des Geldes in den Taschen der Hauskäufer geführt, sondern diente eher der Verbilligung der Rüstungsausgaben. Jedenfalls erholten sich die Immobilienpreise erst nach Beendigung des Krieges und blieben dann relativ konstant.

2.2 Entwicklung der Häuserverkäufe

Nur ein Blick auf die Verkäufe von schon bestehenden und neu errichteten Eigenheimen kann die Aufwärtsbewegung der Preise erklären. Die Zahlen waren schon seit ca. zehn Jahren stetig angestiegen, um dann nach einer kurzen Pause 2000-2001 ihren Höhenflug bis zum Maximum in 2005/2006 anzutreten (Abbildung 3 und 4).

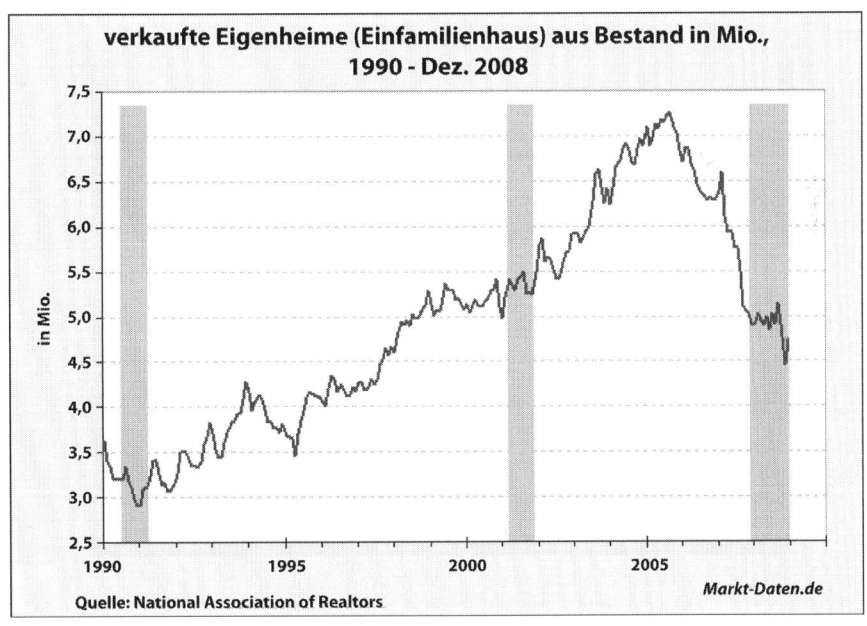

Abbildung 3: Verkäufe bestehender Häuser[15]

[15] National Association of Realtors, bei Markt-Daten.de (2009).

Nach den starken Zinssenkungen ab 2001 führte die Verbilligung des Geldes tatsächlich zu einer stark erhöhten Nachfrage nach Wohnimmobilien, woraus sich folgerichtig die hohen Preissteigerungen erklären lassen. Anhand der Zinsentwicklung kann gezeigt werden, wie sich die monatliche Belastung eines Haushaltes beim Kauf einer Immobilie nach einer 3%igen Zinssenkung reduziert. Bei einem Annuitätendarlehen über 30 Jahre für ein Einfamilienhaus zum Kaufpreis von 300.000 USD mit konstanten Raten beträgt die monatliche Ersparnis dann ca. 540 USD.

Es verwundert daher nicht, dass sich viele den Wunsch des eigenen Heims erfüllen wollten und konnten. Die amerikanische Politik, die sich des Themas der Förderung von Wohneigentum angenommen hatte, konnte bis hierhin tatsächlich von einem erfolgreichen Ansatz ausgehen (Beitrag I.3).

Abbildung 4: Verkäufe Neubauten[16]

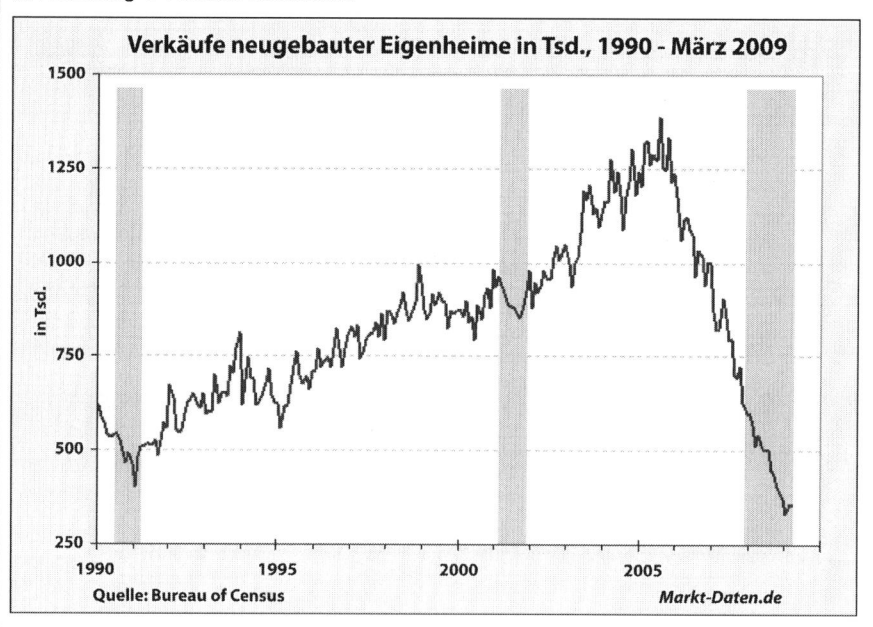

Verkäufe neugebauter Eigenheime in Tsd., 1990 - März 2009

Quelle: Bureau of Census   Markt-Daten.de

Auch Ben Bernanke, der spätere Notenbankchef, sah in den Immobilienpreissteigerungen 2005 noch den Beweis für eine starke amerikanische Wirtschaftsleistung:

„Die Häuserpreise sind in den letzten beiden Jahren um fast 25 % gestiegen. Obwohl die Spekulation auf einigen Gebieten zugenommen hat, reflektieren diese Preissteigerungen auf Landesebene sehr die starken fundamentalen Wirtschaftsdaten, incl. eines robusten Wachstums bei Arbeitsplätzen und Einkommen, geringen Hypothekenzinsen und ständiger Zunahme von

---

[16] Bureau of Census, bei Markt-Daten.de (2009).

Haushaltsgründungen in Verbindung mit einem limitierten Wohnangebot in einigen Gebieten." [17]

2.3 Unterschiedliche Kreditstandards

Ab 2003 kam es dann jedoch zu einer folgenschweren Entwicklung. Abbildung 5 kann die Höhe der insgesamt neu ausgegebenen Hypothekendarlehen entnommen werden. Bis 2002 gingen diese in erster Linie an solvente Schuldner („Total Prime").

Abbildung 5: Hypothekendarlehen 2001 bis 2006[18]

Hypothekendarlehen in den USA
Neu ausgegebene Hypothekendarlehen nach Kreditstandards[1)] in Milliarden US-Dollar

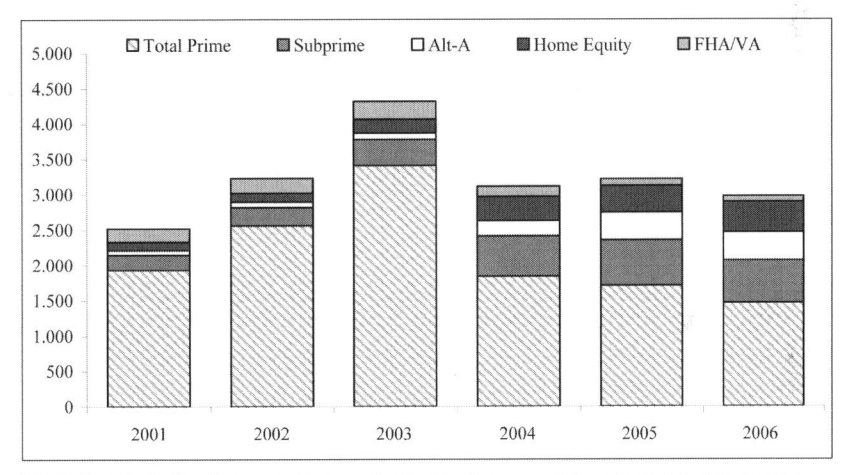

1) Total Prime: hohe Bonitätsanforderungen; Subprime: geringe Bonitätsanforderungen; Alt-A: mittlere Bonitätsanforderungen; Home Equity: Aufstockung bereits bestehender Hypothekendarlehen; FHA/VA: Hypothekendarlehen aus Programmen für sozial Schwache oder Veteranen.
Quelle: Joint Center for Housing Studies of Harvard University, 2007, 38

Den Höhepunkt erreichten die Auszahlungen an diese Gruppe in 2003 mit ca. 3.500 Mrd. USD. Diese Summe wurde in 2004 fast halbiert, weil der Hunger nach einem Eigenheim von denjenigen, die es sich leisten konnten, allmählich gesättigt war. Zunehmend interessierten sich jedoch nun auch weniger einkommensstarke Gruppen für den Häusermarkt.

---

[17] Bernanke, B. S. (2005), zitiert nach Shiller, R. J. (2008).
[18] Jäger, M./Voigtländer, M. (2008), S. 6.

Mario Czaykowski, Kerstin Wink, Thomas Theiselmann, Hermann Gehring

Der Hypothekenmarkt der USA ist eingeteilt in die Bereiche Prime, Alt-A und Subprime. Die Kategorie Alt-A stellt dabei einen Graubereich zwischen den beiden anderen dar. Sie umfasst Schuldner, denen es nicht möglich ist, vollständige Dokumente vorweisen zu können, welche für eine Kreditvergabe von Bedeutung sind.

Zur Vervollständigung sind in Abbildung 5 ebenfalls Kredite aus der Aufstockung von bestehenden Verträgen und Hypothekendarlehen aus Programmen für sozial Schwache oder Veteranen aufgeführt. Sie werden von der Federal Housing Association (FHA) und der Veterans Association (VA) vergeben. Ihnen wird allerdings im Kontext dieser Arbeit keine weitere Bedeutung beigemessen.

2.4 Subprime-Kredite

Eine präzise Definition für Subprime-Kredite ist in der Literatur nicht vorhanden. Dennoch herrscht Konsens darüber, dass sich Subprime-Kreditnehmer durch folgende Merkmale charakterisieren lassen:

Die Bonität (Kreditwürdigkeit) von Subprime-Kreditnehmern ist in der Regel schlechter als die von anderen Kreditnehmern. Die Mehrzahl dieser „zweitklassigen" Kreditnehmer verfügt über ein geringes Einkommen und ist bereits verschuldet. Des Öfteren sind sie schon mit dem Kapitaldienst, also mit Zins- und Tilgungszahlungen, in Rückstand geraten.

Diese erste grobe Einstufung kann mit Hilfe faktischer Daten genauer belegt werden. Die Fair-Isaac-Corporation ist eine Kreditauskunftei, die mit dem „FICO-Score" den Schuldnern einen Scoring-Wert zuteilt. Diese Werte auf einer Skala von 300 - 900 stufen die persönliche Kreditwürdigkeit des Kreditnehmers ein. Liegt dieser persönliche Scoring-Wert, in den auch der Verschuldungsgrad einfließt, unter der Schwelle von 630 (teilw. auch 620) Punkten, dann bezeichnet man die betreffende Person als Subprime-Kreditnehmer.[19]

Des Weiteren ist eine Identifikation eines Subprime-Kreditnehmers mit Hilfe der Angabe einer Beleihungswertgrenze möglich. Der Beleihungswert gibt an, zu welchem Anteil der Wert des Investitionsobjektes (Wohnimmobilie) mit einem Darlehen belastet ist. Liegt die Beleihungshöhe oder Loan-To-Value-ratio (LTV) eines Darlehens oberhalb von 85 %, wird es dem Subprime-Segment zugerechnet.

Auch durch Analyse des Verschuldungsgrades bzw. Debt payment-To-Income-ratio (DTI) wird eine Einstufung ermöglicht. Bei der Berechnung dieser Schuldendienstquote wird ermittelt, welcher Anteil des verfügbaren Einkommens des Schuldners durch

---

[19] Vgl. Kofner, S. (2009), S. 5f.

Zins- und Tilgungszahlungen in Anspruch genommen wird. Überschreitet dieser Wert die Schwelle von 55 %, ergibt sich eine Zuordnung zum Subprime-Kreditnehmer.

Waren 2003 noch 80 % aller Hypothekendarlehen der Klasse „Prime" zugeordnet, so belief sich deren Anteil 2006 nur noch auf 50 % (Abbildung 5). Beträgt das Risiko des Ausfalls bei Prime-Darlehen beispielhaft 2 %, bei Subprime aber 10 %, so bedeutet diese Anteilsverschiebung eine Erhöhung des zusammengesetzten Risikos für das Gesamtportfolio von 3,6 % auf 6 %, also fast eine Verdoppelung. Und dies nur unter gleichen, günstigsten Rahmenbedingungen niedriger Zinsen. Insbesondere das Ausfallrisiko der Subprime-Schuldner würde bei einer Erhöhung der Zinsen stark ansteigen.

2.5 Immobilienerwerb zum Zwecke des Konsums

Bis 2006 machte man sich über das Ausfallrisiko jedoch keine großen Sorgen. Die Immobilien dienten mit ständig steigenden Preisen als exzellente Sicherheiten. Dieser Umstand brachte einige Konsumenten auf eine verhängnisvolle Idee, womit sich der Kreis zum eingangs beschriebenen Konsumverhalten schließt: Warum beleiht man nicht sein Haus, das doch schon seit so langer Zeit immer wertvoller wird, zu 100 % oder noch darüber? Oder warum kauft man nicht gleich eine neue oder noch größere Immobilie und beleiht diese zu 120 % (zur Praxis der Beleihung über dem Kaufpreis siehe auch Beitrag I.3). Der nicht zur Bezahlung der Immobilie erforderliche überschüssige Betrag (hier 20 %, also durchaus je nach Immobilie 40 bis 60.000 USD) wird dann zur Befriedigung lang gehegter Konsumwünsche eingesetzt. Eine treibende Kraft bei diesem Vorgehen war die steuerliche Abzugsfähigkeit von Hypothekenzinsen. Ähnliche Arten von Eigenheimförderung gibt es auch in anderen Staaten („Eigenheimzulage"). In den USA aber konnte sie zur Finanzierung von Konsumausgaben missbraucht werden, weil es weder eine absolute noch prozentuale obere Beleihungsgrenze für die Immobilien gab.

Nun wird auch der Anstieg des Verbrauchervertrauens in der Zeit von 2003 bis 2006 verständlich. Durch das von den Immobilienpreisen angetriebene Perpetuum Mobile konnte nahezu jeder Konsumwunsch erfüllt werden.

2.6 Hypotheken mit speziellen Gestaltungsmerkmalen

Unterstützt wurde die Sorglosigkeit der Konsumenten durch zahlreiche Spielarten von Kreditbedingungen, die besonders den Subprime-Kunden entgegenkamen. Eine interessante Variante war das Rucksack-Darlehen. Dieses richtete sich explizit an Kunden mit nur geringer Bonität, die sich nicht einmal die Anzahlung von etwa 10-20 % leisten konnten. Diese wurde dann durch einen erneuten Kredit finanziert. Manche Kredite konnten endfällig, also erst am Ende der Laufzeit getilgt werden, vorher fielen nur Zinsen an.[20] Diese Konstruktion ging sogar soweit, dass nicht nur auf die Tilgung verzichtet wurde, sondern auch nicht ausreichende Zinszahlungen akzeptiert waren. Dadurch erhöhte sich laufend die endfällig zu zahlende Tilgung.[21] Solange die Immobilienpreise mit den Schulden mitwuchsen, schien dies auch kein allzu großes Problem darzustellen.

2004 rief ausgerechnet der damalige Notenbankchef Alan Greenspan die Kreditnehmer dazu auf, ihre Darlehen mit festem Zinssatz in so genannte ARMs (Adjustable Rate Mortgage = Hypothek mit variablem Zinssatz) umzuwandeln. Er hatte herausgefunden, dass die Schuldner durch die in den festen Zinssätzen eingepreisten „Versicherungsprämien" gegen Zinserhöhungen zu viel bezahlt hatten.[22] Tatsächlich zeigt folgende Tabelle 2 einen deutlichen Unterschied zwischen (teil-)variablen und festen Zinssätzen, wobei 5/1 z. B. eine Zinsbindung für die ersten fünf Jahre mit anschließender jährlicher variabler Anpassung bedeutet. Je kürzer die Zinsbindung, umso preiswerter ist der Kredit, besonders in der Niedrigzinsphase bis 2004.

Tabelle 2: Unterschiedliche Sätze bei fester bzw. (teil-)variabler Zinsbindung[23]; dabei bedeutet z. B. 5/1 hybrid: 5 Jahre fest, danach jährliche Anpassung.

How rates compare	
Interest rates for adjustable-rate mortgages vs. fixed-rate loans:	
1-year ARM	3,67 %
3 / 1 hybrid ARM	3,93 %
5 / 1 hybrid ARM	4,53 %
7 / 1 hybrid ARM	4,97 %
15-year fixed	4,97 %
30-year fixed	5,69 %
Source: HSH Associates	

---

[20] Vgl. Heine, S./Pellemeier M. (2008).
[21] Vgl. Brueggeman, W. B./Fisher J.D. (2005), S. 344f.
[22] USA-Today (2004).
[23] ebenda.

2004 aber begann der gleiche Notenbankchef, die Leitzinsen zu erhöhen, so dass diejenigen, die sich für einen 1-year ARM entschlossen hatten, unverzüglich, und diejenigen mit einem 3/1 ARM ab 2007 die höheren Zinsen zu spüren bekamen.

Die regelmäßigen Leitzinserhöhungen zur Verhinderung einer Inflation von 1 % in 2004 auf 5,25 % im Jahre 2006 lösten dann ab 2007 die Kettenreaktion aus, über die die weiteren Aufsätze in diesem Buch berichten. Schon Anfang 2007 meldete die britische Bank HSBC (Honkong and Shanghai Banking Corporation) massive Zahlungsausfälle bei ihrer Tochtergesellschaft Household Finance in Charlotte, die sich vornehmlich mit der Ausleihe von Subprimekrediten befasste. Insgesamt werden die Fälle in diesem Sektor für den Beginn des Jahres 2007 mit 13 % angegeben. Im September desselben Jahres sollen es bereits 16 % mit steigender Tendenz gewesen sein. Einige Banken waren besonders betroffen. Bei der Fremont-Bank in Kalifornien waren im September 2007 alleine 30 % der in 2005 abgeschlossenen Subprimedarlehen notleidend.[24]

Aufgrund der zu diesem Zeitpunkt stark gefallenen Immobilienpreise (Abbildung 2) brachte die Zwangsverwertung der Objekte einen geringeren Erlös als in den Vorjahren. Bis zum Herbst 2007 ging die Rating-Agentur Moody's von einem Verwertungserlös von 70 % der Darlehenssumme aus. Im Oktober 2007 reduzierte sie den Anteil auf nur noch 40 %.

3 Zusammenfassung

Großzügiges Konsumverhalten und optimistischer Ausblick in die Zukunft in Verbindung mit einem nicht enden wollenden Anstieg der Immobilienpreise und einer zeitweiligen Niedrigzinspolitik haben viele Amerikaner zu riskanten Finanztransaktionen veranlasst. Neben weiteren Gründen bereitete dieses Verhalten den Boden für den Ausbruch der Krise. Die abgeschlossenen Kreditverträge waren als so genannte „Underlyings" Grundlage zahlreicher weiterer Finanzkonstruktionen, die den Ausfällen im Subprime-Sektor unmittelbar mit eigenen, mindestens ebenso gravierenden Problemen folgten.

Auffällig ist die Rolle der Notenbank, bei der Alan Greenspan zu variablen Krediten anriet und wenig später die Zinsen erhöhte. Sein Nachfolger Ben Bernanke betrachtete die steigenden Häuserpreise nicht als Spekulationsblase, sondern als ein Zeichen „robusten Wachstums".

Es ist fraglich, ob man einer aggressiven Politik der Förderung von Wohneigentum eine Mitschuld daran geben kann. Grundsätzlich wird dieser Ansatz in vielen Staaten

---

[24] Vgl. Bank of England (2007), S. 17.

zur Absicherung für spätere Zeiten befürwortet. Bedenklich wurde es erst, als die Konsumenten im Immobilienkauf einen Hebel zur Schaffung von Mitteln für Konsumausgaben erkannten. So faszinierend die Idee auch sein mag: „Investieren, um zu konsumieren" ist eine Kombination, die in der Ökonomie nicht vorkommt. Im Gegenteil: Normalerweise bedeutet „Investieren" Konsumverzicht.

Literaturverzeichnis

Bank of England. (2007). *Financial Stability Report October 2007.*

Bardt, H./Grömling, M. (2003). *Sparen in Deutschland un den USA.* In: Institut der Deutschen Wirtschaft - Trends, 30. Jg., 2003, Nr. 3 , S. 30-40.

Bernanke, B. S. (2005). *The Economic Outlook am 20. Oktober 2005, zitiert nach Shiller R. J. (2008).*

Brueggeman, W. B./Fisher, J. D. (2005). *Real Estate Finance and Investments.*

Heine, S./Pellemeier, M. (2008). Die *Subprime-Hypothekenkrise - Entstehung und Auswirkungen.* Vortragsreihe vom 10. Juni 2008.

Jäger, M./Voigtländer, M. (2008). *Hintergründe und Lehren aus der Subprime-Krise.* Abgerufen am 27. Juni 2009 von Institut der deutschen Wirtschaft Köln: http://www.iwkoeln.de/Portals/0/pdf/trends03_08_2.pdf

Markt-Daten.de (2009). *Wirtschaftsindikatoren - Übersicht.* Abgerufen am 27. Juni 2009 von http://www.markt-daten.de/research/indikatoren/index.htm

Rickens, C. (2005). *Die unersättliche Nation.* In: Manager Magazin, Jg. 35, 2005, Heft 7, S. 134-142.

Rittenbruch, K. (2000). *Makroökonomie, 11. Aufl.* München, u.a.

Shiller, R. J. (2009). Abgerufen am 27. Juni 2009 von http://www.econ.yale.edu/~shiller/data/Fig2-1.xls

Shiller, R. J. (2008). *The Subprime Solution - How Today's Global Crisis Happend, and What to Do about It.* Princeton, New Jersey.

Smith, A. (1776). *An Inquiry into the Nature and Causes of the Wealth of Nations,* Book IV, Chapter 8.49.

Statistisches Bundesamt. (2009). *Konsumausgaben in Deutschland bedeutend niedriger als in den USA.* Pressemitteilung Nr. 98 vom 13.09.2009.

U.S. Bureau of Economic Analysis. (2008). *U.S. Economic Accounts.* Abgerufen am 27. Juni 2009 von http://www.bea.gov/

U.S. Census Bureau. (2006). *Facts and Features vom 09.08.2006.* Abgerufen am 27. Juni 2009 von http://www.census.gov/Press-Release/www/releases/archives/facts_for_features_special_editions/007276.html

Ulrich, W. (2006). *Habenwollen: Wie funktioniert die Konsumkultur.* Franktfurt am Main, u.a.

USA-Today (2004) vom 02.03.2004, abgerufen am 27. Juni 2009 von http://www.usatoday.com/money/perfi/columnist/block/2004-03-02-arms_x.htm

Tobias Huth

I.3 Aggressives Marketing von Banken und Finanzvermittlern

1 Wachsende Nachfrage nach Subprime-Krediten 49
    1.1   Der US-Hypothekenmarkt nach dem 11. September 2001 49
    1.2   Die Tendenz von Prime zu Subprime 51
    1.3   Statistische Auswertung des Subprime-Marktes 52

2 Marketing im Subprime-Segment 54
    2.1   Hintergründe im Vertrieb von Subprime-Krediten 54
    2.2   Marketing der Banken und Finanzvermittler 55
    2.3   Die Rolle der Regierung Bush 59

3 Illegale Methoden bei der Gewährung von Subprime-Krediten 60
    3.1   Illegale Methoden auf Kreditnehmerseite 60
    3.2   Illegale Methoden auf Kreditgeberseite 61

4 Fazit und Ausblick 62

Literaturverzeichnis 63

I.3 Aggressives Marketing von Banken und Finanzvermittlern

„Die Aussicht auf schnelles Geld durch eine Refinanzierung mag für den schuldengeplagten Hauseigentümer verlockend sein. Aber seien Sie vorsichtig, wenn irgendein Geldverleiher Ihnen die Lösung aller Probleme mit einem Refinanzierungskredit verspricht!"
Jay Ash, Manager der Stadt Chelsea, Mass. (Übersetzung durch den Verfasser).[1]

Die nachfolgende Arbeit befasst sich mit den Ursachen der Krise auf dem US-amerikanischen Immobilienmarkt. Das Augenmerk dieser Untersuchung wird hauptsächlich auf das Marketing und die Verkaufsmethoden der Banken und Kreditvermittler für Subprime-Kredite in den USA gelegt.

Die Lockerung der Zinspolitik wird in Kombination mit steigenden Immobilienpreisen und erhöhter Nachfrage nach strukturierten, renditestarken Investitionsprodukten auf dem Kapitalmarkt als Ursache für eine Auflockerung der Kreditvergabestandards und dem daraus folgenden Platzen der Immobilienblase herangezogen.

Im weiteren Verlauf wird verstärkt auf die Marketingmethoden der Hypothekenbanken und Kreditvermittler eingegangen. Deren Beweggründe werden untersucht und anhand von Beispielen belegt. Abschließend werden die verschiedenen Betrugsmöglichkeiten im Zusammenhang mit der Hypothekenkreditvergabe betrachtet und ein Ausblick auf die potenzielle Entwicklung des amerikanischen Kreditmarktes gegeben.

1 Wachsende Nachfrage nach Subprime-Krediten

1.1 Der US-Hypothekenmarkt nach dem 11. September 2001

In der Vergangenheit finanzierten die Erwerber von Eigenheimen in den USA ihr Eigentum überwiegend mit Festzins-Hypothekenkrediten über eine Laufzeit von 30 Jahren. In den 90er Jahren bewegte sich der Zinssatz für diese Kredite, die an Kreditnehmer mit guter Bonität vergeben wurden, in einem Bereich von 6,5 bis 9,5 %.[2] Nach dem Ende des New Economy Booms Ende des Jahres 2000 und den Anschlägen vom 11. September 2001 reagierte die US-Notenbank Federal Reserve (Fed) mit einer erheblichen Zinssenkung zur Vermeidung einer Rezession. Diese Geldpolitik der Fed

---

[1] AllBusiness (2002).
[2] Vgl. Sommer, R. (2008), S. 5.

beabsichtigte eine Linderung des Abschwungs durch Neuinvestitionen, indem ausreichend Liquidität zu niedrigen Zinsen bereitgestellt wurde.[3] Bis zur Mitte des Jahres 2003 wurde der Zinssatz für die oben erwähnten Darlehen bis auf 4,5 % herunter gesenkt.[4] Infolge der stark gesunkenen Zinsen ließen sich nur noch sehr niedrige Margen im Anleihengeschäft auf dem Kapitalmarkt erzielen. Dies ist besonders für institutionelle Anleger wie Banken, Versicherungen oder Pensionsfonds problematisch, da sie einen großen Teil ihres Kapitals in Renten auf dem Kapitalmarkt investieren müssen. Um die Margen des höheren Zinsniveaus beizubehalten oder gar zu steigern, wurde verstärkt nach alternativen Anlageprodukten gesucht, welche sich in Mortgage Backed Securities (MBS) finden ließen. Der Markt für MBS wurde von der staatlichen Hypothekenbank Ginnie Mae und den bis 2008 privaten Hypothekenbanken Fannie Mae und Freddie Mac im Rahmen eines (halb-)staatlichen Systems von Government Sponsored Agencies entwickelt.

Die Regierung der Vereinigten Staaten autorisierte diese Hypothekenbanken bis zu einem gewissen Limit, Hypothekenforderungen anzukaufen, diese in Pools zusammenzufassen und Anteile dieser Pools als MBS auf dem Kapitalmarkt zu emittieren. Für die Originatoren der Hypothekenkredite hatte das den Vorteil, dass die Forderungen und die damit verbundenen Risiken des Ausfalls sowie der vorzeitigen Kündigung problemlos an die Emittenten der MBS verkauft werden konnten und nicht in den eigenen Büchern behalten werden mussten.[5]

Trotz des in den MBS enthaltenen Ausfallrisikos stieg die Nachfrage der institutionellen Anleger nach diesen Verbriefungsprodukten, da sich damit erheblich höhere Renditen erzielen ließen als mit Staatsanleihen. Das Produkt der MBS wurde als relativ sicher angesehen, vergleichbar mit der Sicherheit von Staatsanleihen, denn im Falle des Ausfalls konnte auf die der MBS zugrunde liegenden Immobilien zurückgegriffen werden. Ein weiterer Faktor für das hohe Vertrauen in die Sicherheit dieser Produkte waren die Preise auf dem US-Immobilienmarkt. Sie stiegen in den USA zwischen 2000 und 2007 um ca. 100 %. Regional betrachtet lag die Preissteigerung in Staaten wie Florida oder Kalifornien bei über 140 %. Dies begründete die Erwartungshaltung der Investoren in MBS-Produkten, dass im Falle des Ausfalls die Zahlungsflüsse dieser Anleihen über Zwangsvollstreckungen der als Sicherheit dienenden Immobilien jederzeit sichergestellt waren.

---

[3] Vgl. Jäger, M./Voigtländer, M. (2008), S. 4.
[4] Vgl. Sommer, R. (2008), S. 5.
[5] Vgl. Rudolph, B. (2008), S. 715-716.

1.2 Die Tendenz von Prime zu Subprime

Generell kann man die Hypotheken auf dem US-Markt in die Kategorien Prime, Alt-A und Subprime untergliedern. Zu der Kategorie der Prime-Darlehen zählen jene, bei denen die Kreditnehmer eine gute Bonität anhand eines Scoring-Modells aufweisen und die dafür nötigen Nachweise vorlegen können. Der Beleihungswert der zugrunde liegenden Immobilie übersteigt nicht 85 % des Wertes dieser Immobilie und der Anteil der Zins- und Tilgungszahlungen am verfügbaren Einkommen beträgt weniger als 55 %. Verglichen mit den Kreditvergabestandards der Bundesrepublik Deutschland ist dieser Rahmen schon sehr weitgefasst. In Deutschland liegen die Grenzen der Kreditgewährung für eine Immobilienfinanzierung bei einem Beleihungswert von maximal 80 % und der Anteil der Zins- und Tilgungsleistungen am verfügbaren Einkommen von maximal 30 %.

Die Kunden dieser Prime-Darlehen erhalten in der Regel die günstigsten Konditionen. Können die Kreditnehmer in den USA nur eines dieser Kriterien nicht erfüllen oder keine vollständigen Nachweise über das Einkommen, den Wert der Immobilie oder über in der Vergangenheit bereits eingegangene Kreditengagements vorlegen, zählen ihre Darlehen zu den so genannten Alt-A Darlehen. Diese Darlehen werden aufgrund des erhöhten Risikos infolge einer weniger strengeren Kreditwürdigkeitsprüfung oder höheren Verschuldung mit einem Konditionsaufschlag versehen. Die Darlehen mit den höchsten Risiken und dementsprechend mit dem höchsten Zinsaufschlag werden als Subprime-Darlehen bezeichnet.[6]

Kreditnehmer der Subprime-Darlehen zeichnen sich dadurch aus, dass sie in der Vergangenheit bereits einmal ihren Zahlungsverpflichtungen nicht nachgekommen sind oder ihre Kredite gar nicht zurückgezahlt haben. Sie erfahren bei der Kreditvergabe eine Kreditwürdigkeitsprüfung mit den geringsten Standards.[7] Die Personen dieser Kundengruppe werden auch als NINJAs[8] bezeichnet und hätten unter normalen Umständen nie einen Kredit erhalten. Da sich aber die Nachfrage durch die sinkenden Leitzinsen nach MBS-Produkten in enormem Maße erhöhte, konnte sie nicht mehr durch verbriefte Prime-Darlehen gestillt werden. Die Standards für die Kreditvergabe wurden gelockert und bis auf Subprime-Kreditnehmer ausgeweitet, um das profitable Geschäft mit strukturierten Hypothekenkrediten in Zeiten niedriger Zinsen aufrechtzuerhalten.[9]

---

[6] Vgl. Jäger, M. /Voigtländer, M. (2008), S. 6.
[7] Vgl. Rudolph, B. (2008), S. 716.
[8] No Income, No Jobs, no Assets.
[9] Vgl. Sommer, R. (2008), S. 7.

1.3 Statistische Auswertung des Subprime-Marktes

2008 veröffentlichten Dell'Ariccia, Igan und Laeven ihre empirische Untersuchung über den Zusammenhang des Kredit-Booms ab 2001 mit den zugrunde liegenden Kreditvergabestandards. Die Daten von über 50 Millionen Kreditanfragen in den USA zwischen 2001 und 2006 wurden ihnen von der Loan Application Registry zur Verfügung gestellt. Ab 1975 musste jeder Originator eines Kredites im Zusammenhang mit einer Immobilienfinanzierung in einem städtischen Gebiet Daten über diese Kredite sammeln und über die Loan Application Registry veröffentlichen. Persönliche Daten der Kreditnehmer wie Herkunft, Geschlecht, Einkommen, aber auch Daten über den entsprechenden Kredit wie Belastung des Grundbesitzes oder Kreditkonditionen wurden aus Gründen der Anti-Diskriminierung und Informationsbereitstellung für Investoren im Immobiliensektor veröffentlicht. Zwischen 2000 und 2006 wurden insgesamt 90 % der Immobilienkredite dokumentiert.[10]

Dell'Ariccia, Igan und Laeven kamen in ihrer empirischen Untersuchung zu dem Ergebnis, dass die Originatoren von Krediten im untersuchten Zeitraum immer weniger Anfragen ablehnten und immer größere Kredite gewährten.[11] Für die Bewertung der Kreditvergabe-Standards wählten sie zwei Indikatoren, die Rate der Ablehnung von Kreditanfragen und das Kredit-zu-Einkommen-Verhältnis.[12] Die Beziehung der Anzahl der Kreditanfragen mit den Ablehnungsraten ist negativ korreliert. Statistisch gesehen ließ ein Anstieg der Anfragen im Subprime-Bereich in der Höhe einer Standardabweichung die Subprime-Ablehnraten um 4 Prozentpunkte sinken. Des Weiteren sanken die Subprime-Ablehnungsraten um 3 Prozentpunkte für jeden Anstieg der Anzahl der Wettbewerber im Subprime-Markt um eine Standardabweichung.[13]

Die bereits am örtlichen Markt tätigen Originatoren reduzierten ihre Kreditvergabe-Standards, um nicht von neu eintretenden großen Wettbewerbern vom Markt verdrängt zu werden.[14] Auch ein Anstieg des Hauspreis-Niveaus der entsprechenden Region um eine Standardabweichung ließ die Ablehnungsrate um 2 Prozentpunkte sinken.[15] Zwischen der Größe des Marktes von verbrieften Hypothekenkrediten und der Ablehnungsrate von Kreditanfragen ist ebenfalls ein negatives Verhältnis zu beobachten. Je größer die Anzahl der gewährten Kredite war, die innerhalb eines Jahres

---

[10] Vgl. Dell'Ariccia/Igan/Laeven (2008), S. 9-10.
[11] Vgl. Dell'Ariccia/Igan/Laeven (2008), S. 21.
[12] Vgl. Dell'Ariccia/Igan/Laeven (2008), S. 16.
[13] Vgl. Dell'Ariccia/Igan/Laeven (2008), S. 24.
[14] Vgl. Dell'Ariccia/Igan/Laeven (2008), S. 28.
[15] Vgl. Dell'Ariccia/Igan/Laeven (2008), S. 24.

auf dem Kapitalmarkt verkauft und verbrieft wurden, desto niedriger war die Ablehnungsrate.[16]

Auch das „Kredit-zu-Einkommen-Verhältnis" kann als Indikator für die Entwicklung der Kreditvergabestandards angesehen werden. In der empirischen Untersuchung kamen Dell'Ariccia, Igan und Laeven zu dem Ergebnis, dass sich das Verhältnis von Kreditbetrag zu Einkommen mit steigender Anzahl von Kreditanfragen erhöhte. Ebenso war eine Steigerung des Kredit-zu-Einkommen-Verhältnisses in Verbindung mit einer größeren Anzahl Wettbewerber am regionalen Markt zu beobachten.[17] Letztlich legten die Autoren ihr Augenmerk auf die Beziehung des Kreditvolumens in regionalen Subprime-Märkten und der Anzahl dortiger Subprime-Kredite, die Zahlungsrückstände von 60 Tagen und mehr aufwiesen. Nach ihren Untersuchungen stieg der Anteil an Krediten mit Zahlungsrückständen in höherem Ausmaß in städtischen Gebieten, in welchen das Volumen an Subprime-Krediten stärker wuchs.[18]

Insgesamt kamen Dell'Ariccia, Igan und Laeven in ihrer Untersuchung zu vier zentralen Aussagen bezüglich der Kreditvergabestandards auf dem US-amerikanischen Markt für Subprime-Kredite im Zeitraum von 2000 bis 2006.

- Die Kreditvergabe-Standards wurden in jenen Regionen stärker gelockert, in denen der Kredit-Boom ein größeres Ausmaß erreichte.

- Die Standards wurden umso stärker gesenkt, je schneller die Hauspreise in den entsprechenden Regionen stiegen.

- Die Standards nahmen dort ab, wo große und aggressive Wettbewerber in den Markt drängten.

- In jenen Regionen, in denen ein größerer Anteil von Subprime-Krediten an Dritte veräußert wurde, sanken die Standards umso mehr.[19]

---

[16] Vgl. Dell'Ariccia/Igan/Laeven (2008), S. 30.
[17] Vgl. Dell'Ariccia/Igan/Laeven (2008), S. 29.
[18] Vgl. Dell'Ariccia/Igan/Laeven (2008), S. 31.
[19] Vgl. Dell'Ariccia/Igan/Laeven (2008), S. 31-32.

Tobias Huth

2 Marketing im Subprime-Segment

2.1 Hintergründe im Vertrieb von Subprime-Krediten

In den USA ist es gesetzlich möglich, jede Hypothek vorzeitig zu kündigen und mit dem aktuellen Zinssatz zu refinanzieren. Dies macht besonders bei fallenden Zinsen Sinn: Der Kreditnehmer kündigt seine bestehende, hoch verzinste Hypothek, refinanziert sie zu den aktuellen niedrigeren Zinsen und mindert so die monatliche Ratenbelastung. Ebenso ist es trotz niedrig verzinster neuer Hypothek möglich, die Ratenhöhe unverändert zu belassen und sich die Differenz für Konsumzwecke auszahlen zu lassen. Diese Methode der Liquiditätsbeschaffung über Abschluss einer neuen Hypothek wird als *home equity extraction* bezeichnet.[20]

Die verstärkte Nachfrage der Banken nach Kreditnehmern schlechter Bonität lässt sich auch mit Verhaltenssymptomen auf Kreditgeberseite erklären, wie Adverse Selection und Moral Hazard. Adverse Selection beschreibt das Phänomen, dass gerade Kunden der Subprime-Kategorie hohe Chancen haben, ihren Kreditwunsch zu realisieren, obwohl in diesem Kundenkreis die Ausfallwahrscheinlichkeit am höchsten ist. Eben diese Kreditnehmer sind in der Regel bereit, die höchsten Risiken einzugehen und dementsprechend die höchsten Preisaufschläge zu akzeptieren. Das aber geht für die Kreditgeberindustrie mit der höchsten Gewinnmarge einher.[21]

Große Gewinnmargen bedeuten normalerweise für die kreditgebenden Banken das Eingehen des höchsten Risikos. Moral Hazard als eine Form des Marktversagens verleitet die Originatoren der Kredite zu einer Auflockerung ihrer Kreditvergabestandards und zur Akzeptanz höherer Kreditausfallrisiken. Für die Originatoren entfällt dieses Risiko aber scheinbar und wird in ihrer Praxis nicht mehr weiter berücksichtigt, denn sie verfolgen von vornherein das Ziel, das Risiko umgehend zu verkaufen und nicht in ihre Bücher aufzunehmen.[22]

Die große Nachfrage nach Verbriefungen auf dem Kapitalmarkt verstärkt ebenfalls diesen Effekt der moralischen Versuchung, nicht rational zu handeln und Subprime-Kunden Kredite zu gewähren. Banken sind ab Erreichen einer bestimmten Größe bereit, jedes Risiko einzugehen. Die Gewinne streichen sie selber ein, bei Eintreten

---

[20] Vgl. Sommer, R. (2008), S. 5.
[21] Vgl. Sommer, R. (2008), S. 8.
[22] Vgl. Thelen-Pischke, H./Syring, J. (2008), S. 906.

eines existenzgefährdenden Schadensfalles greifen in der Regel die Regierungen und Notenbanken ein, um das Finanzsystem zu retten.

Moral Hazard tritt aber nicht nur auf Seite der Originatoren auf, sondern lässt sich auch auf Kreditnehmerseite beobachten. Subprime-Kunden lassen sich leichter zum Abschluss eines Kreditvertrages verführen, wenn ihnen bei Abschluss bekannt ist, dass sie im besten Fall den Kredit regulär bedienen und eventuelle Gewinne durch Refinanzierung bestehender Hypotheken einstreichen können, bei Nichtbedienung jedoch die Bank auf dem Schaden sitzen bleibt.[23]

Im Prozess der Kreditvergabe kann zudem das Informationsproblem zwischen Kreditnehmer und Originator als Friktion[24] identifiziert werden. Informationsdifferenzen entstehen daraus, dass beim Abschluss eines Kreditvertrages die Originatoren, also Banken oder Hypothekenmakler, nur unzureichend auf Rechte und Pflichten eines solchen Vertrages eingehen. Des Weiteren wurde durch die in der Vergangenheit stetig ansteigenden Immobilienpreise ein Gefühl der Sicherheit vermittelt, ungeachtet möglicher Risiken, die sich bei richtungsverändernder Entwicklung der Hauspreise oder des Zinsniveaus ergeben können.[25]

2.2 Marketing der Banken und Finanzvermittler

Das schnelle, risikolose und äußerst profitable Geschäft mit der Vergabe von Subprime-Krediten und sofortiger Weiterveräußerung stieß aber nicht nur bei den örtlichen Banken auf Interesse, sondern lockte zunehmend auch ein relativ neues Berufsbild an. Als Hypothekenmakler bestand die Möglichkeit, mit geringem Aufwand an den enormen Gewinnen dieses Geschäftes zu partizipieren. Die Anzahl der Hypothekenvermittler in den USA wuchs schnell auf 400.000 im Jahre 2005 an und verdrängte zunehmend die Sparkassen, die traditionell im Hypothekengeschäft tätig waren.

Die Aufnahme des Geschäftsbetriebs als Hypothekenmakler war nicht kostenintensiv. Für den Start genügte schon ein PC, ein Telefon, ein Faxgerät, die Miete der ersten Monate und eine staatliche Lizenz, welche ohne weitere Auflagen für durchschnittlich 250 USD erworben werden konnte. Diese überschaubaren Anfangsinvestitionen konnten schon über die Provision durch die Abschlüsse der ersten Umschuldungskredite beglichen werden.

Die Maklergebühren lagen auf dem Prime-Hypothekenmarkt bei einem Prozent und konnten im unregulierten Subprime-Segment oft fünf Prozent und mehr betragen. Allein die Aussicht der Subprime-Kunden auf Gewährung eines Kredites und das

---

[23] Vgl. Sommer, R. (2008), S. 8.
[24] Auftreten von Koordinations- und Transaktionshemmnissen.
[25] Vgl. Rudolph, B. (2008), S. 726.

bereits erwähnte Moral-Hazard-Phänomen veranlassten diese Kundschaft dazu, die überteuerten Gebühren bereitwillig zu zahlen. Jedem war es plötzlich möglich, am amerikanischen Traum teilzuhaben und sich durch Eigenheimbesitz selbst zu verwirklichen. Für die Öffentlichkeit stellten die Makler ihre Arbeit deshalb gern als uneigennützig und als Unterstützung für die Armen dar. Intern allerdings bestand das Primärziel darin, auch aus dem ärmsten Bürger des Landes noch Profit zu schlagen oder als angestellter Makler die eigenen Planzahlen zu erfüllen.[26]

Im Folgenden werden einige Verkaufsmethoden der Hypothekenmakler näher beschrieben. Wie schon unter Gliederungspunkt 3.1 beschrieben, lag das am häufigsten verwendete Verkaufsargument in der jederzeit möglichen Kündigung bestehender Hypothekenkredite. Diese Option in Verbindung mit variabel verzinsten Finanzierungsformen, insbesondere Adjustable Rate Mortgages (ARM), welche es den Hypothekenbanken erlaubten, die anfänglich niedrigen Zinsen der Hypothek nach einiger Zeit heraufzusetzen, wurde häufig als Argument im Kreditverkauf verwendet.[27] Die Hypothekarverkäufer warben offensiv damit, diese ARM-Verträge abzuschließen, um anfangs von den niedrigen Vertragszinsen der ersten Jahre zu profitieren, später jedoch die Hypothek gegen eine niedrig verzinste neue Hypothek umzuschulden und so die höheren Raten der ersten Hypothek zu umgehen.

Außerdem wurde argumentiert, dass sich bei einer regulären Bedienung der Kreditraten das Kreditscoring verbessert und dementsprechend ein niedrigerer Zinssatz bei der Refinanzierung möglich wäre. Die bei einer vorzeitigen Kündigung fällige Strafzahlung war im Kleingedruckten versteckt. Sie konnte im Subprime-Segment bis zu 6 Monatsraten betragen. In der Regel wurde diese Strafzahlung nicht angesprochen. Sie hatte aber auch bei ausdrücklichem Hinweis keinen Abschreckungseffekt. Denn sie konnte gleich mit der neuen Hypothek durch steigende Hauspreise im Rahmen von Home-Equity-Darlehen mitfinanziert werden.[28]

In der Literatur werden die Aktivitäten von Hypothekenmaklern mit denen des Klinkenputzergeschäftes verglichen, bei welchem es auf Vertreterqualitäten ankommt, um die Hypothekenschuldner individuell anzulocken, aufzusuchen und vom Angebot der Umschuldung zu überzeugen.[29] Ihre Vermittlungsaktivitäten beschränken sich aufgrund der abschlussorientierten Vergütung auf sehr kurzfristige Abschlusserfolge. Ob das Produkt zum Kunden passte, blieb unberücksichtigt.[30] Außerdem wurden große Beträge in Radio- und Fernsehwerbung investiert, um für die Telefonnummern der

---

[26] Vgl. Blomert, R. (2009), S. 131.
[27] Vgl. Blomert, R. (2009), S. 130.
[28] Vgl. Sommer, R. (2008), S. 9-10.
[29] Vgl. Blomert, R. (2009), S. 130.
[30] Vgl. Rudolph, B. (2008), S.716.

I.3 Aggressives Marketing von Banken und Finanzvermittlern

Hypothekenbanken und -makler zu werben, über die Kreditverträge direkt am Telefon abgeschlossen werden konnten.[31]

Nach Angaben von Bill Schenck, dem Secretary of Banking in Pennsylvania, wurden von Hypothekenmaklern zur Kundengewinnung sogar Dokumente gefälscht. Sie stellten in Werbeschreiben eine Verbindung zur Hausbank des möglichen Kunden her, um ein gewisses Maß an Seriosität vorzutäuschen.[32]

Das Beispiel von Daniel Sadek macht deutlich, wie gewinnbringend sich die Geschäftsgebaren eines hartnäckigen Verkäufers auf das Geschäft mit Hypothekenkrediten übertragen ließen. Sadek, ein libanesischer Einwanderer und ehemaliger Gebrauchtwagenverkäufer, ohne Vorkenntnisse im Hypothekengeschäft, erwarb im Januar 2002 eine Hypothekengeber-Lizenz für 250 USD und gründete die Quick Loan Funding Corporation. Durch die hohen, schnellen Provisionen bei Abschluss von Hypothekenkrediten konnte er schnell ein 2.500 m² großes Call-Center einrichten, in dem seine Mitarbeiter per Telefon Kredite vertrieben. Die hohen Planzahlen der Mitarbeiter ließen die Beratungskompetenz in den Hintergrund rücken, nur der kurzfristige Verkauf zählte. Die große Fluktuation unter den Mitarbeitern war damit zu erklären, dass jeder umgehend entlassen wurde, der seine Vorgaben nicht erfüllen konnte.

Schnell erhöhte die Citigroup die Kreditlinie der Quick Loan Funding Corp. auf 400 Mio. USD, welche stets komplett durch Hypothekenkreditgewährung ausgeschöpft wurde. Die Zinszahlungen dieser Kreditlinie wurden durch den umgehenden Verkauf der Kredite an Investmentbanken sichergestellt. Zwischen 2002 und 2007 vergab das Unternehmen die Summe von 3,8 Mrd. USD an Hypothekenkrediten und machte Daniel Sadek zu einem vermögenden Mann.

Der Vertrieb seiner Kredite konzentrierte sich ausschließlich auf Kunden des Subprime-Segments. Seiner Meinung nach waren die Verhandlungen mit Prime-Kunden zu aufwendig und das Durchsetzen seiner hohen Abschlussgebühren kaum möglich. Der Verkauf seiner Hypotheken und Schätzgutachten war erheblich einfacher bei Kunden, die zuvor bei anderen Banken mehrmals abgelehnt wurden. So wurde z.B. einem Mechaniker, der 20.000 USD in bar benötigte, per Telefon eine Umschuldung und Aufstockung seiner bestehenden Hypothek in eine 2/28-Hypothek[33] ohne Vorlage von Gehaltsnachweisen verkauft. Die Hypothek erhöhte sich von 204.000 auf 247.000 USD, an Gebühren fielen dabei 11.000 USD an, ungeachtet einer Vertragsstrafe in Höhe von über 8.000 USD bei vorzeitiger Kündigung der neuen Hypothek. Die

---

[31] Vgl. Blomert, R. (2009), S. 130.
[32] Vgl. Hillis, D. (2003), S. 5.
[33] Niedriger Festzins in den ersten beiden Jahren, danach 28 jährliche Anpassungen auf u. U. erheblich höhere Zinssätze.

vorzeitige Kündigungsmöglichkeit nach den ersten zwei Jahren mit niedrigen Raten wurde dem Kunden als Verkaufsargument präsentiert.[34]

Auch ein Beispiel aus San Francisco macht die dubiosen Geschäftspraktiken der Hypothekenmakler deutlich. Dort nutzte der Diakon einer evangelischen Glaubensgemeinschaft das Vertrauen seiner Gemeindemitglieder, um ihnen Hypothekenkredite der WMC Mortgage Corp. zu vermitteln. In einem Fall empfahl er einem brasilianischen Einwandererehepaar mit Monatseinkünften von unter 5.000 USD die Aufnahme zweier Hypothekenkredite zum Kauf eines Eigenheimes, welches 688.000 USD kostete. Die Zinssätze waren variabel, beginnend mit 7,15 % in den ersten beiden Jahren, konnten aber nachfolgend bis auf 13,65 % angehoben werden. Schon zum niedrigsten Zinssatz entsprach die monatliche Belastung den kompletten Monatseinnahmen des Ehepaares, die sich dieses niemals hätte leisten können. Der Diakon erhöhte den Druck auf das Paar, indem er mit der Einwanderungsbehörde drohte, falls die Raten nicht bezahlt würden. Nach dem Einschalten eines Anwaltes stellte sich heraus, dass der Diakon Angaben über Status, Einkommen und Vermögen des Ehepaares gefälscht hatte, um diesen Kredit von der WMC Mortgage Corp. finanziert zu bekommen.[35]

Weitere Beispiele für die fragwürdige Kreditvergabepraxis sind die Gewährung eines Hypothekenkredites mit 30jähriger Laufzeit an einen 82 Jahre alten Rentner oder die Finanzierung eines Hauses über 750.000 USD von einem Erdbeerpflücker ohne Rücklagen mit jährlichen Einnahmen von 14.000 USD. Auch dies wurde erst durch den Wegfall der Nachweispflicht und der Erwartung steigender Immobilienpreise ermöglicht.[36]

Eine weitere Kundengruppe, die verstärkt durch die Marketing-Maschinerie der Hypothekenbanken und -makler angesprochen wurde, war jene der rüstigen Rentner, welche sich nach einem sorgenfreien Lebensabend in der Sonne Floridas oder Kaliforniens sehnten. Hier wurden so genannte Retirement Communities mit Clubhaus, Pools, Tennisplätzen und mehr erbaut, welche die Kundschaft im gehobenen Alter aus dem Norden in die Sonne locken sollten, um dort luxuriös ihren Ruhestand zu verbringen. Doch die meisten Käufer der Einheiten dieser Communities konnten sich den Erwerb eigentlich gar nicht leisten, denn auch hier wurde die Finanzierung mit der Aussicht auf steigende Immobilienpreise und günstige Umschuldung verkauft.[37]

Für solche und ähnliche Appartementkomplexe in der Sonne Floridas, welche sich noch im Bau befanden, wurden aufwendige Werbepartys veranstaltet, um die poten-

---

[34] Vgl. Sommer, R. (2008), S. 11-13.
[35] Vgl. Blomert, R. (2009), S. 132.
[36] Vgl. Blomert, R.(2009), S. 131.
[37] Vgl. Rheker, D. (2008), S. 3.

ziellen Käufer durch den Einsatz von Stretchlimousinen und leicht bekleideten Models von der Investition zu überzeugen.[38]

Diese Praxisfälle stellen nur einen Auszug der im Massenvertrieb von Subprime-Krediten in breiter Praxis angewandten Verkaufsmethoden dar. Sie sollen verdeutlichen, wie sich die extrem kurzsichtige Sichtweise der Hypothekenvermittler auf die Vergabe von Hypothekenkrediten ausgewirkt hat.

2.3 Die Rolle der Regierung Bush

Auch die Regierung Bush trug mit dem offensiven Marketing für die „Ideale des amerikanischen Bürgers" zur Verschärfung der Situation durch Ausweitung der Kreditvergabe an Kreditnehmer der Subprime-Kategorie bei. Im Präsidentschaftswahlkampf 2004 verkündete George W. Bush aktiv in seinen Reden solche Vorstellungen vom amerikanischen Ideal: Jeder amerikanischen Familie solle es ermöglicht werden, ihr eigenes Haus zu besitzen.

Seine konservative Vorstellung einer idealen amerikanischen Familie bestand aus einem verheirateten, heterosexuellen Ehepaar mit mindestens zwei Kindern, lebend in einem freistehenden Einfamilienhaus mit Flatscreen-TV-Geräten und ein bis zwei Autos. Solch eine Gesellschaft nach seinen Vorstellungen würde dem Land ein gewisses Maß an Stabilität und Erfolg verleihen.

Im Oktober 2004 verkündete er, dass jedes Mal, wenn eine amerikanische Familie ihr eigenes Heim bezieht, Amerika an Stärke gewinnt.[39] So hat jeder, der etwas besitzt, Anteil an der Zukunft des Landes. Bushs Ideal war nicht der Mieter, sondern der Hausbesitzer, der sich in seine Nachbarschaft einbringt und Verantwortung übernimmt. Um den Erwerb von Eigenheimen jedem zu ermöglichen, wurde die Vergabe von Hypothekendarlehen durch die Regierung dereguliert. Die Banken wurden ermuntert, ihre Kreditvolumina in Pakete zu schnüren und an die (halb-)staatlichen Hypothekenbanken Ginnie Mae, Fannie Mae und Freddie Mac zu verkaufen.[40]

Bush sah den rasch wachsenden Hypothekenmarkt als Bestätigung für die Richtigkeit der Deregulierung des Kreditmarktes. In seinen Reden propagierte er zunehmend die Idee von einer idealen Eigentümergesellschaft und stellte sogar Monate unter das Motto des Hausbesitzes.[41] Zudem förderte Bush den Eigentumserwerb durch von der Regierung gesponserte Maßnahmen wie die Zero-Down-Payment Initiative, welche es Bürgern ermöglichte, Hypothekenkredite ohne Anzahlung zu erhalten. Dies kurbelte

---

[38] Vgl. Rheker, D. (2008), S. 5.
[39] Vgl. Karabell, Z. (2008), S. 1.
[40] Vgl. Rheker, D. (2008), S. 4.
[41] Vgl. Blomert, R. (2009), S. 135.

besonders die Nachfrage im Subprime-Segment an, da die Finanzierung in dieser Kundengruppe zuvor meist schon an der Anzahlung scheiterte. Es folgten noch exotischere Hypothekenvarianten mit zahlungsfreien Anfangsjahren oder dem Wegfall der Pflicht zum Vorlegen von Nachweisen.[42]

Eine weitere staatliche Förderung des Wohneigentums ist in der Fiskalpolitik der USA zu finden. So ist es jedem Eigenheimbesitzer möglich, seine Schuldzinsen für das Hypothekendarlehen steuerlich abzusetzen.[43]

Auch nach den ersten Gewinnwarnungen der im MBS-Markt tätigen Banken und einer immer größer werdenden Anzahl der Zahlungsausfälle im Subprime-Segment im Jahre 2007 bemühte sich die Regierung Bush, an ihrem amerikanischen Ideal der Hausbesitzergesellschaft festzuhalten. So wurde im Finanzausschuss des Senats im Mai 2007 mit Vertretern der Hypothekenbanken über die Vermeidung von Zwangsvollstreckungen gesprochen, um den amerikanischen Traum fortzuführen.[44]

3 Illegale Methoden bei der Gewährung von Subprime-Krediten

3.1 Illegale Methoden auf Kreditnehmerseite

Das FBI unterscheidet auf Seiten der Kreditnehmer zwei Versionen des Hypothekenbetrugs. *Fraud For Housing* ist die Form der Krediterschleichung, um an ein Eigenheim zu kommen und es zu bewohnen. Hier wird der Wegfall der Nachweispflicht ausgenutzt, indem falsche Angaben über das Einkommen oder die Vermögenswerte gemacht werden. Strafrechtlich verfolgt wird aber nur *Fraud for Profit*, also die betrügerische Anwendung in professioneller Weise wie die Praktiken von Mathew Cox, welcher sogar ein Buch über sein System veröffentlichte. Er mietete Häuser, fälschte den Ausweis der Besitzer, nahm in deren Namen eine Hypothek auf und verschwand anschließend mit dem Geld.

Die Kreditnehmer, welche über die Höhe ihrer Einkommens- oder Vermögensdaten schwindelten, um ein für sich selbst genutztes Eigenheim zu erlangen, werden eher als Opfer betrachtet. Sie hatten die Absicht, ihre Kredite regulär zu bedienen und haben in

---

[42] Vgl. Karabell, Z. (2008), S. 1.
[43] Vgl. Rudolph, B. (2008), S. 716.
[44] Vgl. Blomert, R. (2009), S. 135.

der Regel keine gerichtlichen Auseinandersetzungen zu befürchten. Nach statistischen Auswertungen sollen in fast 60 % aller Kredite ohne Nachweispflicht die Einkommensdaten um mindestens 50 % überhöht angegeben worden sein. Allein 2006 betrug die Summe aller Kredite ohne Einkommensdokumentation in den USA 276 Mrd. USD.[45]

3.2 Illegale Methoden auf Kreditgeberseite

Auch auf der Seite der Kreditgeber, -vermittler oder Immobiliengutachter gibt es zahlreiche Fälle von betrügerischen Aktivitäten, welche seit 2007 von der dafür eigens gegründeten Mortgage Fraud Task Force des FBI untersucht werden.

Wie unter Gliederungspunkt 2.2 erwähnt, war es durchaus geläufig, dass Hypothekenvermittler die Daten ihrer Kundschaft schönten, um sonst nicht darstellbare Kreditanfragen realisieren zu können. Auch wurden mit Subprime-Kunden unverhältnismäßig hohe Zinssätze ausgehandelt, denn die Provision für den Abschluss eines Hypothekenvertrages erhöhte sich für den Vermittler umso mehr, je weiter der Zinssatz über dem 30jährigen Finanzierungsfestzins lag. Des Weiteren wurden viele Fälle enthüllt, in denen Immobiliengutachter auf Druck der Hypothekenbanken oder -makler den Wert der Immobilien überhöht angegeben hatten, um so höhere Hypothekenwerte zu erreichen.

In der Washington Mutual Bank, der bis dahin größten Bausparkasse der USA, sind einige Korruptionsfälle aufgedeckt worden. Hier ließen sich Mitarbeiter der Kreditabteilung von Mitarbeitern der Vertriebsabteilung oder Hypothekenmaklern bezahlen, um zweifelhafte Kreditanfragen zu realisieren.

Ein weiteres der zahlreichen Beispiele ist bei einem 2005 erbauten Appartementkomplex in Virginia zu finden. 2006 lag der Preis eines Appartements bei 500.000 USD, durch den eintretenden Preisverfall auf dem Immobilienmarkt sank er aber kurz darauf auf ca. 400.000 USD. Ermittlern des FBI erschien es aber auffällig, dass einige dieser Appartements zwar zu den niedrigeren Preisen gekauft wurden, wenige Wochen später jedoch mit Aufschlägen von bis zu 160.000 USD weiterverkauft wurden, obwohl der Marktpreis immer weiter sank. Es stellte sich heraus, dass hinter diesen Wiederverkäufen Kreditvermittler steckten, die Käufer über die realen Verhältnisse des Immobilienmarktes täuschten und mit Versprechungen wie der Übernahme der ersten drei Monatsraten zum Kauf anregten. Insgesamt schätzt das FBI den Schaden aus derartigen Betrugsfällen allein im Jahr 2006 auf 4,2 Mrd. USD.[46]

---

[45] Vgl. Sommer, R. (2008), S. 15.
[46] Vgl. Sommer, R. (2008), S. 15-18.

Tobias Huth

4 Fazit und Ausblick

Die Ergebnisse der Untersuchungen dieser Arbeit machen deutlich, welchen Anteil Banken und Hypothekenvermittler in den USA daran hatten, dass sich die weltweite Finanzkrise in solch einem Ausmaß entwickelte.

Die Banken und Hypothekenmakler haben durch ihr aggressives Marketing, speziell ausgerichtet auf die Subprime-Kundschaft und der daraus folgenden extremen Ausweitung an Subprime-Engagements einhergehend mit einer deutlichen Senkung der Anforderungen und Standards bei der Kreditvergabe erheblichen Anteil am Boom auf dem US-amerikanischen Immobilienmarkt. Die Methoden, die sie im Vertrieb von Subprime-Hypothekenkrediten anwendeten, waren oft moralisch nicht vertretbar, in vielen Fällen sogar illegal.

Der kurzfristige Abschlusserfolg mit hoher Provision überragte die potenziellen Konsequenzen wie Zahlungsausfälle und Zwangsversteigerungen bei Zinsänderungen oder Sinken des Immobilienpreises.

Nach Meinung vieler Autoren deutet sich zudem schon die nächste Kreditkrise an. Die infolge der ansteigenden Finanzierungszinsen bei variabel verzinsten Krediten entstandenen höheren Belastungen der Kreditnehmer konnten vielmals nur durch Kreditkarten abgefangen werden. Die Kreditkarten-Emittenten vertrieben ihre Produkte in vergleichbar exzessivem Ausmaß wie zuvor die Kreditgeber im Subprime-Segment. Auch hier wurde die Subprime-Klientel als Zielgruppe definiert, welche in ihrer Verzweiflung bereitwillig Zinsen von bis zu 25 % akzeptierte, um die Hypothekenraten zu bedienen.

Es ist noch unbekannt, wie viele US-Haushalte ihre Hypothekenraten per Kreditkarte bezahlen, jedoch droht auch hier im wahrsten Sinne des Wortes der „Zusammenbruch des Kartenhauses".[47]

---

[47] Vgl. Gärtner, M. (2007), S. 30.

Literaturverzeichnis

AllBusiness (2002). *„Don't Borrow Trouble" Warns Homeowners of Subprime Lending Practices.* Abgerufen am 4. Juli 2009 von http://www.allbusiness.com/banking-finance/banking-lending-credit-services-subprime/5971173-1.html

Blomert, R. (2009). *Die Subprime-Krise oder: Wie aus der Immobilienkrise eine handfeste Wirtschaftskrise wird.* In: Jansen, S. A./Schröter, E./Stehr, N. (Hrsg.), Mehrwertiger Kapitalismus - Multidisziplinäre Beiträgezu Formen des Kapitalismus und seiner Kapitalien, S. 129-147.

Dell´Ariccia, G./Igan, D./Laeven, L. (2008). *Credit Booms And Lending Standards: Evidence From The Subprime Mortage Market.* In: Center for Economic Policy Research, Discussion Paper No. 6683.

Gärtner, M. (2007). *US-Bankenmarkt - Subprime-Krise 2.0.* In: Sparkasse, Nr. 11, November 2007, S. 30.

Hillis, D. (2003). *Pa. Banking Commissioner Rips Mortgage Broker Marketing Tactics.* In: American Banker, Vol. 168, No. 142 vom 25.07.2003, S. 5.

Jäger, M./Voigtländer, M. (2008). *Hintergründe und Lehren aus der Subprime-Krise.* In: IW-Trends, 35. Jg., Heft 3/2008, S. 1-14.

Karabell, Z. (2008). *End of the Ownership Society.* In: Newsweek, Vol. 152, Issue 16 vom 20.10.2008, S. 38-40.

Rheker, D. (2008). *Immobilienkrise - Ausverkauf eines Traums.* In: BILANZ, Nr. 5 vom 07.03.2008, S. 52.

Rudolph, B. (2008). *Lehren aus den Ursachen und dem Verkauf der internationalen Finanzkrise.* In: Zeitschrift für betriebliche Forschung, Nr. 60, November 2008, S. 713-741.

Sommer, R. (2008). *Die Subprime- Krise.* Hannover.

Thelen-Pischke, H., & Syring, J. (2008). *Regulatorische Aufarbeitung der Subprime-Krise.* In: Zeitschrift für das gesamte Kreditwesen, Nr. 18 vom 15.09.2008, S. 906.

Teil II

Von der Subprime-Krise zur Finanzkrise

Annika Krassin, Thi Mai Yen Tran, Theo Lieven

II.1 Asset Backed Securities (ABS) und ihr Einfluss auf die Entwicklung der Finanzkrise

1 Strukturierte Bankprodukte 70
   1.1 Formen der Verbriefung 70
   1.2 Grundstruktur und Beteiligte des Verbriefungsprozesses
       am Beispiel von Asset Backed Securities 71
       1.2.1 True-Sale-Verbriefungen 71
       1.2.2 Synthetische Verbriefungen 73
       1.2.3 Tranchierung 75
       1.2.4 Risikoadjustierte Renditen 77
       1.2.5 Mehrfachtranchierung 78

2 Risikobetrachtung 79
   2.1 Risikotransfer 80
   2.2 Verbesserung der Sicherheiten durch Credit Enhancement 81
   2.3 Komplexität strukturierter Finanzprodukte 82

3 Die Finanzkrise 86
   3.1 Entstehung 86
   3.2 Einfluss der strukturierten Finanzprodukte 89

4 Diskussion 91

Literaturverzeichnis 93

II.1 Asset Backed Securities (ABS) und ihr Einfluss auf die Entwicklung der Finanzkrise

Die Mitglieder des Teams der New Yorker Investmentbank JPMorgan konnten Mitte der 90er Jahre des letzten Jahrhunderts nicht wissen, was zehn Jahre später aus ihrer Idee werden sollte. Mittels neuartiger Finanzprodukte unternahmen sie den Versuch, ihre Kreditrisiken besser zu „managen". Die neuartigen Produkte hießen noch nicht ABS, CDO usw., sondern „Bistro-Deals" als Abkürzung für „Broad Index Secured Trust Offering". Die in diesem Aufsatz beschriebenen Wertpapiere wurden in der Folgezeit so erfolgreich, dass der damalige Notenbankchef Alan Greenspan nur Lob für sie übrig hatte:

„Diese Instrumente [Verbriefungen, CDOs] haben das Risiko unter diejenigen gestreut, die dazu bereit waren, und von denen man annehmen muss, dass sie dazu in der Lage waren. Kreditentscheidungen sind nun einmal Ergebnis der Erwartung, signifikante Teile des Risikos abwälzen zu können. Diese Risikostreuung hat maßgeblich dazu beigetragen, dass die Banken – ja sogar das Finanzsystem – jüngst den Stürmen standhalten konnten. Im Großen und Ganzen hat die Entwicklung dieser Instrumente und Techniken zu größerer Kreditverfügbarkeit, zu einer effizienteren Allokation von Risiken und Ressourcen und zu stabileren Finanzmärkten geführt." [1] (Übersetzung durch die Verfasser).

Ende 2007, nach Ausbruch der Finanzkrise, waren JPMorgan's Erfinder der ersten „Bistro-Deals" fassungslos über die Folgen. Ein Mitglied der Gruppe schrieb in einer emotionalen E-Mail: *„Was für ein Monster wurde hier erschaffen?"*, ein anderer bemerkte: *„Es ist, als hättest Du ein bildhübsches Kind gekannt, das aufwuchs und ein furchtbares Verbrechen beging."* [2] (Übersetzung durch die Verfasser).

Felix Rohatyn, eine legendäre Erscheinung an der Wall Street, der für Lazard Frères im Corporate Finance tätig war, drückte es so aus:

[Derivate sind] *„finanzielle Wasserstoffbomben, gebaut auf PCs von 26-jährigen MBA-Absolventen."*[3] (Übersetzung durch die Verfasser).

Der folgende Beitrag dient dem Verständnis für den Zusammenhang zwischen diesen Finanzprodukten und der Entstehung der größten Finanzkrise der letzten Jahrzehnte. Zunächst wird auf die unterschiedlichen Formen von Verbriefungen und ihren Aufbau sowie die beteiligten Personen und Unternehmen eingegangen. Darauf folgend sollen die Risiken dieser Produkte aufgezeigt werden, die von vielen Beteiligten unterschätzt wurden, so dass sie maßgeblich zur Entstehung und Entwicklung der Finanzkrise beigetragen haben, was im dritten Kapitel dieses Beitrags erläutert wird. Abschließend werden die Ergebnisse in Abschnitt 4 zusammengefasst und hinsichtlich verbesserter Vorgehensweisen in der Zukunft diskutiert.

---

[1] Greenspan, Alan (2002), zitiert nach Kothari, V. (2006), S. 27.
[2] Tett, G. (2009c), S. 17.
[3] Hansell, S./Muehring, K. (1992).

Annika Krassin, Thi Mai Yen Tran, Theo Lieven

1 Strukturierte Bankprodukte

Im Hinblick auf die Finanzkrise sind vor allem Verbriefungen bzw. Asset Backed Securities (im weiteren Sinne) und zum Teil Kreditderivate als strukturierte Finanz- bzw. Bankprodukte von Bedeutung. Daher werden im Folgenden vor allem Verbriefungen beschrieben und die gegebenenfalls mit ihnen verbundenen Kreditderivate.

1.1 Formen der Verbriefung

Asset Backed Security, kurz ABS, bedeutet übersetzt „forderungsbesichertes Wertpapier". Grundlage dieses Finanzproduktes ist die Forderungsverbriefung bzw. Asset Securitization mit dem Zweck, nicht handelbare Finanzaktiva, d.h. Forderungen, in handelbare Wertpapiere umzuwandeln.[4] Unterschieden werden die ABS anhand der ihnen zugrunde liegenden Vermögenswerte (Abbildung 1).

Zum einen gibt es ABS im engeren Sinne, die im Wesentlichen alle Arten von kleineren Forderungen enthalten können, wie z.B. Kreditkartenforderungen. Zum anderen gibt es die so genannten Collateralized Debt Obligations (CDO), welche im Allgemeinen auf Unternehmensforderungen basieren. Dabei kann unterschieden werden zwischen Collateralized Loan Obligations (CLO), denen Darlehensforderungen zugrunde liegen, und Collateralized Bond Obligations (CBO), deren Underlying z.B. aus Unternehmensanleihen besteht. CDOs können wiederum auf ABS basieren[5], so genannte CDO auf ABS.

Des Weiteren gibt es die Form der Mortgage Backed Securities (MBS), die noch einmal in Residential Mortgage Backed Securities (RMBS) und Commercial Mortgage Backed Securities (CMBS) unterteilt werden können. RMBS spielen durch die zugrunde liegenden privat genutzten Immobilienkredite in der Finanzkrise eine wichtige Rolle. CMBS basieren hingegen auf gewerblich genutzten Immobilienkrediten.

---

[4] Vgl. Gruber, J./Gruber, W./Braun, H. (2005), S. 63.
[5] Vgl. Gruber, J./Gruber, W./Braun, H. (2005), S. 66-67.

II.1 Asset Backed Securities (ABS) und ihr Einfluss auf die Entwicklung der Finanzkrise

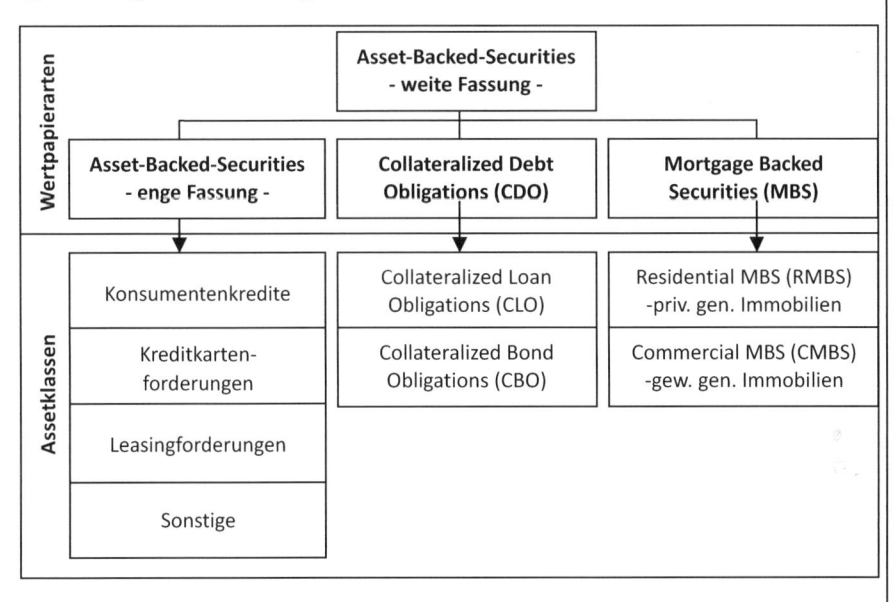

Abbildung 1: Klassifizierung nach Assetklassen[6]

Wertpapierarten		Asset-Backed-Securities - weite Fassung -	
	Asset-Backed-Securities - enge Fassung -	Collateralized Debt Obligations (CDO)	Mortgage Backed Securities (MBS)
Assetklassen	Konsumentenkredite	Collateralized Loan Obligations (CLO)	Residential MBS (RMBS) -priv. gen. Immobilien
	Kreditkarten- forderungen	Collateralized Bond Obligations (CBO)	Commercial MBS (CMBS) -gew. gen. Immobilien
	Leasingforderungen		
	Sonstige		

Als weitere, in der Grafik nicht aufgeführte Differenzierung, können außerdem so genannte Asset Backed Commercial Papers (ABCP) genannt werden, die in Punkt 2.2 ausführlicher erläutert werden.

1.2 Grundstruktur und Beteiligte des Verbriefungsprozesses am Beispiel von Asset Backed Securities

Alle oben genannten Verbriefungsformen können auch nach der Form des Risikotransfers differenziert werden.

1.2.1 True-Sale-Verbriefungen

Bei der True-Sale-Verbriefung stellt eine Bank, in diesem Zusammenhang ein so genannter Originator, zunächst aus mehreren hundert oder tausend bestehenden unterschiedlichen Krediten ein Portfolio zusammen.

---

[6] Gruber, J./Gruber, W./Braun, H. (2005), S. 67.

Zur Ausgliederung der Aktiva aus der Bilanz der Bank wird eine Zweckgesellschaft gegründet, ein so genanntes Special Purpose Vehicle (SPV). Die Gründung übernimmt entweder die Bank selbst oder ein Arrangeur bzw. eine Sponsorbank. Dadurch wird sichergestellt, dass das SPV nicht zu den konsolidierungspflichtigen Tochterunternehmen des Originators gehört.[7][8] Da die Zweckgesellschaft über keine eigenen Mittel verfügt, finanziert sie den Kauf der Forderungen durch die Emission von Wertpapieren im Kapitalmarkt. Diese Wertpapiere werden als Asset Backed Securities (ABS) bezeichnet.

Abbildung 2: Typische Transaktions-[9] und True-Sale-Struktur[10]

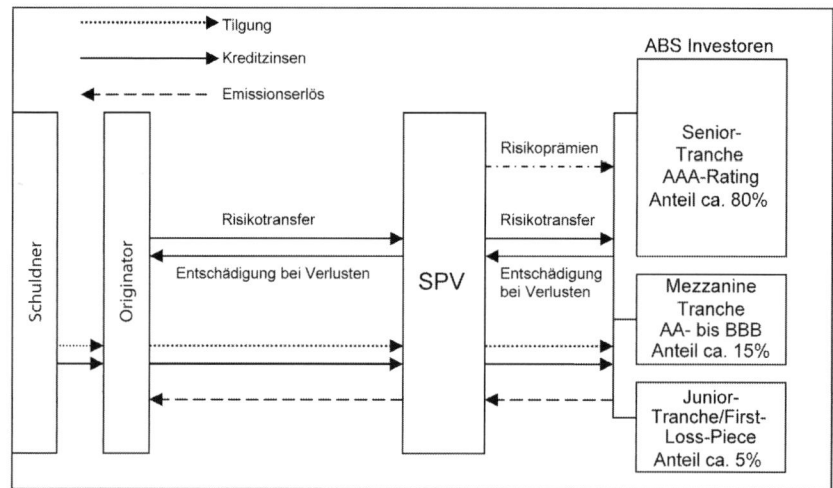

Bei der True Sale Verbriefung werden nun die Forderungen einschließlich der Kreditrisiken an die Zweckgesellschaft veräußert.[11] Diese werden durch einen Treuhänder, in der Regel eine andere Bank, für die Zweckgesellschaft in eigenem Namen gegen eine Gebühr verwaltet.[12] Der Bank fließt durch den Verkauf bzw. die Verbriefung Liquidität zu, und sie überträgt die Risiken aus den Krediten auf die Käufer der Wertpapiere. Diese Risiken werden ausschließlich aus den Zins- und Tilgungsleistungen der Kreditnehmer besichert und bedient. Durch den Verkauf der Forderungen an das SPV wird sichergestellt, dass sie rechtlich und wirtschaftlich von der Bank separiert werden. Die Investoren haben somit keine Ansprüche gegenüber der Bank.

---

7 Vgl. Leuschner, C.-F./Briesemeister, H. (2004), S. 106.
8 Vgl. Bartmann, P./Buhl, H./Hertel, M.(2008), S. 4.
9 Vgl. Brenken, A./Papenfuß, H. (2007), S. 15.
10 Gruber, J./Gruber, W./Braun, H. (2005), S. 69.
11 Vgl. Gruber, J./Gruber, W./Braun, H. (2005), S. 68.
12 Vgl. Wolf, B./Hill, M./ Pfaue, M. (2003), S. 173.

II.1 Asset Backed Securities (ABS) und ihr Einfluss auf die Entwicklung der Finanzkrise

Allerdings werden auch umgekehrt die Investoren bei Insolvenz der Bank gegenüber deren Gläubigern geschützt.[13] Für das Management und die Eintreibung der Forderung wird von der Zweckgesellschaft ein Servicer bestimmt, der in vielen Fällen zum Zweck der Beibehaltung der Kunden- bzw. Geschäftsbeziehungen die Bank selbst ist.[14] Um die Forderungen bzw. die Kreditrisiken besser an die Investoren verkaufen zu können, werden sie von einem Arrangeur, z.B. einer Investmentbank, und in der Regel mehreren Rating-Agenturen gegen eine Gebühr strukturiert.

Durch die Ratings der drei international anerkannten Rating-Agenturen (Standard & Poor's, Moody's und Fitch) werden sie in verschiedene Tranchen mit unterschiedlichem Risikogehalt separiert. Dabei werden die Portfoliodaten analysiert sowie vergleichbare Assets herangezogen, um die Ausfallwahrscheinlichkeiten bzw. die erwarteten Verluste der zugrunde liegenden Kredite zu bestimmen.[15] Die Rating-Agenturen haben außerdem die Aufgabe, eine laufende Überwachung durchzuführen und die Ratings bei Markt- und Risikoveränderungen anzupassen.[16]

1.2.2 Synthetische Verbriefungen

Im Gegensatz zur True-Sale-Verbriefung behält der Originator bei der synthetischen Verbriefung das Eigentum an den Forderungen, wodurch sie in der Bilanz verbleiben und es nicht zur Bilanzverkürzung kommt.[17] Ansonsten wird das gleiche Prinzip wie bei der True-Sale-Verbriefung angewendet.

---

[13] Vgl. Brenken, A./Papenfuß, H. (2007), S. 14-16.
[14] Vgl. Gruber, J./Gruber, W./ Braun, H. (2005), S. 64.
[15] Vgl. Brenken, A./Papenfuß, H. (2007), S. 17.
[16] Vgl. Wolf, B./Hill, M./Pfaue, M. (2003), S. 174.
[17] Vgl. Brenken, A./Papenfuß H. (2007), S. 25.

Abbildung 3: Synthetische Verbriefung[18]

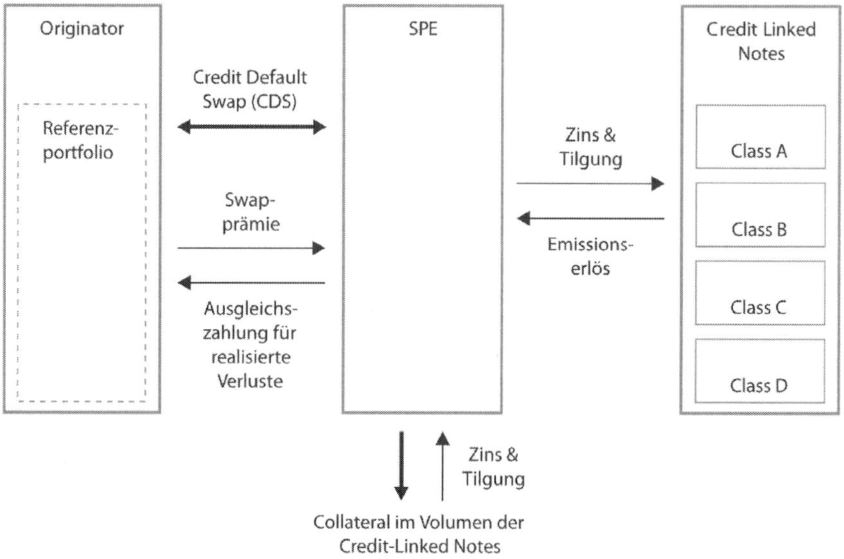

```
Originator                          SPE                    Credit Linked
                                                              Notes
┌──────────────┐    Credit Default   ┌─────┐
│ Referenz-    │ ←→ Swap (CDS)       │     │                ┌─────────┐
│ portfolio    │                     │     │   Zins &       │ Class A │
│              │                     │     │ → Tilgung →    └─────────┘
│              │    Swap-            │     │
│              │ →  prämie           │     │                ┌─────────┐
│              │                     │     │   Emissions-   │ Class B │
│              │                     │     │ ← erlös ←      └─────────┘
│              │    Ausgleichs-      │     │
│              │ ←  zahlung für      │     │                ┌─────────┐
│              │    realisierte      │     │                │ Class C │
│              │    Verluste         │     │                └─────────┘
└──────────────┘                     └─────┘
                                                            ┌─────────┐
                                                            │ Class D │
                                                            └─────────┘
                                      ↓ ↑ Zins &
                                          Tilgung
                              Collateral im Volumen der
                               Credit-Linked Notes
```

Der Originator bildet Forderungsportfolios mit bestimmten Assetklassen. Doch statt der gesamten Forderungen erhält die Zweckgesellschaft (SPE = Special Purpose Entity) nun über Kreditderivate, so genannte Credit Default Swaps, allein die Kreditrisiken. Dadurch sichert sich der Originator gegen Ausfallrisiken ab. Die Credit Default Swaps werden wiederum in den jeweiligen Risiken entsprechende Tranchen untergliedert und von der Zweckgesellschaft, die somit den Verkäufer darstellt, auf dem Kapitalmarkt veräußert.[19] Der Käufer, d.h. der Investor, erhält eine der Tranche entsprechende periodische Risikoprämie. Dafür muss er dem Verkäufer bei einem Credit-Event eine Ausgleichszahlung leisten. Dieses Credit-Event kann zum Beispiel ein Forderungsausfall durch ausbleibende Zins- und Tilgungszahlungen, eine Insolvenz oder der Zahlungsverzug des Kreditnehmers sein.[20]

Synthetischen Verbriefungen umgehen das Problem der beim True Sale erforderlichen Freihaltung der zugrunde liegenden Forderungen von Belastungen und anderweitigen Rechtstiteln. Zudem kann durch die Veräußerung von Darlehensforderungen ein Vertrauensverlust der Kreditnehmer in Bezug auf ihre Banken entstehen. Auch dies wird durch die synthetische Verbriefung verhindert.[21]

---

[18] Doede et al. (2008), S. 8.
[19] Vgl. Gruber, J./Gruber, W. (2005), S. 69.
[20] Vgl. Wolf, B./Hill, M./ Pfaue, M. (2003), S. 179.
[21] Vgl. Jortzik, St. (2006), S. 16.

II.1 Asset Backed Securities (ABS) und ihr Einfluss auf die Entwicklung der Finanzkrise

1.2.3 Tranchierung

Die in Abbildung 2 (rechte Spalte) dargestellte Tranchierung des Wertpapieres dient der Unterteilung des Portfolios in Bonitätsklassen, sozusagen in mundgerechte Portionen je nach Risikoappetit der Investors. Das Risiko der einzelnen Tranchen wird in den Ratings der drei großen Agenturen berücksichtigt. Die Ausfallwahrscheinlichkeiten der einzelnen Bonitätsstufen von Standard & Poor's liegen zwischen 0,02 % beim AAA- und 20 % beim Default-Rating D (Tabelle 1).

Tabelle 1: Ausfallwahrscheinlichkeiten innerhalb der nächsten fünf Jahre[22]

Standard&Poors Rating	Ausfallwahrscheinlichkeit innerhalb der nächsten 5 Jahre
AAA	0.020%
AA+	0.033%
AA	0.042%
AA-	0.059%
A+	0.084%
A	0.119%
A-	0.154%
BBB+	0.200%
BBB	0.259%
BBB-	0.367%
BB+	0.518%
BB	0.733%
BB-	1.215%
B+	2.014%
B	3.338%
B-	5.384%
CCC+	8.682%
CCC	14.000%
CCC-	14.936%
CC	17.000%
C	18.250%
D	20.000%

Die gesamte Tranchierung, d.h. die Risikoaufteilung, ist in einem so genannten Wasserfallprinzip angeordnet. Die verschiedenen Tranchen werden von der Zweckgesellschaft mit den Zins- und Tilgungszahlungen hierarchisch bedient. Zunächst werden die Ansprüche der Senior-Tranche, dann die der Mezzanine-Tranche und zuletzt die der Junior-Tranche befriedigt. Die Investoren der sichersten Tranche erhalten somit die Zins- und Tilgungszahlungen zuerst, wobei ihre Risikoprämie durch das geringe Risiko niedriger ist. Als nächstes wird die Mezzanine-Tranche bedient, deren Investoren entsprechend höhere Risikoprämien erhalten.[23] Die Investoren der Junior-Tranche bzw. des First-Loss-

---

[22] California ISO (CAISO).
[23] Vgl. Brenken, A./ Papenfuß, H. (2007), S. 17-19.

Piece erhalten in der Regel keine Verzinsung, sondern den Residualertrag, d.h. die Zahlungen der Kreditnehmer nach Abzug aller vertraglich festgelegten Zahlungsverpflichtungen gegenüber den anderen Tranchen.[24]

Die Verluste verlaufen hingegen von unten nach oben. Somit hat die Junior-Tranche Kreditausfälle vor der Mezzanine-Tranche und diese Verluste vor der Senior-Tranche zu tragen. Die Investoren der Junior-Tranche bekommen daher als erste keine Zins- und Tilgungszahlungen mehr, danach bei weiteren Kreditausfällen auch die der Mezzanine-Tranche nicht mehr und erst zuletzt ist die Senior-Tranche von den Ausfällen betroffen. Die jeweils höher liegende Tranche wird durch diesen Verlauf von der darunter liegenden Tranche geschützt[25]. An der Dichtefunktion der Ausfallwahrscheinlichkeiten lässt sich ablesen, warum der Anteil der Senior-Tranche so groß ist. Bei einem idealisierten Verlauf der Ausfallwahrscheinlichkeiten wird der größte Teil eines Verlustes (in Abbildung 4 die Fläche unter der Funktionskurve) sehr schnell durch das First-Loss-Piece übernommen. Ein kleinerer Teil wird von der mezzaninen Tranche getragen. Nur noch ein verschwindend kleiner Rest verbleibt dann für die Senior-Tranche. Wird dieses Restrisiko auch noch versichert (s. Abschnitt 2.2 Credit-Enhancement), so wird deutlich, warum die Erfinder dieser Papiere die AAA-Tranche als „super-senior", also besser als AAA bezeichneten.[26]

Abbildung 4: Dichtefunktion der Ausfallwahrscheinlichkeiten[27]

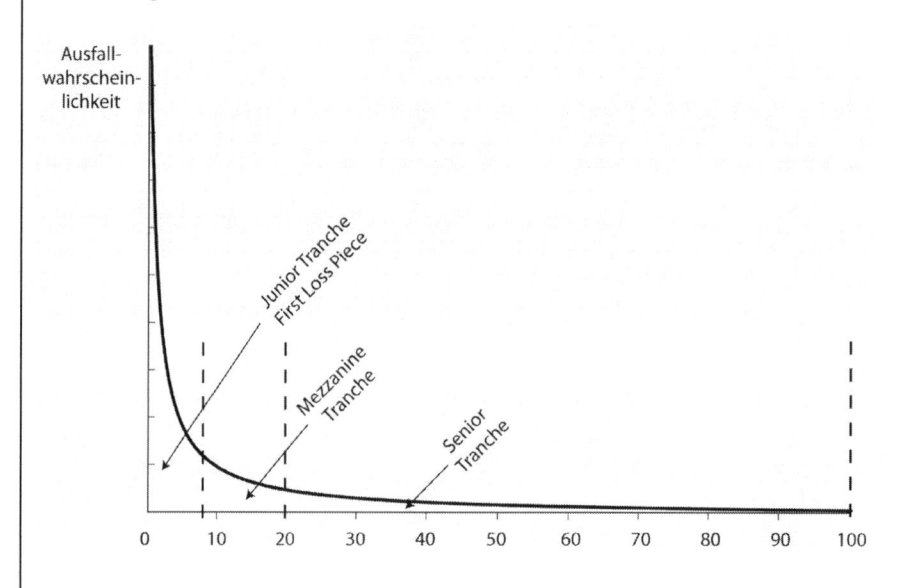

---

[24] Vgl. Bartmann, P./Buhl, H. U./Hertel, M. (2009), S. 6.
[25] Vgl. Brenken, A./Papenfuß, H. (2007), S. 17-19.
[26] Vgl. Tett, G. (2009b).
[27] Eigene Darstellung.

II.1 Asset Backed Securities (ABS) und ihr Einfluss auf die Entwicklung der Finanzkrise

1.2.4 Risikoadjustierte Renditen

Der Anteil der Senior Tranche am ABS beträgt in der Regel 80-90 % des Gesamtportfolios.[28] Die Tranche wird meist von Investoren gekauft, die schlechtere bzw. weniger Informationen über den Wert der zugrunde liegenden Forderungen haben.[29] Die nachfolgende Mezzanine-Tranche enthält ein höheres Risiko und erhält daher Ratings von AA bis BBB. Diese Investoren haben meist bessere Informationen über die Underlyings, wodurch sie sicher sind, das Risiko eines Ausfalls besser einschätzen zu können. Oder sie streben nach einer höheren Rendite und sind dabei risikobereiter als andere. Die letzte Tranche, die so genannte Junior-Tranche bzw. das First-Loss-Piece birgt das größte Risiko und wird im Allgemeinen nicht geratet. In vielen Fällen wird sie von der Bank selbst einbehalten, um den potentiellen Investoren das eigene Interesse an der Verringerung des so genannten „moral hazard" zu signalisieren, d.h. ein dem Interesse der Investoren gegenläufiges Verhalten des Originators. Da auch er nun ein Interesse daran hat, Tilgungszahlungen zu erhalten und Ausfälle zu vermeiden, wird er eine bessere Verwaltung der Kredite anstreben. Dadurch wird das Vertrauen der Investoren erhöht.[30]

Die Investoren der nachgeordneten Tranchen, die eventuelle Verluste zuerst zu tragen haben, erhalten im Gegenzug für das höhere Risiko eine höhere Risikoprämie. Tabelle 2 zeigt die Renditeaufschläge in Abhängigkeit von der Bonitätsstufe der Tranchen. Bezugsgröße ist der LIBOR (London Inter Bank Offered Rate), also der Zinssatz, zu dem sich Banken untereinander Geld leihen. Die mezzaninen Tranchen mit einem Rating bis zu BBB erhalten einen Aufschlag von bis zu 3,75 % über der normalerweise risikolos zu erzielenden Rendite, Investoren in die Equity-Tranche bzw. in das First-Loss-Piece können mit bis zu 18 % Rendite rechnen.

Tabelle 2: Renditeaufschläge in Abhängigkeit von der Tranche[31]

Tranche	Anteil am ABS
AAA-Tranche: Libor + 50 bis 60 Basispunkte	70%
A-Tranche: Libor + 120 bis 250 Basispunkte	10%
BBB-Tranche: Libor + 200 bis 375 Basispunkte	4%
BB-Tranche: Libor + 600 bis 750 Basispunkte	6%
Equity-Tranche (18 %)	10%

Anmerkung: 1 Basispunkt = 0,01 %, 100 Basispunkte = 1 %.

---

[28] Vgl. Brenken, A./Papenfuß, H. (2007), S. 18.
[29] Vgl. Fender, I./Mitchell, J. (2005), S. 80.
[30] Vgl. Brenken, A./Papenfuß, H. (2007), S. 22.
[31] Vgl. Rudolph et al. (2007), S. 51.

1.2.5 Mehrfachtranchierung

Es verwundert nicht, dass sich die mezzaninen Tranchen aufgrund ihres scheinbar überschaubaren Risikos bei gleichzeitig doppelter Rendite großer Beliebtheit erfreuten (der USD-Libor bewegte sich in der fraglichen Zeit nur um 3 % bis 3,5 %) Trotz der Expansion des amerikanischen Hypothekenmarktes durch Einbeziehung einkommensschwächerer Bevölkerungsgruppen in den Kreis der Bezieher von Immobiliendarlehen reichten die daraus verbrieften Papiere nicht aus, den Hunger der inzwischen weltweit agierenden Investoren zu stillen. Da das Portfolio der Underlyings, hier also der Hypothekenkredite, begrenzt war, konnten neue Wertpapiere nur durch weitere Verbriefungen geschaffen werden.

Abbildung 5: Wiederverbriefung durch Mehrfachtranchierung strukturierter Finanzprodukte[32]

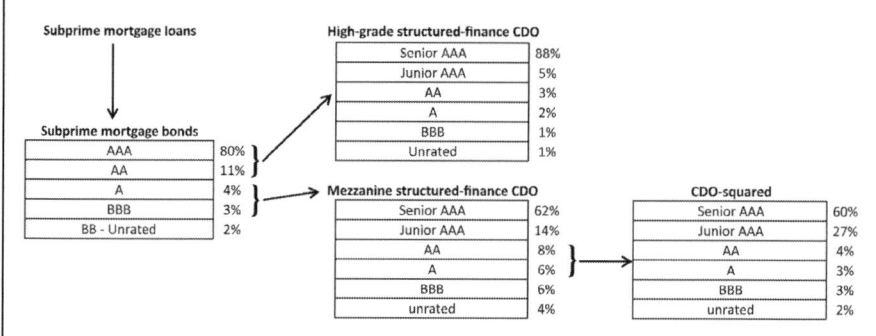

Subprime mortgage loans			High-grade structured-finance CDO				
			Senior AAA	88%			
			Junior AAA	5%			
			AA	3%			
Subprime mortgage bonds			A	2%			
AAA	80%		BBB	1%			
AA	11%		Unrated	1%			
A	4%		Mezzanine structured-finance CDO			CDO-squared	
BBB	3%		Senior AAA	62%		Senior AAA	60%
BB - Unrated	2%		Junior AAA	14%		Junior AAA	27%
			AA	8%		AA	4%
			A	6%		A	3%
			BBB	6%		BBB	3%
			unrated	4%		unrated	2%

Anmerkung: CDO = collaterized debt obligation.

Ein auf Hypotheken basierendes Wertpapier zur Finanzierung von Immobiliendarlehen an Schuldner niedrigerer Bonität („subprime") umfasst immer noch 80 % Anteile mit besten (AAA) bzw. 15 % mit besseren Ratings (AA - A), da nur ein (vermutlich geringer) Teil der Darlehen ausfallen wird (Abbildung 5, linke Spalte). AAA- und AA-Tranchen werden in einem neuen CDO mit guter Bonität zusammengefasst („Highgrade"). Da es sich um die „guten" Tranchen handelt, ist die Ausfallwahrscheinlichkeit äußerst gering. Das ungeratete First-Loss-Piece beträgt nur noch 1 % (Abbildung 5, Mitte oben). Die A- und BBB-Tranchen des ursprünglichen Wertpapiers werden zu einem mezzaninen neuen CDO mit mittlerer Bonität zusammengefasst, in dem die Junior-Tranche zwar 4 % beträgt, der AAA-geratete Anteil aber immer noch 76 % ausmacht.

Dieses Konstrukt kann mit AA- und A-Tranche nochmals in einem „quadrierten" CDO-squared verbrieft werden. Erneut beträgt der AAA-Anteil dieses Konstruktes 87 % (Abbildung 5 rechts). Theoretisch könnte diese Vorgehensweise beliebig viele

---

[32] IMF-Schätzungen (2008).

Papiere mit höchster Bonitätseinstufung (AAA) erzeugen. Sogar über CDO-cubed wurde nachgedacht, also CDOs von CDOs von CDOs.[33]

Ab 2005 übertraf die Zahl der Neuemissionen von mezzaninen CDOs die der Ausgabe von BBB-gerateten Subprime-Hypothekenpapieren, 2006 lag die Zahl doppelt so hoch (Tabelle 3). Der Risikoappetit der Marktteilnehmer verlangte nach immer neuen Verbriefungen durch Mehrfachtranchierung.

Tabelle 3: Emission von RMBS gegenüber der Ausgabe von mezzaninen ABS CDOs.[34]

BBB-rated subprime RMBS issuance and exposure of mezzanine ABS CDOs issued in 2005–07 to BBB-rated subprime RMBS

USD billions

	Subprime RMBS vintage			
	2004	2005	2006	2007
BBB-rated subprime RMBS issuance	12.3	15.8	15.7	6.2
Exposure of mezzanine ABS CDOs issued in 2005-07	8.0	25.3	30.3	2.9
Exposure as a percent of issuance	65	160	193	48

Source: Federal Reserve calculations

Unter Berücksichtigung der geringen Zahl AAA-gerateter, alteingesessener Industrieunternehmen wird an dieser Stelle die fragwürdige Praxis der Rating-Agenturen bei strukturierten Wertpapieren deutlich. Denn im Mai 2009 verfügte als eines der wenigen Unternehmen Johnson & Johnson bei allen drei Rating-Agenturen über die höchste Bonitätsstufe AAA.

2 Risikobetrachtung

Die Grundidee der Verbriefungen besteht darin, das Risiko durch eine Diversifikation zu minimieren. Aufgrund der Verteilung auf mehrere Marktteilnehmer werden die Ausfallwahrscheinlichkeiten für den einzelnen geringer. Die Voraussetzung hierfür ist allerdings ein gleichbleibendes Risiko, ansonsten erhöht es sich für jeden einzelnen Marktteilnehmer.

---

[33] Vgl. Tett, G. (2009a), S. 110.
[34] Basel Committee on Banking Supervision (2008), S. 37.

2.1 Risikotransfer

Beide Methoden der Verbriefung verfolgen das Ziel, die Ausfallrisiken der zugrunde liegenden Kredite vom Originator über das SPV auf den Investor zu übertragen. Der Originator gliedert so die Forderungen aus seiner Bilanz aus, bis auf die eventuell einbehaltene First-Loss-Position. Dadurch muss er nur noch einen geringeren Teil mit Eigenkapital unterlegen und kann bei gleichem Eigenkapital neue Aktivitäten in Angriff nehmen. So erhöht sich wiederum die Eigenkapitalrendite. Bis zur Einführung von Basel II Anfang 2007 mussten Forderungen generell mit 8 % Eigenkapital unterlegt werden, unabhängig von der Bonität der Kreditnehmer. Aufgrund der Bestimmungen von Basel II und der speziell für Deutschland geltenden Solvabilitätsverordnung erfolgt nun eine risikogewichtete Eigenkapitalunterlegung. Dabei werden die Forderungen entsprechend ihres Ratings nach folgender Tabelle gewichtet:

■ Tabelle 4: Risikogewichte im Kreditrisikostandardansatz[35]

Langfristiges Rating				
AAA bis AA- 20%	A+ bis A- 50%	BBB+ bis BBB- 100%	BB+ bis BB- 350%	Schlechter BB-/ nicht geratet 1250% (oder Kapitalabzug)

Die „ungewichteten" Forderungen müssen mit 8 % Eigenkapital unterlegt werden. Durch die Gewichtung können gut geratete Ansprüche mit weniger Eigenkapital unterlegt werden, schlecht geratete verlangen mehr Eigenkapital. Schlechter als BB- oder ungeratete Forderungen, d.h. die Junior- bzw. First-Loss-Tranche, müssen dagegen komplett mit Eigenkapital unterlegt werden. Beispiel: 1 Mio. Forderungen * 1.250 % = 12,5 Mio *8 % = 1 Mio. zu unterlegendes EK.

Im Gegensatz zum Verbleib der Kredite beim Originator bis zur Endfälligkeit verschafft dieser sich durch Verkauf der Forderungen an Zweckgesellschaften schnell wieder Liquidität, mit der er neue Investitionen oder Kreditgeschäfte tätigen kann.

Investoren gingen den Risikotransfer ein, da die Investitionen in ABS bis zur Entstehung der Finanzkrise relativ sicher schienen und im Vergleich zu Anleihen und Investments mit demselben Rating eine höhere Rendite versprachen.[36] Durch die Bonitätsverbesserung des verbrieften Portfolios mit Hilfe so genannter Credit Enhancements[37] wurde das Gefühl der Sicherheit für die Käufer der ABS noch verstärkt.

---

[35] Doede, N et al., (2008), S. 58.
[36] Vgl. Mock, M./Zimmermann, J. P. (2008), S. 1.
[37] Vgl. Wolf, B./Hill, M./Pfaue, M. (2003), S. 187.

II.1 Asset Backed Securities (ABS) und ihr Einfluss auf die Entwicklung der Finanzkrise

2.2 Verbesserung der Sicherheiten durch Credit Enhancement

Die Tranchierung ist eine der wichtigsten Maßnahmen zur Sicherung der verbrieften Forderungen. Zur Verstärkung kann wiederum eine Mehrfach-Tranchierung durchgeführt werden. Da bei einer Verbriefung durch ABS in der Regel gleichartige Kreditforderungen zugrunde liegen und das Risiko z. B. bei Hypothekenkrediten ausschließlich von der Entwicklung in diesem Sektor abhängt, kann durch eine weitere Verbriefung eine Risikodiversifikation erfolgen. Dabei werden ABS aus verschiedenen Tranchen und aus unterschiedlichen Kreditforderungen (z. B. Hypotheken- + Kreditkartenforderungen) erneut von einer Zweckgesellschaft aufgekauft und neu tranchiert. Die Refinanzierung findet wiederum durch Ausgabe von Collateralized Debt Obligations statt. Durch diese Mehrfach-Tranchierung wird nicht nur eine Diversifikation der zugrunde liegenden Forderungen und Risikoklassen erreicht, sondern auch eine höhere Zinsmarge und somit ein höherer Ertrag für Investoren der Junior Tranche.[38]

Eine andere Möglichkeit ist der Aufkauf der ABS durch Zweckgesellschaften, in diesem Fall zum so genannten *Shadow Banking System*[39] gehörende Conduits[40] bzw. SIVs (Structured Investment Vehicles). Sie bündeln mittel- bis langfristige ABS zu neuen Portfolien und refinanzieren diese am Geldmarkt durch die Ausgabe von Asset Backed Commercial Papers (ABCP), d.h. kurzfristige Wertpapiere.[41] Somit findet auch hier eine Mehrfach-Tranchierung statt. Der Vorteil besteht neben der Diversifikation darin, dass die Conduits als Investoren der mittel- bis langfristigen ABS relativ hohe Zinsen erhalten, aber nur geringere Zinsen an die Käufer der kurzfristigen ABCP zahlen müssen. Durch nicht fristenkongruente Refinanzierung entsteht für sie ein Arbitragegewinn.[42] Die Voraussetzung dafür ist allerdings eine normale Zinsstruktur mit höheren Zinsen für langfristige Investitionen und geringere für kurzfristige. Sobald die Zinsstruktur flach oder sogar invers wird, entsteht für den Conduit ein Verlust. Noch dramatischer wird die Lage bei einem Austrocknen des Geldmarktes, wenn kurzfristige Refinanzierungsmöglichkeiten nicht mehr zur Verfügung stehen.

Falls fällige ABCPs nicht durch Forderungszahlungen zurückgezahlt werden können, werden vom Conduit neue ABCPs emittiert. Ist dies aufgrund mangelnder Nachfrage nicht möglich, entsteht ein Liquiditätsrisiko. Um dies zu verhindern, kann als Credit Enhancement z.B. eine Liquiditätslinie durch einen externen Sicherungsgeber, eine so genannte Sponsorbank, eingeräumt werden, die entweder das Liquiditätsrisiko oder

---

[38] Vgl. Bartmann, P./Buhl H. U./Hertel, M. (2009), S. 7.
[39] Vgl. Tett, G. (2009a), S. 116ff.
[40] Vgl. Bartmann, P./Buhl H. U./Hertel, M. (2009), S. 8.
[41] Vgl. Mock, M./ Zimmermann, J. P. (2008), S. 2.
[42] Vgl. Bartmann, P./Buhl H. U./Hertel, M. (2009), S. 8.

zusätzlich das Ausfallrisiko deckt.[43] Als Sponsorbank kann dabei auch der ursprüngliche Kreditgeber eintreten.[44] Ein Problem entsteht, wenn diese Liquiditätslinien von den Banken nicht gehalten werden können. Der Erfinder der SIVs, die später stark in Bedrängnis geratene Citigroup, hatte alleine sieben dieser Schattenbanken errichtet, die 2007 fast 100 Mrd. USD an Vermögensgegenständen verwalteten. Mit den (kurzfristig orientierten) Geldmarktfonds waren die SIVs über 3 Billionen (= 3.000 Mrd.) USD verbunden.[45]

Ein weiteres Credit Enhancement für alle Arten von ABS ist die Übersicherung mit Forderungen. Hierbei verkauft der Originator einen höheren Betrag an Forderungen zum Ausgleich eventueller Ausfälle und zum Schutz der Investoren. Emittiert die Zweckgesellschaft diese Forderungen zu einem geringeren Nominalwert, wird die Differenz als Bar-Reserve einbehalten. Eine andere Möglichkeit ist die Einbehaltung der Differenz von Zahlungseingängen der Kreditnehmer und Zahlungen an die Investoren der ABS, um eventuelle Kreditausfälle bis zu einer bestimmten Höhe aufzufangen.

Zudem können andere Banken oder Versicherungen gegen eine Prämie die Sicherheit der ABS verbessern. Sie können zum einen Kreditlinien einräumen, auf die bei Ausfällen zurückgegriffen werden kann, oder zum anderen Garantien zur Verfügung stellen, bei denen die externe Partei verspricht, bis zu einem bestimmten Betrag die Zins- und Tilgungszahlungen an die Investoren zu übernehmen.[46] Als einer der ersten übernahm die American International Group (AIG) die Versicherung des Restrisikos aus der Senior-Tranche und erhielt dafür eher bescheidene Prämien (zuerst 0,02 %, später 0,11 % der Versicherungssumme). Was so wenig aussieht, summiert sich bei dem emittierten Gesamtvolumen zu einem kontinuierlich großen Zahlungsstrom, der AIG zudem nicht zu Eigenkapitalrücklagen verpflichtete und mit keinerlei Risiken behaftet zu sein schien. Im Sommer 2007 hatte AIG ca. 560 Mrd. USD an AAA-Tranchen gegen Ausfall versichert, jedoch trotz wiederholter Versprechungen die Reserven nicht aufgebaut. Als Anfang 2008 die ersten Schadensfälle gemeldet wurden, musste AIG 43 Mrd. USD abschreiben.[47]

2.3 Komplexität strukturierter Finanzprodukte

Die Credit Enhancements versuchen zwar, die Investoren durch verschiedene Maßnahmen zu schützen. Allerdings werden die ABS gerade dadurch immer komplexer und bergen erneute Risiken. Ein Grund für die Komplexität ist die Tranchierung und

---

[43] Vgl. Wolf, B./Hill, M./Pfaue, M. (2003), S. 174, 184f.
[44] Vgl. Bartmann, P./Buhl H. U./Hertel, M. (2009), S. 18.
[45] Vgl. Tett, G. (2009a), S. 231.
[46] Vgl. Wolf, B./Hill, M./Pfaue, M. (2003), S. 187-188.
[47] Vgl. Tett, G. (2009a), S. 276f.

II.1 Asset Backed Securities (ABS) und ihr Einfluss auf die Entwicklung der Finanzkrise

vor allem die Mehrfach-Tranchierung. Durch sie werden ABS Underlying für andere ABS, CDOs oder ABCPs, die wiederum alle als gemeinsame Grundlage ein oder mehrere Forderungsportfolien haben. Dadurch wird es für die Investoren schwierig, genau zu unterscheiden, welche Kredite Grundlage ihres Wertpapiers sind.[48]

Die Auswirkungen der Mehrfach-Tranchierung sollen nun am vereinfachten Beispiel aufgezeigt werden. Es stellt eine so genannte CDO-auf-ABS-Struktur dar, wenn ein CDO aus verschiedenen Tranchen zugrunde liegender ABS besteht.[49] Zur Vereinfachung gründet sich der hier gewählte CDO auf nur zwei ABS-Portfolios. Diese basieren wiederum jeweils auf 100 Krediten im Gesamtwert von einer Milliarde EUR. Aus diesen beiden Kreditportfolios werden unterschiedliche Tranchen mit entsprechendem Risikogehalt gebildet. Zur Bestimmung des Risikogehaltes wird die Ausfallwahrscheinlichkeit oder der erwartete Verlust des gesamten Portfolios durch die Rating-Agenturen bestimmt und durch Ratings verdeutlicht. Je höher die Tranche, desto geringer die Ausfallwahrscheinlichkeit und daher umso besser das Rating, da die Investoren der höchsten Tranche erst Verluste erleiden, wenn alle Tranchen unter ihnen ausgefallen sind:

Eine Zweckgesellschaft, bzw. ein Special Purpose Vehicle (SPV) kauft aus dem ABS 1 die gesamte mit BBB bis B geratete und aus dem ABS 2 die gesamte mit A geratete Mezzanine Tranche auf. Diese werden zu einem neuen Portfolio gebündelt, das mit Forderungen im Wert von 150 Mio. EUR Grundlage des CDO ist. Dieses Portfolio wird in drei verschiedene Tranchen aufgeteilt und dann im Gesamten hinsichtlich der Ausfallwahrscheinlichkeiten bewertet und geratet (siehe Abbildung 6).

---

[48] Vgl. Mock, M./Zimmermann, J. P. (2008), S. 2.
[49] Vgl. Heidorn, T./König, L. (2003), S. 5.

Abbildung 6: Beispiel für ein CDO auf ABS[50]

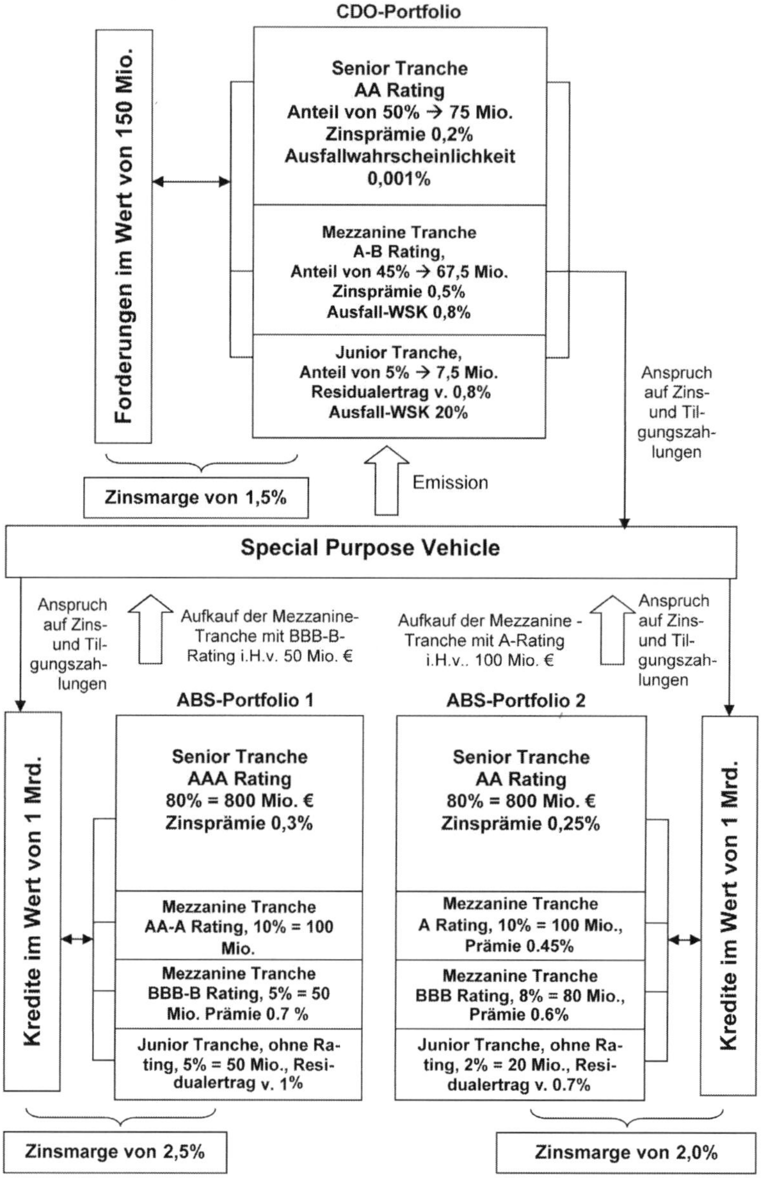

CDO-Portfolio

Forderungen im Wert von 150 Mio.

- **Senior Tranche** AA Rating, Anteil von 50% → 75 Mio., Zinsprämie 0,2%, Ausfallwahrscheinlichkeit 0,001%
- **Mezzanine Tranche** A-B Rating, Anteil von 45% → 67,5 Mio., Zinsprämie 0,5%, Ausfall-WSK 0,8%
- **Junior Tranche**, Anteil von 5% → 7,5 Mio., Residualertrag v. 0,8%, Ausfall-WSK 20%

Anspruch auf Zins- und Tilgungszahlungen

Zinsmarge von 1,5% — Emission

Special Purpose Vehicle

Aufkauf der Mezzanine-Tranche mit BBB-B-Rating i.H.v. 50 Mio. €

Aufkauf der Mezzanine-Tranche mit A-Rating i.H.v. 100 Mio. €

Anspruch auf Zins- und Tilgungszahlungen

ABS-Portfolio 1

Kredite im Wert von 1 Mrd.

- **Senior Tranche** AAA Rating, 80% = 800 Mio. €, Zinsprämie 0,3%
- **Mezzanine Tranche** AA-A Rating, 10% = 100 Mio.
- **Mezzanine Tranche** BBB-B Rating, 5% = 50 Mio. Prämie 0.7 %
- **Junior Tranche**, ohne Rating, 5% = 50 Mio., Residualertrag v. 1%

Zinsmarge von 2,5%

ABS-Portfolio 2

Kredite im Wert von 1 Mrd.

- **Senior Tranche** AA Rating, 80% = 800 Mio. €, Zinsprämie 0,25%
- **Mezzanine Tranche** A Rating, 10% = 100 Mio., Prämie 0.45%
- **Mezzanine Tranche** BBB Rating, 8% = 80 Mio., Prämie 0.6%
- **Junior Tranche**, ohne Rating, 2% = 20 Mio., Residualertrag v. 0.7%

Zinsmarge von 2,0%

---

[50] Eigene Darstellung.

II.1 Asset Backed Securities (ABS) und ihr Einfluss auf die Entwicklung der Finanzkrise

Die Gefahren der Mehrfach-Tranchierung, wie in diesem Fall durch einen CDO auf ABS, bestehen zum einen in der Unübersichtlichkeit über die Details der Portfolien. So ist es für die Investoren fast unmöglich, die für sie bestehenden Risiken richtig einzuschätzen, da sie die zugrunde liegenden Vermögenswerte nicht genau kennen.

Des Weiteren bergen die Laufzeiten der Kredite und der ABS ein gewisses Risiko. Die mezzaninen Tranchen der ABS erhalten durch das Wasserfallprinzip und den vertraglich festgelegten Tilgungsrhythmus Zahlungen eventuell später als die Senior-Tranchen. Daher werden die unteren Tranchen des CDOs wiederum noch später bedient, da man bis zur endgültigen Zahlung Ausfälle nicht ausschließen kann. Die größte Gefahr für die Investoren besteht somit in den Ausfallrisiken. Investoren der unteren ABS-Tranchen sind direkt von Kreditausfällen betroffen und erhalten in Folge dessen keine Zins- und Tilgungszahlungen mehr. Diese Ausfälle haben noch keine Auswirkungen auf die Zahlungen im CDO. Gemäß des Wasserfallprinzips sind als erste die Junior-Tranchen betroffen und noch nicht die von der Zweckgesellschaft aufgekauften Mezzanine-Tranchen. Kleinste Ausfälle in den Mezzanine Tranchen bringen jedoch den gesamten CDO in Gefahr, auch die AAA-Tranchen. Da sich die Zahlungsströme nur aus den Mezzanine-Tranchen der beiden ABS speisen, führt ein Versiegen dieser Quellen zu einem Totalausfall des CDOs. Selbst bei Unsicherheit über die zu erwartenden Zahlungen müssen die als Super-Senior angesehen Teile des CDOs wertberichtigt werden.

Ein weiteres Problem stellt die zeitliche Verschiebung von Auszahlungseffeken bzw. die Unsicherheit über die zu erwartenden Zahlungen dar. Wenn Subprimekredite notleidend werden, beginnt ein langwieriger Prozess, der erst nach Monaten offenbart, welche Zahlungsströme im Wasserfallprinzip zu erwarten sind.[51] Wer aber zeitnah bewerten muss, wie z. B. die monatlich berichtenden Hedgefonds, dem bleibt in einem solchen Fall nur eine Rückstellung oder eine Wertberichtigung.

In all dem zeigt sich die Brüchigkeit der angeblich uneinnehmbaren Bastion der Senior-Tranche des CDOs, die auch als *Super-Senior* bezeichnet wird, weil sie sicherer als AAA sein sollte.[52] Das AAA-Rating beruhte auf der vermeintlichen Sicherheit, die die darunter liegenden Tranchen gegen Verluste boten. Geraten die mezzaninen Tranchen in Gefahr, und sei es auch nur durch kleine oder sogar vermutete Ausfälle, wird das Vertrauen in das gesamte Verbriefungsgebäude erschüttert. Da die Senior-Tranchen quantitativ den größten Teil der CDOs ausmachen (Abbildung 4), sind die bilanziellen Folgen in Form von Wertberichtigungen weitaus größer als der Ausfall eines möglicherweise kleinen Teils der Forderungen, der zudem noch von den First-Loss-Pieces aufgenommen wird. Es ist daher nicht verwunderlich, dass von der 2008er Abschrei-

---

[51] Vgl. Tett, G. (2009a), S. 236f.
[52] Vgl. Tett, G. (2009a), S. 239.

bungssumme der drei Banken UBS, Merrill Lynch und Citigroup von insgesamt über 53 Mrd. USD alleine zwei Drittel auf die „Super-Senior"-AAA-Tranchen entfielen.[53]

3 Die Finanzkrise

3.1 Entstehung

Aufgrund des Platzens der New-Economy-Blase an den Aktienmärkten im Jahre 2000 wurden Immobilien auf der Suche nach Alternativen als Anlagen immer beliebter. Durch die erhöhte Nachfrage stiegen die dortigen Immobilienpreise von Januar 2000 bis September 2006 um 105 %, um von da an wieder steil abzufallen (Abbildung 7).

■ Abbildung 7: S&P/Case Shiller Composite 20 Home Price Index[54]

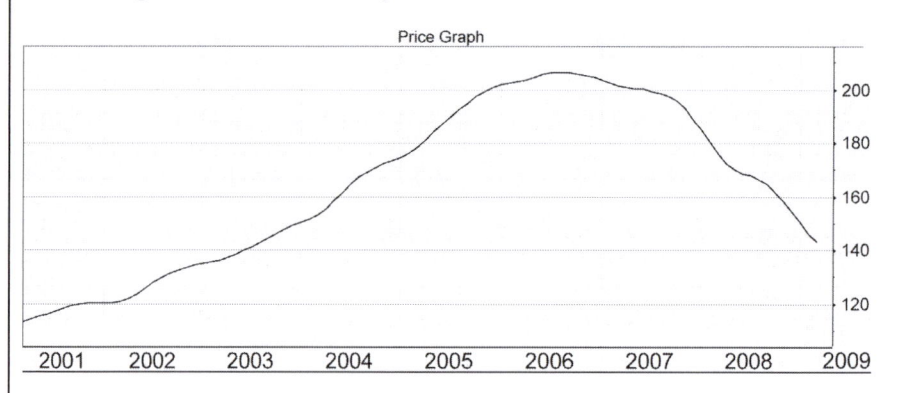

Zudem senkte die US-Notenbank den Leitzins nach den Terroranschlägen vom 11. September 2001 in den USA stetig, um eine Rezession zu vermeiden[55], wodurch Kredite günstig aufgenommen werden konnten. Allerdings gab es daher für die Banken nur noch sehr niedrige Margen, so dass sie zum einen bereit waren, Kredite gegen einen Zinsaufschlag auch an Kunden mit geringer Bonität auszugeben und zum anderen selbst in Mortgage Backed Securities mit höherem Risiko, aber auch einer höheren

---

[53] Vgl. Tett, G. (2009a), S. 246.
[54] Bloomberg.
[55] Vgl. Bartmann, P./Buhl, H. U./Hertel, M. (2009), S. 14.

II.1 Asset Backed Securities (ABS) und ihr Einfluss auf die Entwicklung der Finanzkrise

Rendite zu investieren. Die Kreditvergabestandards wurden immer weiter gelockert, da die Banken die Kreditrisiken durch die Verbriefungen auf andere übertragen konnten[56] und sich aufgrund der hohen Immobilienpreise sicher glaubten, ihr Geld bei Ausfällen durch Zwangsversteigerungen („Foreclosure") zurückzubekommen.[57] Daher gaben sie Kredite sogar an Kunden mit einem Verschuldungswert von über 85 % aus und ggf. als Alt-A- oder Subprime-Darlehen ohne Einkommensnachweise oder Prüfung der Kreditvergangenheit.[58]

■ Abbildung 8: MBS-Markt und Leitzinsen in den USA[59]

MBS-Markt und Leitzinsen in den USA

Emission von Mortgage Backed Securities (MBS) in Milliarden US-Dollar und US-Leitzins in Prozent

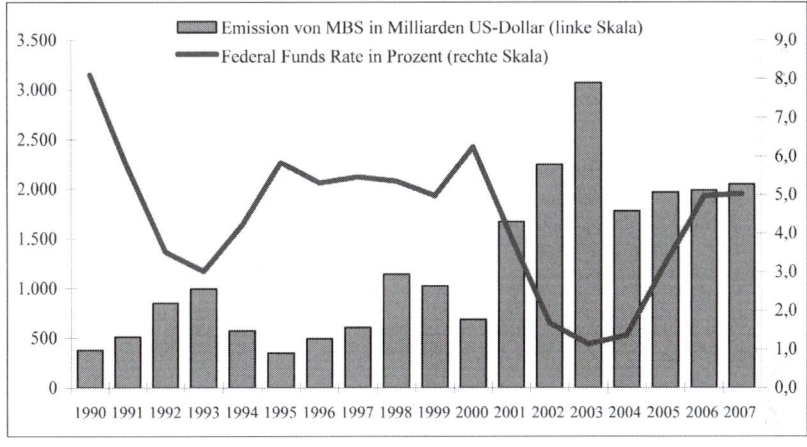

Quellen: Securities Industry and Financial Markets Association (SIFMA); Federal Reserve Board

Dabei wurden auch Kredite mit variablen Zinszahlungen[60] und solche mit einer kurzfristigen niedrigen Zinsbindung und einer folgenden variablen Verzinsung ausgegeben. Zudem wurde neben dem Immobilienkredit ein weiterer Kredit angeboten, um das für den Kunden verbleibende Eigenkapital zu refinanzieren.[61] So konnte sich praktisch jeder durch einen Kredit ein Haus kaufen und die Gruppe der Kreditnehmer mit schlechter Bonität stieg zusehends an. Die Zahl der Subprime-Darlehen lag daher

---

[56] Vgl. BaFin (o.V) (2008), S. 15.
[57] Vgl. Bartmann, P./Buhl H. U./Hertel, M. (2009), S. 14.
[58] Vgl. Jäger, M./Voigtländer, M. (2008), S. 6.
[59] Jäger, M./Voigtländer, M.(2008), S. 5.
[60] Vgl. Elschen, R. (2008).
[61] Vgl. Bartmann, P./Buhl H. U./Hertel, M. (2009), S. 14-15.

im Jahr 2006 bereits bei 600 Mrd. USD und im Bereich der Alt-A-Darlehen bei 400 Mrd. USD.[62] Aufgrund der hohen Renditen der ABS und der immer weiter steigenden Immobilienpreise in den Jahren 2000 bis 2006 stieg die Nachfrage nach Mortgage Backed Securities.

Die Investoren glaubten aufgrund der vermeintlich werthaltigen Immobilien an ein sicheres Finanzprodukt.[63] Dieses bestand aber zu einem großen Teil aus Immobilienkrediten mit schlechter Bonität, d.h. Alt-A- und Subprime-Darlehen. Vor allem Investmentbanken kauften MBS auf und bündelten sie zu neuen CDOs, die sie an Investoren weltweit verkauften.[64]

Ab 2004 erhöhte die US-Notenbank den Zins wieder[65], so dass er bis zum Jahr 2006 um etwa 3 % anstieg. Dies führte dazu, dass die Nachfrage nach Krediten immer weiter abnahm und im Jahr 2006 ein Angebotsüberhang an Immobilien herrschte.[66] Viele Kreditnehmer aus dem Subprime-Bereich konnten ihre Kredite nicht mehr zurückzahlen. Dies lag vor allem daran, dass 90 % der Darlehen im Subprime-Bereich eine variable Zinsstruktur hatten, die entweder bereits seit Beginn der Kreditaufnahme bestand oder nach anfänglich fester Zinsbindungen nun oft genau zum Zeitpunkt der Zinserhöhung in 2006 in Kraft trat. Umgehend mussten etwa 3 % mehr Zinsen gezahlt werden.

So konnten in 2006 bereits viele Privatpersonen die Zins- und Tilgungsraten nicht mehr zahlen. Zudem sanken ab 2006 durch die abnehmende Nachfrage auch die Preise der Immobilien (siehe Abbildung 7). Die Banken versuchten aufgrund der Zahlungsausfälle, die Immobilien zwangszuversteigern. Allerdings konnte im Laufe der Zeit wegen der sinkenden Immobilienpreise immer seltener der ursprüngliche Kreditwert zurückerlangt werden. Da Subprime-Kreditnehmer generell kein Eigenkapital haben, konnte die Bank ihren Verlust durch den Immobilienverkauf auch nicht beim Schuldner zurückfordern, falls dies der Bank nicht aufgrund so genannter Walk-Away-Optionen der Schuldner bereits im Vorfeld untersagt war.[67] Durch zahlreiche Zwangsversteigerungen sanken die Immobilienpreise noch weiter.

---

[62] Vgl. Jäger, M./Voigtländer, M.(2008), S. 7.
[63] Vgl. Jäger, M./Voigtländer, M. (2008), S. 5.
[64] Vgl. BaFin (o.V.) (2008), S. 15.
[65] Vgl. Jäger, M./Voigtländer, M. (2008), S. 7.
[66] Vgl. Bartmann, P./Buhl H. U./Hertel, M. (2009), S. 15.
[67] Vgl. Bartmann, P./Buhl H. U./Hertel, M.(2009), S. 15.

II.1 Asset Backed Securities (ABS) und ihr Einfluss auf die Entwicklung der Finanzkrise

3.2 Einfluss der strukturierten Finanzprodukte

Die US-Hypothekenbanken waren zu allem Übel nicht nur direkt von Ausfällen betroffen, sondern auch indirekt durch zurückbehaltene risikoreiche First-Loss-Pieces von Mortgage-Backed-Securities. Diese basierten häufig auf den Subprime-Darlehen mit schlechter Bonität.

Aufgrund zahlreicher Ausfälle sahen sich die Rating-Agenturen ab 2007 veranlasst, alle Tranchen herabzustufen, selbst die vermeintlich sicheren Super-Senior-Papiere mit AAA-Bonität (Abbildung 9).

■ Abbildung 9: Preisentwicklung der MBS[68]

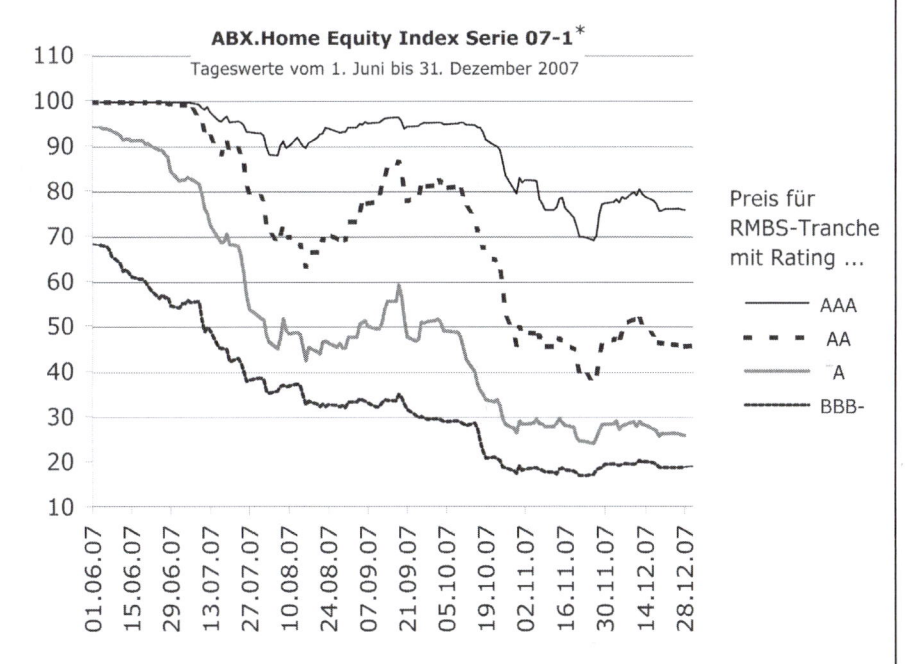

ABX.Home Equity Index Serie 07-1*
Tageswerte vom 1. Juni bis 31. Dezember 2007

Preis für RMBS-Tranche mit Rating ...
— AAA
- - - AA
— A
······· BBB-

* Benchmark für mit US Subprime Mortgages unterlegte strukturierte Produkte.
Quelle: Markit Group

Dadurch waren auch Investmentbanken betroffen, da sie die aufgekauften ABS aufgrund des Vertrauensverlustes nicht mehr weiterveräußern konnten. Wie groß der Schock war, den diese Entwicklung insbesondere im Hinblick auf die als „todsicher"

---

[68] BaFin (o.V.) (2008), S. 18.

geltenden AAA-Tranchen auslöste, kann man der Äußerung Peter Kurer's entnehmen (Mitglied des UBS-Verwaltungsrates und bis 15.04.2009 dessen Präsident):

„Offen gestanden, die meisten von uns hatten das Wort ‚super-senior' bis zum Sommer 2007 noch nicht einmal gehört. Unsere Risikomanager teilten uns mit, dass diese Instrumente ein AAA-Rating besaßen, wie Staatsanleihen."[69] (Übersetzung durch die Verfasser).

Betrachtet man das Beispiel des Mezzanine Structured-Finance CDOs in Abbildung 5, das aus den A- und BBB-Tranchen des MBS gebildet wurde, dann lässt sich nach einem Wertverfall dieser Papiere auf 20 % bis 30 % ihres Nominalbetrages leicht errechnen, was selbst die als so sicher geltende Super-Senior-Tranche des CDO mit AAA-Rating noch wert ist: im Zweifel nichts, und die AAA-Tranchen des CDO-squared, die aus den AA- und A-Tranchen des CDOs entwickelt wurden, erst recht nichts.

Ein weiteres Problem entstand für die Hypotheken- und Investmentbanken durch ihre Liquiditätszusagen als Sponsorbank an die Zweckgesellschaften, die sie nun erfüllen mussten, wenn sie die nicht zu verkaufenden Vermögenswerte nicht zurücknehmen wollten.[70] So war die Idee der ursprünglichen Ausgliederung der Risiken aus den Bilanzen hinfällig und die Banken gerieten durch die zu zahlenden Positionen in Milliardenhöhe in Zahlungsschwierigkeiten[71], zumal sie aufgrund der Ausgliederung der Risiken nicht genügend Eigenkapital aufgebaut hatten. Es entstand ein Vertrauensverlust in strukturierte Produkte sowie Misstrauen zwischen den Banken. So fanden sich wegen mangelnder Transparenz und Komplexität auch für nicht auf Hypothekenkrediten basierende Verbriefungen keine Investoren mehr.[72]

Zudem kam der Interbankenmarkt fast vollständig zum Erliegen, die Banken liehen sich untereinander kein Geld mehr, da niemand einschätzen konnte, inwieweit der andere in risikobehaftete Produkte investiert hatte.[73] Durch die Investitionen in ABS und MBS kam es bei Kreditinstituten weltweit zu Verlusten und Abschreibungen in Milliardenhöhe, darunter bei einigen deutschen Landesbanken, wie z.B. der WestLB. Im Sommer 2007 war als erstes deutsches Institut die IKB betroffen. Andere mussten aufgrund drohender Insolvenz vom Staat bzw. einem Bundesland gestützt oder von anderen Banken übernommen werden, wie etwa die Sachsen LB durch die LBBW (Landesbank Baden-Württemberg) im August 2007.[74]

Vor allem in den USA aber gab es für viele Banken keine andere Möglichkeit als die der Insolvenz, z. B. IndyMac und Washington Mutual. Die dramatischste Schließung

---

[69] Tett, G. (2009a), S. 163.
[70] Vgl. BaFin (o.V.) (2008), S. 19.
[71] Vgl. Mock, M./Zimmermann, J. P. (2008), S. 2.
[72] Vgl. Bartmann, P./Buhl H. U./Hertel, M.(2009), S. 16.
[73] Vgl. BaFin (o.V.) (2008), S. 20.
[74] Vgl. Strutz, P. (2007), S. 1.

II.1 Asset Backed Securities (ABS) und ihr Einfluss auf die Entwicklung der Finanzkrise

folgte mit der Insolvenz der Investmentbank Lehman Brothers am 15.09.2008.[75] Seitdem hat sich die vom Finanzmarkt ausgehende Krise auf den realwirtschaftlichen Markt ausgebreitet, wodurch nahezu jeder mit ihr in Berührung kommt.

4 Diskussion

Die Securitization oder Verbriefung von forderungsbasierten Zahlungsströmen diente ursprünglich der Risikodiversifizierung. Durch Bündelung eines Forderungsportfolios, dessen Aufteilung in Tranchen unterschiedlicher Ausfallwahrscheinlichkeiten und entsprechender Bewertung durch angesehene Rating-Agenturen sowie Streuung des Risikos unter „diejenigen, die dazu bereit waren, und von denen man annehmen muss, dass sie dazu in der Lage waren", wollte man dem Ziel stabilerer Finanzmärkte näherkommen.[76]

Wäre es bei diesem Ziel geblieben, hätte es nicht zur großen Finanzkrise kommen müssen. Die Väter der Verbriefungsidee, das junge Team von JPMorgan, hatten ausschließlich eigene im Portfolio gehaltene Unternehmenskredite im Sinn. In ihrem ersten „Bistro-Deal" Ende der 90er-Jahre fassten sie etwas mehr als 300 der gewährten Unternehmenskredite im Wert von 9,7 Mrd. USD zusammen und bildeten daraus ein klassisches Asset-Backet-Security-Wertpapier (ABS). Es war bezeichnend für die ersten Tage dieser Form der Securitization, dass den Investoren, die in diese ABS investierten, alle Underlyings, also die eigentlichen Schuldner, benannt wurden. So konnte sich jeder ein Bild vom Risiko machen, unabhängig von Ratingeinstufungen.

Ausgerechnet eine große deutsche Bank, die Bayerische Landesbank, trat an JPMorgan mit der Bitte heran, ein Portfolio von US-basierten Hypothekenkrediten in Höhe von 14 Mrd. USD durch Kreditderivate zu besichern. Die Erfinder der Securitization taten sich mit der Bewertung der Risiken ausgesprochen schwer. Unternehmensanleihen aus dem eigenen Hause sind leichter einzuschätzen als ein Bündel anonymer Forderungen fremder Immobilieninvestoren. Dennoch nahmen sich viele Banken der Mortgage-Backed-Securities und deren Verbriefungen an, nicht nur durch einmalige, sondern durch mehrmalige Tranchierung. Die Ausweitung der Kreditvergabe an den Subprime-Sektor und die schnell wachsende Zahl von Forderungsausfällen bei dieser Gruppe einkommensschwacher Schuldner löste die ersten Verluste bei den First-Loss-Pieces aus der ABS aus. Ab nun musste die Risikostruktur von ABS und CDOs neu überdacht werden. Dies war und ist aufgrund der teilweise komplizierten Rückverfolgung eigener Wertpapiere auf die Underlyings außerordentlich mühsam. Da für die

---

[75] Vgl. o.V. (2008).
[76] Alan Greenspan (2002), zitiert nach Kothar, V. (2006), S. 27.

nunmehr als „toxisch" bezeichneten unverkäuflichen Papiere kein aktiver Markt mehr besteht, bleibt nur noch die Wertberichtigung.

Banken sahen durch die Verbriefungen die Chance, sich von den Risiken zu befreien. Wegen der hohen Renditen durch Einbehaltung der Junior-Tranchen und die geringere Eigenkapitallinie wurden mehr und mehr Kreditforderungen verbrieft und die Kreditvergabestandards unter ein vernünftiges Niveau gesenkt. Bei der Veräußerung der ABS halfen die Rating-Agenturen. Sie wurden von den Banken beauftragt und bezahlt, sie stuften die Risiken aufgrund fehlender Erfahrungen zu niedrig ein.[77] Investoren verließen sich mit Blick auf die hohen Renditen auf die Ratings, da sie durch die Komplexität der Produkte und Bewertungsmethoden die Risiken zum größten Teil selbst nicht einschätzen konnten.[78]

Ein wesentlicher Auslöser der Krise war ferner die Erhöhung der Leitzinsen in den USA zur falschen Zeit, da viele Kreditnehmer so die Forderungen nicht zurückzahlen konnten. Verschärft wurde sie im Folgenden durch die zu späte und zum Teil zu rasche Herabstufung der ABS durch die Rating-Agenturen,[79] wodurch sich nicht nur ein Misstrauen gegen die wirklich risikoreichen Verbriefungen entwickelte, sondern gegen jede Art von Verbriefungen.

Als Lehre aus der Finanzkrise sollten einige Punkte verbessert werden. Zum einen müssen die strukturierten Produkte vereinfacht werden, damit auch weniger geschulte Investoren die Risiken einstufen können und so erneut Vertrauen aufgebaut werden kann. Dabei sollten vor allem die mehrfach strukturierten Produkte kritisch betrachtet und gegebenenfalls auf sie verzichtet werden (CDO auf ABS, CDO-squared). Es sollten zudem weltweit verschärfte Offenlegungsstandards für Banken eingeführt werden, d.h. eine Anhebung der Anforderungen von Basel II sowie eine Ausweitung der Bestimmungen auf die USA erfolgen. Zudem sollte es eine gesetzliche Regelung geben, nach der Banken als Vorkehrung gegen die Senkung der Kreditvergabestandards gezwungen sind, einen Teil der Forderungen in der Bilanz zu halten. Die Rating-Agenturen sollten eine risikogerechtere und damit präzisere Einschätzung der strukturierten Produkte vornehmen und Banken sollten ein verbessertes Risikomanagement anstreben, um sich selbst und ihre Kunden zu schützen.

Als besonders krisenanfällig haben sich die Konstruktionen mit ausgelagerten Zweckgesellschaften erwiesen. Risiken, die ursprünglich aus den Bankbilanzen ausgelagert werden sollten, wurden später trotzdem durch Einbehaltung des First-Loss-Pieces, Credit-Enhancement-, Finanzierungs- oder Ausfallzusagen zurückgeholt.

---

[77] Vgl. Jäger, M./Voigtländer, M. (2008), S. 12.
[78] Vgl. Mock, M./Zimmermann, J. P. (2008), S. 2.
[79] Vgl. BaFin (2008), S. 18.

II.1 Asset Backed Securities (ABS) und ihr Einfluss auf die Entwicklung der Finanzkrise

Letztendlich versagt das System der Streuung des Risikos, wenn alle Marktteilnehmer dieses wiederum auf alle anderen verteilen. Der Gulf International Manager Alex Veroude beschrieb das Problem folgendermaßen:

„*Das Problem ist, dass all die strukturierten Produkte auf die gleiche Weise konstruiert sind, mit den gleichen Auslösemechanismen. Das heißt, wenn es Sturm gibt, werden alle Boote kentern.*"[80] (Übersetzung durch die Verfasser).

Im Falle einer nicht nur lokalen, sondern globalen Krise hilft dann nur noch das Fernbleiben von diesen Märkten. Es gibt in der Tat zahlreiche Banken, die die Krise fast unbeschadet überstehen. Sie sind Vorbild für zukünftiges Verhalten.

Literaturverzeichnis

BaFin. (2008). *Wirtschaftliches Umfeld, Kapital II. In: Jahresbericht 2007*, S. 15-39. Abgerufen am 20. Juni 2009 von http://www.bafin.de /cln_109/ nn_722604/SharedDocs/Downloads/DE/Service/Jahres berich-te/2007/jb __2007__ kapitel__II,templateId=raw,property=publicationFile. pdf/jb_2007 _kapitel _II.pdf

Bartmann, P., Buhl, H. U. & Hertel, M. (2008). *Ursachen und Auswirkungen der Subprimekrise.* Universität Augsburg.

Basel Committee on Banking Supervision. (2008). *Credit Risk Transfer - Developments from 2005 to 2007.* Abgerufen am 07. Juni 2009 von www.pszaf.hu/data/cms558697/CLEAN___JF_Credit_risk_transfer_CRT___final_Jul08 ___3_07___wo_cover_pages.doc

Brenken, A. & Papenfuß, H. (2007). *Unternehmensfinanzierung mit ABS.* Frankfurt: True Sale International.

California ISO. (kein Datum). *CAISO.* Abgerufen am 10. Mai 2009 von http://www.caiso.com/1bfe/1bfebea441c90.pdf

Doede, N., Flunker, A. & u.a. (2008). *Asset Securitisation in Deutschland.* (Deloitte.com, Hrsg.) Abgerufen am 10. Mai 2009 von http://www.deloitte.com /dtt/cda/doc/content/DE%28de_en%29_SecServ_ABS_in_Dtl_180209_unsafe.pdf

Elschen, R. (2008). *Das Sublime der Subprime: Erschütterter Glaube an den bodenständige Werte.* Abgerufen am 11. März 2009 von Leon Neschle vom 22. April 2008: http://www.neschle.de/index.php/blog/leon-neschle-41-18-woche-2008/#more-307

---

[80] Kommentar auf der Konferenz des ESF (European Securitisation Forum) durch das IMN (Information Management Network), April 2005, zitiert nach Tett, G. (2009a), S. 121.

Fender, I., & Mitchell, J. (2005). *Strukturierte Finanzierungen: Komplexität, Risiken und die Rolle von Ratings.* Abgerufen am 04. März 2009 von BIZ-Quartalsbericht Juni 2005, S. 77-91: http://www.bis.org/publ/qtrpdf/r_qt0506ger_f.pdf?noframes=1

Gruber, J., Gruber, W. & Braun, H. (2005). *Praktiker Handbuch Asset-Backed-Securities und Kreditderivate, 1. Aufl.* Stuttgart.

Hansell, S./Muehring, K. (1992). *Why derivatives rattle the regulators.* In: Institutional Investor, September 1992.

Heidorn, T./König, L. (2003). *Investitionen in Collateralized, Frankfurt am Main.* Abgerufen am 12. März 2009 von www.frankfurt-school.de/dms/Arbeitsberichte/Arbeits44e.pdf

Jäger, M./Voigtländer, M. (2008). *Hintergründe und Lehren aus der Subprime-Krise.* IW-Trends, 35. Jg., Heft 3/2008, S. 1-14.

Jortzik, S. (2006). *Synthetische Collateralized Debt Obligations - Bewertung von Kreditrisikomessung mit Unternehmenswertmodellorientierung, 1. Aufl.*

Kothari, V. (2006). *Securitization - The Financial Instrument of the Future.* Singapore.

Leuschner, C.-F./Briesemeister, H. (2004). *Moderne Finanzierungsalternativen für Genossenschaften: Asset-Backed-Securities.* In: ZfgG Zeitschrift für das gesamte Genossenschaftswesen, Band Nr. 54, S. 100-112.

Mock, M./Zimmermann, J. (2008). *Asset Backed Securities und die Subprime Krise.* Abgerufen am 04. März 2009 von In: Wissenschaftliche Dienste des Deutschen Bundestages vom 17. Oktober 2008, S. 1-2: http://www.bundestag.de/wissen/analysen/2008/subprimekrise.pdf

o. V. (2008). *US-Bank ist bankrott.* Abgerufen am 11. März 2009 von Focus Online: http://www.focus.de/finanzen/boerse/finanzkrise/lehman-brothers-us-bank-ist-bankrott_aid_333333.html

Rudolph, B./Hofmann, B./Schaber, A./Schäfer, K. (2007). *Kreditrisikotransfer - Moderne Instrumente und Methoden.* Berlin.

Strutz, P. (2007). *Verkauf aus höchster Not.* Abgerufen am 11. März 2009 von Zeit Online vom 26.08.2007:
http://www.zeit.de/online/2007/35/verkauf-sachsenlb-lbbw-perfekt?page=1

Tett, G. (2009a). *Fool's Gold - How Unrestrained Green Corrupted a Dream, Shattered Global Markets and Unleashed a Catastrophe.* London.

Tett, G. (2009b). *Genesis of the debt disaster.* Abgerufen am 07. Juni 2009 von In: Financial Times vom 2./3. Mai 2009: http://www.ft.com/cms/s/2/51f425ac-351e-11de-940a-00144feabdc0.html

Tett, G. (2009c). *How greed turned to Panic.* In: Financial Times vom 9./10. Mai 2009, S. 17.

Wolf, B., Hill, M./Pfaue, M. (2003). *Strukturierte Finanzierung - Projektfinanzierung, Buy-Out-Finanzierung, Asset Backed Strukturen.* Stuttgart.

Buket Bastürk

II.2 Rating-Agenturen, ihre Methoden und Risikobewertungen

1	Die Rating-Agenturen	100
	1.1 Formen des Ratings	100
	1.2 Die Entstehung der Rating-Agenturen	100
2	Der Ratingprozess	102
	2.1 Der Ablauf des Rating-Prozesses und dessen Mängel	103
	2.2 Die verhängnisvolle Verwendung des Gauss-Copula-Modells	105
	2.3 Die Diskussion um den IOSCO Code of Conduct	106
	2.3.1 Transparenz der Ratingmethodik	107
	2.3.2 Human Resources	107
	2.3.3 Kontrolle der Ratings	108
	2.3.4 Interessenkonflikte	108
	2.4 Die Verwendung von Informationen aus Säule III	109
	2.5 Die Bedeutung von Ratings für die Festlegung der Eigenkapitalunterlegung	110
3	Ergebnis und Diskussion	111
	Literaturverzeichnis	112

II.2 Rating-Agenturen, ihre Methoden und Risikobewertungen

"There are two superpowers in the world today in my opinion. There's the United States and there's Moody's Bond Rating Service. The United States can destroy you by dropping bombs, and Moody's can destroy you by downgrading your bonds. And believe me, it's not clear sometimes who's more powerful."[1]

– Thomas Friedman, dreifacher Pulitzer-Preisträger, 1996 –

Verfügten alle Marktteilnehmer über alle Informationen, wären Rating-Agenturen überflüssig. Mangelnde Kenntnisse über Schuldner oder mangelnde Zeit, sich Informationen zu beschaffen, machen sie unentbehrlich. Ihnen wird eine enorme Macht unterstellt, da sie mit ihren Bewertungen den Fluss von Milliardensummen beeinflussen. Sie dienen als Lieferanten von Informationen für Kapitalanleger und tragen deswegen nach Meinung vieler Experten eine Mitschuld an der Subprime-Krise.[2]

Im Jahr 2007 häuften sich wegen des langsameren Anstiegs der Immobilienpreise und der steigenden kurzfristigen Zinsen die Zahlungsverzüge unter den Subprime-Krediten. Daraufhin haben die Rating-Agenturen viele strukturierte Finanzprodukte drastisch abgewertet, denen sie vorher noch das Gütesiegel AAA für höchste Bonität verliehen hatten. Dies hat zu einem Vertrauensverlust bei den Investoren und einem Liquiditätseinbruch geführt. Ein aktiver Markt für Verbriefungsprodukte war somit nicht mehr existent. Beeinflusst von der Entwicklung gerieten auch viele Banken in den Abwärtsstrudel, da sie beträchtlich am Verbriefungsgeschäft beteiligt waren.

Doch wie funktionieren Rating-Agenturen? Wie kommen Bewertungen zustande? Welche Bewertungsmethoden werden verwendet? Ist eine Regulierung notwendig?

Im Folgenden sollen die Bedeutung der Rating-Agenturen und deren Einfluss auf den Finanzmarkt erläutert werden. Insbesondere wird darauf eingegangen, wie die Rating-Agenturen ihre Bewertungsmethoden entwickelt und angewendet haben. Abschließend werden aktuelle Trends und Regulierungsvorschläge diskutiert.

Zu Beginn der Ausführungen wird erläutert, was unter einer „Rating-Agentur" zu verstehen ist. Im Anschluss werden die drei größten Agenturen genauer beschrieben. Durch eine abschließende Gegenüberstellung werden vor allem die verschiedenen Arbeitsmethoden und Risikobewertungen veranschaulicht und erläutert. Als Fazit folgt eine Evaluation der Notwendigkeit neuer Regulierungen für den Ratingprozess.

---

[1] Friedman, Th. (1996).
[2] Vgl. o.V. (2007).

1 Die Rating-Agenturen

Rating-Agenturen spielen für Anlageentscheidungen von Investoren im Geschäft der Verbriefung von Hypothekenkrediten eine überaus wichtige Rolle. Viele Anleger, einschließlich institutioneller Investoren, betreiben wegen der Komplexität der strukturierten Produkte keine eigene Analyse der Kreditwürdigkeit.[3]

Ein Rating ist die Bewertung der Kreditwürdigkeit eines Schuldners. Makroökonomische Aspekte wie die Liquidität oder das Preisniveau eines Marktes bleiben dabei unberücksichtigt. Die verschiedenen Rating-Agenturen wenden unterschiedliche Verfahren an. Daher hat die International Organization of Standardization (ISO) bereits einen Standard mit Mindestanforderungen für Ratingprozesse gefordert.[4]

1.1 Formen des Ratings

Beim Rating wird zwischen internem und externem Rating unterscheiden. Das interne Rating beinhaltet eine Bonitätsprüfung des Kunden, der einen Kredit beanspruchen will. Diese Prüfung erfolgt während des Kreditvergabeprozesses durch Kreditinstitute.[5] Das externe Rating wird von unabhängigen Rating-Agenturen durchgeführt. Dabei bestimmt der Auftraggeber selbst, wie detailliert die Durchführung sein soll und wofür das Rating-Ergebnis verwendet wird.[6]

1.2 Die Entstehung der Rating-Agenturen

Die Geschichte der drei bekanntesten Rating-Agenturen reicht bis ins 19. Jahrhundert zurück. Angefangen hat alles mit der Publikation von Fachzeitschriften und Büchern, verfasst von Henry Varnum Poor (1812-1905), einem der Namensgeber von Standard & Poor's. Seine Leser waren hauptsächlich Unternehmer und Investoren. Poor wurde der Herausgeber der Zeitschrift „The American Railroad Journal". Kurz vor dem Ausbruch des amerikanischen Bürgerkriegs (1861-1865) veröffentlichte Poor 1860 das Buch „History of the Railroads and Canals of the United States of America". Dieses Buch verschaffte potenziellen Investoren einen Überblick über die großen Verkehrswegeprojekte.

---

[3] Vgl. Financial Stability Forum (2008), S. 8.
[4] Vgl. The Committee of European Securities Regulators (2008), S. 19.
[5] Vgl. Eisen, M. (2007), S. 58-59.
[6] Vgl. o.V. (2009).

II.2 Rating-Agenturen, ihre Methoden und Risikobewertungen

Das darauf folgende Buch „Manual of the Railroads of the United States" (1870) informierte seine Leser über die Umsätze und Gewinne regionaler Eisenbahngesellschaften in den USA. Während der Entwicklungsphase der USA zur weltgrößten Wirtschaftsmacht herrschte ein enormer Bedarf an großen Investitionen für den Aufbau der Infrastruktur, insbesondere bei den Eisenbahngesellschaften. Dadurch stieg die Nachfrage nach Henry Poor's Veröffentlichungen umso mehr und sein Kundennetz erstreckte sich bis zu Investoren aus Europa. Auch Banken konnten durch Poor's Manuals wichtige Informationen erlangen.

Standard & Poor's erhielt seinen Namen erst im Jahr 1941 nach der Verschmelzung mit der Standard Statistics Company, einem Unternehmen, das Finanzdaten von US-Unternehmen sammelte, zur Rating-Agentur Standard & Poor's.[7] Seit dem Jahr 1966 befindet sich Standard & Poor's im Besitz des Medienkonzerns McGraw-Hill.

Publikationen zur Information von Investoren waren zwar schon weit verbreitet, doch ein Rating-System nach heutigem Verständnis gab es noch nicht. Das erste Rating wurde 1909 von John Moody (1868-1958) veröffentlicht, der im selben Jahr die Agentur Moody's Investors Service gründete. Auch Moody publizierte zunächst wie Poor ein Handbuch. Erst im Jahr 1900 erschien sein Buch „Moody's Manual of Industrial and Miscellaneous Securities". Der Unterschied zu Poor's Veröffentlichungen lag darin, dass es nicht um einzelne Unternehmen, sondern um von Unternehmen herausgegebene Anleihen und Aktien handelte. Moody's Werk wurde ein Bestseller, dem ein regelmäßiges Magazin und weitere Bücher folgten. Im Jahr 1907 musste John Moody zwar sein Unternehmen aufgrund des zu geringen Eigenkapitals verkaufen, doch es dauerte nicht lange, ehe er zwei Jahre später mit seinem neuen Buch „Moody's Analyses of Railroad Investments" zurückkam. Die Besonderheit seines Bewertungssystems von Anlagen bestand aus dem bis heute bekannten Buchstabensystem.[8] Außerdem bot Moody neben den Vergleichsdaten zusätzlich noch eine (Kauf-)Empfehlung in Kurzform.

Im Jahr 1913 wurde dann die kleinste der heute führenden Rating-Agenturen gegründet, die Fitch Publishing Company. Das „Fitch Bond Book" war das erste Produkt des Unternehmens. Dabei legte der Verleger John Knowles besonderen Wert auf die Analyse der in den USA gehandelten Anleihen. Mit der Veröffentlichung der „Fitch Listings of Investment Banks and Brokers" im Jahr 1921 erweiterte sich der Tätigkeitsbereich der Rating-Agentur.

Die Fitch Ratings spielten bei der Internationalisierung des Ratings jenseits des US-Markts in den 90er Jahren eine wichtige Rolle. Der Durchbruch gelang 1933 durch die Fusion mit der „IBCA", einer britischen Rating-Firma, die auf nicht-amerikanische Banken spezialisiert war.

---

[7] Vgl. o.V. (2007).
[8] Vgl. Eisen, M. (2007), S. 90-91.

Obwohl es heute zahlreiche Rating-Agenturen gibt, kommt keine an die „großen Drei" heran. Für die Geschichte der Agenturen hat das Jahr 1970 eine große Bedeutung. Von nun an verlangten sie von den Anleiheemittenten ein Honorar für ihre Ratings. Ein anderer Meilenstein war die Einführung der „Zertifizierung" der drei Rating-Agenturen (1975).[9] Standard & Poor's, Moody's Investors Service und Fitch waren nun so genannte „Nationally Recognized Statistical Rating Organizations" (NRSRO). Welche Machtfülle ihnen damit zukommt, zeigt sich in zahlreichen Verweisen US-amerikanischer Gesetze auf diese drei Agenturen.

Die weltweiten Marktanteile von Moody's Investors Service und Standard & Poor's betragen jeweils 40 %, der Marktanteil von Fitch Ratings beträgt ca. 10-15 %.[10]

2 Der Ratingprozess

Der Rating-Prozess besteht aus mehreren Phasen. Für das Ablaufschema gibt es keine Standardisierung. Die Schritte sind vom Emittenten abhängig:

■ Abbildung 1: Schematischer Verlauf des Rating-Prozesses[11]

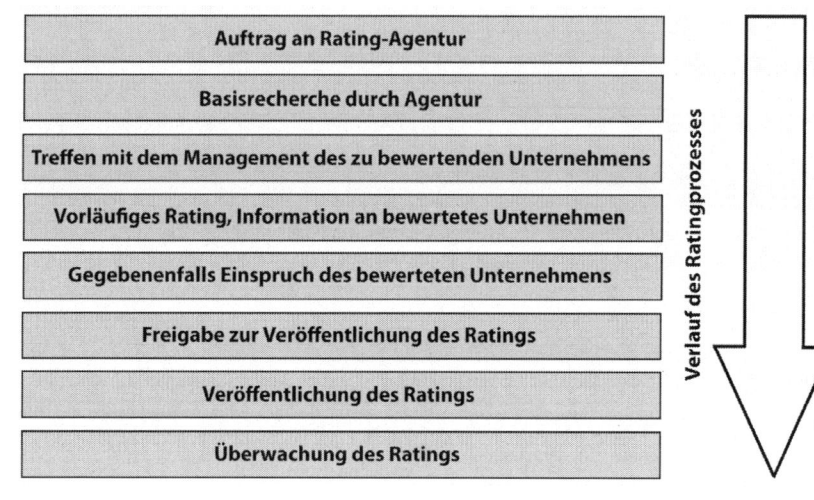

- Auftrag an Rating-Agentur
- Basisrecherche durch Agentur
- Treffen mit dem Management des zu bewertenden Unternehmens
- Vorläufiges Rating, Information an bewertetes Unternehmen
- Gegebenenfalls Einspruch des bewerteten Unternehmens
- Freigabe zur Veröffentlichung des Ratings
- Veröffentlichung des Ratings
- Überwachung des Ratings

Verlauf des Ratingprozesses ↓

---

[9] Vgl. AM Corporate & Creative (2005).
[10] Vgl. Eisen, M. (2007), S. 81-82.
[11] Kredit und Finanzen (2007).

2.1 Der Ablauf des Rating-Prozesses und dessen Mängel

Die Hauptaufgabe der Rating-Agenturen ist die Beurteilung der Kreditwürdigkeit eines Schuldners. Dabei werden die Rückzahlungs- und Ausfallwahrscheinlichkeiten der ausgeliehenen Gelder ermittelt. Ein Unternehmen oder ein Land darf am internationalen Kapitalmarkt erst dann eine Anleihe aufnehmen, wenn es von mindestens zwei der drei Rating-Agenturen bewertet wurde. Alle Agenturen verwenden komplexe Rating-Modelle. Ein Teil basiert auf konkret verfügbaren Zahlen. Der andere Teil der Ermittlung des „Rating-Ergebnisses" ist ein gut gehütetes Geheimnis.

Nach dem Ablauf des Bewertungsprozesses wird die Beurteilung in Form eines Buchstabencodes ausgedrückt. Diese sind bei jeder Agentur unterschiedlich, doch die Klassifizierung von AAA bis C ist bei den drei Marktführern vergleichbar.

Während aber Standard & Poor's die Kreditausfallwahrscheinlichkeit („probability of default") prognostiziert, verwendet die Rating-Agentur Moody's den Erwartungsverlust („expected loss") als Risikomaß. Zudem bezieht Moody's die Möglichkeit in das Rating ein, dass sich die finanzielle Situation des Schuldners nach einer Insolvenz wieder zum Positiven hin wendet, so dass er wieder Zahlungen leisten kann („recovery in the event of loss").

Die Kreditwürdigkeit von Unternehmen wird anhand von Expertenmeinungen und mit Hilfe der langfristigen, strukturellen Komponente des Kreditausfallrisikos bestimmt („through-the-cycle methodology"). Kurzfristige zyklische Veränderungen der Ausfallwahrscheinlichkeit bleiben dabei unberücksichtigt.[12] Im Kontrast dazu werden bei der Beurteilung von Structured-Finance-Produkten (z.B. ABS, CDOs) quantitative Modelle herangezogen.[13] Ein Nachteil dieser quantitativen Modelle ist die mangelnde Berücksichtigung zahlreicher Risikofaktoren. Wären z.B. der Zinsanstieg und der Abschwung auf dem Immobilienmarkt mit in die Beurteilung eingegangen, wäre eine Verschlechterung der Bonität früher erkannt worden. Das hätte die drastischen Abwertungen der zuvor teilweise noch mit AAA bewerteten Papiere im Jahr 2007 überflüssig gemacht, alleine schon deswegen, weil es ohne AAA-Tranchen nicht mehr zur Emission von CDOs gekommen wäre.[14]

---

[12] Vgl. Altman E./Rijken, H. A. (2005), S. 4.
[13] Vgl. Committee on The Global Financial System (2008), S. 1.
[14] Vgl. Committee on The Global Financial System (2008), S. 9.

Tabelle 1: Bewertungsskala der Rating-Agenturen[15][16]

Standard & Poor's	Moody's	Fitch	Übersetzt in Schulnote	Ausfallwahrscheinlichkeit S&P innerhalb der nächsten 5 Jahre	Was die Bewertungen bedeuten am Beispiel der Bewertungskala bei Standard & Poor's. Quelle: Lawrence J. White: "The Credit Rating Industry: An Industrial Organization Analysis"
AAA/AA+	Aaa/Aa1	AAA	1+	0,020-0,033%	Sehr gut. Höchste Bonität, praktisch kein Ausfallrisiko.
AA	Aa2	AA+	1	0,042%	Sehr gut bis gut, hohe Zahlungswahrscheinlichkeit.
AA-	Aa3	AA	1-	0,059%	
A+	A1	AA-	2+	0,084%	Gut bis befriedigend. Die Deckung für Zins und Tilgung der Anleihe ist angemessen. Hier aber Elemente, die sich im Falle einer Verschlechterung der Wirtschaftslage, sinkender Umsätze und Gewinne negativ auswirken können.
A	A2	A+	2	0,119%	
A-	A3	A	2-	0,154%	
BBB+	Baa1	A-	3+	0,200%	Befriedigend. Angemessene Deckung von Zins und Rückzahlung der Anleihe, aber auch spekulative Aspekte oder mangelnder Schutz gegen wirtschaftliche Verschlechterung der Unternehmenslage.
BBB	Baa2	BBB+	3	0,259%	
BBB-	Baa3	BBB+	3-	0,367%	
BB+	Ba1	BBB-	4+	0,518%	Ausreichend. Mäßige Deckung von Zins und Tilgung, auch in einem guten wirtschaftlichen Umfeld mit Risiken behaftet.
BB	Ba2	BBB-	4	0,733%	
BB-	Ba3			1,215%	
B+	B1	BB/B+	4-	2,014%	Mangelhaft: Zins und Tilgung der Anleihe sind nur in geringem Umfang gesichert.
B-	B3			3,338%	
CCC/CC/C	Caa/Ca/C	B/B-/CCC/CC/C	5	8,682-18,250%	Ungenügend: Niedrigste Qualität, geringster Anlegerschutz, akute Gefahr eines Zahlungsverzugs der Anleihe.
D	D	D	6	20,000%	Zahlungsunfähig oder auch insolvent.

Die Korrelation zwischen Immobilienpreisen und Kreditwürdigkeit wurde nicht ausreichend beachtet, weil die Rating-Agenturen den Diversifikationseffekt der geografischen Streuung überschätzt und die gemeinsame Abhängigkeit von der nationalen Zinspolitik unterschätzt hatten. Die Immobilienpreise fielen nach der Zinserhöhung durch die Fed nicht nur lokal in einigen Staaten, sondern bundesweit. Zudem sollten Rating-Agenturen Informationen über das Kreditvergabeverhalten der Originatoren

---

[15] AM Corporate&Creative-Magazin (2005).
[16] California ISO (CAISO).

berücksichtigen, da die Ausfallwahrscheinlichkeiten von Krediten eines Originators untereinander korreliert sind. Auch systemweite Auswirkungen durch die Verbreitung von Finanzinstrumenten sollten in die Ratings mit einbezogen werden. Um die Robustheit des Ratings herauszufinden, müssen finanzmarkttypische Stress-Tests und faktorspezifische Sensitivitätsanalysen das Rating ergänzen. Grundsätzlich sollten Rating-Agenturen die Zuverlässigkeit von Informationen prüfen, die sie von Originatoren und anderen Akteuren zum Zwecke der Beurteilung des Produkts erhalten.[17]

2.2 Die verhängnisvolle Verwendung des Gauss-Copula-Modells

Traditionelle Finanzprodukte wie z. B. festverzinsliche Wertpapiere haben in der Regel nur einen Emittenten. Das Risiko eines Zahlungsausfalls bezieht sich nur auf diesen einen Schuldner. Die neuen Structured Finance Produkte bündelten jedoch eine erhebliche Anzahl von Risiken in einem Papier (JPMorgan als einer der ersten Emittenten fasste dazu über 300 Einzelkredite aus ihrem Coporate Finance-Bereich zusammen). Die Problematik der Korrelation war demnach allen am Risikobewertungsprozess Beteiligten bewusst. Bildlich gesprochen besteht sie aus der Unsicherheit, vorhersagen zu können, wie viele Äpfel in einem Korb in Mitleidenschaft gezogen werden, wenn ein Apfel erste Anzeichen von Fäulnis zeigt.

In einem vielbeachteten Aufsatz befasste sich im Jahr 2000 der Vizepräsident der Risikomanagementabteilung des AXA-Konzerns in New York, David X. Li, mit dieser Frage.[18] Er bemängelte die Vorgehensweise, Kreditereignisse mit Wahrscheinlichkeiten ihres Auftretens innerhalb eines bestimmten Zeitraums, in der Regel ein Jahr, zu versehen. Zur Veranschaulichung führte er an, dass die Korrelation der unabhängigen Ereignisse, dass beide Partner eines 50jährigen Paares innerhalb eines Jahres sterben, sehr gering ist, innerhalb eines Zeitraumes von 100 Jahren jedoch 1,0 beträgt.

Aufgrund dieser Überlegung entwickelte er ein Risikoabschätzungsverfahren aufgrund der Gauss'schen Copula-Funktionen (Copula = Paar). Er wandte es auf CDOs an und sein Verfahren wurde alsbald in jeder Bank, Investmentgruppe und in den Rating-Agenturen eingesetzt. Abgesehen davon, dass kein Modell alle Parameter erfassen kann (Li sagte selbst: *„The most dangerous part is when people believe everything coming out of it."*[19]), führte dessen massenhafte Anwendung durch alle Marktteilnehmer zu einer eigenen Korrelation.

---

[17] Vgl. Financial Stability Forum (2008), S. 36.
[18] Vgl. Li, D. X. (2000).
[19] Whitehouse, M. (2005).

Auch die UBS benutze das Verfahren und kam zu dem Ergebnis, dass die Super-Senior AAA-Tranchen selbst im schlimmsten Falle nicht mehr als 2 % ihres Wertes verlieren würden.[20] Gegen diese 2 % versicherte man sich zusätzlich, so dass ein Risiko völlig ausgeschlossen schien. Und wo kein Risiko bestand, war die Bildung von Rücklagen überflüssig. Mit dieser Vorgehensweise hätte man das CDO-Portfolio unendlich ausdehnen können, eine Theorie, deren Anwendung bei der UBS zu verhängnisvollen Auswirkungen führen sollte.

2.3 Die Diskussion um den IOSCO Code of Conduct

Die wichtigste Forderung an die Rating-Agenturen ist die Einhaltung der Vorschriften des IOSCO (International Organization of Securities Commissions) Code of Conduct. Der im Dezember 2004 von der Internationalen Organisation der Wertpapieraufsichtsbehörden veröffentlichte Code enthält Regelungen, die die Qualität des Ratingprozesses, die Unabhängigkeit der Rating-Agenturen sowie deren Verpflichtungen gegenüber den Emittenten und Adressaten der Ratings betreffen. Im Mai 2008 beauftragte die Europäische Kommission das Committee of European Securities Regulators (CESR), die Einhaltung der Vorschriften des IOSCO Codes zu überprüfen. Zudem machte das CESR Vorschläge zur Verbesserung des Codes, die sich in die folgenden vier Kerngedanken zusammenfassen lassen:

- Transparenz der Ratingmethodik,
- Human Resources,
- Kontrolle der Ratings,
- Interessenkonflikte.

Das CESR betrachtet den IOSCO Code of Conduct einschließlich einiger Modifikationen als internationalen Mindeststandard, der von jeder Rating-Agentur befolgt werden sollte. Der Erlass einer Regulierungsvorschrift wird jedoch abgelehnt, weil man sich davon keine positive Beeinflussung der Integrität und Qualität des Ratingprozesses verspricht. Stattdessen soll ein internationales Aufsichtsgremium mit Vertretern aus der Ratingbranche etabliert werden. Das CESR ist wie die meisten Marktteilnehmer, mit denen es die Empfehlungen zusammen erarbeitet hat, der Ansicht, dass eine Lösung durch den Markt die bessere Alternative ist. Sollte aber das Überwachungsorgan nicht in der Lage sein, seinen Aufgaben nachzukommen, müsse eine weitere Regulierung in Erwägung gezogen werden. Um die Einhaltung des IOSCO Codes zu gewährleisten, sollen die Rating-Agenturen jährlich eine Stellungnahme abgeben,

---

[20] Vgl. Tett, G. (2009), S. 162.

inweit ihre Geschäftsprinzipien mit denen des Codes übereinstimmen. Abweichungen müssen begründet werden.[21]

2.3.1 Transparenz der Ratingmethodik

Das Ziel der Kommunikation von Ratingergebnissen muss sein, das Verständnis der Adressaten für den Ratingprozess und die mit dem Finanzinstrument verbundenen Risiken zu fördern. Zu diesem Zweck müssen die Rating-Agenturen den Marktteilnehmern zeitnahe Informationen über ihre Modelle und deren Annahmen zugänglich machen. Aus den Szenario- und Sensitivitätsanalysen kann sich der Adressat ein Bild über die Ratingstabilität machen. Sind die Analysen wie im Fall der MBS-Produkte auf eine vergleichsweise geringe Menge historischer Daten gestützt, sollte dies erwähnt werden. Dadurch können nämlich nur vage Prognosen abgegeben werden, wie sich ein Portfolio in bestimmten Szenarien verhalten wird.

Die begrenzte Masse an Vergangenheitsdaten war ein Grund dafür, dass die Korrelation zwischen den Zahlungsausfällen unterschätzt wurde.[22] Bei der Veröffentlichung der Ratings von strukturierten Produkten muss darauf hingewiesen werden, dass sich deren Rating fundamental von dem einer gewöhnlichen Unternehmensanleihe unterscheidet. Eine einheitliche Ratingskala, wie sie aktuell verwendet wird, ist daher nicht zweckdienlich, dem Investor die Unterschiede bewusst zu machen. Entweder müssten Zusätze auf besondere Risiken von strukturierten Finanzprodukten hinweisen oder es müsste eine andere Skala verwendet werden. Durch die genauere Darstellung des Ratings soll dem Investor bewusst werden, dass ein Rating die durch ihn durchzuführende „due diligence" ergänzen, niemals aber ersetzen kann.[23]

2.3.2 Human Resources

Die Ausstattung der Rating-Agenturen mit adäquat ausgebildeten Mitarbeitern wird von einigen Marktteilnehmern in Frage gestellt.[24] Um mit der hohen Innovationsgeschwindigkeit im Bereich der strukturierten Finanzprodukte Schritt zu halten, müssen Rating-Agenturen mehr qualifiziertes Personal einstellen und Fortbildungsmaßnahmen fördern.[25] Mittels spezifischer Indikatoren soll die personelle Ausstattung der Agenturen publik gemacht werden. Ein Grund für die nicht ausreichende Anzahl

---

[21] Vgl. The Committee of European Securities Regulators (2008), S. 53-61.
[22] Vgl. Committee on the Global Financial System (2008), S. 1.
[23] Vgl. The Committee of European Securities Regulators (2008), S. 53-54.
[24] Vgl. Bundesverband Deutscher Banken (2008), S. 62.
[25] Vgl. The Committee of European Securities Regulators (2008), S. 17.

erfahrener Mitarbeiter ist die hohe Personalfluktuation in dieser Branche.[26] Gemäß dem Bundesverband Deutscher Banken müsste daher das Entgeltsystem verbessert werden.

2.3.3 Kontrolle der Ratings

Rating-Agenturen müssen gewährleisten, dass eine zeitnahe Überprüfung und Aktualisierung der Ratings durchgeführt werden kann. Ohne aktuelle Informationen ist es für Anleger nämlich schwierig, rationale Investitionsentscheidungen zu treffen. Massenhafte drastische Herabstufungen, die ganze Anlageklassen in Turbulenzen stürzen können, sollen dabei nach Möglichkeit vermieden werden.[27] Der IOSCO Code schreibt diesbezüglich vor, dass Rating-Agenturen die Öffentlichkeit darüber informieren müssen, wenn sie mit dem Rating eines Emittenten oder eines Finanzprodukts aufhören. Zudem muss das Datum des letzten Ratings angezeigt werden.[28]

2.3.4 Interessenkonflikte

Ein wichtiger Grund für den Vertrauensverlust in Kreditratings ist die Tatsache, dass die Herausgeber der zu prüfenden Finanzinstrumente die Rating-Agenturen für deren Analyse bezahlen. Um die Unabhängigkeit der Ratings sicherzustellen, sollten die Agenturen Informationen über die von den Emittenten gezahlten Honorare preisgeben. Der Anteil an den Umsätzen der Rating-Agenturen, der durch die Bewertung von Structured-Finance-Produkten generiert wurde, betrug zeitweise ca. 50 % des Gesamtumsatzes.[29] Aufgrund der komplizierten Ratingprozesse bei strukturierten Finanzprodukten können zwei- bis dreimal höhere Gewinnmargen erzielt werden als mit „herkömmlichen" Gutachten. So lag der Anteil der Beratungsleistungen im Geschäftsbereich strukturierte Finanzierungen bei Moody's im Jahre 2006 bei 886,7 Mio. USD im Vergleich zu einem Gesamtumsatz von 2,04 Mrd. USD.

Da die Anzahl der Emittenten derartiger Produkte klein ist, haben die Rating-Agenturen den Anreiz, positive Gutachten bei der Emission zu vergeben, um an lukrative Folgeaufträge zu gelangen.[30] Die Bezahlung der leitenden Angestellten sollte daher von dem wirtschaftlichen Erfolg ihrer Unternehmenseinheit abgekoppelt wer-

---

[26] Vgl. Committee on The Global Financial System (2008), S. 10.
[27] Vgl. Bundesverband Deutscher Banken (2008), S. 61-63.
[28] Vgl. The Technical Committee of the International Organization of Securities Commissions (2004), S. 5.
[29] Vgl. Bundesverband Deutscher Banken (2008), S. 56.
[30] Vgl. The Committee of European Securities Regulators (2008), S. 21f.

II.2 Rating-Agenturen, ihre Methoden und Risikobewertungen

den.[31] Überdies sollten Angestellte, die in dem Ratingprozess involviert sind, nicht gleichzeitig in Honorarverhandlungen einbezogen sein.[32]

Neben dem Zahlungsmodell als solchem ist zu bemängeln, dass die Rating-Agenturen weitere Dienstleistungen wie z.B. Valuation Services an ihre Kunden verkaufen. Diese Dienstleistungen müssen gemäß dem IOSCO Code in eine rechtlich eigenständige Firma ausgelagert werden, um die Unabhängigkeit der Rating-Agenturen sicherzustellen.[33] Die Erbringung anderer Dienstleistungen neben der Erstellung eines Ratings erfordert die Offenlegung des Verhältnisses der Vergütung dieser Dienste zu den Ratinghonoraren.[34] Das CESR merkt an, dass eine genaue Definition dieser Nebentätigkeiten im IOSCO Code implementiert werden sollte, da sonst die bestehende Regelung wegen fehlender Eindeutigkeit ins Leere läuft.

Da der Emittent eines Structured-Finance-Produkts ein bestimmtes Rating für seine Tranchen erreichen möchte, passt er die Ausgestaltung der Geschäftsmodalitäten den Anforderungen der Rating-Agenturen an. Daher ist ein gewisses Maß an Interaktion mit diesen erforderlich. Im Gegensatz zum Verfahren bei Industrieobligationen war das Rating eines Structured-Finance-Produkts jedoch *das Ziel und nicht das Resultat* des Prozesses.[35] Dies erweckt den Verdacht eines „Ratings auf Bestellung" und gleicht der Erstellung der Bilanz durch den Wirtschaftprüfer, und zwar genau derjenigen, die er nachher prüfen soll.

2.4 Die Verwendung von Informationen aus Säule III

Der Bundesverband Deutscher Banken schlägt vor, in Zukunft die gemäß den Vorschriften in Säule III von Basel II veröffentlichten Informationen in das Rating einzubeziehen. Wichtig dabei sei, dass Basel II einheitlich umgesetzt wird, da sonst Wettbewerbsverzerrungen aufgrund der unterschiedlichen Informationsmengen entstehen.[36] Dass gerade der Bankenverband an einer Qualitätsverbesserung der Ratings interessiert ist, liegt auf der Hand: Zuverlässige Ratings erleichtern Banken die Anlage eigener Mittel und den Vertrieb von Anlageprodukten, da Unsicherheiten über die Bereitstellung entscheidungsnützlicher Information seitens der Rating-Agenturen vermindert oder beseitigt werden. Falls die Geschäftsbanken Risiken durch eigene

---

[31] Vgl. Financial Stability Forum (2008), S. 33.
[32] Vgl. The Committee of European Securities Regulators (2008), S. 22.
[33] Vgl. The Technical Committee of the International Organization of Securities Commissions (2004), S. 6.
[34] Vgl. The Technical Committee of the International Organization of Securities Commissions (2004), S. 7.
[35] Vgl. The Committee of European Securities Regulators (2008), S. 22.
[36] Vgl. Bundesverband Deutscher Banken (2008), S. 20.

Nachforschungen nicht selbst erkennen, führen fehlerhafte Ratings wie im Fall der Subprime-Krise zu hohen Verlusten.

Abbildung 2: Das Drei-Säulen-Konzept aus Basel II[37]

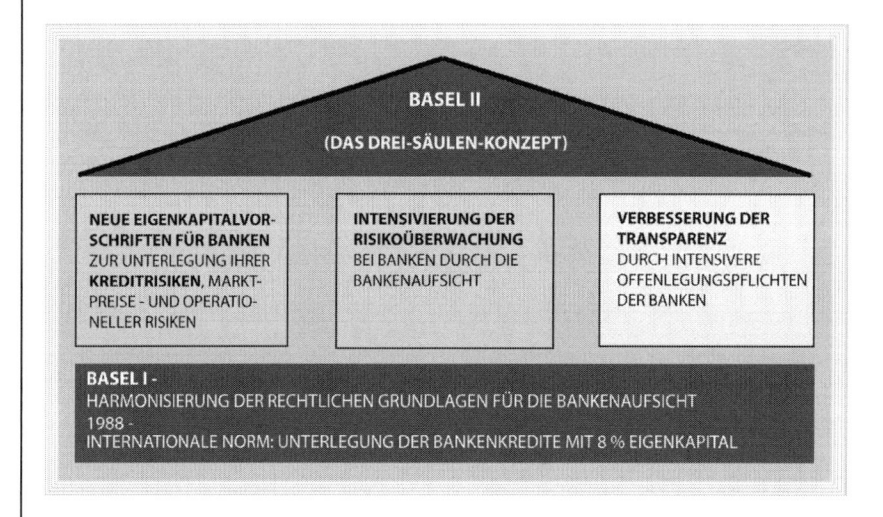

```
                    BASEL II
            (DAS DREI-SÄULEN-KONZEPT)

NEUE EIGENKAPITALVOR-    INTENSIVIERUNG DER       VERBESSERUNG DER
SCHRIFTEN FÜR BANKEN     RISIKOÜBERWACHUNG        TRANSPARENZ
ZUR UNTERLEGUNG IHRER    BEI BANKEN DURCH DIE     DURCH INTENSIVERE
KREDITRISIKEN, MARKT-    BANKENAUFSICHT           OFFENLEGUNGSPFLICHTEN
PREISE - UND OPERATIO-                            DER BANKEN
NELLER RISIKEN

BASEL I -
HARMONISIERUNG DER RECHTLICHEN GRUNDLAGEN FÜR DIE BANKENAUFSICHT
1988 -
INTERNATIONALE NORM: UNTERLEGUNG DER BANKENKREDITE MIT 8 % EIGENKAPITAL
```

2.5 Die Bedeutung von Ratings für die Festlegung der Eigenkapitalunterlegung

Gemäß Basel II wird die Pflicht zur Eigenkapitalunterlegung nach den Benotungen der Rating-Agenturen geregelt (obwohl keine einheitlichen Standards für die Erstellung der Ratings vorliegen).[38] Als Grundlage dienen den Regulierern die Ratings der drei „Großen". Dieses Vorgehen wirkt gegenüber potenziellen Neulingen im Ratingsektor als Eintrittsschranke, da Emittenten und Investoren diejenigen Agenturen bevorzugen (müssen), die von den Behörden zu Rate gezogen werden.[39] Somit wird der Wettbewerb unter den Rating-Agenturen vermindert, was sich in einer geringeren Qualität der Ratings niederschlagen könnte.

---

[37] Visionometrics.
[38] Vgl. Committee on The Global Financial System (2008), S. 12.
[39] Vgl. Financial Stability Forum (2008), S. 38.

3 Ergebnis und Diskussion

Eine entscheidende Ursache der Subprime-Krise war das Kreditvergabeverhalten der Banken: Zum einen wurden Kredite gewährt, obwohl dies die wirtschaftliche Leistungsfähigkeit des Schuldners nicht zuließ. Zum anderen hat die variable Verzinsung wegen des Anstiegs des Zinsniveaus zu einer plötzlich erhöhten Ausfallrate geführt. Beim Übergang von der nationalen Subprime-Krise in die internationale Finanzkrise kommt jedoch den Rating-Agenturen eine Schlüsselrolle zu. Die „strukturierten Finanzprodukte" wurden über Verbriefung international vertrieben und die Käufer vertrauten vielfach auf das komplexitätsreduzierende Urteil der Agenturen. Die Mängel beim Rating führten daher zu Fehlbewertungen und Fehlentscheidungen.

Zur Verbesserung der Ratings müssen die Rating-Agenturen zusätzliche Risikofaktoren in ihren Modellen berücksichtigen und weitere Stress-Tests durchführen. Außerdem sollten sie die Informationen, die ihnen von Originatoren gegeben werden, genauestens prüfen und eigene Informationsquellen offenlegen, die für die Nutzer des Ratings wichtig sein könnten.

Alle Rating-Agenturen sollten den IOSCO Code of Conduct in ihren Unternehmensrichtlinien implementieren. Weiterhin müssen mehr Informationen über ihre Modelle und die ihnen zugrundeliegenden Annahmen veröffentlicht werden. Die Offenlegung der Methoden kann für die „gerateten" Unternehmen u. a. den Vorteil haben, dass sie erkennen, welche Schwachstellen für die Agenturen wichtig sind. Mit einer Dokumentationspflicht der Ratingverfahren könnten die Rating-Agenturen besser überwacht werden. Rating-Agenturen müssen darauf achten, dass sie genügend qualifiziertes Personal einstellen und regelmäßig Fortbildungsmaßnahmen anbieten. Ziel des Ratings sollte es sein, den Adressaten Verständnis über die Risiken des Finanzinstruments zu vermitteln bzw. eine aussagekräftige Beurteilungsgrundlage für den Nutzer zu schaffen. Die zusätzlichen Informationen aus Säule III sollten in die Ratings einbezogen werden, da sie Angaben über die Liquiditätszusagen von Banken an Vehikelgesellschaften enthalten. Die Aktualisierung der Ratings muss verbessert werden. Zusätzlich sollten die Agenturen die Öffentlichkeit über Änderungen aufklären.

Eine Regulierung der Rating-Agenturen wird jedoch kritisch betrachtet, solange die Mindestanforderungen des IOSCO Code of Conduct erfüllt werden. Sollte allerdings diese marktinduzierte Lösung keinen Erfolg haben, wird sicher eine weitere Regulierung in Erwägung gezogen werden.

Literaturverzeichnis

Altman, E./Rijken, H. (2005). *The effects of rating through the cycle on rating stability, rating timeliness and default prediction performance.* Abgerufen am 08. März 2009 von http://w4.stern.nyu.edu/finance/docs/WP/2005/pdf/wpa05004.pdf

AM Corparate & Creative (2005). *Warum drei Buchstaben Millionen wert sind.* Abgerufen am 01. März 2009 von http://www.am-com.com/php/mag0102.php

Bundesverband Deutscher Banken (2008). *Lehren aus den Finanzmarktturbulenzen – Positionen des Bankenverbands.* Abgerufen am 27. Juni 2009 von http://www.bankenverband.de/pic/artikelpic/042008/080407_BdB-Positionen_v59.pdf

California ISO. *CAISO.* Abgerufen am 10. Mai 2009 von http://www.caiso.com/1bfe/1bfebea441c90.pdf

Committee on the Global Financial System (2008). *CGFS Paper No 32 – Ratings in structured finance: what went wrong and what can be done to address shortcomings?* Abgerufen am 08. März 2009 von http://www.bis.org/publ/cgfs32.pdf?noframes=1

Eisen, M. (2007). *Haftung und Regulierung internationaler Rating-Agenturen.* In: Frankfurter wirtschaftliche Studien 84 , S. 58-91.

Financial Stability Forum (2008). *Report of the Financial Stability Forum on Enhancing Market and Institutional Resilience.* Abgerufen am 02. März 2009 von http://www.fsforum.org/publications/r_0804.pdf?noframes=1

Friedman, T. (1996). *Free Market Society.* U.S. News & World report am 13.02.1996. (D. Gergen, Interviewer) http://www.pbs.org/newshour/gergen/friedman.html

Kredit und Finanzen (2007). *Ratingprozess.* Abgerufen am 28. März 2009 von http://www.kredit-und-finanzen.de/basel-2/ratingprozess.html

Li, D. X. (2000). On *Default Correlation: A Copula Function Approach.* In: The Journal of Fixed Income, Volume March 2000, No. 8209 , S. 43-54.

o.V. (2007). *Die böse Macht der Krisen-Katalysatoren.* Abgerufen am 28. März 2009 von Spiegel Online: http://www.spiegel.de/wirtschaft/0,1518,499674,00.html

o.V. (2009). *Wissen für Gründer und Unternehmer: Rating.* Abgerufen am 12. März 2009 von Förderland.de: http://www.foerderland.de/?id=357

Tett, G. (2009). *Fool´s Gold - How Unrestrained Greed Corrupted a Dream, Shattered Global Markets and Unleashed a Catastrophe.* London.

The Committee of European Securities Regulators (2008). *CESR's Second Report to the European Commission on the compliance of credit rating agencies with the IOSCO Code and: The role of credit rating agencies in structured finance.* Abgerufen am 20. März 2009 von http://www.cesr-eu.org/index.php?page= groups&id=43

The Technical Committee of the International Organization of Securities Commissions (2004). *Code of Conduct Fundamentals for Credit Rating Agencies,.* Abgerufen am 09. März 2009 von http://www.iosco.org/library/pubdocs/pdf/IOSCOPD180.pdf

Visionometrics (2009). *Rating.* Abgerufen am 09. März 2009 von http://www.visionometrics.de/de/leistungen/rating.html

Whitehouse, M. (2005). *Slices of risk: How a formula ignited market that burned some big investors.* In: Wall Street Journal vom 12.09.2005. Abgerufen am 22. Juli 2009 von http://math.bu.edu/people/murad/MarkWhitehouseSlicesofRisk.txt

Theo Lieven

II.3 Die Auswirkung bilanzieller Bewertungsregeln auf die Finanzkrise

1 Bewertungsregeln und ihre historische Entwicklung 117
    1.1 Historischer Überblick 119
        1.1.1 Anschaffungskostenprinzip von 1675 bis 1861 119
        1.1.2 Zeitwertberechnung von 1861 bis 1884 121
        1.1.3 Anschaffungskostenprinzip im deutschen Handelsrecht seit 1884 121
        1.1.4 Zeitwertberechnungs- bzw. Fair-Value-Prinzip nach IAS/IFRS 122

2 Auswirkungen auf die Volatilität in der Gewinn- und Verlustrechnung 125

3 Auswirkungen der erhöhten Volatilität 127
    3.1 Übertragung der Effekte aus der Abbildungs- in die Realebene 128
    3.2 Dominoeffekte durch Verflechtung der Banken untereinander 130
    3.3 Wege zur Vermeidung der Kettenreaktion 132
    3.4 Erleichterung der strengen Zeitwertberechnung nach IAS 39 132

4 Warum wurde das Anschaffungskostenprinzips zugunsten des Fair-Value-Ansatzes abgelöst? 134

5 Diskussion 137

Literaturverzeichnis 139

II.3 Die Auswirkung bilanzieller Bewertungsregeln auf die Finanzkrise

„Actually I don't like Fair-Value-Accounting at all."
William Isaac, der ehemalige Vorsitzende des amerikanischen Einlagensicherungsfonds FDIC in einem CNBC-Interview am 9. Oktober 2008.[1]

Obwohl die Verluste aus der amerikanischen Subprime-Krise ähnlich hoch liegen wie bei einer stärkeren Börsenkorrektur, sind die Folgen ungewöhnlich dramatisch.[2] Einer der Gründe ist die Konzentration der mit den notleidenden Immobiliendarlehen verbundenen Wertpapiere (MBS, CDO) auf die internationale Bankenwelt. Es ist aber davon auszugehen, dass mehrere Ursachen zu der globalen Störung beigetragen haben. Dieser Beitrag untersucht die Auswirkungen der Rechnungslegungsvorschriften auf den Ausbruch und die Übertragung der Krise insbesondere auf das weltweite Bankensystem. Innerhalb dieser Vorschriften gehören die Bewertungsregeln zu den Parametern, die das Bild einer Bilanz erheblich verändern können.

Abschnitt 1 bietet einen historischen Überblick über die Regeln zur Bewertung seit dem 17. Jahrhundert und gibt einen Einblick in die wechselvolle Entwicklung der Sichtweisen. Abschnitt 2 beschreibt die Auswirkungen der Vorschriften in der Bilanz und verwendet dazu eine fiktive Gewinn- und Verlustrechnung (GuV) unter Zugrundelegung vier verschiedener Regelanwendungen. Abschnitt 3 leitet von der Einzel-GuV hin zu den miteinander verflochtenen Banken und beschreibt einerseits theoretische Möglichkeiten zur Vermeidung verhängnisvoller Kettenreaktionen, andererseits die praktische Umsetzung durch die Regulierungsbehörden. Abschnitt 4 versucht zu beantworten, warum die entsprechenden Vorschriften weltweit vor Ausbruch der Krise als verbindliche Bewertungsrichtlinien eingeführt wurden. Abschnitt 5 fasst die Ergebnisse zusammen.

1 Bewertungsregeln und ihre historische Entwicklung

Der Wert von etwas, sei es immateriell oder materiell, wird bilanziell in Geldbeträgen angegeben. Wie hoch ist dieser Betrag und wonach bemisst er sich? Ist er über die Zeit konstant oder kann er sich verändern? Der Wert könnte dem Geldbetrag entsprechen, den man für die Sache bezahlt hat oder dem, für den man sie in Zukunft verkaufen will. Er könnte aber auch dem Betrag entsprechen, den jemand gerade im diesem Moment dafür zu zahlen bereit ist. Dabei muss sich der Preis nicht unbedingt auf eine eigene Sache beziehen, sondern es kann sich um ein vergleichbares Gut eines anderen Eigentümers handeln. Wenn dieser sein Haus im Wege des Notverkaufs zur Hälfte des

---

[1] Isaac, W. (2008).
[2] Vgl. Rudolph, B. (2008), S. 714.

Anschaffungspreises veräußert, ist mein Haus dann nur noch die Hälfte wert? Oder ist es der Preis, den man im Zeitpunkt der Bewertung für einen erneuten Kauf des Vermögensgegenstandes zu zahlen hätte, der so genannte Wiederbeschaffungswert?

Von den vielen für die Wertermittlung verwendeten Berechnungsmöglichkeiten sollen hier die zwei für die Bilanzierung wichtigsten vorgestellt werden: Die Zeitwertberechnungsmethode und die Methode der Bewertung zu (historischen) Anschaffungs- bzw. Herstellungskosten. Letztere bedient sich der vereinfachenden Annahme, dass der Wert, den man in den Geschäftsbüchern ansetzen sollte, genau dem entspricht, was zur Anschaffung oder Herstellung bezahlt wurde, ggf. mit Abschlägen für die Abnutzung oder Alterung.

Die Berechnung nach dem Zeitwert folgt der Ansicht, dass etwas immer genau so viel wert ist, wie jemand dafür im jeweiligen Zeitpunkt zu zahlen bereit ist. Dies kann zu starken Schwankungen führen, denn die Immobilie, die man von drei Jahren zu 100 gekauft hat, ließe sich heute zu 200 verkaufen, ist aber morgen vielleicht nur noch 150 wert. Genau diese Zeitwerte werden sich bei der gleichnamigen Berechnung in der Bilanz wiederfinden und können den Bilanzierenden im Falle von Wertänderungen genau so reich oder so arm stellen wie er wäre, wenn er den Gewinn bzw. den Verlust aus der Differenz zwischen Anschaffungspreis und Verkaufserlös bereits realisiert hätte.

Anders ist es bei der Bilanzierung zu historischen Anschaffungskosten. Unabhängig von Marktbewegungen bleibt das Objekt über alle Jahre mit seinen Anschaffungskosten von 100 im Anlagevermögen stehen, ggf. vermindert um planmäßige Abschreibungen. Marktpreisbewegungen gehen an diesem Bewertungsverfahren vorbei: Wertberichtigungen nach unten werden nur vorgenommen, wenn eine dauerhafte Wertminderung zu erwarten ist. Siedelt sich z. B. im Falle einer Wohnimmobilie ein Industriebetrieb in direkter Nachbarschaft an, würde dies den Wiederverkaufswert dauerhaft mindern können, nicht aber eine Abkühlung der Konjunktur, die in Zyklen verläuft und deren Auswirkungen als vorübergehend anzusehen sind.

Der gravierendste Unterschied zur Zeitwertberechnung besteht jedoch in dem strikten Verbot, jemals einen höheren Betrag als den Anschaffungs- bzw. Herstellungspreis anzusetzen. So kommt es vor, dass Bilanzpositionen nach fast vollständiger Abschreibung mit einem (Erinnerungs-)Wert von nur noch 1 EUR verzeichnet sind, im Falle einer Veräußerung jedoch viele Tausend oder gar Millionen EUR einbringen können.

1.1 Historischer Überblick

1.1.1 Anschaffungskostenprinzip von 1675 bis 1861

Zur Vermeidung von Missständen und Konkursen, die maßgeblich durch betrügerische Absicht entstanden[3], wurde in Frankreich gegen Ende des 17. Jahrhunderts von Ludwig XIV. die als „Code de Savary" bezeichnete „Ordonnance de Commerce" eingeführt, benannt nach dem Textilkaufmann Jacques Savary (1622 - 1690). In seinem 1674 veröffentlichten und als Kommentar[4] zur Ordonnance de Commerce dienenden Handelslehrbuch „Le parfait négociant" führte er den Anschaffungspreis als Bewertungsansatz ein, „damit sich niemand reich rechne". Auf der anderen Seite seien im umgekehrten Fall bei Sinken des Zeitwertes um mehr als 5 % entsprechende Wertberichtigungen vorzunehmen.

Abbildung 1: Auszug aus Savary, Le parfait négociant.[5]

La septiéme est de mettre les prix aux marchandises, & pour cela il faut prendre garde de ne les pas estimer plus qu'elles ne valent, car ce seroit vouloir se rendre riche en idée: mais il faut les estimer d'une maniere qu'en les vendant dans la suite, l'on y trouve du profit dans l'inventaire que l'on fera l'année suivante. Pour bien faire cette estimation, il faut considerer si la marchandise est nouvellement achetée, où si elle est ancienne dans le magasin, & dans la boutique: si elle est nouvellement achetée, & que l'on juge qu'elle n'est point diminuée de prix dans les Manufactures, où chez les grossiers, il la faut mettre au prix coustant.

Si ce sont marchandises qui commencent à s'appietrir, dont la mode se passe, & que l'on juge que l'on en peut trouver de semblable dans les Manufactures, & chez les grossiers, à cinq pour cent moins, il la faut diminuer de ce prix.

„Als siebtes wird den Waren ein Preis beigelegt, und dabei ist zu beachten, sie nicht höher einzuschätzen als sie wert sind, denn damit wollte man sich reich rechnen: stattdessen müssen sie in einer Art und Weise bewertet werden, die es beim späteren Verkauf erlauben, im folgenden Jahr

---

[3] Vgl. Schneider, D. (1974), S. 159, zitiert nach Spindler, D. (2005), S. 95.
[4] Vgl. Schneider, D. (1993), S. 93.
[5] Jacques Savary, Le parfait négociant, Kapitel 38, Inventurregel 7, S. 325. Faksimile der 1675 in Paris erschienenen Erstausgabe.

einen Gewinn zu erzielen. Zur richtigen Einschätzung muss berücksichtigt werden, ob die Ware neu eingekauft wurde oder ob sie schön länger im Lager oder im Geschäft liegt: wenn sie neu eingekauft wurde und man zum Urteil kommt, dass sie nicht billiger vom Hersteller oder Großhändler bezogen werden kann, muss sie mit den Anschaffungskosten bewertet werden.

Verliert die Ware an Wert, weil sie aus der Mode kommt, und stellt man fest, Ähnliches beim Hersteller oder Großhändler mindestens fünf Prozent preiswerter beziehen zu können, muss sie um diesen Betrag abgeschrieben werden." (Übersetzung durch den Verfasser)

Noch heute gilt im deutschen Handelsrecht dieser als Imparitätsprinzip bezeichnete Grundsatz als Ausdruck kaufmännischer Vorsicht. Der großen Bedeutung von Savary´s betriebswirtschaftlichem Werk ist es zu verdanken, dass sein Einfluss in der handelswissenschaftlichen Literatur zu einer jahrhundertelangen Beibehaltung des Anschaffungskostenprinzips führte. Der unter Napoleon I. erlassene „Code de Commerce" wurde in enger Anlehnung an die „Ordonnance de Commerce" verfasst und löste diese 1808 ab.

Die französischen Vorschriften dienten als Vorbild für die Bestrebungen im damaligen Preußen, ein einheitliches Handelsrecht zu schaffen, das 1794 im Rahmen des Allgemeinen Landrechts für die Preußischen Staaten (ALR) kodifiziert wurde. Explizit heißt es dort:

§. 644. [...] so werden, bey Aufnahme des Inventarii, die zum Handlungsvermögen gehörende Vorräthe an Materialien und Waaren nur zu dem Preise, wofür sie angeschafft sind, und wenn der gangbare Werth zur Zeit der Inventur niedriger ist, nur zu diesem niedrigeren Preise angesetzt." [6]

Auch diese Vorschrift sieht eine Bewertung höchstens zum Anschaffungspreis vor. Das Imparitätsprinzip zwingt jedoch zur Abschreibung bei Wertminderungen. Die Einhaltung des Anschaffungskostenprinzips schien in der damaligen Zeit so selbstverständlich zu sein, dass man im Entwurf eines Handelsgesetzbuches für das Königreich Württemberg von 1839 eine explizite Vorschrift als für nicht nötig befand, weil sich das „wohl von selbst verstehe".[7]

Im Zuge der Entwicklung eines funktionierenden Finanzmarktes wurde 1843 in Preußen ein Gesetz über die Aktiengesellschaften eingeführt. Es enthielt keine Bewertungsvorschriften, machte die Genehmigung zur Errichtung einer solchen Gesellschaft aber von den Statuten abhängig, die der Regierung vorzulegen waren. Diese wiederum achtete darauf, dass die Vorschriften für die Bilanzierung dem Anschaffungskosten- und Niederstwertprinzip des ALR Rechnung trugen. So wurde im Statut der Dortmunder Privat-Aktienbank gefordert, dass Wertpapiere „niemals mit einem höheren als dem Erwerbskurse, und wenn der Börsenkurs am Tage der Bilanz-Aufnahme

---

[6] Gekürzt zitiert nach Spindler, D. (2005), S. 97.
[7] Spindler, D. (2005), S. 100.

niedriger, als der Erwerbskurs ist, nur zu dem Börsenkurse in der Bilanz angesetzt werden".[8]

Die Vorherrschaft des Anschaffungskostenprinzips dauerte fast 200 Jahre bis 1861.

1.1.2 Zeitwertberechnung von 1861 bis 1884

In den 50er-Jahren des 19. Jahrhunderts führten die Bestrebungen in den Staaten des Deutschen Bundes einschließlich Österreichs zu zahlreichen Entwürfen eines neuen einheitlichen Handelsgesetzbuches. In ihnen wurde zunehmend der Ruf nach einer Änderung der Bewertungsregeln laut. Es sollten nunmehr *„alle Aktiva gewissenhaft nach ihrem wahren Werthe abzuschätzen sein"*. Ein weiterer Vorschlag sah vor, dass *„sämtliche Vermögensstücke und Forderungen nach demjenigen Werthe anzusetzen (sind), den sie zur Zeit der jeweiligen Aufnahme haben"*.[9] Der endgültig verabschiedete Artikel 31 des nunmehr Allgemeinen Deutschen Handelsgesetzbuches (ADHGB) lautete:

„Bei der Aufnahme des Inventars und der Bilanz sind sämmtliche (sic) Vermögensstücke und Forderungen nach dem Werthe anzusetzen, welcher ihnen zur Zeit der Aufnahme beizulegen ist. Zweifelhafte Forderungen sind nach ihrem wahrscheinlichen Werthe anzusetzen, uneinbringliche Forderungen aber abzuschreiben."

Ab Gültigkeit des ADHGB 1861 wurde der Zeitwert somit zum dominierenden Bewertungsprinzip in der Gründungsphase zahlreicher Kapitalgesellschaften. Der Wertbegriff wurde nun zu einem interpretierbaren *„beizulegenden Werthe"*, was durch Ausnutzung großzügiger Bewertungsspielräume zum Ausweis unrealisierter Gewinne führen konnte. Trotz der Erkenntnis der gesetzgebenden Organe, dass die Bewertungsregeln u. a. zu den katastrophalen Gründerskandalen der Jahre 1870 bis 1874 geführt hatten (im Jahre 1870 wurde verschärfend die Genehmigungspflicht für Aktiengesellschaften aufgehoben), fand man erst 1884 wieder zum Anschaffungskostenprinzip und den Savary'schen Regeln zurück.

1.1.3 Anschaffungskostenprinzip im deutschen Handelsrecht seit 1884

Das ADHGB von 1884 postulierte in seinem Art. 185a nunmehr wieder eine Höchstgrenze der Vermögenswerte zu den Anschaffungs- und Herstellungskosten. Der Zeitwert musste angesetzt werden, wenn er unter den Anschaffungskosten lag (Imparitätsprinzip). Hinzugenommen wurde eine bis heute im § 253 des geltenden Handelsgesetzbuches HGB zu findende Differenzierung nach Anlage- und Umlaufvermögen.

---

[8] Vgl. Spindler, D. (2005), S. 101.
[9] Vgl. Spindler, D. (2005), S. 108.

Theo Lieven

Danach „...*[dürfen] Anlagen und sonstige Gegenstände, welche nicht zur Weiterveräusserung, vielmehr dauernd zum Geschäftsbetriebe der Gesellschaft bestimmt sind, ohne Rücksicht auf einen [tatsächlich, d. Verf.] geringeren Werth zum Anschaffungs- oder Herstellungspreise angesetzt werden, sofern ein der Abnutzung gleichkommender Betrag in Abzug gebracht [...] wird.*" (ADHGB von 1884, Art. 185a Nr. 3). Auch wenn sich im Zuge des technischen Fortschritts eine Maschine mit höherer Leistung und geringerem Preis am Markt finden ließe als die zur Zeit im Betrieb verwendete, ist keine Zeitwertkorrektur erforderlich. Allerdings fordern die zwingend vorgeschriebenen Abschreibungen im Vergleich zu den tatsächlich erzielbaren Werten häufig geringere Bilanzausweise, was aus Gründen des Vorsichts- und Vorsorgeprinzips zu stillen Reserven führt. Dies war ausdrücklich erwünscht, denn sie dienen *„nur zur Stärkung der wirthschaftlichen Grundlagen des Geschäftsbetriebes."* [10]

Das noch heute gültige Handelsgesetzbuch HGB trat 1897 in Kraft. Der oben schon erwähnte Bewertungsparagraph 253 regelt demnach:

- Abs. 1: Höchstgrenze für alle Vermögensgegenstände sind die Anschaffungs- oder Herstellungskosten. Verbindlichkeiten sind zu ihrem Rückzahlungsbetrag anzusetzen.

- Abs. 2: Vermögensgegenstände des Anlagevermögens sind planmäßig abzuschreiben, außerplanmäßige Wertminderungen können vorgenommen werden, nach § 280 besteht jedoch für Kapitalgesellschaften ein Wertaufholungsgebot bei Wegfall der Minderungsgrundlage; bei einer voraussichtlich dauernden Wertminderung sind die Abschreibungen zwingend vorzunehmen.

Es ist demnach zu unterscheiden zwischen einem strengen Niederstwertprinzip bei Positionen des Umlaufvermögens und einem gemilderten Niederstwertprinzip bei Anlagevermögen, bei dem zeitwertbedingte Wertberichtigungen nur vorzunehmen sind, wenn die Minderungen *voraussichtlich von Dauer* sein werden. In jedem Falle stellt der Anschaffungs- oder Herstellungspreis die oberste Bewertungsgrenze dar.

1.1.4 Zeitwertberechnungs- bzw. Fair-Value-Prinzip nach IAS/IFRS

1973 wurde in London das International Accounting Standards Committee (IASC) gegründet. Ab 2001 wurde es vom International Accounting Standards Board (IASB) abgelöst. Ihm gehören Vertreter vieler Berufsgruppen aus unterschiedlichen Rechtssystemen an: Deutschland, Frankreich, die Niederlande und Japan als Vertreter des kontinentaleuropäischen kodifizierten Rechtes (Code Law), die USA, Australien, Groß-

---

[10] Reichstag (1897), S. 50.

II.3 Die Auswirkung bilanzieller Bewertungsregeln auf die Finanzkrise

britannien, Irland, Kanada und Mexiko vertraten eher das angelsächsische System des Fall-Rechts (Case Law) und hatten damit die Mehrheit. Darin wird der Grund für die Ausrichtung der später entwickelten Regeln in der Tradition des Case-Laws vermutet.[11] Die Regeln wurden als International Accounting Standards (IAS) in den International Financial Reporting Standards (IFRS) zusammengetragen. Nach der Verordnung (EG) Nr. 1606/2002 vom 19. Juli 2002 haben Gesellschaften, die dem Recht eines Mitgliedstaats unterliegen und deren Wertpapiere zum Handel in einem geregelten Markt in einem der Mitgliedstaaten zugelassen sind (kapitalmarktorientierte Unternehmen), ihre konsolidierten Abschlüsse für Geschäftsjahre, die am oder nach dem 1. Januar 2005 beginnen, nach IFRS aufzustellen.[12]

Neben den vielen Vorschriften in IFRS 1 bis 8 und IAS 1 bis 41 gilt als wichtiges Bewertungsprinzip der Fair-Value, also der aktuelle Zeitwert, der als dominierendes Ordnungsprinzip in zwölf von 41 IAS-Vorschriften zu finden ist (IAS 2, 16-21, 32, 38-41). Für die Finanzinstrumente wird er in 32.11 und in 39.9 definiert:

„Der beizulegende Zeitwert ist der Betrag, zu dem zwischen sachverständigen, vertragswilligen und voneinander unabhängigen Geschäftspartnern ein Vermögenswert getauscht oder eine Schuld beglichen werden könnte."

Die Definition in der deutschen Übersetzung ähnelt derjenigen aus dem ADHGB von 1861 (Abschnitt 1.1.2), was insbesondere durch das Wort „beizulegen" zum Ausdruck kommt. Für Finanzanlagen besteht neben dieser Bewertungsvorschrift noch die Effektivzinsmethode, die sich am Ertragswert der Anlage orientiert.[13]
Unterschieden werden u. a. folgende Finanzanlageklassen:[14]

Die Bewertungsvorschriften dieser Anlageklassen nach HGB bzw. IFRS werden in Tabelle 1 gegenübergestellt:

---

[11] Vgl. Buchholz, R. (2003), S. 7f.

[12] Den in der EU geltenden IAS des IFRS stehen in den USA die FAS des US-GAAP gegenüber (US-Generally Accepted Accounting Principles). Da die Bewertungsvorschriften für die hier in Frage kommenden Vermögensgegenstände eine starke Ähnlichkeit aufweisen, wird auf eine gesonderte Behandlung der US-GAAP verzichtet.

[13] Beispiel für einen im Finanzanlagevermögen gehaltenen Zerobond, der vor zwei Jahren zu 20.000 gekauft wurde und in drei Jahren mit 25.000 fällig wird: Gesamtlaufzeit 5 Jahre, d. h. der Aufzinsungsfaktor beträgt: $(25.000/20.000)^{1/5} = 1{,}25^{0{,}2} = 1{,}04564$. Der Effektivzins ist somit 4,564 %. Daraus ergibt sich der heutige Zeitwert zu $20.000 \times 1{,}04564^2 = 21.867{,}24$.

[14] Für eine vollständige Übersicht s. Kuhn, S./Scharpf, P. (2006).

■ Tabelle 1: Bewertungsvorschriften für verschiedene Anlagekategorien[15]

	A	B	C
Vorschrift	Bewertungskategorie	Zeitwert/Fair-Value	Amortised Cost
1 HGB	Finanzanlagen des Anlagevermögens	nein (erfolgswirksame Abschreibung nur bei zu erwartender dauerhafter Wertminderung Höchstgrenze AK)	nein
2 IFRS	Held-to-Maturity	nein	Effektivzinsmethode
3 HGB	Forderungen	nein Nominalbetrag, bei Drohverlusten Abschreibung	nein
4 IFRS	Loans and Receivables	nein, bei Drohverlusten Abschreibung	Effektivzinsmethode
5 HGB	Finanzanlagen des Umlauf- oder Anlagevermögens	je nach Zugehörigkeit	nein
6 IFRS	Available-for-Sale	über Neubewertungsrücklage im Eigenkapital	Erfassung der Zinsen mit der Effektivzinsmethode
7 HGB	Finanzanlagen des Umlaufvermögens	erfolgswirksam in der GUV, Höchstgrenze AK	nein
8 IFRS	Held-for-Trading	erfolgswirksam in der GUV, keine Höchstgrenze	nein

Die IFRS-Klassen haben folgende Bedeutung:

▪ Held-to-Maturity (Halten bis zur Endfälligkeit): Schuldtitel (z. B. festverzinsliche Wertpapiere), bei denen das Unternehmen die feste Absicht und die Fähigkeit hat, sie bis zum Fälligkeitstage im Bestand zu halten. Sie werden nach der Effektivzinsmethode bewertet. Zeitweilige Fair-Value-Schwankungen bleiben unberücksichtigt. Aufgrund mangelnder Endfälligkeit können Aktien nicht zu dieser Kategorie zählen.

▪ Loans and Receivables (Forderungen): Hierunter fallen alle (nicht derivaten) finanziellen Vermögenswerte wie Forderungen aus Lieferung und Leistung, Kreditforderungen, Finanzinvestitionen in Schuldinstrumente und Einlagen bei Kreditinstituten. Sie werden - außer bei kurzfristigen Forderungen - nach der Effektivzinsmethode bewertet.

---

[15] Eigene Darstellung.

- Available-for-sale (zur Veräußerung verfügbare finanzielle Vermögenswerte): Schuldtitel und Aktien, die weder als Held-to-Maturity noch Held-for-Trading klassifiziert wurden. Auch sie werden mit dem Fair-Value bewertet, Veränderungen gehen jedoch in eine Neubewertungsrücklage (NBR) als Unterkonto des Eigenkapitals ein, können dieses erhöhen oder vermindern.

- Held-for-Trading (zu Handelszwecken gehaltene Vermögenswerte): Schuldtitel und Aktien, die in naher Zukunft verkauft werden sollen. Aus der Sicht des HGB handelt es sich dabei um Finanzanlagen des Umlaufvermögens, wobei nach deutschen Handelsrecht das strenge Niederstwertprinzip und nach IFRS die Fair-Value-Bewertung vorgeschrieben ist. Temporäre Änderung werden zum Bewertungsstichtag vollständig in der Gewinn- und Verlustrechnung erfasst. Während dies im Falle von Wertsteigerungen bei der Bewertung nach IFRS theoretisch in unendlicher Höhe geschehen darf, gelten beim HGB die Anschaffungskosten als Obergrenze.

2 Auswirkungen auf die Volatilität in der Gewinn- und Verlustrechnung

Anhand eines Anwendungsbeispiels[16] werden die Auswirkungen deutlich, insbesondere betreffend der Volatilität in der Gewinn- und Verlustrechnung. Eine Aktiengesellschaft (AG) erwirbt am 1. Januar 2002 ein festverzinsliches Wertpapier mit folgenden Konditionen:

- Nominalzins 4 %, zahlbar jährlich am 31. Dezember,

- Anschaffungskosten 935.368,

- Restlaufzeit 8 Jahre,

- Nominalwert 1.000.000.

Nebenkosten fallen nicht an. Aufgrund des Abschlags beim Kaufpreis ergibt sich eine höhere Rendite über die Laufzeit, in diesem Falle 5 %. Die Rendite am Kapitalmarkt ändert sich während der Laufzeit, 2002 beträgt sie 5 %, 2003: 4 %, 2004 und 2005: 3,5 %, 2006 und 2007 steigt sie auf 6 % und in 2008 liegt sie wieder bei 4 %. Als weitere Besonderheit kommt es Ende 2007 zu einem Kreditereignis: Die Zinsen wurden zwar für dieses Jahr noch bezahlt, für die Restlaufzeit werden sie jedoch mit großer Sicherheit ausfallen. Der Nominalbetrag wurde abgesichert und wird am Laufzeitende ausbe-

---

[16] Vgl. Kuhn, S./Scharpf, P. (2006), S. 683 ff.

zahlt werden. Dennoch beschließt die AG, das Papier am 1.1.2008 für 880.000 zu verkaufen.

Die AG bilanziert zu steuerlichen Zwecken nach HGB, erstellt jedoch zusätzlich einen Abschluss nach IFRS zur Verbesserung der Refinanzierungsaussichten am Kapitalmarkt. In der IFRS-Bilanz werden die Auswirkungen bezüglich einer Einordnung in die drei Kategorien verglichen: Held-to-Maturity (die Bewertungsvorschriften sind gleich denen für Loans-and-Receivables), Available-for-Sale und Held-for-Trading. In allen vier Fällen wird der Bond am 1.1.2002 zu Anschaffungskosten bilanziert: 935.368. Ab dem Jahresabschluss 2002 haben die Gewinn- und Verlustrechnungen folgendes Aussehen:

■ Tabelle 2: Gegenüberstellung der GuV-Auswirkungen[17]

Stichtag	HGB	Held-to-Maturity/ loans and receivables	Available-for-Sale	Held-for-Trading
31.12.2002	+ 40.000	+46.768	+46.768	+46.768
31.12.2003	+ 40.000	+47.107	+47.107	+97.864
31.12.2004	+ 40.000	+47.462	+47.462	+62.575
31.12.2005	+ 40.000	+47.835	+47.835	+35.790
31.12.2006	+ 40.000	+48.228	+48.228	-31.825
31.12.2007	+ 40.000	-25.739	-42.772	-16.544
01.01.2008	-55.368	-27.029	-9.996	-9.996
Summe	**+184.632**	**+184.632**	**+184.632**	**+184.632**
Standardabweichung	33.372	33.373	34.502	43.879

In der HGB-GuV beläuft sich der Gewinn auf die jährliche Couponzahlung. Er verändert sich nur einmal, nämlich beim Verkauf des Papiers, bei dem ein Verlust durch die Differenz zwischen Anschaffungs- und Verkaufspreis entsteht. Veränderungen des Marktzinses oder des Couponausfallrisikos bleiben unberücksichtigt (Feld 1B in Tabelle 1). Der mit der Effektivzinsmethode ermittelte Gewinn der Kategorie Held-to-Maturity berücksichtigt über den ganzen Zeitraum den Zins der zu Beginn erwarteten Rendite von 5 % und schlägt die über den Coupon von 40.000 hinausgehenden Beträge dem Gewinn zu (Feld 2C in Tabelle 1). Da sich die zu erwartende Rendite am 31.12.2007 ändert (es fällt die letzte Zinszahlung aus), entsteht durch die Korrektur ein kleiner Verlust, ebenso beim Verkauf zum Buchwert. Die nach der Fair-Value-Methode bewertete Position Available-for-Sale zeigt den flachen Verlauf nur, weil die Zu- und Abschreibungen aufgrund des geänderten Marktzinses in die Neubewertungsrücklage gebucht werden und dort das Eigenkapital direkt erhöhen oder mindern (Feld 6B und C in Tabelle 1). In der Kategorie Held-for Trading gehen die Zeitwert-Veränderungen sofort in die GuV ein (Feld 8B in Tabelle 1). Dies führt aufgrund der veränderten Marktzinsen zu wesentlich größerer Volatilität. Die Standardabweichung als Maß für die Volatilität ist bei den ersten drei Kategorien relativ gleich, nur bei der Position Held-for-Trading ist sie deutlich größer.

---

[17] Eigene Darstellung unter Verwendung von Kuhn, S./Scharpf, P. (2006), S. 706.

Die im IFRS vorgeschriebene Fair-Value-Bewertung nach dem Zeitwert führt demnach in der Kategorie Held-for-Trading zu erhöhter Volatilität.

3 Auswirkungen der erhöhten Volatilität

Tabelle 2 zeigt in der Summenzeile identische Werte. Am Ende ist der saldierte Gewinn in allen Situationen gleich. Somit könnte argumentiert werden, die Wahl der Bewertungsmethode mache letztendlich keinen Unterschied und deswegen sei die Fair-Value-Methode vorzuziehen, weil sie ein wahres und zeitnahes Bild der Bilanz garantiere. Das Unternehmen sei damit „fair" bewertet.

Im Zuge der Einführung der IFRS-Regeln zum 1. Januar 2005 für börsennotierte Unternehmen waren jedoch auch warnende Worte zu hören. So beleuchtete die Europäische Zentralbank in ihrem Monatsbericht vom Februar 2004 vier Szenarien, die auf den Finanzmärkten zu erheblichen Turbulenzen führen könnten.[18] Sie bezieht sich dabei auf die für die Zeitwertbilanzierung typische Erhöhung der Volatiltät. Untersucht wurden folgende Fälle:

- der Eintritt einer Bonitätsverschlechterung eines Emittenten,
- die Veränderung der Zinssätze,
- der Eintritt einer Immobilienkrise,
- eine drastische Korrektur der Aktienkurse.

Weiter führt sie dazu aus:[19]

„Diese vier Szenarien verdeutlichen, dass eine erweiterte Anwendung der Zeitwertbilanzierung zu einer erhöhten Volatilität der Gewinn- und Verlustrechnungen von Banken führen dürfte […]

Die erhöhte Volatilität kann bedeutsam sein und auch das Verhalten einer Bank beeinflussen, was wiederum Fragen hinsichtlich der Stabilität des Finanzsystems aufwerfen würde."

Drei dieser Ereignisse sind eingetreten, allerdings in anderer Reihenfolge: zuerst kam es zur Immobilienkrise, dann zur Verschlechterung der Bonität der beteiligten Banken und am Ende folgte der Verfall der Aktienkurse, was zu weiteren Wertberichtigungen führte. Man muss der EZB hier fast hellseherische Fähigkeiten bescheinigen. Offensichtlich hätte man die Risiken frühzeitig erkennen können.

---

[18] EZB (2004), S. 85f.
[19] EZB (2004), S. 87.

3.1 Übertragung der Effekte aus der Abbildungs- in die Realebene

Bilanzen sind Abbildungen. Alleine die Vielzahl teilweise konkurrierender Abbildungsvorschriften wie die der Bewertungsregeln könnte zum Schluss verleiten, dass Bilanzen ähnlich den Bildern eines Malers nicht unbedingt die Realität, sondern die Vorstellung von ihr wiedergeben. Was konnte dann aber zu den vehementen Auswirkungen in der Realwirtschaft führen? Der Grund liegt in der Urteilsbildung der anderen Marktteilnehmer, die sich in Ermangelung der Kenntnis der realen Verhältnisse an das zur Verfügung gestellte Abbild halten (müssen). Dabei kommt den Rating-Agenturen eine besondere Rolle zu. Sie müssen auf Bildveränderungen sofort reagieren und stufen die Bonität des entsprechenden Unternehmens bei schlechten Bilanzzahlen unmittelbar herab. Dies führt zu erhöhten Finanzierungskosten, teils durch implizite Reaktion des Marktes, teils durch explizit in Kreditverträgen vereinbarte Anpassungen (bei manchen festverzinslichen Wertpapieren wird die Höhe der Couponzahlungen je nach Rating adjustiert).

Die erhöhte Volatilität nach Ausbruch der Krise ist bei den Bewertungen der großen Agenturen zu erkennen. Wurde das Rating von Standard & Poor's für Lehman Brothers in der Zeit von 1993 bis 2008 nur einmal verändert (2005 durch Heraufstufung von A auf A+), fanden allein zwischen dem 2. Juni und 25. September 2008 sechs so genannte „Downgradings" bis zur endgültigen Insolvenz statt.[20]

- 23.03.1993:   A
- 11.10.2005:   A+
- 02.06.2008:   A
- 09.09.2008:   A mit negativem Ausblick
- 12.09.2008:   A mit negativem Ausblick
- 15.09.2008:   SD (teilweiser „Default" = Ausfall)
- 16.09.2008:   D (kompletter Ausfall)
- 25.09.2008:   NR (Non rated)

Spätestens am 15. September 2008 bestätigte sich, dass ein Unternehmen nicht dann am Ende ist, wenn es keine Gewinne mehr macht, sondern wenn es seinen Zahlungsverpflichtungen nicht mehr nachkommen kann. Viele zogen ihr Geld von Lehman Brothers ab, keiner war bereit, neues hineinzugeben. Aber selbst bei entsprechender

---

[20] Bloomberg; die Bewertungen reichen von AAA als positivstem Rating über B und C bis zu D als schlechtestem im Falle der Insolvenz, (Beitrag II.2 über die Rating-Agenturen).

II.3 Die Auswirkung bilanzieller Bewertungsregeln auf die Finanzkrise

Bereitschaft wäre dies nur zu weit schlechteren Konditionen als vorher möglich gewesen.

Wie sich Veränderungen in der Abbildungsebene unmittelbar in der Realebene auswirken, zeigt das folgende Chart für ein Zinspapier der UBS, das durch seine lange Laufzeit bis 2049 und aufgrund seiner Fix-to-Float-Struktur an sich schon risikobehaftet ist und zu seinem Höchststand am 09.06.2003 mit 6,58 % rentierte. Nach dem Zusammenbruch der Lehman Bank sackte der Kurs von etwa 100 auf unter 50. Den Tiefststand erreichte das Papier mit nur noch 40 % des Nominalkurses am 21. Januar 2009, nachdem Fitch das Rating noch einmal von A auf BBB herunterstufte.[21]

- 10.10.2000: AA+
- 11.09.2003: AA
- 10.12.2007: AA-
- 09.07.2008: A+
- 24.10.2008: A
- 21.01.2009: BBB

Abbildung 2: Kursverlauf des Bonds UBS PFD FUND TR Var 10/29/2049, ISIN US90262PAA66 [22]

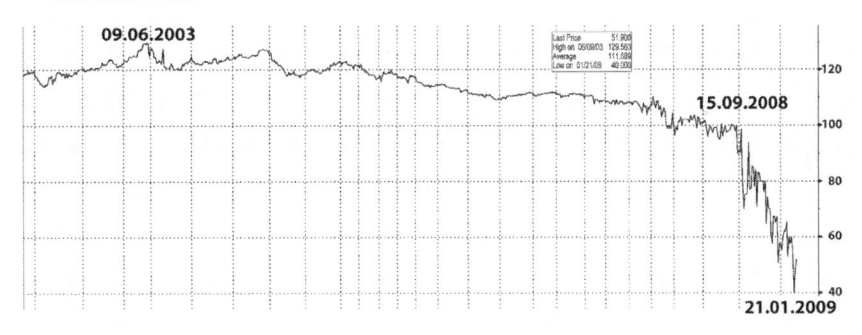

Anleger leihen der UBS an diesem Tag nur noch Geld bei Gewährung eines erheblichen Risikoaufschlages (Rendite am 21.01.2009 bei Zugrundelegung des aktuellen Coupons von 8,622 %: 21,53 %). Dies wird natürlich nicht ohne Auswirkungen auf das Kreditvergabeverhalten der UBS bleiben. Deren Schuldner müssen ab sofort, wenn sie überhaupt noch mit Krediten rechnen können, höhere Zinsen zahlen. Die eigentlich

---

[21] Bloomberg; das Rating bezieht sich hier nicht auf die UBS als Ganzes, sondern auf dieses Wertpapier.
[22] Bloomberg.

Theo Lieven

von der Wirklichkeit losgelöste Abbildungsebene der Bilanzen schlägt somit unmittelbar auf die Realwirtschaft durch.

3.2 Dominoeffekte durch Verflechtung der Banken untereinander

Die Kreditgewährung und Refinanzierung erfordert ein hohes Maß an Vernetzung im Finanzsektor. Zur Überprüfung etwaiger Folgen soll hier ein idealisiertes Muster-"Geflecht" von 30 Banken mittels Netzwerkanalyse untersucht werden.[23] Die Darstellung und Analyse erfolgt mit einer Soziomatrix. In deren Feldern wird eine 1 eingetragen, wenn die in der Zeile aufgeführte Bank z. B. ein Wertpapier der in der Spalte genannten Bank hält. Jede Bank ist Gläubiger und Schuldner von fünf Banken.

■ **Abbildung 3: Soziomatrix der untereinander beteiligten Banken[24]**
   (Beispiel: Bank 1 (B1) ist wirtschaftlich mit den Banken 3, 8, 11, 17 und 29 verbunden.)

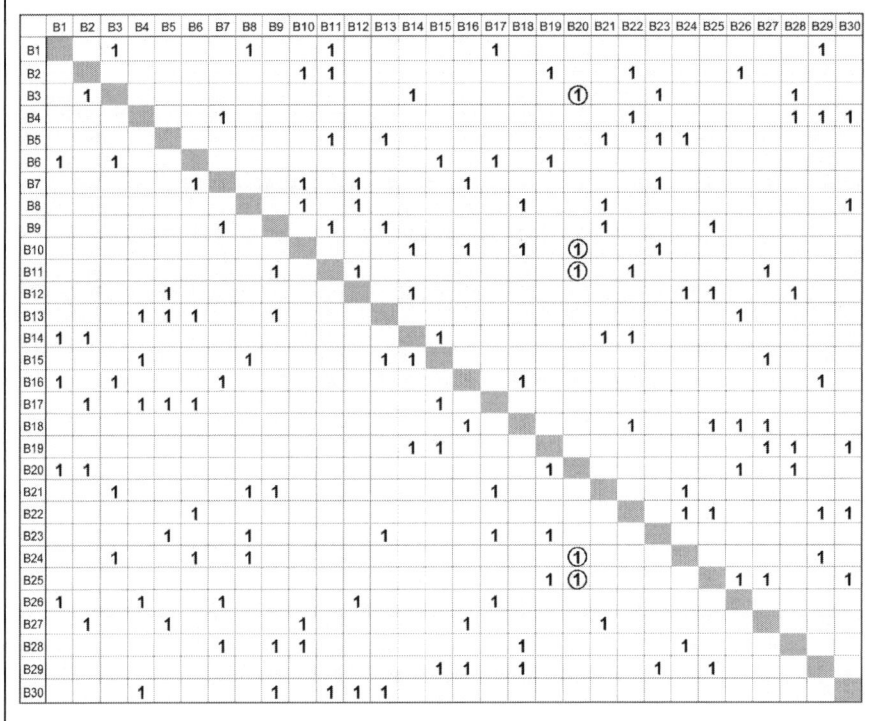

	B1	B2	B3	B4	B5	B6	B7	B8	B9	B10	B11	B12	B13	B14	B15	B16	B17	B18	B19	B20	B21	B22	B23	B24	B25	B26	B27	B28	B29	B30
B1			1					1			1						1												1	
B2											1	1								1		1				1				
B3	1													1						①		1				1				
B4					1																1							1	1	1
B5									1		1								1			1	1							
B6	1	1												1	1	1														
B7				1						1		1				1					1									
B8										1		1					1		1											1
B9						1					1								1				1							
B10														1		1		1		①		1								
B11					1				1											①	1				1					
B12				1										1								1	1		1					
B13				1	1	1			1																1					
B14	1	1											1							1	1									
B15				1		1						1	1												1					
B16	1		1			1											1												1	
B17		1		1	1	1								1																
B18																	1				1				1	1	1			
B19													1		1													1	1	1
B20	1	1															1								1			1		
B21		1					1	1									1							1						
B22						1																	1	1					1	1
B23			1			1		1					1			1	1												1	
B24	1			1		1	1																①							1
B25																					1	①				1	1			1
B26	1			1		1				1								1												
B27		1			1				1						1										1					
B28					1			1	1												1						1			
B29																		1	1		1				1	1				
B30			1				1		1	1	1																			

---

[23] Vgl. zu den Methoden: Jansen (2003).
[24] Eigene Darstellung.

II.3 Die Auswirkung bilanzieller Bewertungsregeln auf die Finanzkrise

Es bestehen insgesamt 30 x 29 = 870 Verflechtungsmöglichkeiten, von denen hier nur 30 x 5 = 150 genutzt werden. Das entspricht 17 %. Im Falle eines negativen Krediterereignisses einer Bank in den Spalten müssen die betroffenen Partner in den Zeilen sofort eine Zeitwertkorrektur vornehmen. Aufgrund des Informationsflusses wird dies in der gleichen Quartalsbilanz stattfinden, also zeitgleich. Würde z. B. Bank 20 notleidend, so hätten die Banken 3, 10, 11, 24 und 25 Wertberichtigungen vorzunehmen. Gibt es einen Markt für die Wertpapiere, wird die Höhe dieser Korrekturen einfach abzulesen sein. Im Wege der vorgeschriebenen Mark-to-Market-Bewertung wird der Wert angesetzt, der zuletzt für das Asset gehandelt wurde.

Bisher haben nur fünf von 30 Banken Abschreibungsbedarf. Wie kommt es dann zu den beobachteten heftigen Dominoeffekten?

Die angesprochenen Banken sind wiederum mit anderen Geldhäusern vernetzt, die ihrerseits Schuldtitel besitzen. Auch sie müssen nun zwingend eine Zeitwertkorrektur vornehmen,

Der Anteil der direkten Kontakte untereinander in Tabelle 2 war von allen möglichen nur 17 %. Der Anteil, der nicht nur direkt, sondern zusätzlich *über ein* anderes Netzwerkmitglied zustande kommt, lässt sich durch Multiplikation der Ausgangsmatrix mit sich selbst ermitteln. Es stellt sich heraus, dass nun 556 von 870 Berührungspunkten vorliegen, das entspricht 64 %. Da hier wiederum unmittelbarer und sofortiger Abschreibungsbedarf besteht, wird eine neue Welle ausgelöst. Bank 1 hält z. B. keine direkte Beteiligung an Bank 2. Bank 3 hält aber Wertpapiere von Bank 2 und ist bei einem Kreditereignis zur Abschreibung gezwungen. An Bank 3 ist jedoch Bank 1 beteiligt, so dass auch Bank 1 eine Zeitwertkorrektur bezüglich der von Bank 3 emittierten Papiere vornehmen muss.

Bei nochmaliger Multiplikation zur Ermittlung der Berührungspunkte *über zwei* andere Banken sind nur sieben Institute in bestimmten Fällen nicht von einem Kreditereignis einer anderen Bank betroffen:

- bei einem Ereignis bei Bank 1 ist Bank 13 nicht betroffen,
- bei einem Ereignis bei Bank 2 sind 4 und 15 nicht betroffen,
- bei einem Ereignis bei Bank 3 ist 6 nicht betroffen,
- bei einem Ereignis bei Bank 11 ist 28 nicht betroffen,
- bei einem Ereignis bei Bank 19 ist 20 nicht betroffen,
- bei einem Ereignis bei Bank 21 ist 13 nicht betroffen.

Spätestens aber bei der Betrachtung der Verflechtungen *über drei* andere Banken sind alle Banken betroffen, wenn bei einer einzigen ein Kreditereignis eintritt.

3.3 Wege zur Vermeidung der Kettenreaktion

Entschlössen sich beispielsweise drei Banken des oben beschriebenen Netzwerkes, die Wertpapiere nur bei einer drohenden dauerhaften Wertminderung abzuschreiben und auf eine unmittelbare und sofortige Zeitwertkorrektur zu verzichten, reduzierten sich die Abschreibungsvorgänge um ca. 20 %. Verführe die Hälfte der Institute ebenso, entfielen 75 % und die Gefahr eines Dominoeffektes wäre weitgehend gebannt. Simulationen mit Bankennetzwerken, die eher der Realität entsprechen als das hier aufgeführte idealisierte Beispiel, zeigen noch stärkere Effekte bei besonders verflochtenen Kreditinstituten. Verzichtet dann nur eine dieser Banken auf die Fair-Value-Bewertung, können bis zu einem Drittel der Folgeeffekte entfallen.

Diese Effekte wurden in der Finanzkrise durch eine erschwerte Ermittlung des Zeitwertes verstärkt. Ein Fair-Value nach dem Mark-to-Market-Prinzip konnte wegen fehlender Marktpreise der strukturierten Wertpapiere nicht erfolgen, weil der Handel mit diesen Schuldtiteln vollständig zum Erliegen gekommen war. In solchen Fällen kommt es zu Mark-to-Model-Betrachtungen, die anhand von theoretischen Überlegungen zu einem fairen Wert führen sollen. In Ermangelung solcher Modelle bei schwer zu durchschauenden Konstrukten fielen die Abschreibungen so drastisch aus, dass der ehemalige Vorsitzende des amerikanischen Einlagensicherungsfonds FDIC in einem CNBC-Interview am 9. Oktober 2008 seiner Verärgerung Ausdruck verlieh:[25]

„The SEC[26] has destroyed $500 billion of bank capital by its senseless marking to market of these assets for which there is no marking to market, and that has destroyed $5 trillion of bank lending. [...] Actually what we couldn't do worse what we are doing now, we marked these assets to values that everybody believes are far below what their true value is. That is not good accounting."

3.4 Erleichterung der strengen Zeitwertberechnung nach IAS 39

Diese und weitere kritische Stimmen haben die Regulierungsbehörden bewogen, die Unternehmen in die Lage zu versetzen, auf die unmittelbare Zeitwertkorrektur zu verzichten. Dazu wurde das bisherige strenge Verbot der Umwidmung von Wertpapieren aus der Kategorie Held-for-Trading in eine andere Kategorie aufgehoben. Das IASB beschloss die Änderungen im Eilverfahren ohne Durchführung des sonst übli-

---

[25] Isaac, W. (2008).

[26] Die United States Securities and Exchange Commission (SEC) ist für die Kontrolle des Wertpapierhandels in den Vereinigten Staaten zuständig und schreibt die Fair-Value-Bewertung bei den hier besprochenen Finanzanlagen vor.

II.3 Die Auswirkung bilanzieller Bewertungsregeln auf die Finanzkrise

chen Due-Prozesses, und die Erleichterungen traten so rechtzeitig in Kraft, dass den Gesellschaften eine Anwendung noch für die Bilanz des dritten Quartals 2008 ermöglicht wurde. Zu diesem Zweck wurde Ziffer 50 der IAS 39 abgeändert:

Ursprüngliche Fassung: (EG Verordnung 1725/2003 vom 29.09.2003, S. 517):

Umklassifizierungen

- *50. Ein Unternehmen darf ein Finanzinstrument nicht in die oder aus der Kategorie der erfolgswirksam zum beizulegenden Zeitwert zu bewertenden Finanzinstrumente umklassifizieren, solange dieses gehalten wird oder begeben ist.*

- **Geänderte Fassung (EG Verordnung 1126 vom 3. November 2008, S. 282):**

Umgliederungen

- *50 Ein Unternehmen*

- *(a) darf ein Derivat nicht aus der Kategorie der erfolgswirksam zum beizulegenden Zeitwert zu bewertenden Finanzinstrumente umgliedern, solange dieses gehalten wird oder begeben ist,*

- *(b) darf kein Finanzinstrument aus der Kategorie der erfolgswirksam zum beizulegenden Zeitwert zu bewertenden Finanzinstrumente umgliedern, wenn es vom Unternehmen beim erstmaligen Ansatz dazu bestimmt wurde, erfolgswirksam zum beizulegenden Zeitwert bewertet zu werden, und*

- *(c) darf einen finanziellen Vermögenswert, der nicht mehr in der Absicht gehalten wird, ihn kurzfristig zu veräußern oder zurückzukaufen (auch wenn er möglicherweise zu diesem Zweck erworben oder eingegangen wurde), aus der Kategorie der erfolgswirksam zum beizulegenden Zeitwert zu bewertenden Finanzinstrumente umgliedern, wenn die in den Paragraphen 50B oder 50D genannten Bedingungen erfüllt sind.*

- *Nach erstmaligem Ansatz darf ein Finanzinstrument nicht in die Kategorie der erfolgswirksam zum beizulegenden Zeitwert zu bewertenden Finanzinstrumente umgegliedert werden.*

- *50B Ein unter Paragraph 50 Buchstabe c fallender finanzieller Vermögenswert darf nur unter außergewöhnlichen Umständen aus der Kategorie der erfolgswirksam zum beizulegenden Zeitwert zu bewertenden Finanzinstrumente umgegliedert werden (davon ausgenommen sind die in Paragraph 50D beschriebenen finanziellen Vermögenswerte).*

   [...]

- *50D Ein unter Paragraph 50 Buchstabe c fallender finanzieller Vermögenswert, der der Definition Kredite und Forderungen entsprochen hätte (wenn er beim erstmaligen Ansatz nicht als zu Handelszwecken gehalten hätte eingestuft werden müssen) kann aus der Kategorie der erfolgswirksam zum beizulegenden Zeitwert zu bewertenden Finanzinstrumente*

Theo Lieven

umgegliedert werden, wenn das Unternehmen die Absicht hat und in der Lage ist, ihn auf absehbare Zeit oder bis zu seiner Fälligkeit zu halten.

Waren in der ursprünglichen Fassung Umklassifizierungen jeglicher Finanzinstrumente aus der oder in die Kategorie Held-for-Trading (für die *„der erfolgswirksame Zeitwert beizulegen"* ist) unzulässig, so gilt dies in der neuen Fassung nur noch für die Gruppe der Derivate. Andere Wertpapiere dürfen nun unter bestimmten Bedingungen umgegliedert werden.

Als einer der prominentesten Vertreter machte die Deutsche Bank von den Erleichterungen Gebrauch. In den Erläuterungen des Geschäftsberichts zum dritten Quartal 2008 wird dazu vermerkt:[27]

„In Einklang mit den Änderungen zu IAS 39 und IFRS 7, „Reclassification of Financial Assets" hat der Konzern bestimmte Handelsaktiva und zur Veräußerung verfügbare finanzielle Vermögenswerte in die Forderungen aus dem Kreditgeschäft umgegliedert. Als für eine Umgliederung infrage kommend hat der Konzern jene Vermögenswerte identifiziert, bei denen am 1. Juli 2008 eindeutig keine kurzfristige Verkaufs- oder Handelsabsicht mehr bestand, sondern die stattdessen auf absehbare Zeit im Bestand gehalten werden sollen.

[...]

Wäre die Umgliederung nicht vorgenommen worden, hätte die Konzern-Gewinn-und-Verlust-Rechnung im dritten Quartal 2008 unrealisierte Fair-Value-Verluste in Höhe von 726 Mio EUR aus umklassifizierten Handelsaktiva und zusätzliche Wertminderungsverluste in Höhe von 119 Mio EUR aus bereits wertgeminderten zur Veräußerung verfügbaren finanziellen Vermögenswerten beinhaltet."

Insgesamt ergab sich somit ein positiver Bilanzeffekt von 845 Mio. EUR, der letztendlich einen Verlustausweis der Deutschen Bank für das dritte Quartal verhindern konnte.

4 Warum wurde das Anschaffungskostenprinzips zugunsten des Fair-Value-Ansatzes abgelöst?

Die Gefahren der strengen Zeitwertbilanzierung im Falle von Marktverwerfungen waren theoretisch nachweisbar und sind erkannt worden, z. B. von der Europäischen

---

[27] Deutsche Bank (2008), S. 63.

Zentralbank.[28] Auch das IASB hat das strenge Fair-Value-Prinzip letztendlich aufgeben müssen. Wieso aber hat es sich dann überhaupt erst durchsetzen können? Wieso haben die Bankenführer, die im Jahre 2008 händeringend auf die Erleichterungen der Umklassifizierung aus der Held-for-Trading-Kategorie in die Gruppe Loans-and-Receivables gewartet haben, die Risiken nicht schon früher erkannt?

Man könnte vermuten, dass die Zeitwertberechnung eher den Bilanzierungsregeln des angelsächsischen Raums zuzuordnen ist, der sich letztendlich im IASC und IASB durchgesetzt hat. Der wahre Grund liegt jedoch eher in der Natur der Entscheider in den Kapitalgesellschaften. Das Savary´sche Werk bezieht sich, wie der Titel „Le parfait négociant" schon ausdrückt, auf den Einzelunternehmer. Seine Regeln des Vorsichts-, Niederstwert- und Imparitätsprinzips wurden im Sinne des „ehrbaren Kaufmanns" in Kontinentaleuropa bis zur Mitte des 19. Jahrhunderts beibehalten und weiterentwickelt. Insbesondere gelten die Anschaffungs- oder Herstellungskosten als Obergrenze der Bewertung. Diese Regeln kommen der Mentalität des Unternehmers entgegen. Er denkt langfristig und ist nicht selten ein Leben lang mit „seinem" Unternehmen verbunden. Die Bildung stiller Reserven durch vorsichtige und eher zu niedrige Bewertung ist in seinem Interesse, weil er Vorsorge für Krisenzeiten treffen möchte und die Früchte seiner Arbeit später ernten wird. Auf erhöhte Gewinnausschüttungen durch kurzfristige und vor allem unrealisierte Buchgewinne will und kann er verzichten.

Nach der Gründung der ersten Kapitalgesellschaften in der Mitte des 19. Jahrhunderts fiel die Doppelfunktion des Unternehmensführers und -inhabers auseinander. Auf der einen Seite waren die Anteilseigner an schneller Vermehrung ihres finanziellen Einsatzes durch Wertsteigerungen der Aktien und an großzügigen Dividenden interessiert, anderseits waren die Entscheider als Vorstände häufig nicht die Inhaber. Eine emotionale Bindung an „ihr" Unternehmen haben Manager häufig nicht, sie wird jedenfalls geringer ausfallen als bei einem Eigentümer oder Gründer, der das Unternehmen als „sein Werk" versteht. Die Einführung des Zeitwertprinzips im ADHGB von 1861 war deshalb nur folgerichtig und erst die zahlreichen Gründerskandale ab 1870 und der Börsenkrach von 1874 in Berlin und Wien führten 1884 zur Wiedereinsetzung der alten Regeln.

Die seit den 80er Jahren des 20. Jahrhunderts entwickelten Bilanzierungsvorschriften im Geiste des Fair-Values und deren Folgen zeigen eine gewisse historische Parallelität zu den Ereignissen des 19. Jahrhunderts. Auch jetzt stehen die „anonymen" Kapitalgesellschaften im Mittelpunkt, sie müssen seit 2005 nach dem Fair-Value bilanzieren. In Zeiten des Aufschwungs kommt das den Aktionären zugute. Temporäre Wertsteigerungen gehen unmittelbar in den Gewinn ein und können als Dividenden ausgeschüttet werden. Durch ein besseres Kurs/Gewinnverhältnis steigt zudem der Wert der Aktien. Als oberstes Prinzip gilt nun der „Shareholder-Value".[29] Zu dessen Vermeh-

---

[28] EZB (2004).
[29] Vgl. Rappaport, A. (1999).

rung haben sich viele Unternehmensführer verpflichtet und werden dafür von den Aktionären reichhaltig durch jährliche Tantiemezahlungen oder Gewährung von Aktienoptionen belohnt.

Während Unternehmer langfristig denken, müssen Manager in kurzer Zeit am Erfolg des jeweiligen Unternehmens teilhaben. So sagte der Präsident der Deutschen Industrie, Jürgen Thumann:

„Die durchschnittliche Verweildauer von Spitzenmanagern in ihren Aufgaben liegt inzwischen unter vier Jahren. Da versucht mancher, bei seinem Engagement möglichst viel rauszuholen."[30]

Der Gewinn des Unternehmens wird hierzu als Bemessungsgrundlage für die Managerentlohnung herangezogen. Dies ist nicht mehr als fair. Wer wird es den Vorständen also verdenken, wenn sie den Gewinn auch aus Eigennutz steigern wollen. Und da er sich unmittelbar von selbst erhöht, wenn die Fair-Values steigen, wird sofort verständlich, dass Manager - jedenfalls in der Phase von 2003 bis 2007 - die Zeitwertberechnung dem Anschaffungskostenprinzip vorziehen, bei dem die Gewinne erst viel später bei Realisierung nach u. U. vielen Jahren entstehen. Dann hat der Vorstand das Unternehmen längst verlassen. Man vergegenwärtige sich nur den Fall des deutschen Autobauers, dessen Aktienbeteiligung an einem anderen Hersteller in kurzer Zeit so stark gestiegen war, dass der Gewinn nach Anwendung des Zeitwertprinzips höher als der Umsatz ausfiel, was eine enorme Tantiemezahlung zur Folge hatte.[31]

Welche Auswüchse die Anwendung der Fair-Value-Regeln haben können, zeigt der unrühmliche Fall der Investmentbank Lehman Brothers (siehe auch Beitrag III.4). In der Anhörung zur Insolvenz dieser Bank vor dem Komitee des amerikanischen Repräsentantenhauses am 6. Oktober 2008 griff der demokratische Kongressabgeordnete John Tierney aus Massachusetts den Lehman-Chef Richard Fuld nach dessen Äußerung „We have just completed a record year [2007], sir." scharf an:

„Einer der Lehman-Aktionäre, [...], Mr. David Einhorn, sagte, Ihr [Lehman-]Finanzvorstand habe ihm mitgeteilt, dass 400 bis 600 Mio. $ dieses Gewinns durch die Höherbewertung von Stromgeneratoranlagen in Indien zustande kamen. [...] Er sagte auch, dass Lehman um die 600 Mio. $ Gewinn ausgewiesen habe, weil die Kurse der eigenen begebenen Schuldverschreibungen gefallen waren, [...] aber auch wenn das sicherlich erlaubte Rechnungslegung ist, so ist es doch so, als ob Sie einen Gewinn machen, wenn Ihr Haus in der Zwangsversteigerung mehr einbringt als Sie noch an Hypothekenschulden haben."[32] (Übersetzung d. d. Verfasser).

---

[30] Süddeutsche Zeitung vom 29.02.2008.

[31] Der Umsatz der Porsche AG im Geschäftsjahr 2007/2008 betrug 7,5 Mrd. EUR, der Gewinn 8,6 Mrd. EUR. Der Vorstandschef bezog ein Gesamteinkommen von über 80 Mio. EUR. Vgl. Hawranek, S. (2009), S. 62f.

[32] Tierney, J. (2008), S. 152f., Zeile 3504-3515.

II.3 Die Auswirkung bilanzieller Bewertungsregeln auf die Finanzkrise

Der nach unten gerichteten „Wertberichtigung" der Schulden liegt folgende legale Fair-Value-Überlegung zugrunde, dargestellt an der Lehman-Schuldverschreibung mit der Kennung ISIN US524908WH98. Lehman lieh sich am Kapitalmarkt am 1. Mai 2007 750 Mio. USD. Der Kurs des Papiers fiel bis zum Jahresende von 100 % auf 88,903 %. Nach der Fair-Value-Definition („...[Betrag, zu der] eine Schuld beglichen werden könnte"), wären statt der Darlehenssumme von 750 Mio. USD nur noch 667 Mio. USD zurückzuzahlen. Fiktiver Gewinn: 83 Mio. USD. Nur: Hätte Lehman versucht, die Anleihe zum Bilanzierungszeitpunkt Ende 2007 verbilligt zurückzukaufen (genau diesen Gedanken unterstellt Fair-Value), und wäre man dazu auch in der Lage gewesen, wäre der Kurs innerhalb von Sekunden auf 100 % zurückgekehrt. Berücksichtigt man zudem, dass sich hier ein Unternehmen reich rechnet, weil der Markt ihm weniger Vertrauen entgegenbringt (denn dadurch fielen die Kurse der Schuldverschreibungen), wird Fair-Value spätestes an dieser Stelle zur Farce, testiert von renommierten Wirtschaftsprüfern.

Aufgrund des exorbitant guten Ergebnisses für 2007 wurden in 2008, nicht lange vor der Insolvenz, 4,9 Mrd. USD Boni an die Lehman-Mitarbeiter ausgezahlt, nicht fiktiv, sondern bar und in Form von Aktienoptionen.[33]

Es entbehrt nicht einer gewissen Ironie, dass ausgerechnet erstrebenswerte Ziele wie das der *fairen* Bewertung des Unternehmens und das der *fairen* Bezahlung der Manager unter tatkräftiger Mitwirkung zahlreicher Regulierungsbehörden zum verschärften Verlauf einer der größten Krisen der Finanzwelt und anschließend der Realwirtschaft geführt haben.

5 Diskussion

Die Bilanzierung nach dem beizulegenden Wert bzw. dem Fair-Value führt durch die Berücksichtigung jeder Marktschwankung zu erheblichen Volatilitäten in den Unternehmensbilanzen. Während das Fair-Value-Prinzip in Aufschwungphasen den Wünschen von Aktionären und Managern bei steigenden Zeitwerten und dadurch erhöhten Gewinnausweisen und -ausschüttungen entgegenkommt, entwickelt es sich in Krisenzeiten zum Motor einer sich selbst verstärkenden Abwärtsspirale, weil die vielfältig miteinander verbundenen Unternehmen zu zeitnahen Abwertungen gezwungen sind, die sie z. B. nach deutschen Handelsrecht nicht vorzunehmen hätten, wenn diese Wertminderungen nicht als dauerhaft anzusehen sind. Daraus entwickelt sich ein Dominoeffekt, der nur verhindert werden kann, wenn die Wirkungskette unterbro-

---

[33] Tierney, J. (2008), S. 153, Zeile 3523.

chen wird, wenn also nicht auf jedes negative Ereignis bei einem Unternehmen eine Berichtigung in den Bilanzen der Geschäftspartner erfolgen muss.

Die Regulierungsbehörden haben dies im Herbst 2008 erkannt und Erleichterungsmöglichkeiten geschaffen, um Vermögenswerte, die bisher zwingend zum Fair-Value bewertet werden mussten, in eine Gruppe umzuklassifizieren, in der sie nicht mehr der Zeitwertberechnung unterliegen.

Es scheint demnach unbestritten, dass das Fair-Value-Prinzip zumindest zur schnelleren und heftigeren Ausbreitung der Finanzkrise beigetragen hat. Soll man es deswegen abschaffen? Die Experten spalten sich zurzeit in zwei Lager. Das eine befürwortet eine Rückkehr zum Anschaffungskostenprinzip, das andere verteidigt die Zeitwertberechnung, u. a. mit der Begründung, wer keine riskanten Wertpapiere erworben habe, habe damit keine Bewertungsprobleme.[34] Demnach dürften japanische Banken, die dem Markt mit den heute als toxisch bezeichneten Papieren weitgehend ferngeblieben sind, völlig unbeschadet aus den Geschehnissen hervorgehen. Dass sie dies nicht tun, liegt jedoch gerade an der Unmittelbarkeit und Unbarmherzigkeit, mit der das Fair-Value-Prinzip zur Übertragung der Krise auf *alle* Marktteilnehmer beiträgt, die in irgendeiner Weise miteinander verbunden sind.

Das vielzitierte Argument „man solle das Thermometer nicht für das Fieber verantwortlich machen"[35] verkennt, dass den Bilanzen nicht nur die allseits bekannten Informations-, Ausschüttungs- und Besteuerungsbemessungsfunktionen zukommen, die lediglich eine „Temperaturmessung" erforderlich machen. Das Messergebnis geht zusätzlich in vielfältige Steuerungsentscheidungen ein und ist Teil komplizierter Regelkreise, von denen man weiß, dass unmittelbare Proportionalausschläge zu heftigen Schwankungen führen können, weswegen zusätzlich zeitabhängige (integrierende und differenzierende) Größen hinzugezogen werden, ohne die das Thermometer gleichsam zum Überträger des Fiebers auf andere wird.

Man sollte auch überdenken, ob dem Fair-Value-Prinzip durch die fiktive Idee der Verwertbarkeit eines Wirtschaftsgutes zum jeweiligen Zeitpunkt nicht zu sehr der Liquidationsgedanke anhaftet, der doch gerade der Betrachtung eines fortgeführten Unternehmens unter dem Gesichtspunkt des *Going-Concern* entgegensteht.

Unstreitig gibt es keine Bewertungsregel, die eine Abschreibung für endgültig untergegangene Vermögensgegenstände auf Dauer verhindern könnte.[36] Solange diese Verluste jedoch aufgrund der komplizierten Struktur der Finanzprodukte wertmäßig noch nicht vorhergesagt werden können, führt die hochvolatile Zeitwertberechnung zu einer beschleunigten Ausbreitung der Krise. Das lässt Finanzmarkt und Realwirtschaft genau die Zeit fehlen, die sie zur Aufarbeitung der Folgen benötigen.

---

[34] Berndt, Th. (2009), S. 1.
[35] ebenda.
[36] Vgl. die letztlich gleichen Auswirkungen unterschiedlicher Bewertungsregeln in Tabelle 2.

Die Regulierungsbehörden mussten letztendlich eingestehen, dass die Bilanzierung nach dem Fair-Value-Prinzip erheblich zum Ausbruch und zur Verschärfung der Krise beigetragen hat. Oder, wie J. Baetge schreibt: *„Die Finanzkrise hat die Fair Value Bilanzierung demaskiert".*[37]

Literaturverzeichnis

Baetge, J. (2008). *Weihnachtsrundschreiben an Kollegen*, vom 16.12.2008.

Berndt, Th. (2009). *Bilanzregeln in der Kritik*, in: FINANZ und WIRTSCHAFT vom 3. Juni 2009, S. 1.

Buchholz, R. (2003). *Internationale Rechnungslegung*, 3., vollständig überarbeitete und ergänzte Auflage, Berlin.

Deutsche Bank (2008). *Geschäftsbericht zum 30. September 2008* (3. Quartal), Abgerufen am 17.01.2009 von http://geschaeftsbericht.deutsche-bank.de/2008/q3/serviceseiten/downloads/files /db3q 2008_erlaeuterungen.pdf . Der Geschäftsbericht mit dem zitierten Wortlaut konnte am 22. Juli 2009 nicht mehr abgerufen werden. Siehe stattdessen *Effekt aus Änderungen der Bilanzierungsmethoden*. Abgerufen am 22. Juli 2009 von http://geschaeftsbericht.deutsche-bank.de/2008/q3/erlaeuterungen/aenderungenbilanzierungsmethodennichttestiert.html

Europäische Kommission (2003). Verordnung (EG) Nr. 1725/2005 vom 29. September 2003. Abgerufen am 22. Juli 2009 von http://eur-lex.europa.eu/LexUriServ/ LexUriServ.do?uri=CONSLEG:2003R1725:20050101:DE:PDF

Europäische Kommission (2008). Verordnung (EG) Nr. 1126/2008 vom 3. November 2008, Abgerufen am 21. Juli 2009 von http://eur-lex.europa.eu/LexUriServ/LexUriServ.do?uri=OJ:L:2008:320:0001:0481:de:PDF

EZB (2004). *Die Auswirkungen der Zeitwertbilanzierung auf den europäischen Bankensektor im Hinblick auf die Finanzmarktstabilität*, in: Monatsbericht der Europäischen Zentralbank vom Februar 2004, Monatsbericht Februar 2004, Abgerufen am 08. Juni 2009 von http://www.ifrs-portal.com/Dokumente/EZB_02_04.pdf

Hawranek, S. (2009). *„Voll in die Wolle"*, in: Der Spiegel Nr. 30 vom 20. Juli 2009.

Kuhn, S./Scharpf, P. (2006). *Rechnungslegung von Financial Instruments nach IFRS - IAS 32, IAS 39 und IFRS 7*, 3. Aufl., Stuttgart.

---

[37] Baetge, J. (2008).

Isaac, W. (2008). CNBC-Interview mit dem ehemaligen Vorsitzenden der Federal Deposit Insurance Corporation (FDIC) am 9. Oktober 2008, Abgerufen am 08. Juni 2009 von http://www.cnbc.com/id/27100454

Jansen, D. (2003). *Einführung in die Netzwerkanalyse*, 2. Auf., Opladen.

Rappaport, A. (1999). *Shareholder Value*, Stuttgart.

Reichstag (1897). Denkschrift zu dem Entwurf eines Handelsgesetzbuches und eines Einführungsgesetzes, in: Entwurf eines Handelsgesetzbuches und Entwurf eines Einführungsgesetzes nebst Denkschrift zu dem Entwurf eines Handelsgesetzbuchs und eines Einführungsgesetzes in der Fassung der vom Reichstag gemachten Vorlage, Berlin.

Rudolph, B. (2008). *Lehren aus den Ursachen und dem Verlauf der internationalen Finanzkrise*, in: zfb 60, November 2008, S. 713-741.

Savary, J. (1993). *Le parfait négociant*, Faksimile der 1675 in Paris erschienenen Originalausgabe, Stuttgart.

Schneider, D. (1974). *Entwicklungsstufen der Bilanztheorie*, in: WiSt, 3. Jg. 1974, S. 158-164.

Schneider, D. (1993). *Jacques Savarys „Le parfait négociant"*, in: Fitou et al. (1993): Jacques Savary und sein „Le parfait négociant" - Vademecum zu einem Klassiker der Handlungswissenschaft, Düsseldorf, S. 85-98.

Spindler, D. (2005). *Zeitwertbilanzierung in Jahresabschlüssen nach dem ADHGB von 1861 und nach den IAS/IFRS*, Sternenfels: Wissenschaft & Praxis.

Süddeutsche Zeitung (2008). Interview mit dem Präsidenten des Bundesverbandes der Deutschen Industrie (BDI), Jürgen Thumann, vom 29.02.2008, Abgerufen am 08 Juni.2009 von http://www.sueddeutsche.de/wirtschaft/954/434702/text/

Tierney, J. (2008). Committee Hearings of the U.S. House of Representatives vom 6. Oktober 2008 zur Lehman-Insolvenz. Abgerufen am 17. Juli 2009 von http://oversight.house.gov/documents/20081010150253.pdf

Teil III

Von der Finanzkrise in die Wirtschaftskrise

Jan Hader, Kyrill Bryazgin, Theo Lieven

III.1 Folgen der Krise für die internationale Finanzwirtschaft

1 Wertpapierportfolios der Banken.. 145
2 Betroffene Finanzinstitute 148
    2.1   Deutsche Finanzinstitute 148
          2.1.1   IKB 148
          2.1.2   Sachsen LB 149
          2.1.3   Weitere Banken in Deutschland 150
    2.2   Europäische Finanzinstitute 152
          2.2.1   UBS 152
          2.2.2   Weitere Banken in Europa 154
    2.3   Amerikanische Finanzinstitute 155
          2.3.1   Hypothekenbanken... 155
          2.3.2   Investmentbanken 156
          2.3.3   Weitere US-Banken... 157
3 Zusammenfassung 158
Literaturverzeichnis.. 161

III.1 Folgen der Krise für die internationale Finanzwirtschaft

Noch 2007 glaubte man in Washington und London nicht an einen bevorstehenden Schock an den Finanzmärkten durch Verluste im Subprime-Sektor. Im Frühjahr sagte der damals amtierende Finanzminister Henry Paulson vor dem Kongress, das Subprime-Problem scheine man in den Griff zu bekommen. Der Notenbankchef Ben Bernanke sagte am 17. Mai 2007 vor der Federal Reserve Bank of Chicago:

„Am wichtigsten erscheint es uns, dass wir nicht von einem ernsthaften Übergreifen der Probleme im Subprime-Markt auf die Banken und Sparkassen ausgehen". (Übersetzung durch die Verfasser).[1]

Der folgende Beitrag berichtet darüber, dass und wie es anders kam. Die Zahlen und Fakten zeichnen das erschreckende Bild einer Krise, deren Zeuge man im Leben nur einmal wird, wenn überhaupt.

1 Wertpapierportfolios der Banken

Ausländische Banken sind durchweg nicht *direkt* im amerikanischen Kreditvergabegeschäft tätig.[2] Dennoch sind die Finanzmärkte weltweit mit dem amerikanischen Privatkreditmarkt verbunden. Denn die in Beitrag II.1 beschriebenen Wertpapiere wurden so gut wie nicht an den Börsen notiert und private Investoren konnten nur in Ausnahmefällen mit ihnen handeln. Es waren fast ausschließlich Finanzinstitutionen wie Banken und Versicherungen, die sich durch Emission, Vertrieb und Kauf damit befassten.

■ **Abbildung 1: Zusammenhang zwischen dem US-Immobilienmarkt und den internationalen Finanzmärkten**[3]

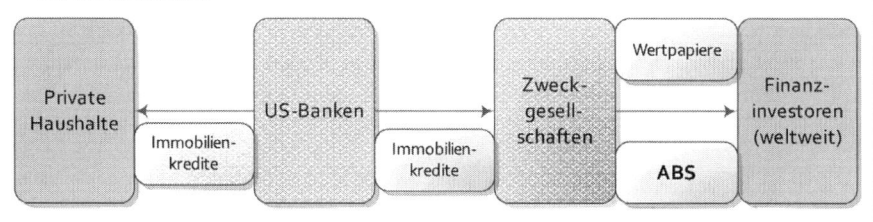

```
                                                              Wertpapiere
┌──────────┐          ┌──────────┐          ┌──────────┐                  ┌──────────┐
│ Private  │ ←──────→ │US-Banken │ ──────→  │ Zweck-   │ ←──────────────→ │ Finanz-  │
│Haushalte │          │          │          │gesell-   │                  │investoren│
│          │Immobilien-│          │Immobilien-│schaften  │                  │(weltweit)│
│          │ kredite  │          │ kredite  │          │       ABS        │          │
└──────────┘          └──────────┘          └──────────┘                  └──────────┘
```

Die Rechnung der Investoren war dabei relativ einfach: Man leihe sich zu günstigen Zinskonditionen kurzfristig Geld und lege es langfristig in MBS, ABS oder CDOs an.

---

[1] Tett, G. (2009), S. 211.
[2] Lediglich die britische HSBC ist durch die Tochtergesellschaften HFC und Beneficial mit einem Vertriebsnetz von 800 Filialen direkt auf dem US-Konsumentenkreditmarkt aktiv.
[3] In Anlehnung an Hemmerich, F. (2008).

Das Rezept war so verlockend, dass sich selbst Institute, die nichts mit dem amerikanischen Markt für Immobilien, Kreditkarten oder Studentendarlehen zu tun hatten, reichlich damit eindeckten.

Viele, insbesondere auch deutsche Banken, bedienten sich dazu so genannter SIVs (Structured Investment Vehicles), auch Conduits genannt. Die folgende Aufstellung zeigt die Verteilung von mehr als 110 Mrd. USD auf die verschiedenen Conduits deutscher Banken.

Tabelle 1: Conduits deutscher Banken[4]

Bank	Zweckgesellschaften	Mrd. $
IKB	Rhineland	18,37
Sachsen LB	Ormond Quay	18,11
Deutsche Bank	Rheinmain	15,45
	Rheingold	
	Bills	
Commerzbank	Kaiserplatz	9,45
LBBW	Lake Constance	9,00
WestLB	Compass	8,45
Dresdner Bank	Silver Tower	7,94
BayernLB	Giro Lion	7,37
HSH Nordbank	Poseidon	6,87
Hypo-Vereinsbank	Arabella	6,87
	Salome	
DZ Bank	Coral	4,02
Bankgesellschaft Berlin	Check Point Charlie	2,19
Helaba	Opusalpha	1,87

In Zeiten mit geringen Zinsmargen boten strukturierte Produkte eine relativ hohe Rendite.[5] Laut Internationalem Währungsfond IWF belief sich der Wert der ausgegebenen strukturierten Produkte in den USA und Europa im Jahr 2007 auf 2,6 Billionen USD. Der Wert der neu ausgegebenen CDOs stieg in der ersten Hälfte des Jahres 2008 von 150 Mrd. auf 1,2 Billionen USD.[6]

Bis 2007 gingen die Investoren vom stabilen Werterhalt der Papiere aus, denn selbst bei einer Krise des amerikanischen Hypothekenmarktes wurden die AAA-Tranchen als absolut sicher angesehen. Jedenfalls kann man vermuten, dass sich z. B. die Manager der Industriekreditbank IKB, die sich ansonsten mit der wenig aufregenden, aber soliden Vergabe von Mittelstandskrediten beschäftigen, nicht sonderlich mit den auf

---

[4] Ruhkamp, S./Nußler, H./Fehr, B. (2007), S. 19.

[5] Vgl. Witterauf, P., (2008): Die internationale Finanzkrise – Ursachen, Auswirkungen und Konsequenzen.

[6] Vgl. Herrmann, J. (2008): Die Finanzkrise 2007/2008.

III.1 Folgen der Krise für die internationale Finanzwirtschaft

vielen Seiten gedruckten Bedingungen dieser Wertpapiere beschäftigten, sondern sich auf das Rating der drei angesehenen Agenturen verließen.

Die in Teil I und II dieses Buches dargestellten Ursachen führten dann zu massivem Abschreibungsbedarf. Ausgehend von steigenden Zinsen, die allmählich über Adjustable Rate Mortgages (ARM) auf Schuldner niedriger Bonität durchschlugen, kam es vermehrt zu Kreditausfällen, die aufgrund rückläufiger Preise nicht vollständig über Zwangsverkäufe der Immobilien abgedeckt werden konnten. Erste First-Loss-Pieces der MBS, ABS und CDOs wurden in Mitleidenschaft gezogen. CDOs auf mezzanine ABS-Tranchen und squared CDOs (CDOs auf CDOs) fallen dann selbst mit den AAA-Tranchen aus. Bestünde ein CDO z. B. aus den in der folgenden Abbildung dargestellten mezzaninen A- und BBB-Tranchen, werden dessen Super-Senior-Anteile ebenfalls stark abgewertet werden müssen.

Diese Super-Senior-AAA-Tranchen waren plötzlich unverkäuflich, mit dem Ergebnis, dass die Emittenten diese nun selbst in die Bücher nehmen mussten. Das eigentliche Ziel, das Risiko auf viele Schultern zu verteilen, wurde nicht mehr erreicht, sondern im Gegenteil: es kumulierte gefährlich bei den Finanzinstituten.

■ **Abbildung 2: Preisentwicklung der MBS im ABX. Home Equity Index Serie 07-1**[7]

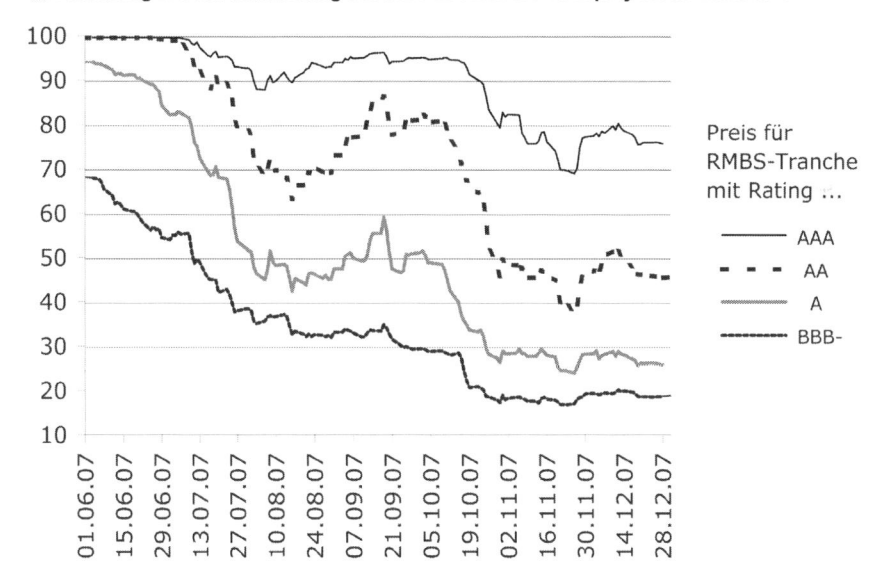

---

[7] BaFin (o.V.) (2008), S. 18.

Jan Hader, Kyrill Bryazgin, Theo Lieven

2 Betroffene Finanzinstitute

Die Krise beruht auf Ursachen, die geografisch auf dem nordamerikanischen Kontinent zu suchen sind. Dennoch traf es zuerst zwei deutsche Banken, die IKB Industriekreditbank und die Sächsische Landesbank (Sachsen LB), beides Institute, bei denen man ein Engagement auf dem US-amerikanischen Kontinent nicht vermuten würde.

2.1 Deutsche Finanzinstitute

2.1.1 IKB

Die Deutsche Industriebank AG ist ein Kreditinstitut mit Hauptsitz in Düsseldorf und zwölf weiteren Niederlassungen in ganz Europa.[8] Aktuell findet sich auf der Internetpräsenz dieser Bank eine Pressemitteilung über das Jahresergebnis 2008/2009 nach HGB, welches einen Verlust von rund 600 Mio. EUR aufweist.[9]

Die Krise der IKB war der erste „Fall" einer deutschen Bank und wurde am 30. Juli 2007 öffentlich.

Besondere Bedeutung kommt der von der IKB gesponserten US-Zweckgesellschaft „Rhineland Funding" zu.[10] Hierbei handelt es sich um eine Zweckgesellschaft, ein „Conduit". Eigentümer der Rhineland, deren Eigenkapital 500 (Fünfhundert !) USD beträgt, ist eine gemeinnützige Stiftung mit Sitz in Delaware. Aufgabe des Conduit ist es, am Markt Kredite und verbriefte Wertpapiere anzukaufen und diese über Ausgabe von kurzlaufenden Wertpapieren (Asset Backed Commercial Paper, ABCP, siehe Absatz 2.2 in Beitrag II.1) zu refinanzieren. Offenbar um der Rhineland als Emittentin eine gute Bonitätsnote zu verschaffen, hat ihr die IKB eine Kreditlinie gewährt.[11]

Nach rückläufigen Verkaufszahlen für die ehedem so begehrten strukturierten Papiere und dem Austrocknen des kurzfristigen Refinanzierungsmarktes musste die IKB der Rhineland Funding zunächst 8 Mrd. EUR bereitstellen – zu viel für die mittelständische Bank aus Düsseldorf. Mit Hilfe der Bundesanstalt für Finanzdienstleistungen (BaFin) wurde ein Rettungspaket erarbeitet.[12] Dabei übernahm vor allem die Staats-

---

[8] Vgl. IKB Deutsche Industriebank AG (2009a).
[9] Vgl. IKB Deutsche Industriebank AG (2009b).
[10] Vgl. MDR (2008).
[11] Vgl. Fehr, B. (2007), S. 14.
[12] Vgl. Nagel, H./Bastian, N./Ivöhler, P. (2008), S. 25.

bank KfW (mit 38 % größter Anteilseigner der IKB) eine führende Rolle. Ein Banken-Pool, dem neben der KfW weitere deutsche Institute angehörten, übernahm die Risiken. Ziel der Rettungsaktion war der Verkauf der IKB. Es stellte sich heraus, dass Rhineland Funding aus 30 weiteren Subgesellschaften bestand.[13] Das tatsächliche Ausmaß wurde erst im weiteren Zeitverlauf deutlich. Insgesamt musste die IKB 14,3 Mrd USD abschreiben und wurde mit 8,45 Mrd EUR von Staat (2,3 Mrd.), KfW (4,8) und einer deutschen Bankengruppe (1,35 Mrd.) gestützt.[14] Letztlich gelang es, die IKB im August 2008 an den Finanzinvestor Lone Star zu verkaufen. Der genaue Kaufpreis wurde nicht veröffentlicht. Allerdings wird vermutet, dass er weit unter den von der KfW erhofften 800 Mio. EUR lag. Der Finanzinvestor Lone Star kaufte bereits 2005 die Mitteleuropäische Handelsbank von der NordLB und war damit der erste US-Investor mit Banklizenz in Deutschland.

Laut Lone Star sollen unrentable Einheiten geschlossen werden und man will zur Mittelstandsfinanzierung zurückkehren.[15]

2.1.2 Sachsen LB

Die Zweckgesellschaft Ormand Quay mit Sitz im irischen Dublin ist der Sachsen LB zuzuordnen. 18,11 Mrd. USD betrug das Volumen allein dieser Zweckgesellschaft. Wie bei Rhineland Funding investierte auch Ormond Quay in langfristige Kreditanlagen, die durch die Herausgabe von kurzlaufenden Wertpapieren refinanziert wurden. 82% des Portfolios dieses SIV bestanden aus Immobilienkrediten.[16] Laut Angaben der Sachsen LB fühlte man sich jedoch in Sicherheit, weil nicht direkt in Kredite bonitätsschwacher Kunden investiert wurde.[17]

An dieser Stelle wird deutlich, dass die Banken selber nicht informiert waren, welche Gefahren strukturierte Finanzprodukte mit sich brachten. Vielmehr verließen sie sich auf die Angaben der Rating-Agenturen. So war Ormond Quay zu 80% in Triple A-gerateten ABS investiert und zu 20% in Double AA. Trotz dieser hervorragenden Ratings fanden sich keine Käufer mehr.[18] Die Bank stand vor der Pleite und auch hier musste wieder ein Rettungspaket geschnürt werden. Hauptbeteiligt war die Landesbank Baden-Württemberg (LBBW), die zusammen mit dem Freistaat Sachsen und anderen Landesbanken aushalf.[19] Am 27. August 2007 war die Übernahme perfekt – die

---

[13] Vgl. NZZ (2007).
[14] Bloomberg, Seite WDCI, Stand 12.06.2009.
[15] Vgl. Schöder, A. (2008b).
[16] Vgl. o.V. (2007a).
[17] Vgl. sueddeutsche.de (2007).
[18] Vgl. Drost, F. M. (2007a).
[19] Vgl. o.V. (2008a).

LBBW überwies der Sachsen LB eine Soforthilfe von 250 Mio. EUR. Zuvor hatte die BaFin der Sachsen LB ein Ultimatum gestellt. Aufgrund des mangelnden Eigenkapitals erachtete die BaFin eine Übernahme durch eine andere Landesbank als zwingend notwendig.[20]

2.1.3 Weitere Banken in Deutschland

Im Jahr 2006 hatte die Deutsche Bank die amerikanische Mortgage IT Holdings Inc. und Chapel Funding LLC übernommen - die beiden US-Firmen waren auf Verbriefung und Kauf von Subprime-Krediten spezialisiert.[21] Als der Markt zusammenbrach, gingen bei der Deutschen Bank 1,5 Mrd. EUR durch Investitionen in strukturierte Produkte verloren.[22] Für das gesamte Jahr 2008 hat die Deutsche Bank einen Gesamtverlust in Höhe 3,9 Mrd. EUR gemeldet.[23] Insgesamt beliefen sich die Wertberichtigungen bei der Deutschen Bank vom dritten Quartal 2007 bis zum 1. Quartal 2009 auf 19 Mrd. USD.[24]

Commerzbank und Tochtergesellschaft Eurohypo hatten in RMBS und CDOs investiert, die durch US-Subprime-Kredite gedeckt waren. Um den Liquiditätsbedarf zu decken, wurden Anteile von Aktien an den Staat verkauft. Wertberichtigungen zusammen mit der übernommenen Dresdner Bank: 10,4 Mrd. USD.

Die BayernLB hatte ebenfalls in amerikanische ABS-Papiere investiert. Nach dem Marktzusammenbruch war sie auf 14,8 Mrd. EUR Landes- und Bundesgarantien angewiesen (Land Bayern 10 Mrd., Bund 4,8 Mrd.).[25] Der gesamte Abschreibungsbedarf belief sich auf 16,6 Mrd. USD.

Die WestLB hatte nicht so intensiv in strukturierte US-Produkte investiert, hat aber dennoch insgesamt 3,4 Mrd USD abschreiben müssen.

Alle Banken in Deutschland haben die Geschäfte mit strukturierten Produkten reduziert oder komplett eingestellt. Bis heute sind die ABS-Fonds der WestLB Mellon Asset Management, Frankfurt-Trust, HSBC Investments und Oppenheim geschlossen.[26]

Bis Juni 2009 beliefen sich die Abschreibungen deutscher Finanzunternehmen auf 98,4 Mrd. USD. Abbildung 3 zeigt die Verteilung auf die einzelnen Institute.

---

[20] Vgl. o.V. (2007c).
[21] Vgl. Deutsche Bank (2006). Deutsche Bank will MortgageIT Holdings Inc. übernehmen.
[22] Vgl. Bloss, M., et al. (2008). S.119.
[23] Vgl. Deutsche Bank (2009). *Investor Relations*.
[24] Bloomberg, Seite WDCI, Stand 12.06.2009.
[25] ebenda.
[26] Vgl. Hilmes, C. (2008).

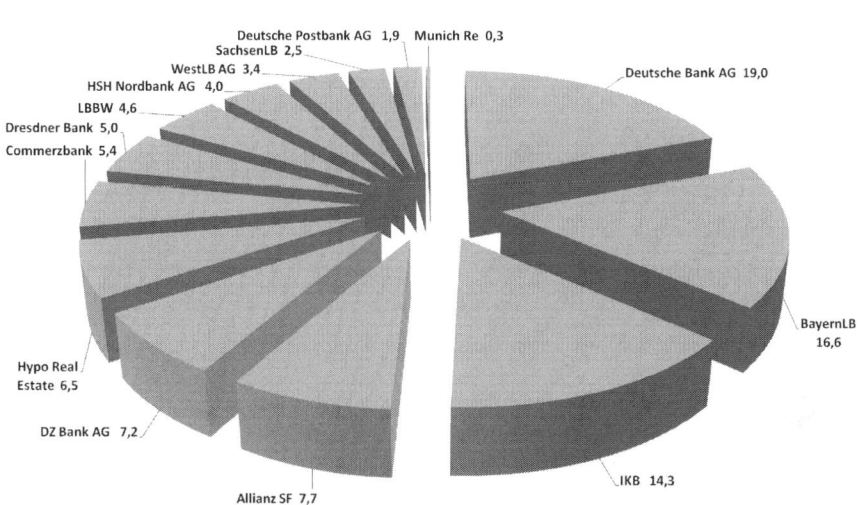

III.1 Folgen der Krise für die internationale Finanzwirtschaft

■ **Abbildung 3: Verteilung von 98,4 Mrd. $ Abschreibungen auf deutsche Finanzinstitute**[27]

- Deutsche Postbank AG 1,9
- Munich Re 0,3
- SachsenLB 2,5
- WestLB AG 3,4
- HSH Nordbank AG 4,0
- LBBW 4,6
- Dresdner Bank 5,0
- Commerzbank 5,4
- Hypo Real Estate 6,5
- DZ Bank AG 7,2
- Allianz SF 7,7
- IKB 14,3
- BayernLB 16,6
- Deutsche Bank AG 19,0

Die Schieflage der Institute richtet sich nicht nach der absoluten Höhe des Wertberichtigungsbedarfs. So hat die Deutsche Bank die Krise bisher relativ gut überstanden, die Sachsen LB musste jedoch in die LBBW integriert werden, die allerdings selbst wieder 4,6 Mrd. $ Abschreibungsbedarf hat.

Das Beispiel der Hypo Real Estate zeigt darüberhinaus, dass nicht nur der direkte Einfluss so genannter toxischer Papiere zu Problemen führen kann, sondern auch die sich daran anschließenden Komplikationen. Denn alleine die Wertberichtigungen von 6,5 Mrd. USD können nicht ein Rettungspaket von über 100 Mrd. EUR erforderlich gemacht haben. Aber die Tochtergesellschaft Depfa Bank als Emittent grundsolider Pfandbriefe hatte sich am kurzfristigen Geldmarkt refinanziert. Dieser brach jedoch nach Beginn der Krise zusammen. Commercial Papers mit Laufzeiten bis zu drei Monaten, mit denen sich auch große Industrieunternehmen Geld liehen, fanden keine Käufer mehr.

Die Hypo Real Estate ist somit ein prominentes Beispiel für ein Unternehmen, das nicht durch mangelnde Gewinne, sondern durch Illiquidität aufgrund spekulativer Fristentransformation in eine bedrohliche Schieflage geraten ist. Eine Insolvenz mit unabsehbaren Folgen konnte nur durch eine Quasiverstaatlichung verhindert werden.

---

[27] Bloomberg, Seite WDCI, Stand 12.06.2009.

Jan Hader, Kyrill Bryazgin, Theo Lieven

2.2 Europäische Finanzinstitute

2.2.1 UBS

Die größten Verluste in Europa hat mit Abstand die UBS AG zu verzeichnen. Im Jahr 2004 war die Schweizer Großbank noch auf Erfolgskurs. Als weltweit größte Vermögensverwalterin wollte sie mit einer aggressiven Wachstumsstrategie auch die Nummer eins bei den Investmentbanken werden.[28] Beachtlich ist, dass sie in Nord- und Lateinamerika rund 30.000 Personen beschäftigt – das sind mehr als in der Schweiz.[29]

In einer Fernsehdokumentation des SF (Schweizer Fernsehen) mit dem Titel „Der Fall - Wie die UBS in den Strudel der Finanzkrise geriet" wird chronologisch auf die Verwicklungen der UBS eingegangen.[30] Die sonst eher als konservativ geltende UBS beteiligte sich über eine Hedge-Fond-Tochter mit dem Namen Dillon Read Capital Management an hochspekulativen Anleihen.

Dillan Read Capital in Stanford/New York wurde aus der UBS Investmentbank heraus gegründet. Dafür wurde eine große Menge interner Ressourcen eingesetzt. Die 150 besten Mitarbeiter der Investmentbank wechselten wegen der besseren Verdienstmöglichkeiten in den Hedge-Fond. Eine der Konsequenzen aus der Abwanderung der Mitarbeiter war, dass sie und ihr Wissen nun in der UBS selbst fehlten.

Bei Dillan Read Capital investierte man in großem Stil in den US-Hypothekenmarkt. Der Hedge-Fond kaufte Kreditforderungen von lokalen US-Banken gegenüber privaten Haushalten auf.[31] Aufgrund des hohen Erfolgsdrucks orientierte sich die UBS Investmentbank an dem Verhalten des Hedge-Fonds und investierte selbst in den US-Immobilienmarkt, man lieferte sich intern ein „Wettrennen". Kurz vor dem Platzen der Immobilienblase, als die ersten Investmentbanken schon aus dem Geschäft ausstiegen, kaufte die UBS noch einmal dazu. Auch hier spielten die Ratings der Agenturen eine wichtige Rolle. Über die Transaktionen der Investmentbank und des Hedge-Fonds saß die UBS nun auf Subprime-Papieren, die den Wert des Eigenkapitals um ein Vielfaches überstiegen.[32]

Ein von Bundesrat, Nationalbank und Bankenkommission auf den Weg gebrachtes Hilfspaket soll die UBS retten: Zum einen beteiligt sich der Schweizer Staat mit einer Pflichtwandelanleihe in Höhe von über sechs Mrd. Schweizer Franken.[33] In diesem

---

[28] Vgl. o.V. (2004).
[29] Vgl. UBS (2008) S. 60.
[30] Vgl. Schweizer Fernsehen (2008).
[31] Vgl. o.V. (2007d).
[32] Vgl. Schweizer Fernsehen (2008).
[33] Wirtschaftsblatt (2008).

III.1 Folgen der Krise für die internationale Finanzwirtschaft

Fall kauft also der Staat Unternehmensanleihen, die nach Ablauf von zwei Jahren in einen Unternehmensanteil von 9 % umgewandelt werden.[34] Zum anderen ist die Gründung einer Zweckgesellschaft geplant, die alle „Ramschpapiere" der UBS übernehmen soll. Finanziert wird dieses Arrangement von der Schweizer Nationalbank.[35] Zunächst war von der Auslagerung von Papieren für 60 Mrd. USD auszugehen – nach Meldungen vom 02.03.2009 müssen allerdings nur 39,1 Mrd. USD übernommen werden.[36] Wie sich dieses doppelt flankierte Hilfspaket auswirkt, bleibt abzuwarten. Die UBS befindet sich in einer Umstrukturierung und will sich auf alte Stärken im Bereich der Vermögensverwaltung besinnen.

Am Beispiel der UBS soll veranschaulicht werden, wie sich die Abschreibungen auf die einzelnen Vermögensgegenstände verteilen. In Tabelle 2 findet sich alles, was in diesem Buch schon beschrieben wurde, Subprime-Hypotheken, CDOs, Subprime RMBS, Alt-A RMBS und CDOs, ABS auf amerikanische Studentenkredite und auch die als völlig sicher geltenden Super-Senior AAA-Tranchen.

Tabelle 2: Abschreibungen der UBS AG im Zeitraum von 3Q07 bis 1Q09[37]

Quartal	Währung	Betrag in Mrd. USD	Wertpapier
3Q07	USD	1,300	Subprime Hypotheken
3Q07	USD	1,500	CDOs
3Q07	USD	1,600	Super-Senior AAA
3Q07	USD	0,260	Hebel-Finanzierungen
4Q07	USD	0,871	Kreditversicherungen auf U.S. RMBS und CDOs
4Q07	USD	0,500	Gewerbliche Immobilien
4Q07	USD	10,800	Supbrime Hypotheken
4Q07	USD	0,200	Hebel-Finanzierungen
4Q07	USD	2,000	U.S. Alt-A Hypotheken
1Q08	USD	7,250	Subprime RMBS und CDOs
1Q08	USD	1,558	U.S. reference-linked notes
1Q08	USD	0,300	Hebel-Finanzierungen
1Q08	USD	0,974	ABS auf U.S. Studentenkredite
1Q08	USD	0,900	Prime Hypotheken
1Q08	USD	1,700	Monoliner Kreditversicherungen
1Q08	USD	0,443	Gewerbliche Immobilien, CMBS
1Q08	USD	6,074	Alt-A RMBS und CDOs
2Q08	USD	0,200	Hebel-Finanzierungen
2Q08	USD	0,600	Alt-A RMBS und CDOs
2Q08	USD	0,800	Subprime RMBS und CDOs
2Q08	USD	0,500	U.S. reference-linked notes
2Q08	USD	-0,100	Rundung
2Q08	USD	0,900	Auction-Rate Wertpapiere
2Q08	USD	0,500	ABS auf U.S. Studentenkredite

[34] Vgl. o.V. (2008).
[35] Vgl. Sucher, J. (2008).
[36] Vgl. Chatelain, C. (2009).
[37] Bloomberg, Seite WDCI, Stand 12.06.2009.

2Q08	USD		2,900	Monoliner Kreditversicherungen
2Q08	USD		-0,300	Gewerbliche Immobilen und CMBS
3Q08	USD		0,400	ABS auf U.S. Studentenkredite
3Q08	USD		0,700	Hebel-Finanzierungen
3Q08	USD		0,300	U.S. reference-linked notes
3Q08	USD		1,000	Monoliner Kreditversicherungen
3Q08	USD		0,900	U.S. Prime RMBS
3Q08	USD		0,700	Alt-A RMBS und CDOs
3Q08	USD		0,400	Subprime RMBS und CDOs
4Q08	USD		-0,200	ABS auf U.S. Studentenkredite
4Q08	USD		0,100	Hebel-Finanzierungen
4Q08	USD		0,200	Hypotheken auf U.S. Gewerbeimmobilien
4Q08	USD		2,000	Monoliner Kreditversicherungen
4Q08	USD		-0,400	Subprime RMBS und CDOs
4Q08	USD		0,300	U.S. reference-linked notes
1Q09	USD		0,300	Auction-Rate Wertpapiere
1Q09	USD		1,700	Monoliner Kreditversicherungen
1Q09	USD		0,442	Hebel-Finanzierungen
Summe	**USD**	**Mrd.**	**53,072**	

In der Summe von über 53 Mrd. USD sind 9,3 Mrd. USD für Abschreibungen auf Versicherungen durch so genannte „Monoliner" enthalten. Diese Monoliner (insbesondere Ambac und MBIA) haben Wertpapiere gegen Ausfall versichert. Auch die UBS hat von dieser Möglichkeit ausgiebig Gebrauch gemacht. Solange die Versicherer ein AAA-Rating besaßen, konnte man gefährdete Subprime-Wertpapiere in der Bilanz zum vollen Kurs belassen, da im Ernstfall der Monoliner einspringen würde. Da aber die Rating-Agenturen der Ansicht sind, dass Ambac gerade noch ein Ba3-Rating zusteht, haben einige Versicherer nun selbst „Junk"-Status und gelten nicht mehr als „Investmentgrade". Das aber hat über den in Aufsatz II.3 beschriebenen Fair-Value-Mechanismus unmittelbar zu weiteren Abschreibungen in der UBS-Bilanz geführt.

2.2.2 Weitere Banken in Europa

Zu den spektakulärsten Ereignissen zählt jenes um die englische Bank Northern Rock. Nach Gerüchten über eine Schieflage bildeten sich Schlangen vor den Bankschaltern. Es kam zum gefürchteten Bank Run. Die Bank of England und der Finanzminister sahen sich am 17. Februar 2008 nach einigen Tagen Ratlosigkeit gezwungen, die Bank zu verstaatlichen.

Insgesamt wurden in Europa bis Mitte des Jahres 2009 fast 460 Mrd. USD abgeschrieben. Fast 300 Mrd. USD entfallen dabei auf nur dreizehn Banken mit je einem Betrag größer als 10 Mrd. USD (Abbildung 4).

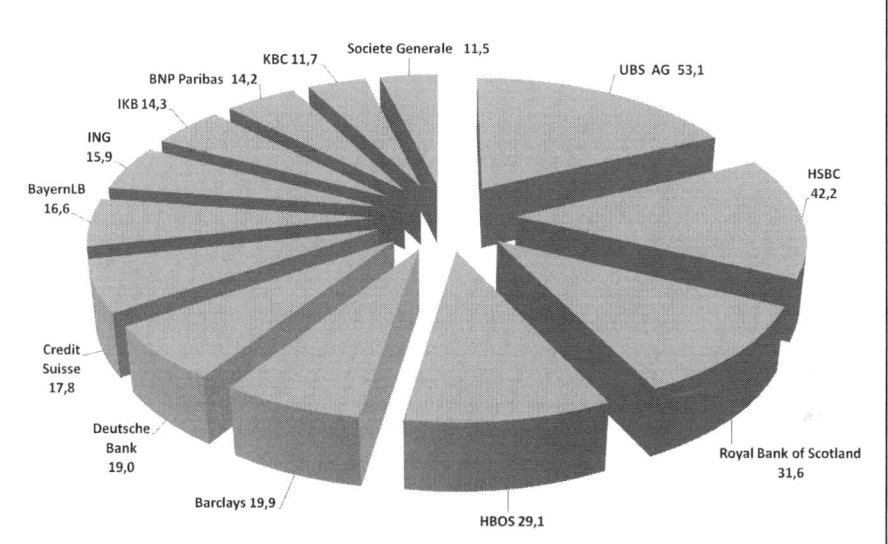

III.1 Folgen der Krise für die internationale Finanzwirtschaft

Abbildung 4: Die europäischen Banken mit dem höchsten Abschreibungsbedarf (USD)[38]

- UBS AG 53,1
- HSBC 42,2
- Royal Bank of Scotland 31,6
- HBOS 29,1
- Barclays 19,9
- Deutsche Bank 19,0
- Credit Suisse 17,8
- BayernLB 16,6
- ING 15,9
- IKB 14,3
- BNP Paribas 14,2
- KBC 11,7
- Societe Generale 11,5

2.3 Amerikanische Finanzinstitute

Da die Krise ihren Ursprung in den USA hat, verwundert es nicht, wenn dort die größten Abschreibungen zu verzeichnen sind.

2.3.1 Hypothekenbanken

2008 sind in den USA 25 große Geschäftsbanken zusammengebrochen. Allein im Januar 2009 waren es sechs.[39] Das erste prominente Krisenopfer war der Hypothekenfinanzierer New Century Financial, der am 2. April 2007 Gläubigerschutz beantragte. New Century hatte fast ausnahmslos Risiko-Kredite vergeben. Deren Anteil ist am amerikanischen Hypothekenmarkt in den letzten Jahren deutlich angestiegen.

Als nächstes trifft es die IndyMac Bank, den größten unabhängigen börsennotierten Baufinanzierer. Sie wurde am 11. Juli 2008 von der Bankenaufsicht geschlossen und beantragte im August 2008 Gläubigerschutz. Um die beiden gigantischen Hypothe-

---

[38] Bloomberg, Seite WDCI, Stand 12.06.2009.
[39] Vgl. o.V. (2009).

kenbanken Fannie Mae und Freddie Mac zu retten, entwarfen Regierung und Fed ein Gesetz zur Stabilisierung des Immobilienmarktes. Fannie Mae und Freddie Mac haben Hypothekenkredite in Höhe von 5,2 Billionen USD in ihren Büchern.[40]

2.3.2 Investmentbanken

2.3.2.1 Bear Stearns

Zu Jahresbeginn 2008 waren in den USA fünf große unabhängige Investmentbanken auf dem Markt tätig. Nachdem zwei der Bear-Stearns-Hedgefonds, die mehrere Milliarden USD in Subprime-Mortgages-Papiere des US-Hypothekenmarkts investiert hatten, in Schwierigkeiten gerieten, kamen an der Wall Street erste Gerüchte auf. Am 10. März 2008 bezeichnete Bear Stearns diese Gerüchte über Liquiditätsprobleme als „absolut unwahr". Am 14. März räumte das Investmenthaus eine „deutliche Verschlechterung der Liquiditätslage in den letzten 24 Stunden" ein. Unter Vermittlung und Hilfe der Fed und des US-Finanzministeriums wurde sie am 16. März für rund 236 Mio. USD vom Konkurrenten JPMorgan Chase übernommen, um einen Konkurs zu verhindern.[41]

2.3.2.2 Merrill Lynch

Die zweite Investmentbank, die durch die Krise in Bedrängnis geriet, war Merrill Lynch. Vor der Krise zählte die Bank zu den führenden Finanzdienstleistungsunternehmen der Welt und war einer der größten Spieler im Bereich der CDOs. Wegen milliardenhoher Abschreibungen wurde sie von der Bank of America übernommen und dadurch gerettet. Der Kaufpreis lag bei 50 Mrd. USD. Bei CDOs und anderen riskanten Anlagen hat Merrill Lynch insgesamt 55,9 Mrd. USD abgeschrieben.

2.3.2.3 Lehman Brothers

Es wird immer rätselhaft bleiben, wieso der Zusammenbruch von Lehman Brothers am 15. September 2008 nicht verhindert wurde (der Lehman-Insolvenz ist ein eigener Beitrag III.4 gewidmet). Die Bilanzsumme betrug mehr als 650 Mrd. USD, allein 365 Mrd. in CDS (Credit Default Swaps).[42] Es war die größte Unternehmensinsolvenz in der Geschichte.[43] Lehman Brothers war einer der Hauptakteure bei OTC-Hedges (Absicherun-

---

[40] Vgl. Candeias, M. (2008): Finanzkrise und neuer Staatsinterventionismus, S. 4.
[41] Vgl. Berger, J. (2008): Der Finanzkapitalismus frisst seine Kinder.
[42] Vgl. Candeias, M. (2008), Finanzkrise und neuer Staatsinterventionismus, S. 7.
[43] Vgl. o.V. (2009).

III.1 Folgen der Krise für die internationale Finanzwirtschaft

gen der Emittenten von strukturierten Produkten). Im Interbankengeschäft und in Märkten weltweit war sie direkt und/oder indirekt durch Vertriebspartner präsent. Nach der Übernahme von Bear Stearns durch JPMorgan, von Merrill Lynch durch die Bank of America und der Insolvenz von Lehman Brothers operieren jetzt nur noch Morgan Stanley und Goldman Sachs frei auf dem Markt.

2.3.3 Weitere US-Banken

Offenbar geschockt von den Folgen der Lehman-Insolvenz weicht die US-Regierung nun von ihrem Kurs ab und rettet am 16. September den kurz vor der Insolvenz stehenden US-Versicherer AIG mit einem Kredit über 85 Mrd. USD, wofür der Staat ca. 80% der Anteile erhält.

Am 26. September trifft es die größte US-Sparkasse Washington Mutual - sie wurde in einem Notverkauf an die JPMorgan Chase Bank verkauft. Washington Mutual verfügte über Vermögenswerte von rund 307 Mrd. USD und Einlagen in Höhe von 188 Mrd. USD.[44] Am 19. September legt die US-Regierung dem Kongress einen Rettungsplan für den Finanzsektor über 700 Mrd. USD vor, das Troubled Asset Relief Program (TARP).

Am 23. September geben die letzten verbliebenen Investmenthäuser Goldman Sachs und Morgan Stanley ihren Sonderstatus auf und werden Bankholdings. Dadurch können sie sich wie normale Geschäftsbanken bei der Fed refinanzieren.

Viele andere Banken haben Abschreibungen fast unbeschreiblichen Ausmaßes vornehmen müssen. Das Gesamtvolumen belief sich Mitte 2009 in den USA auf fast 1000 Mrd. USD, das sind eine Million mal eine Million USD Wertverlust. Abbildung 5 zeigt die Banken mit den größten Wertberichtigungen.

Die Zahlen zeigen aber auch, dass das Programm der Regierung geholfen hat. Während Lehman Brothers noch wegen Wertberichtigungen von „nur" 16,2 Mrd. USD Insolvenz anmelden musste, konnten Morgan Stanley 22,7 Mrd. und die Citigroup aufgrund der staatlichen Hilfen sogar über 100 Mrd. USD verschmerzen.

Bevor die Regierung eingegriffen hatte, also vor dem 15. September, dem Tag der Lehman-Insolvenz, konnte man nicht von einem staatlichen Rettungsschirm ausgehen und die Investoren zogen bei den ersten Gerüchten über eine Schieflage ihr Geld ab, was bei Bear Stearns, Merill Lynch und Lehman zu einer sich selbst erfüllenden Prophezeiung wurde. Wäre TARP nicht oder später aufgelegt worden, gäbe es wahrscheinlich keines der fünf großen Häuser mehr, auch Goldman Sachs und Morgan Stanley nicht.

---

[44] Vgl. Schröder et al. (2008a).

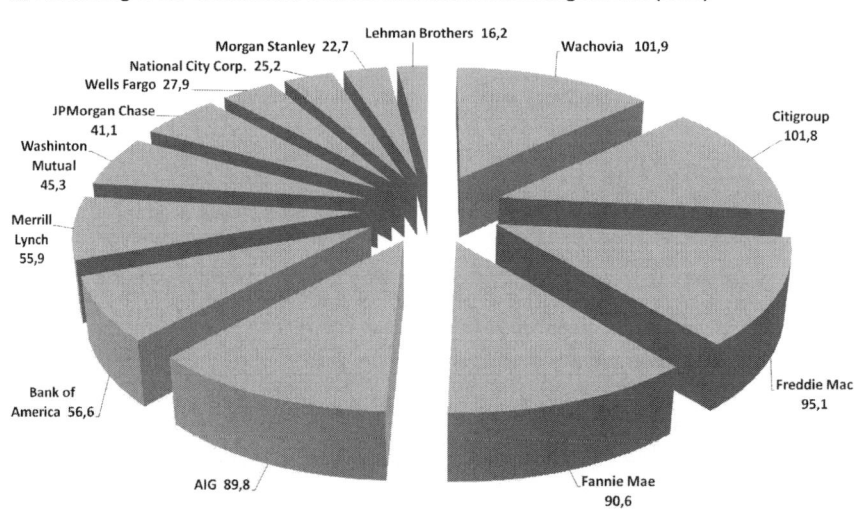

Abbildung 5: US-Banken mit dem höchsten Abschreibungsbedarf (USD)[45]

- Lehman Brothers 16,2
- Morgan Stanley 22,7
- National City Corp. 25,2
- Wells Fargo 27,9
- JPMorgan Chase 41,1
- Washinton Mutual 45,3
- Merrill Lynch 55,9
- Bank of America 56,6
- AIG 89,8
- Fannie Mae 90,6
- Freddie Mac 95,1
- Citigroup 101,8
- Wachovia 101,9

3 Zusammenfassung

Selbst hochgebildete, erfahrene und vorsichtige Experten in höchsten Spitzenpositionen wie der amerikanische Finanzminister oder der Notenbankchef hatten noch bis zur Mitte des Jahres 2007 keine Vorstellung von den zukünftigen Ereignissen, die sie dann umso überraschender trafen. Erst ab 2008 wurden die Prognosen über die abzuschreibenden Werte stetig angehoben. Der Internationale Währungsfond IWF, der zu Beginn auch keine allzu großen Gefahren sah, übertrifft nun regelmäßig seine Vorhersagen:

- 19. Dezember 2007: Nach Ansicht des IWF-Chef Strauss-Kahn durchlaufen die Finanzmärkte derzeit keine schwere Krise, sondern befinden sich lediglich in Turbulenzen.[46]
- 8. April 2008: Prognose Abschreibungsbedarf: 945 Mrd. USD
- 10. September 2008: Prognose Abschreibungsbedarf: 1100 Mrd. USD
- 7. Oktober 2008: Prognose Abschreibungsbedarf: 1400 Mrd. USD

---

[45] Bloomberg, Seite WDCI, Stand 12.06.2009.
[46] o.V. (2007e).

III.1 Folgen der Krise für die internationale Finanzwirtschaft

- 28. Januar 2009:   Prognose Abschreibungsbedarf: 2200 Mrd. USD
- 22. April 2009:   Prognose Abschreibungsbedarf: 4000 Mrd. USD

Nachfolgend wird nochmals das ganze Ausmaß der Krise veranschaulicht. In Abbildung 6 werden alle Abschreibungen auf die betroffenen Länder verteilt. Besonders die Schweiz ist als kleines Land mit 114 Mrd. USD am zweitstärksten nach den USA betroffen.

Abbildung 6: Die betroffenen Länder im Vergleich[47]

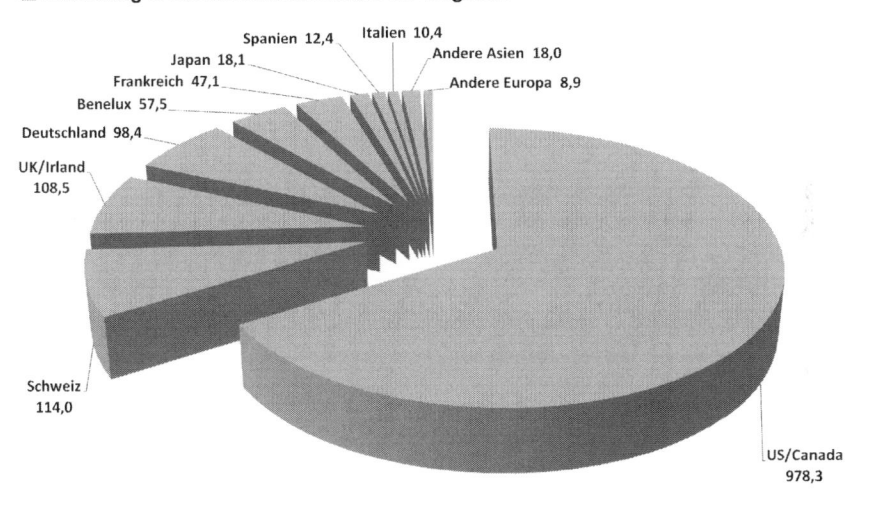

Spanien 12,4   Italien 10,4
Japan 18,1   Andere Asien 18,0
Frankreich 47,1   Andere Europa 8,9
Benelux 57,5
Deutschland 98,4
UK/Irland 108,5
Schweiz 114,0
US/Canada 978,3

Insgesamt verteilt sich die Summe der Wertberichtigungen über 1472,5 Mrd. USD am 12. Juni 2009 wie folgt auf die Kontinente:

- USA/Amerika: 975,4 Mrd. USD
- Europa: 458,7 Mrd. USD
- Asien: 38,4 Mrd. USD

Warum Asien und insbesondere Japan trotz der geringen Verluste mit gravierenden Folgen zu kämpfen haben, ist Thema des übernächsten Aufsatzes über die realwirtschaftlichen Folgen.

Abschließend wird die Gesamtsumme auf die betroffenen Finanzinstitute sowie grafisch auf die verschiedenen Abschreibungsarten verteilt.

---

[47] Bloomberg, Seite WDCI, Stand 29. Juni2009.

Tabelle 3: Weltweite Abschreibungen bis Juni 2009[48]

Unternehmen	Mrd.$	Unternehmen	Mrd.$	Unternehmen	Mrd.$
Wachovia Corp.	101,9	UniCredit SpA	6,2	Deutsche Postbank AG	1,9
Citigroup Inc.	101,8	Other Asian Banks	5,9	Progressive	1,9
Freddie Mac	95,1	Bank of China Ltd	5,9	Bank Hapoalim B.M.	1,9
Fannie Mae	90,6	MBIA Inc	5,8	Bank of Montreal	1,8
AIG	89,8	Fifth Third Bancorp	5,6	Protective Life Corp.	1,8
Bank of America	56,6	Royal Bank of Canada	5,4	Torchmark Corp	1,7
Merrill Lynch	55,9	Commerzbank AG	5,4	Scottish Re Group LTD	1,7
UBS AG	53,1	Aflac Inc	5,2	Banco Popolare Espania	1,7
Washinton Mutual	45,3	IndyMac Bancorp	5,2	Nationwide Financial	1,6
HSBC Holdings Plc	42,2	Principal Financial	5,1	Bank of Nova Scotia	1,5
JPMorgan Chase	41,1	Dresdner Bank AG	5,0	First Horizon	1,4
Royal Bank of Scotland	31,6	Genworth Financial	5,0	Other US Banks	1,4
HBOS Plc.	29,1	U.S. Bancorp	5,0	Zions Bancorporation	1,3
Wells Fargo	27,9	E✲TRADE Financial	5,0	DNB NOR ASA	1,3
National City Corp.	25,2	XL Capital	4,9	Radian Group Inc	1,1
Morgan Stanley	22,7	Lincoln National Corp	4,8	FBL Financial	1,1
Barclays Plc.	19,9	LBBW	4,6	Ace Ltd	1,1
Deutsche Bank AG	19,0	CNA Financial Corp	4,1	Caisse d'Epargne	1,1
Credit Suisse Group AG	17,8	HSH Nordbank AG	4,0	Sumitomo Mitsui	1,1
BayernLB	16,6	Nomura Holdings Inc.	4,0	National Bank of Can.	1,0
Lehman Brothers Holding	16,2	Lloyds Banking Group	3,6	Gulf International	1,0
ING Groep N.V.	15,9	Rabobank	3,4	PMI Group Inc/The	1,0
IKB	14,3	WestLB AG	3,4	Reinsurance G. of Am.	1,0
BNP Paribas	14,2	Huntington Bancshares	3,3	Sumitomo Trust	0,9
Hartford Financial	12,4	Bear Stearns Companie	3,2	Other Canadian Banks	0,8
PNC Financial Services	12,4	Berkshire Hathaway	3,2	Coseco Inc	0,8
Metlife Inc	12,2	Austr. & New Zeal. Bank	3,1	Other US Insurers	0,8
KBC Groep NV	11,7	Mitsubishi UFJ	3,1	Unum Group	0,7
Prudential Financial	11,7	Zurich Financial	3,0	Old Mutual Plc	0,7
Societe Generale	11,5	KeyCorp	2,9	Sun Life Financial	0,6
Ambac Financial	11,4	Marshall & Ilsley Corp.	2,9	Prudential PLC	0,6
Fortis	9,1	Bank of Ireland	2,8	Aioi Insurance Co	0,6
Natixis	8,9	Northern Rock PLC	2,7	MGIC Investment Corp	0,6
Canadian Imperial	8,7	Alliance & Leicester	2,6	American Equity Invest	0,6
Aegon NV	8,6	Manulife Financial	2,6	Axis Capital	0,5
Credit Agricole S.A.	8,6	Allied Irish Banks Plc	2,6	Assured Guaranty	0,5
Banco Santander SA	8,3	Sovereign Bancorp Inc.	2,5	Tokio Marine Holdings	0,5
Allstate Corp	8,1	Sachsen LB	2,5	Swiss Life Holding	0,4
Swiss Re	8,1	Banco Bilbao Vizcay	2,4	Assurant Inc	0,4
Goldman Sachs Group	7,9	Industrial and Comm...	2,4	Munich Re	0,3
Allianz SF	7,7	ABN AMRO Holding NV	2,2	Sompo Japan Insura...	0,3
Mizuho Financial Group	7,5	Intesa Sanpaolo	2,1	Andere eur. Versicherer	0,2
Other European Banks	7,4	Banco Popolare	2,1	Travelers	0,2
DZ Bank AG	7,2	CNP Assurances	2,0	DBS Group Holdings	0,2
SunTrust Banks Inc	7,0	BB&T Corp	2,0	Nipponkoa Insurance	0,1
Dexia SA	6,6	Syncora Holdings Ltd	2,0		
Hypo Real Estate	6,5	Axa	1,9	Summe 1472 Mrd.$	

---

[48] Bloomberg, Seite WDCI.

III.1 Folgen der Krise für die internationale Finanzwirtschaft

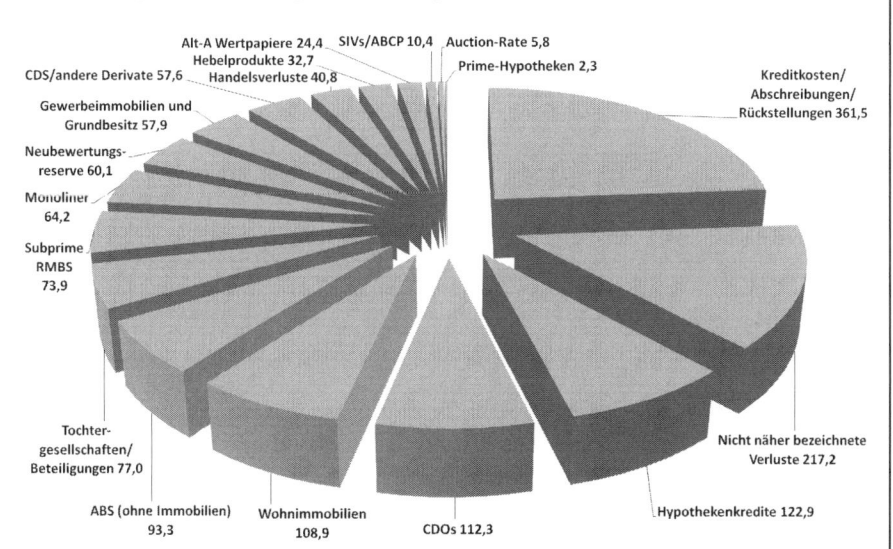

Abbildung 7: Abschreibungen nach Anlageklassen[49]

- Alt-A Wertpapiere 24,4
- SIVs/ABCP 10,4
- Auction-Rate 5,8
- Hebelprodukte 32,7
- Prime-Hypotheken 2,3
- CDS/andere Derivate 57,6
- Handelsverluste 40,8
- Kreditkosten/Abschreibungen/Rückstellungen 361,5
- Gewerbeimmobilien und Grundbesitz 57,9
- Neubewertungsreserve 60,1
- Monoliner 64,2
- Subprime RMBS 73,9
- Tochtergesellschaften/Beteiligungen 77,0
- Nicht näher bezeichnete Verluste 217,2
- ABS (ohne Immobilien) 93,3
- Wohnimmobilien 108,9
- CDOs 112,3
- Hypothekenkredite 122,9

Literaturverzeichnis

Berger, J. (2008). *Der Finanzkapitalismus frisst seine Kinder.* Abgerufen am 21. Februar 2009 von www.spiegelfechter.com/wordpress/314/der-finanzkapitalismus-frisst-seine-kinder

Bloss, M./Ernst, D./Häcker, J. (2008). *Von der Subprime-Krise zur Finanzkrise: Ursachen, Auswirkungen, Handlungsempfehlungen.* München.

Candeias, M. (2008). *Finanzkrise und neuer Staatsinterventionismus.* Abgerufen am 02. März 2009 von http://www.rosalux.de/cms/fileadmin/rls_uploads/pdfs/standpunkte_0824.pdf

Chatelain, C. (2009). *UBS-Hilfspaket: Bleibt der Nationalbank nur der Ramsch?* Abgerufen am 11. März 2009 von http://www.tagesanzeiger.ch/wirtschaft/unternehmen-und-konjunktur/UBSHilfspaket-Bleibt-der-Nationalbank-nur-der-Ramsch/story/27128811

---

[49] Bloomberg, Seite WDCI, Stand 29. Juli 2009.

Deutsche Bank (2006). *Deutsche Bank will MortgageIT Holdings Inc. übernehmen.* Abgerufen am 10. März 2009 von deutsche-bank.de: http://www.deutsche-bank.de/presse/de/content/presse_informationen_2006_2938.htm

Deutsche Bank (2009). *Investor Relations.* Abgerufen am 11. März 2009 von deutsche-bank.de: http://www.deutsche-bank.de/ir/de/content/ir_informationen_2009_7249.htm

Drost, F. M. (2007). *Keiner kauft von Ormond Quay.* In: Handelsblatt, Nr. 159 vom 20.08.2007, S. 20.

Fehr, B. (2007). *Eine Kreditlinie wurde der IKB zum Verhängnis.* In: Frankfurter Allgemeine Zeitung, Nr. 175 vom 31.07.2007, S. 14.

Hemmerich, F. (2008). *Vom US-Immobilienmarkt zur internationalen Finanzkrise.* In: Das Wirtschaftsstudium, Jg. 37, Heft 4, S. 514-520.

Herrmann, J. (2008). *Die Finanzkrise 2007/2008.* Abgerufen am 13. Juni 2009 von http://mittelhessen.verdi.de/bezirk/finanzkrise

Hilmes, C. (2008). *ABS-Fonds der Union Investment: Zukunft ungewiss.* Abgerufen am 12. März 2009 von http://www.dasinvestment.com/investments/fonds/news/datum/2008/03/26/deutsche-vermoegensverwalter-moegen-corporates/

IKB Deutsche Industriebank AG (2009). *Ad-hoc-Mitteilung nach § 15 WpHG: Deutli-che Ergebnisbelastungen durch Finanzmarktkrise.* Abgerufen am 11. März 2009 von IKB.de: http://www.ikb.de/content/de/presse/pressemitteilungen/2009/090303_Gewinnwarnung.jsp

MDR (2008). *Chronologie der IKB-Krise.* Abgerufen am 10. März 2009 von http://www.mdr.de/nachrichten/5711741.html

Nagel, H./Bastian, N./Ivöhler, P. (2008). *Ein Jahr Finanzkrise: Letzer Teil der Serie: Das Debakel der IKB und die Folgen für Deutschland.* In: Handelsblatt, Nr. 145 vom 29.07.2008, S. 25.

o.V. (2004). *Partnerschaft für Superreiche.* Abgerufen am 11. März 2009 von manager-magazin.de vom 30.12.2004: http://www.manager-magazin.de/unternehmen/artikel/0,2828,330289,00.html

o.V. (2007a). *Bafin schaut sich die Landesbank Sachsen an.* Frankfurter Allgemeine Zeitung, Nr.184 vom 10.08.2007, S. 11.

o.V. (2007b). *The New Masters of the Universe.* In: Das Wirtschaftsstudium, Jg. 36, Heft 5, S. 614-616.

o.V. (2007c). *Übernahme perfekt – 250 Millionen Soforthilfe.* Abgerufen am 11. März 2009 von FAZ.Net: http://www.faz.net/s/RubD16E1F55D21144C4AE3F9DDF52B6E1D9/Doc~EFDE953FAA105459BA3C823A6FD20E8F2~ATpl~Ecommon~Scontent.html

o.V. (2007d). *Hedge-Fonds-Tochter verhagelt UBS das Quartal.* Abgerufen am 12. März 2009 von Handelsblatt.com vom 03.05.2007: http://www.handelsblatt.com/unternehmen/banken-versicherungen/hedge-fonds-tochter-verhagelt-ubs-das-quartal;1262959

o.V. (2007e). *Finanzkrise gut gemanagt.* Abgerufen am 13. Juni 2009 von manager-magazin.de vom 19.12.2007: http://www.manager-magazin.de/geld/artikel/0,2828,524231,00.html

o.V. (2008a). *Finanzkrise belastet Sachsen LB schwer.* Abgerufen am 11. März 2009 von Handelsblatt.com vom 01.07.2008: http://www.handelsblatt.com/unternehmen/banken-versicherungen/finanzkrise-belastet-sachsenlb-schwer;1402154

o.V. (2009). *Drei weitere US Banken pleite.* Abgerufen am 13. Juni 2009 von manager-magazin.de vom 02.02.2009: http://www.manager-magazin.de/unternehmen/artikel/0,2828,604885,00.html

Ruhkamp, S., Nußler, H. & Fehr, B. (2007). *Deutsche Banken und ihre Risiken.* Frankfurter Allgemeine Zeitung, Nr. 197 vom 25.08.2007, S. 19.

Schröder et al. (2008). *Größte US-Sparkasse Washington Mutual bricht zusammen.* Abgerufen am 05. März 2009 von Spiegel-Online: http://www.spiegel.de/wirtschaft/0,1518,580553,00.html

Schweizer Fernsehen. (2008). *Der Fall - Wie die UBS in den Strudel der Finanzkrise geriet.* Abgerufen am 11. März 2009 von http://www.sf.tv/sendungen/dok/index.php?docid=20080703-2000-SF1

Sucher, J. (2008). *Schweiz stützt Großbank UBS.* Abgerufen am 12. März 2009 von http://www.spiegel.de/wirtschaft/0,1518,584470,00.html

sueddeutsche.de. (2007). *Bafin wird hellhörig.* Abgerufen am 11. März 2009 von http://www.sueddeutsche.de/finanzen/681/409455/text/

Tett, G. (2009). *Fool's Gold – How unrestrained Greed corrupted a dream, shattered global markets and unleashed a catastrophe.* London.

UBS (2008). *Geschäftsbericht 2008.* Abgerufen am 11. März 2009 von ubs.com: http://www.ubs.com/1/ShowMedia/investors/annualreporting/2008?contentId=162874&name=UBS_AnnualReport2008_d.pdf

Wirtschaftsblatt (2008). *Die Schweiz rettet UBS mit einer sechs Mrd. Franken schweren Pflichtwandelanleihe.* Abgerufen am 12. Februar 2009 von http://www.wirtschaftsblatt.at/home/boerse/binternational/346766/index.do?_vl_pos=r.5.MOST

Witterauf, P. (2008). *Die internationale Finanzkrise – Ursachen, Auswirkungen und Konsequenzen.* Abgerufen am 13. Juni 2009 von http://www.hss.de/downloads/081016_Argumentation-kompakt.pdf

Tobias Boland

III.2 Die Auswirkungen der Finanzkrise auf die Unternehmensfinanzierung und das Kreditvergabeverhalten deutscher Banken
Eine Ursachen-Wirkungsanalyse

1 Unternehmensfinanzierung in Zeiten der Finanzkrise 168
   1.1 Der Finanzierungsmix deutscher Unternehmen vor der Krise 168
   1.2 Auswirkungen der Krise auf ausgewählte Finanzierungsformen 169
   1.3 Status Quo: Kreditversorgung in Deutschland 173

2 Auswirkungen der Finanzkrise auf die Kreditvergabe deutscher Banken 174
   2.1 Der Kreditvergabeprozess – ein Überblick 174
   2.2 Die Auswirkungen der Finanzkrise auf den Kreditvergabeprozess 176
      2.2.1 Auswirkungen auf die Refinanzierung 177
      2.2.2 Auswirkungen auf die Risikotragfähigkeit 179
      2.2.3 Auswirkungen auf die Risikowahrnehmung 180
   2.3 Bisherige Maßnahmen zur Unterstützung der Kreditwirtschaft 182
      2.3.1 Geldpolitische Stabilisierungsmaßnahmen der EZB 182
      2.3.2 Das deutsche Rettungspaket – Der SoFFin 184
      2.3.3 Direkte Kredit- und Bürgschaftsprogramme des Staates 186

3 Wirkung bisheriger Stabilisierungsmaßnahmen 186
   3.1 Wirkung ausgewählter Stabilisierungsmaßnahmen der EZB 186
   3.2 Akzeptanz des SoFFin 189
   3.3 Nachfrage nach staatlichen Kredit- und Bürgschaftsprogrammen 190

4 Fazit und Ausblick 191

Literaturverzeichnis 192

III.2 Die Auswirkungen der Finanzkrise auf die Unternehmensfinanzierung

Anfang Juni 2009 brachte Bundeskanzlerin Merkel erstmals öffentlich ihre Sorge über die Kreditversorgung deutscher Unternehmen zum Ausdruck. Auslöser hierfür waren die von Seiten führender Wirtschaftsverbände an sie herangetragenen Bedenken, dass eine weitere Verknappung des Kreditangebotes in Deutschland zu massiven Liquiditätsproblemen bei kreditsuchenden Unternehmen führen werde. Schlimmer noch, spätestens im Sommer dieses Jahres, so prognostizieren die Institute, seien erste Unternehmen in ihrer Existenz bedroht.[1]

Andere sind in ihrer Kritik viel härter. Sie suchen die Schuld für die Problematik klar bei den Banken. Schlagzeilen wie: *„Großbanken geizen mit Krediten"*[2], *„Kreditklemme bedroht Konjunktur"*[3] oder *„Zinssenkungen bleiben bei Kreditinstituten hängen"*[4] sprechen eine deutliche Sprache.

Vertreter der in die Schusslinie geratenen Banken machten noch Anfang dieses Jahres deutlich, dass es in puncto Kreditversorgung einen Widerspruch zwischen dem durch die öffentliche Diskussion angeheizten „gefühlten Zustand" und dem anhand von messbaren Daten ablesbaren „objektiven Zustand" der Kreditwirtschaft gebe. Von einer allgemeinen Kreditverknappung könne genau so wenig die Rede sein, wie von einer Kreditklemme. Allerdings ließen sich durch eine differenzierte Betrachtung in vereinzelten Bereichen Probleme bei der Kreditversorgung ausmachen.[5] Mittlerweile sehen aber immer mehr Bankenvertreter die Gefahr einer flächendeckenden Kreditklemme.

Vor diesem Hintergrund beschäftigt sich der Aufsatz mit der Frage, welche Auswirkungen die Finanzkrise auf die Finanzierung deutscher Unternehmen im Allgemeinen und auf die Kreditfinanzierung im Speziellen hat. Im Mittelpunkt steht die Frage, wie die Finanzkrise konkret auf den Kreditvergabeprozess einwirkt. Ein besonderes Augenmerk liegt auf den bislang von Seiten des Staates und der EZB zur Stabilisierung der Kreditwirtschaft eingesetzten Maßnahmen und deren Wirkungen.

Dieser Beitrag ist in drei Teile gegliedert. Der erste Teil liefert einen Überblick über die in Deutschland vor der Finanzkrise gängigen Möglichkeiten der Unternehmensfinanzierung und ordnet die Kreditfinanzierung in den Kontext dieser Finanzierungsmöglichkeiten ein. Es wird gezeigt, welchen Einfluss Störungen der Kreditwirtschaft für den Einsatz alternativer Finanzierungsformen haben.

---

[1] Vgl. Afhüppe, S./Hess, D./Köhler, P. (2009), S. 1.
[2] Handelsblatt vom 02.06.2009, S. 25.
[3] Welt Kompakt vom 04.06.2009, S. 12.
[4] Handelsblatt vom 02.06.2009, S. 25.
[5] Vgl. Niebergall, I. (2009), S. 3.

Tobias Boland

Die in Deutschland nicht von der Hand zu weisende Kreditverknappung, für welche die Banken verantwortlich gemacht werden, erfordert eine nähere Analyse der Kreditvergabeprozesse.

Hierzu wird in Teil 2 der Kreditvergabeprozess vor Beginn der Finanzkrise schematisch unterteilt und im Hinblick auf wesentliche Parameter analysiert. Aus Gründen der Nachvollziehbarkeit wird dieses Schema im Folgenden dazu genutzt, um die Einflüsse der Finanzkrise auf den Kreditvergabeprozess aufzuzeigen. Die Notwendigkeit zur Stützung der Kreditwirtschaft wird so verdeutlicht. Dieser Teil endet mit einer Vorstellung der bislang zur Stützung der Kreditwirtschaft eingesetzten Maßnahmen.

Der letzte Teil beschreibt Wirkung und Akzeptanz und bislang geäußerte Kritik an den vorgestellten Stabilisierungsmaßnahmen.

1 Unternehmensfinanzierung in Zeiten der Finanzkrise

1.1 Der Finanzierungsmix deutscher Unternehmen vor der Krise

Einen Überblick über die Finanzierungsstruktur deutscher Unternehmen zu geben, ist schwierig. Es gibt nicht *die* Finanzierungsstruktur und *das* deutsche Unternehmen. Die Zusammenstellung des jeweils passenden Finanzierungsmixes hängt von vielen Faktoren ab und variiert von Unternehmen zu Unternehmen. Hierzu zählen unter anderem: Die Höhe des Finanzierungsbedarfs, die Unternehmensgröße, der Kapitalmarktzugang, die Branchenzugehörigkeit, das Risiko des Investitionsvorhabens, die Kapitalstruktur, allgemeine Geschäftsrisiken, steuerliche Aspekte, aber auch das Vorhandensein veräußerbarer Ressourcen und nicht zuletzt das Wissen um mögliche Finanzierungsquellen.

Auf einen gemeinsamen Nenner kann man die Finanzierungsaktivitäten der Unternehmen aber dennoch bringen. Das Finanzierungsbündel besteht, egal welches Unternehmen man betrachtet, immer aus einem Mix von Innen-, Außen-, Eigen- und Fremdfinanzierung. Lediglich die Instrumente und deren Kombination unterscheiden sich. Hinzu kommen Sonderlösungen, die diese Instrumente ergänzen und zum Teil substituieren. Die folgende Abbildung liefert einen Überblick über gängige Finanzierungsmöglichkeiten:

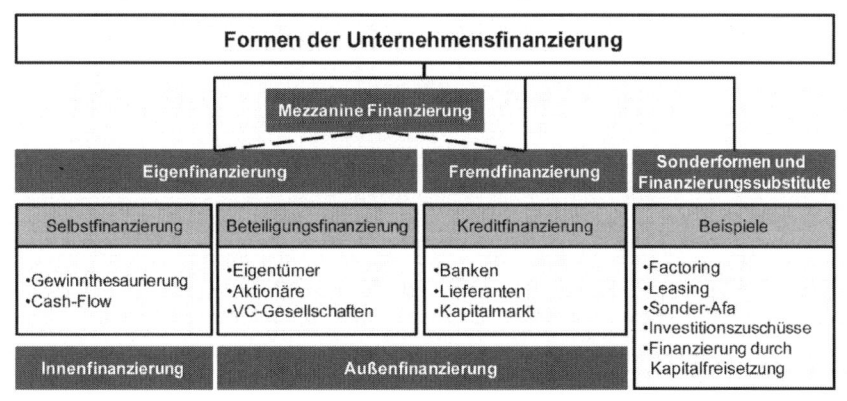

Abbildung 1: Formen der Unternehmensfinanzierung[6]

```
                    Formen der Unternehmensfinanzierung
                                    │
                         Mezzanine Finanzierung
        ┌───────────────────────┬───────────────────┬──────────────────────────┐
        │                       │                   │                          │
   Eigenfinanzierung      Fremdfinanzierung    Sonderformen und
                                                Finanzierungssubstitute
   ┌──────────────┬──────────────────────┐    ┌──────────────────┐    ┌────────────────────┐
   │Selbstfinanz. │Beteiligungsfinanz.   │    │Kreditfinanzierung│    │Beispiele           │
   ├──────────────┼──────────────────────┤    ├──────────────────┤    ├────────────────────┤
   │•Gewinnthesau-│•Eigentümer           │    │•Banken           │    │•Factoring          │
   │ rierung      │•Aktionäre            │    │•Lieferanten      │    │•Leasing            │
   │•Cash-Flow    │•VC-Gesellschaften    │    │•Kapitalmarkt     │    │•Sonder-Afa         │
   │              │                      │    │                  │    │•Investitionszusch. │
   │              │                      │    │                  │    │•Finanzierung durch │
   │              │                      │    │                  │    │ Kapitalfreisetzung │
   ├──────────────┴──────────────────────┤    └──────────────────┘    └────────────────────┘
   │Innenfinanzierung │ Außenfinanzierung│
```

Die Bedeutung, die der Bankkredit in diesem Mix einnimmt, zeigt sich an der Kapitalstruktur kleinerer und mittelständischer deutscher Unternehmen. Kredite machen dort durchschnittlich 53% der Gesamtfinanzierung aus, die Eigenfinanzierung durchschnittlich 19%. Zum Vergleich, in den USA ist dieses Verhältnis mit 23% Bankkredit und 52% Eigenfinanzierung beinahe umgekehrt.[7]

1.2 Auswirkungen der Krise auf ausgewählte Finanzierungsformen

Bevor in den Folgekapiteln auf die aktuelle Situation der deutschen Kreditwirtschaft eingegangen wird, liegt der Fokus auf alternativen Finanzierungsformen. Probleme der Kreditwirtschaft ziehen nämlich auch andere Finanzierungsformen in Mitleidenschaft und dürfen deshalb nicht isoliert betrachtet werden. Deshalb wird nun beispielhaft anhand von Factoring, Leasing, Lieferantenkrediten, Unternehmensanleihen/Schuldscheinen und Beteiligungsfinanzierungen aufgezeigt, welche unterschiedlichen Auswirkungen die Finanzkrise auf den Einsatz dieser Instrumente hat. Während der Einsatz einiger Finanzierungsinstrumente unter der Finanzkrise leidet, profitieren andere Instrumente von der aktuellen Situation, da die Unternehmen sie verstärkt als Substitute für verschlossene Finanzierungswege nachfragen.

---

[6] Eigene Darstellung.
[7] Vgl. Dickopf, C./Hommel, U./Knecht, T. (2007), S. 658.

Tobias Boland

Factoring in Zeiten der Finanzkrise

Die Geschäfte in der deutschen Factoring-Branche entwickeln sich seit Jahren positiv. In den letzten fünf Jahren konnte die Branche ihren Umsatz verdoppeln, im Jahr 2008 hat der Umsatz seinen bisherigen Höchststand von etwas über 100 Mrd. EUR erreicht. Allein im vergangenen Jahr konnte trotz Krise eine Umsatzsteigerung von knapp 25% erreicht werden. Nicht zuletzt ist dieses Umsatzwachstum auf die gestiegene Zahl von Factoringkunden zurückzuführen. Insgesamt nutzten in 2008 fast 5450 Kunden dieses Instrument, während es in 2007 noch 4750 waren.[8]

Vor allem die Zahl neuer Kunden deutet darauf hin, dass viele Unternehmen auf der Suche nach Alternativen zum nicht mehr gewährten Bankkredit beim Factoring fündig geworden sind.[9] Doch kann das Factoring weiterhin als Finanzierungsinstrument dienen? Aktuell sieht die Situation wie folgt aus: Im ersten Quartal 2009 ist der Umsatz der Branche um 20% eingebrochen. Das ist schlichtweg darauf zurückzuführen, dass infolge der Realwirtschaftskrise die Aufträge ausbleiben und weniger Forderungen existieren, die verkauft werden können.[10]

Zudem hat die Situation der Kreditversicherer einen bedeutenden Einfluss auf die Branche. Da die aufkaufende Gesellschaft beim „echten" Factoring immer das Risiko des Forderungsausfalls übernimmt, werden nur Forderungen angekauft, für die sich Kreditversicherungen abschließen lassen. Die Preise für diese Versicherungen werden an die Factoringkunden weitergegeben. Sie sind bereits 2008 gestiegen und werden wohl auch in 2009 weitersteigen.[11] Problematischer als dieser Preisanstieg ist aber die generelle Zurückhaltung der Kreditversicherer, die bereits dazu geführt hat, dass die Bundesregierung über Stabilisierungsmaßnahmen für den Kreditversicherungsmarkt nachdenkt. Diese würden indirekt auch das Factoring stabilisieren.[12]

Die Tatsache, dass Factoring-Gesellschaften, genau wie andere Unternehmen, zur Refinanzierung ihres Geschäftes auf Kredite angewiesen sind, macht deutlich, dass dieses Instrument nicht losgelöst von der Kreditthematik betrachtet werden kann. Sollten die Kosten hierfür steigen bzw. Refinanzierungen ausbleiben, wird sich dies auf das Geschäftsmodell auswirken. Bislang hat die Branche jedenfalls keine Refinanzierungsprobleme, zudem sind die Refinanzierungskosten entgegen dem Markttrend nicht gestiegen.[13]

---

[8] Vgl. Deutscher Factoring Verband e.V.
[9] Vgl. Jumpertz, N. (2009), S. 40.
[10] Vgl. Drost, F. (2009), S. 1.
[11] Vgl. Stumm, K. (2009), S. 2.
[12] Vgl. Drost, F. (2009), S. 1.
[13] Vgl. Stumm, K. (2009), S. 2.

III.2 Die Auswirkungen der Finanzkrise auf die Unternehmensfinanzierung

■ Leasing in Zeiten der Finanzkrise

Dass nicht das Eigentum, sondern nur das Nutzungsrecht an einem Gegenstand entscheidend ist, belegt die Tatsache, dass Leasing in Deutschland im Rahmen der Unternehmensfinanzierung in den letzten Jahrzehnten an Bedeutung gewonnen hat. Bei den Ausrüstungsinvestitionen, deren Finanzierung zu mehr als 50% von Leasinggesellschaften vollzogen wird, hat das Leasing dem klassischen Bankdarlehen mittlerweile den Rang abgelaufen.[14] In der Vergangenheit hat es die Leasingbranche immer verstanden, aus konjunkturellen Abschwüngen gestärkt und mit neuen Kunden hervorzugehen.[15] Darauf, dass die Leasingbranche ähnlich gestärkt aus der aktuellen Krise hervorgehen wird, deutet im Moment allerdings wenig hin. Die generelle Zurückhaltung der Wirtschaft bei Neuinvestitionen sowie die Aufschiebung von Ersatzinvestitionen führen bei Leasinggesellschaften zu einem rückläufigen Neugeschäftswachstum.[16] Zudem bekommen die Gesellschaften Probleme bei der Refinanzierung ihrer Geschäfte. Exemplarisch ist hier die HSH Nordbank, die wegen milliardenschwerer Abschreibungen bereits Ende 2008 vollständig vom Markt für Leasingrefinanzierungen verschwunden ist. In der Branche hat sie ein Finanzierungsloch von 8 Mrd. EUR hinterlassen.[17] Mittlerweile klagen 20% der im Bundesverband deutscher Leasinggesellschaften vereinigten Mitgliedsunternehmen über Schwierigkeiten bei der Refinanzierung ihrer Geschäftstätigkeit. Weniger betroffen sind Leasinggesellschaften, die sich als Konzerntochter einer Bank problemlos durch die Mutter finanzieren können.

Besonders schwer haben es hingegen größere, unabhängige Leasinggesellschaften, die auf finanzstarke Banken an ihrer Seite angewiesen sind. Die Übernahme einer Bank - Hesse Newman - durch eine Leasinggesellschaft - Grenke Leasing - kann deshalb als Schritt zu mehr Unabhängigkeit bei der Refinanzierung interpretiert werden.[18] Die Branche durchläuft derzeit einen Neuordnungs- und Konsolidierungsprozess, der geprägt ist von zahlreichen Fusionen aber auch vom Rückzug mancher Gesellschaft.[19]

■ Lieferantenkredite

Der Lieferantenkredit stellt in Deutschland ein probates Mittel zur Vorfinanzierung der Geschäftstätigkeit dar. Lehrbücher warnen zwar davor, dass er die teuerste Form der Vorfinanzierung darstellt. Bei richtiger Ausgestaltung und entsprechender Marktmacht zahlt der Kunde für diesen Kredit jedoch gar keine Zinsen. So ist es nicht verwunderlich, dass das Volumen von Lieferantenkrediten in Deutschland in etwa dem von kurz- und mittelfristigen Bankkredite entspricht.[20] Seit Beginn der Krise

---

[14] Vgl. BDL (2009).
[15] Vgl. Städler, A. (2008), S. 13.
[16] Vgl. Bastian, N./Köhler, P. (2009).
[17] Vgl. Lebert, Rolf (2008), S. 16.
[18] Vgl. Bastian, N./Köhler, P. (2009).
[19] Vgl. Köhler, P. (2009), S. 38.
[20] Vgl. Schneck, O. (2006), S. 133.

nehmen immer mehr Unternehmen Lieferantenkredite in Anspruch.[21] Vieles deutet darauf hin, dass zu denen, die dieses Instrument gekonnt einzusetzen verstehen, nun die hinzukommen, die keine andere Form der Vorfinanzierung mehr finden.

Solange die Lieferanten über die Mittel verfügen, um quasi gleichzeitig die Bank des Kunden zu sein, geht die Rechnung auf. Am Beispiel des Großhandels, der im Volumen von knapp 100 Mrd. EUR tausende Einzelhändler und Handwerker vorfinanziert, deuten sich jedoch erste Schwierigkeiten an. Der Großhandel bangt nämlich seinerseits um Kreditzusagen der Banken, er benötigt diese Gelder, um weiterhin als Bank für seine Kunden agieren zu können.[22]

■ Anleiheemissionen und Schuldscheine

Der Bondmarkt profitiert von der Finanzkrise. Der Trend zur Disintermediation nimmt eindeutig zu. Immer mehr Unternehmen weichen bei der Suche nach Krediten von vorneherein den zögerlichen Banken aus und platzieren ihren Kreditwunsch direkt am Kapitalmarkt. Das Emissionsvolumen lag mit 158 Mrd. EUR in den ersten viereinhalb Monaten 2009 schon über dem Gesamtvolumen der Jahre 2004 bis 2008.[23]

Der starke Volumenanstieg liegt vor allem daran, dass Unternehmen gezwungen sind, Anschlussfinanzierungen für fällige Verbindlichkeiten zu finden. Hierbei sind sie mehr denn je von institutionellen, aber auch privaten Anlegern abhängig. Die Anleger nutzen diese Situation und fordern einen hohen Preis für ihr Kapital.[24] BMW und Metro zahlen für ihre Ende 2008 begebenen jeweils 5 Jahre laufenden Schuldverschreibungen einen Kupon von 8,875% bzw. 9,375%.

Mit weniger starken Risikoaufschlägen geben sich derzeit Schuldscheindarlehensgeber zufrieden. Dies führt dazu, dass dieses kapitalmarktnahe Instrument eine Renaissance erlebt und das Volumen dieser privat platzierten Darlehen Mitte Mai 2009 Schätzungen zufolge bereits bei 8 bis 10 Mrd. EUR lag. Normalerweise wird auf Jahressicht gerade einmal die Hälfte dieses Volumens platziert.[25]

■ Beteiligungsfinanzierung

Dieser Teil der Unternehmensfinanzierung leidet enorm unter der Krise. Während die Investitionen von Private-Equity-Gesellschaften in Deutschland im ersten Quartal 2008 noch 1,5 Mrd. EUR betrugen, belaufen sie sich im gleichen Quartal 2009 noch gerade einmal auf 300 Mio. EUR. Sicher trägt das schlechte Börsenumfeld, was zu einem Wegbrechen eines wichtigen Exitkanals geführt hat, zur Zurückhaltung bei. Der Rückgang ist aber auf unterschiedliche Gründe zurückzuführen. So fehlen zum Beispiel

---

[21] Vgl. Creditreform (2009), S. 2.
[22] Vgl. Rödl, H. (2009), S. 9.
[23] Vgl. Cünnen, A. (2009a), S. 26.
[24] Vgl. Bayer, T. (2009), S. 19.
[25] Vgl. Osman, Y. (2009a).

durchführbare Groß- und Wachstumsfinanzierungen. Bei kleineren Finanzierungen ist kein Einbruch der Geschäftstätigkeit erkennbar.[26]

Insbesondere kleine und mittlere Unternehmen werden als Reaktion auf die Finanzkrise versuchen, sich ein größeres Risikopolster in Form einer höheren Eigenkapitaldecke aufzubauen. Für Private-Equity-Gesellschaften, die noch über freie Anlagemittel verfügen, ergeben sich hier interessante Möglichkeiten als Finanzierer aufzutreten.[27]

1.3 Status Quo: Kreditversorgung in Deutschland

In Deutschland nimmt die Bankfinanzierung eine vergleichsweise wichtige Rolle ein. Doch deutsche Unternehmen klagen immer häufiger über Probleme bei der Kreditfinanzierung. Zahlreiche Umfragen von Wirtschaftsverbänden, Wirtschaftsforschungsinstituten und Banken belegen dies. Einer Umfrage der KfW zufolge sahen sich im Jahr 2008 35% der deutschen Unternehmen Schwierigkeiten beim Zugang zu Krediten ausgesetzt. Davon besonders stark betroffen sind kleine Unternehmen mit einem Jahresumsatz bis 1 Mio. EUR und große Unternehmen mit einem Umsatz von mehr als 50 Mio. EUR.[28]

Während noch zu Beginn dieses Jahres Einschätzungen der Deutschen Bundesbank und Vertretern des Bundesverbandes deutscher Banken zufolge in Deutschland keine Anzeichen für eine Kreditklemme vorlagen[29], herrscht nun bei vielen Beobachtern eine andere Meinung. Mittlerweile erkennt der Präsident des Bundesverbandes deutscher Banken zumindest für die zweite Jahreshälfte 2009 die Gefahr einer bevorstehenden Kreditklemme.[30] Der Präsident des Ifo-Institutes erkennt in der aktuellen Situation am deutschen Kreditmarkt klare Anzeichen für eine existierende Kreditklemme.[31]

Mittlerweile lassen sich die von den Unternehmen beklagten Finanzierungsschwierigkeiten auch an der Entwicklung des deutschen Gesamtkreditvolumens ablesen. Dieses nimmt seit geraumer Zeit kontinuierlich ab, Banken nehmen derzeit folglich mehr Geld für Kredittilgungen ein als sie für neue Kredite ausgeben.[32] Die KfW führt als Grund für diesen Rückgang einen Einbruch der Nachfrage nach langfristigen Krediten durch ausbleibende Investitionstätigkeiten an. Sie sieht demnach nach wie vor keine Anzeichen einer Kreditklemme.[33] Aus der Bundesbankstatistik geht jedoch hervor,

---

[26] Vgl. BVK (2009).
[27] Vgl. Achleitner, A.-K./Kaserer, C./Lahr, H. (2009), S. 15.
[28] Vgl. KfW (2009a), S. 4.
[29] Vgl. Niebergall, I. (2009), S. 3.
[30] Vgl. o.V. (2009) Bankenpräsident warnt vor Kreditklemme in HB vom 22.06.2009, S. 20.
[31] Vgl. Sinn, H.-W. (2009), S. 223.
[32] Vgl. Häring, N. (2009a), S. 25.
[33] Vgl. KfW (2009b), S. 1-2.

dass die Gründe für den Rückgang auch auf der Angebotsseite zu suchen sind. So haben Zweigstellen ausländischer Banken ihr Volumen an Unternehmenskrediten in Deutschland zurückgefahren.[34]

Ob in Deutschland eine Kreditklemme vorliegt oder nicht, darüber lässt sich streiten. Die Antwort hängt von der gewählten Definition ab und ändert nichts daran, dass offenkundig Schwierigkeiten bei der Kreditversorgung bestehen, deren Ursache auch auf die Rolle der Banken zurückzuführen ist.[35]

Aktuell erhöht sich einmal mehr der Druck von Seiten der Wirtschaft, der Politik und der Bundesbank auf Banken, der Wirtschaft Geld in Form von Krediten zukommen zu lassen. Vor diesem Hintergrund versucht das nächste Kapitel zu beantworten, warum die Banken so zögerlich bei der Kreditvergabe sind und welche Maßnahmen bislang unternommen wurden, um diesem Problem entgegenzuwirken.

2 Auswirkungen der Finanzkrise auf die Kreditvergabe deutscher Banken

2.1 Der Kreditvergabeprozess – ein Überblick

Dieses Kapitel zeigt anhand eines Modells, wie die Kreditvergabe in Nichtkrisenzeiten abläuft und welche Bedingungen erfüllt sein müssen, damit dieser Prozess reibungslos verläuft. Darauf aufbauend wird im nächsten Kapitel untersucht, welche Einflüsse die Finanzkrise auf Bereiche der Kreditvergabe hat.

Am Ende dieses Beitrags soll eine Bewertung der bislang zur Stabilisierung des Kreditvergabeprozesses unternommenen Maßnahmen vorgenommen werden. Dies soll mithilfe einer einfachen Bewertungsmaßnahme erfolgen, die eine Aussage über die Eignung bisheriger Maßnahmen und die Notwendigkeit weiterer Stützungsmaßnamen zulässt. Dazu wird das reibungslose Funktionieren des Kreditvergabeprozesses modellhaft an die Erfüllung notwendiger und hinreichender Bedingungen geknüpft. Später kann geprüft werden, welchen Einfluss die Stabilisierungsmaßnahmen auf die Erfüllung dieser Bedingungen haben.

---

[34] Vgl. Häring, N. (2009a), S. 25.
[35] Vgl. Häring, N. (2009b), S. A 4.

III.2 Die Auswirkungen der Finanzkrise auf die Unternehmensfinanzierung

- Erste notwendige Bedingung:

Banken verleihen nur zu einem geringen Teil ihr eigenes Geld. Den größten Teil der Kredite finanzieren sie aus anderen Quellen. Hierzu zählen vor allem Kundeneinlagen, die Emission von Bankschuldverschreibungen, Kredite von anderen Banken und Kredite der EZB.[36] Da ohne Refinanzierungsmittel keine Kreditvergabe erfolgen kann, handelt es sich um eine notwendige Bedingung.

- Zweite notwendige Bedingung:

Banken müssen in der Lage sein, Verluste aus eingegangenen Geschäften tragen zu können. Deshalb müssen die herausgelegten Kredite mit Eigenkapital unterlegt werden.[37] Der Gesetzgeber hat hierfür regulatorische Unterlegungsvorschriften erlassen. Banken müssen darauf achten, dass bei der Kreditvergabe ein bestimmtes Verhältnis von Eigenkapital zu Risikoaktiva nicht unterschritten wird. Dieses Verhältnis wird durch die so genannte Gesamtkennziffer ausgedrückt. Diese darf einen Wert von 8% nicht unterschreiten.[38] Ohne das erforderliche Unterlegungskapital können folglich keine Kredite vergeben werden.

- Hinreichende Bedingungen:

Nachdem die notwendigen Bedingungen erfüllt sind, hängt die Kreditvergabe nur noch von den Eigenschaften und dem Dazutun des Kreditnehmers ab. Passt dieser, was sein persönliches Risiko betrifft (Rating, Branche, Geschäftslage, etc.), ins Kreditnehmerprofil der Bank und ist der Kreditnehmer bereit und fähig, den Kreditzins zu zahlen, sind die hinreichenden Bedingungen erfüllt.

Abbildung 2 zeigt den störungsfreien Ablauf der Kreditvergabe vor der Krise.

---

[36] Vgl. Weber, A. (2009), S. 419.
[37] Vgl. Becker, P./Peppmeier, A. (2008), S. 41.
[38] Vgl. § 2 Grundsatz I.

Abbildung 2: Überblick Kreditvergabeprozess[39]

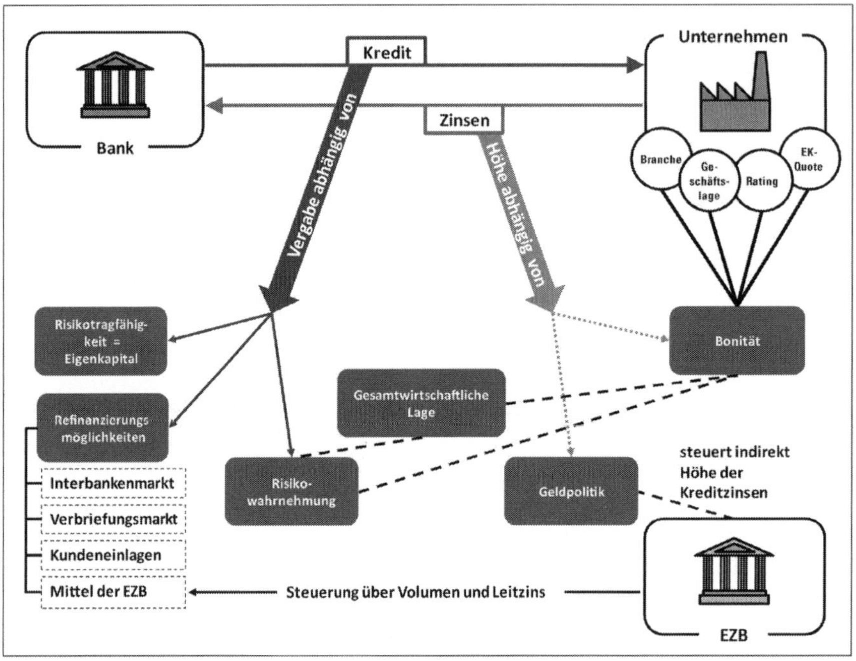

2.2 Die Auswirkungen der Finanzkrise auf den Kreditvergabeprozess

Um die Auswirkungen der Finanzkrise auf den Kreditvergabeprozess dezidiert zu analysieren, stellt sich die Frage, welche Bereiche des Gesamtprozesses von der Finanzkrise betroffen sein können. Alle drei Bereiche, von denen das Kreditangebot der Banken abhängig ist, können von der Finanzkrise betroffen sein. So können Refinanzierungsmöglichkeiten eingeschränkt sein bzw. wegfallen, die Risikotragfähigkeit unter anderem durch Eigenkapitalkorrekturen sinken, nicht zuletzt kann sich aufgrund während der Krise erlittener Verluste die Risikowahrnehmung für neue Geschäften ändern.[40] Im Folgenden wird gezeigt, wie die einzelnen Bereiche davon betroffen sind.

---

[39] Eigene Darstellung.
[40] Vgl. Deutsche Bundesbank (2008), S. 32.

2.2.1 Auswirkungen auf die Refinanzierung

Die Finanzkrise hat nicht bei allen Banken die gleichen Auswirkungen auf die Refinanzierung. Die Auswirkungen sind abhängig von der bankgruppenspezifischen Refinanzierungsstruktur und lassen sich nur durch eine Analyse der Refinanzierungsinstrumente beziffern. So refinanziert sich eine Sparkasse ganz anders als eine Großbank.

Schon seit Beginn der neunziger Jahre ist weltweit der Trend zu erkennen, dass Banken bei der Refinanzierung kapitalmarktbasierte Lösungen bevorzugen und die klassische Refinanzierung über Kundeneinlagen substituieren. Auch in Deutschland zeigt sich dieser Trend. Banken greifen hier – zumindest bis zu Beginn der Krise – immer mehr auf den Interbankenmarkt und den Kapitalmarkt zurück, wo sie unter anderem über Verbriefungen ihr Kreditgeschäft refinanzierten. Der Interbankenmarkt hat in den vergangenen 15 Jahren stark an Bedeutung zugenommen.[41]

Bei Sparkassen und Genossenschaftsbanken, die in ihrer Refinanzierungsstruktur vergleichbar sind, haben Kundeneinlagen und Kredite von Nichtbanken dennoch nach wie vor eine hohe Bedeutung. Sie stellen mit 65% den Hauptteil der Refinanzierung dar. Bei Groß- und Landesbanken spielen marktbasierte Lösungen eine viel größere Rolle, Kundeneinlagen und Kredite von Nichtbanken machen dort nur gut 30% der Refinanzierung aus. Der Interbankenmarkt macht ebenfalls gut 30% aus, der Rest läuft über Verbriefungen und andere Kapitalmarktprodukte.[42] Im Folgenden werden nun die Auswirkungen der Finanzkrise auf die Refinanzierungsinstrumente diskutiert.

- Interbankenhandel

Jahrelang haben Banken die Möglichkeit genutzt, sich untereinander auf Zuruf Geld zu leihen, ohne Sicherheiten hinterlegen zu müssen. Zwar zeigten sich schon zu Beginn der Krise im August 2007 erste Anzeichen von Unsicherheit, was sich in den Risikoaufschlägen ausdrückte. Diese stiegen von vormals 7 BP auf 90 BP Ende 2007 und pendelten sich bis September 2008 auf leicht niedrigerem Niveau ein.[43] Zur Erklärung, 1 Basispunkt entspricht einem Zinsanstieg von 0,01 Prozentpunkten.

Mit Eintreten der Lehman-Pleite herrschte ein Schock-Zustand am Interbankenmarkt. Die eine Bank traute sich nicht, der anderen Bank Geld zu leihen. Die Risikoprämien explodierten. Aber selbst die Aussicht auf hohe Zinsen verleitete die Banken, die noch über Geld verfügten, nicht dazu, es den anderen Banken zu geben. Lieber legten sie ihr Geld zu schlechteren Konditionen, aber dafür sicher bei der Zentralbank an. Diese leitet die Mittel seitdem an kapitalsuchende Banken weiter. Der Interbankenmarkt wird dadurch praktisch umgangen.[44]

---

[41] Vgl. Pausch, T. (2008), S. 38.
[42] Vgl. Pausch, T. (2008), S. 38-39 und S. 42.
[43] Vgl. Weber, A. (2009), S. 18.
[44] Vgl. Sinn. H.-W. (2009), S. 71.

Mittlerweile ist der Euribor, also der Zins zu dem Banken sich gegenseitig Geld leihen, zwar wieder gesunken, das heißt aber nicht, dass zu diesem Zins auch Handel stattfindet. Zwar zeichnen sich erste, vorsichtige Aktivitäten ab, von einer Gesundung des Marktes kann aber noch nicht gesprochen werden.[45]

■ Verbriefung

Die Verbriefungen von Krediten ist für die Kreditversorgung in zweierlei Hinsicht wichtig. Zum einen erhalten Banken frisches Kapital, das sie zur Vergabe neuer Kredite verwenden können. Bei entsprechender Ausgestaltung bieten Verbriefungskonstruktionen aber auch die Möglichkeit, vorhandene Kreditrisiken an den Markt zu übertragen. So wird das für die Neukreditvergabe notwendige Eigenkapital gleich mit freigesetzt.[46]

Die Verbriefungstechnik ist jedoch durch die Subprime-Krise weltweit in Verruf geraten. Unter den Investoren hat sich ein Misstrauen gegenüber allen Verbriefungsstrukturen entwickelt, das sich durch eine dramatisch gesenkte oder teilweise ganz ausbleibende Nachfrage ausdrückt. Die Investoren zweifeln vor allem an der Qualität der hinterlegten Kredite.[47] Unter diesem weltweiten Abwärtstrend leidet auch der deutsche Verbriefungsmarkt. Trotz guter Entwicklung in den vergangenen Jahren hat der Markt für Mittelstandsverbriefungen schon zu Beginn der Krise herbe Einbrüche hinnehmen müssen.[48] Die Lage hat sich bis jetzt nicht wirklich erholt. Im Juni 2009 beschreibt der Firmenkundenvorstand der Deutschen Bank die Bedeutung des schlecht laufenden Verbriefungsmarktes in Bezug auf die Refinanzierung der Banken wie folgt: „Ich fürchte fast, dass wir ein Problem hätten, die Kreditversorgung sicherzustellen, wenn heute der große Aufschwung käme".[49]

Die Situation sieht aber nicht nur am Verbriefungsmarkt schlecht aus, auch bei der Refinanzierung über normale, nicht gedeckte Bankschuldverschreibungen sind enorme Rückgänge der gehandelten Volumina zu erkennen.[50]

■ Einlagen

Die Refinanzierung über Kundeneinlagen hat bei allen Banken in der Finanzkrise eine Renaissance erlebt. Während Ende 2008 Sparkassen noch ohne ihr Dazutun von verunsicherten Anlegern mit Einlagen überhäuft wurden, hat sich das Blatt nun gedreht. Der Kampf um Kundeneinlagen ist zu einem hart umkämpften Geschäft geworden. Inzwischen verbuchen Groß- und Privatbanken deutliche Mittelzuflüsse, Sparkassen

---

[45] Vgl. o.V. (2009a), S. 27.
[46] Vgl. Larabi, C. (2008), S. 33 und 36.
[47] Vgl. Bechtold, H./Papenfuß, H. (2008), S. 10.
[48] Vgl. Larabi, C. (2008), S. 36.
[49] Vgl. Bartz, T./Luttmer, N./Rathmann, C. (2009), S. 19.
[50] Vgl. Weber, A. (2009) S. 21.

verbuchen hingegen Mittelabflüsse.[51] Hierfür ist sicher auch das Vorgehen der Deutschen Bank mit verantwortlich. Diese hat es seit Ausbruch der Krise durch gezielte Einlagenkampagnen geschafft, 35 Mrd. EUR an neuen Kundeneinlagen einzuwerben.[52]

- Mittel der EZB

Bedeutung und Volumen der von der EZB zur Verfügung gestellten Refinanzierungsmittel haben sich während der Krise stark erhöht. In Kapitel 3.3.1 wird näher auf diese Maßnahmen eingegangen.

2.2.2 Auswirkungen auf die Risikotragfähigkeit

Eine Bank kann nur dann zusätzliche Risiken in Form neuer Kredite eingehen, wenn sie über ausreichend Mittel zur Unterlegung dieser neuen Risiken verfügt. Das freie Eigenkapital, was ihr dafür zur Verfügung steht, ist – vereinfacht gesagt – die Differenz aus dem insgesamt vorhandenen Eigenkapital und dem Teil des Eigenkapitals, welcher für bereits bestehende Risiken reserviert ist.

Gemessen an regulatorischen Anforderungen verfügen deutsche Banken über ausreichend freie Mittel. Noch im September 2008 unterlegten sie ihre Risiken anstatt der geforderten Mindestgröße von 8% mit 13,3% Eigenkapital. Dieser Schein trügt allerdings. Neben regulatorischen Maßgaben bestimmen nämlich betriebswirtschaftliche Überlegungen die notwendige Höhe des Eigenkapitals.[53]

Die Frage, ob Banken auch vor dem Hintergrund dieser betriebswirtschaftlichen Aspekte noch über ausreichende Mittel zur Risikounterlegung verfügen, lässt sich nur beantworten, wenn man die Auswirkungen der Krise auf ihre Eigenkapitalausstattung analysiert. Die Krise hat dazu geführt, dass die Eigenkapitaldecke der Banken weltweit erheblich geschrumpft ist.[54] Hierzu haben Verluste beigetragen, die Banken durch Abschreibungen auf Finanzanlagen, wie zum Beispiel Kredite oder Unternehmensanleihen tätigen mussten. Diese Verluste beliefen sich bis Februar 2009 in Deutschland auf gut 60 Mrd. EUR. Folgt man Schätzungen der Rating-Agentur Standard & Poor`s sowie der Europäischen Zentralbank, so steht den Banken der größte Abschreibungsbedarf für ihre Kreditportfolien noch bevor. In den nächsten ein bis zwei Jahren ist von mindestens 100 Mrd. EUR in Deutschland die Rede.[55] In den bisher entstandenen und erwarteten Verlusten sind allerdings noch nicht die Verluste enthalten, die das Eigen-

---

[51] Vgl. Osman, Y. (2009), S. 25.
[52] Vgl. Rauleder, R. (2009), S. 22.
[53] Vgl. Zeitler, F.-C. (2009), S. 21.
[54] Vgl. Wittrock, O. (2009), S. 8.
[55] Vgl. Köhler, P. (2009b), S. 26.

kapital durch Wertschwankungen erfahren hat.[56] Banken investieren Teile ihres Eigenkapitals in Aktien, die Kurseinbrüche an den Börsen führen daher ebenfalls zum Abschmelzen der Eigenkapitaldecke.

Banken reagieren auf diese Entwicklung, indem sie ihre Risikopositionen reduzieren und an die neuen Eigenkapitalbedingungen anpassen. Dieser Vorgang wird auch als Deleveraging bezeichnet.[57] Zu erklären ist dies damit, dass Banken gerade in der Krise nicht bereit sind, den Hebel zwischen Eigenkapital und Risikoaktiva auszuweiten. Es stützt die in Kapitel 1.3 geäußerte Vermutung, dass der Grund für die Kreditverknappung auch auf der Angebotsseite zu suchen ist.

Das derzeit sicher größte Problem für die Neuverplanung freier Eigenmittel besteht aber in der Unsicherheit über weitere Eigenkapitalbelastungen. Die Eigenkapitalsituation ändert sich nicht nur durch Verluste. Bereits eine Bonitätsverschlechterung noch intakter Forderungen und Finanzanlagen führt zu teils erheblichen Belastungen des Eigenkapitals. Deutlich wird das an der Situation strukturierter Wertpapiere. Die Rating-Agenturen haben angekündigt, diese einer strengeren Bewertung zu unterziehen, was wahrscheinlich zu einer Abwertung der Ratingnote führt. Eine Bank, die ein derartiges Wertpapier im Volumen von beispielsweise einer Mio. EUR hält, müsste dieses Papier bei einer Abwertung von bspw. „A-„ auf „BB+", nicht mehr mit 16.000 EUR, sondern mit 200.000 EUR unterlegen.[58] Es fehlen somit auf einen Schlag 184.000 EUR für die Unterlegung neuer Kredite. Im Moment ist nicht absehbar, welche Auswirkungen diese zusätzliche Belastung auf das Eigenkapital der Banken haben wird. Banken warten deshalb ab und prüfen die Ausweitung ihrer Risikopositionen genau.

2.2.3 Auswirkungen auf die Risikowahrnehmung

Die Konsequenzen der Geld- und Finanzmarktkrise auf das Kreditgeschäft lassen sich in einem Satz zusammenfassen: „Die Banken agieren bei der Kreditvergabe an Unternehmen und Konsumenten mit insgesamt höherem Risikobewusstsein."[59] Will man diese Einschätzung mithilfe messbarer Daten belegen, so muss nach geeigneten Messindikatoren gesucht werden. Das Ausmaß der an die Kreditvergabe gekoppelten Anforderungen und die Höhe der vom Kreditnehmer zu zahlenden Risikoaufschläge stellen geeignete Indikatoren dar.

Da Banken selbst über die besten Informationen zur eigenen Kreditvergabepolitik verfügen, führt die EZB seit Januar 2003 vierteljährlich eine Befragung unter Banken zum Kreditgeschäft im Euroraum durch. Neben den in den Statistiken bereits vorhan-

---

[56] Vgl. Sinn, H.-W. (2009), S. 184.
[57] Vgl. Sinn, H.-W. (2009), S. 223.
[58] Vgl. o.V. (2009b), S. 27.
[59] Rödl, H. (2009), S. 12.

denen Daten sollen so weitere, qualitative Informationen über die Kreditvergabe der Banken erhoben werden.[60] So geben die befragten Banken im Punkt „Veränderung der Kreditstandards" Einblick in interne Richtlinien, die ihre Kreditvergabebedingungen beeinflussen. Hierzu zählen Aussagen zur Akzeptanz von Sicherheiten, der Änderung von finanziellen Restriktionen oder Risikoeinschätzungen, die Einfluss auf die Kreditvergabe haben.[61] Abbildung 3 zeigt, dass die Kreditstandards während der Krise deutlich verschärft wurden.

■ Abbildung 3: Veränderte Risikowahrnehmung[62]

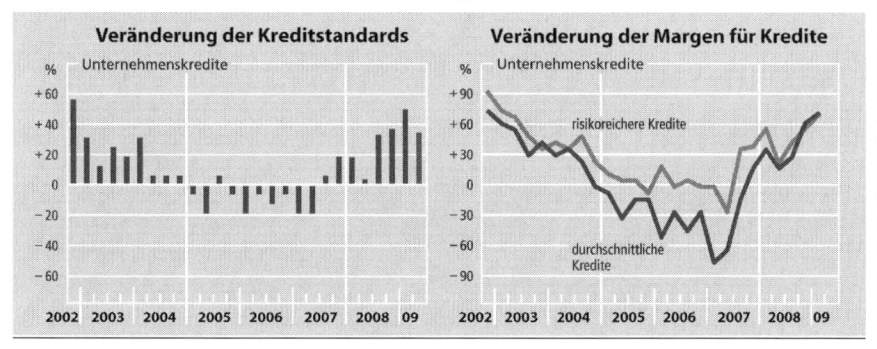

Des Weiteren geben Banken Auskunft darüber, wie sich der Anteil der im Kreditzins enthaltenen Risikokosten entwickelt. Auch hier ist seit Beginn der Krise im Jahr 2007 ein deutlicher Anstieg zu erkennen. Zurückzuführen ist dieser Anstieg neben der Erhöhung der Risikopolster auch darauf, dass ihnen im Zuge der aktuellen Krise gängige Wege zur Übertragung eingegangener Risiken wegfallen.[63] Einmal eingegangene Risiken müssen somit bis auf weiteres in den eigenen Büchern bleiben.

Die Krise hat die Refinanzierung von Banken stark eingeschränkt. Zudem ist ihre Fähigkeit zum Tragen neuer Risiken gefährdet. In Abbildung 4 sind diese Veränderungen dargestellt. Somit sind bei vielen Banken – ohne Berücksichtigung von Stabilisierungsmaßnahmen – die beiden notwendigen Bedingungen der Kreditvergabe nicht erfüllt. Ein Blick auf die Erfüllung hinreichender Bedingungen ist erst sinnvoll, nachdem geklärt wurde, ob bisherige Stabilisierungsmaßnahmen geeignet sind, diesen Zustand zu heilen.

---

[60] Vgl. Deutsche Bundesbank (2003), S. 69.
[61] Vgl. Hempell, H. (2003), S. 3.
[62] Entnommen aus: Deutsche Bundesbank (2009b), S. 36.
[63] Vgl. Rödl. H. (2009), S. 13.

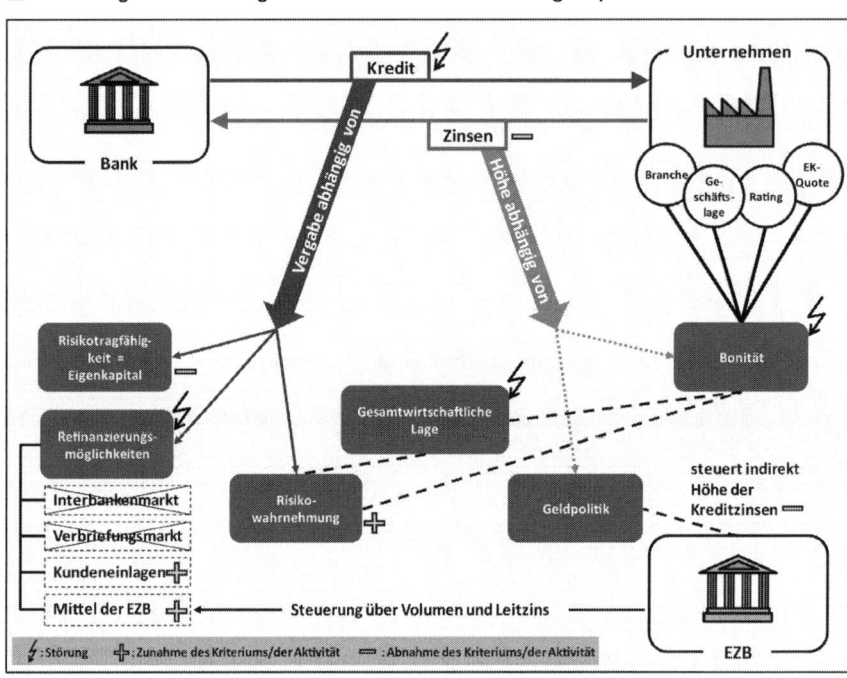

Abbildung 4: Auswirkungen der Krise auf den Kreditvergabeprozess[64]

2.3 Bisherige Maßnahmen zur Unterstützung der Kreditwirtschaft

2.3.1 Geldpolitische Stabilisierungsmaßnahmen der EZB

Die Öffentlichkeit denkt im Zusammenhang mit Stabilisierungsmaßnahmen der EZB in erster Linie an die in diesem Ausmaß bislang noch nie durchgeführte Reihe von Leitzinssenkungen. Im Zeitraum von Oktober 2008 bis Mai 2009 hat die EZB den Zinssatz für Hauptrefinanzierungsgeschäfte kontinuierlich von 4,25 % auf aktuell 1,00 % gesenkt.[65] Diese Senkung der Leitzinsen, die unmittelbar nach dem Zusammenbruch der Lehmann Bank begann, ist nur ein Bestandteil einer beispiellosen Serie von geld-

---

[64] Eigene Darstellung.
[65] Vgl. Deutsche Bundesbank (2009a).

III.2 Die Auswirkungen der Finanzkrise auf die Unternehmensfinanzierung

politischen Maßnahmen, mit denen die EZB auch in Abstimmung mit anderen Notenbanken versucht, das Vertrauen in die Finanzmärkte wiederherzustellen und den Interbankenhandel zu stabilisieren. Schon in der Frühphase der Krise zwischen Sommer 2007 und Herbst 2008 reagierte die EZB auf den gestiegenen Liquiditätsbedarf der Banken und erste Schwierigkeiten am Interbankenmarkt, indem sie eine Reihe geldpolitischer Maßnahmen vollzog. Zu nennen sind Vereinfachungen bei der Erfüllung des Mindestreservesolls, liquiditätsregulierende Feinsteuerungsoptionen sowie 3- und 6-monatige Tenderoperationen zur Stabilisierung des längerfristigen Geldmarktsegmentes.[66]

Mit Fortschreiten der Krise ab Oktober 2008 hat die EZB neben der deutlichen Senkung des Leitzinses eine Reihe weiterer Maßnahmen beschlossen. Hierzu zählen unter anderem die Durchführung der Hauptrefinanzierungsgeschäfte in Form eines Festzinstenderverfahrens, bei dem alle Banken die gewünschte Liquidität voll zugeteilt bekommen und Lockerungen bei den Anforderungen an im Rahmen von Refinanzierungsgeschäften zu hinterlegenden Sicherheiten. Zudem verständigte die EZB sich darauf, ab Juli 2009 für die Dauer von 12 Monaten im großen Umfang Covered Bonds aufzukaufen. Hierbei handelt es sich um Anleihen, die von Banken zur Refinanzierung ihrer ausgelegten Kredite emittiert werden. Die EZB stellt für den Ankauf einen Betrag von 60 Mrd. EUR zur Verfügung.[67] Mit dieser Maßnahme greift die EZB erstmals direkt als Teilnehmer in einen Markt ein.[68]

Einen Überblick über Instrumente und Gesamtvolumen der von der EZB durchgeführten Maßnahmen liefert Abbildung 5. Gut erkennbar ist dabei der sprunghafte Anstieg des Handelsvolumens ab September 2008, der die Rolle der EZB infolge des zusammengebrochenen Interbankenmarktes unterstreicht.

---

[66] Vgl. Weber, A. (2009), S. 18.
[67] Vgl. Deutsche Bundesbank (2009b), S. 26.
[68] Vgl. Cünnen, A. (2009b), S. 23.

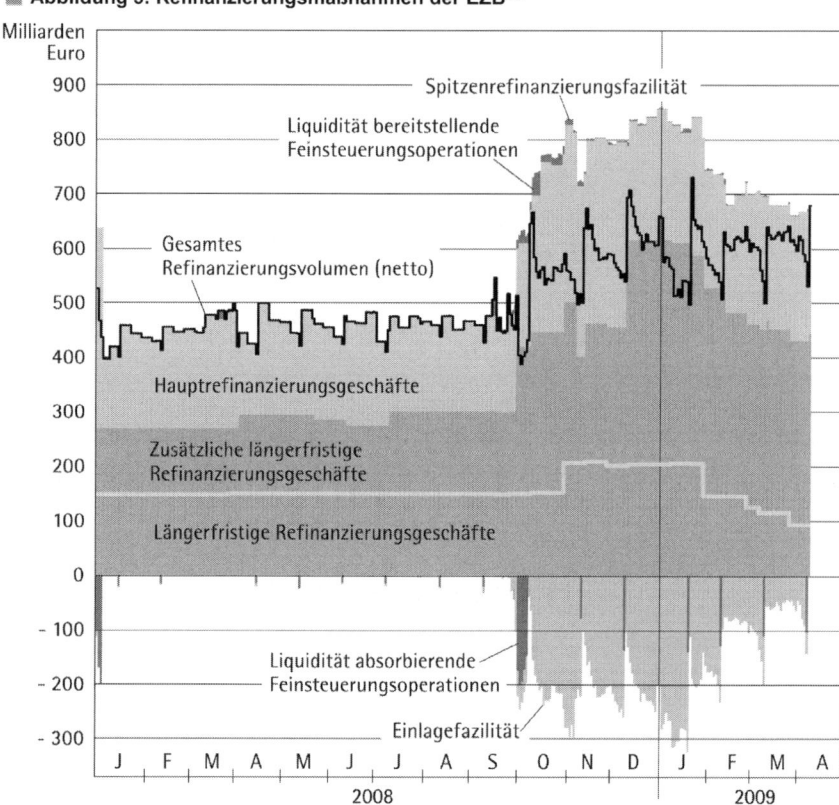

Abbildung 5: Refinanzierungsmaßnahmen der EZB[69]

2.3.2 Das deutsche Rettungspaket - Der SoFFin

Zur Umsetzung des auf EU-Ebene entwickelten Maßnahmenpaketes zur Stabilisierung des Finanzmarktes verabschiedete die Bunderegierung am 18. Oktober 2008 das Finanzmarktstabilisierungsgesetz (FMStG).[70] Kern dieses Gesetzes ist die Schaffung eines Finanzmarktstabilisierungsfonds.[71] Dieser wegen seiner bis zum 31.12.2009 befristeten Tätigkeit auch Sonderfond für Finanzmarktstabilisierung (SoFFin) genannte Fond, soll deutsche Finanzinstitute durch drei Stabilisierungsmaßnahmen unterstützen:[72]

---

[69] Entnommen aus: Weber, A. (2009), S. 421.
[70] Vgl. FMStG.
[71] Vgl. §1 FMStG.
[72] Vgl. hierzu: SoFFin (2009a).

III.2 Die Auswirkungen der Finanzkrise auf die Unternehmensfinanzierung

- Übernahme von Garantien

Der SoFFin übernimmt bei Bedarf Ausfallbürgschaften bzw. -garantien für neu begebene Schuldverschreibungen und Verbindlichkeiten von Finanzinstituten. Höhe und Gewährung dieser Bürgschaften sind von der Eigenkapitalausstattung des Finanzinstitutes abhängig. Ihre Laufzeit darf 36 Monate nicht übersteigen. Für die erhaltene Garantie ist ein Entgelt zu entrichten.[73] Ziel dieser Maßnahme ist, die Refinanzierungsbedingungen der Institute zu verbessern, da diese mit Staatsgarantien im Rücken einen besseren und vor allem günstigeren Zugang zum Kapitalmarkt erhalten.

- Rekapitalisierung / Eigenkapitalzuführung

Der Fond kann sich an der Rekapitalisierung von Instituten beteiligen. Hierzu leistet er eine Einlage und erhält dafür je nach Vereinbarung Eigenkapitalanteile, eine stille Beteiligung oder andere Eigenmittelbestandteile.[74] Da Banken Kredite mit Eigenkapital unterlegen müssen, führt eine schlechte Eigenmittelausstattung unweigerlich zu einer Begrenzung der Geschäftstätigkeit. Ziel dieser Maßnahme ist es folglich, durch Herstellung einer angemessenen Eigenmittelausstattung die Kreditvergabekapazität der Banken zu verbessern.

- Risikoübernahme

Als weitere Maßnahme übernimmt der SoFFin von den Instituten Risikopositionen, die diese vor dem 13.10.2008 erworben haben und die heute die Bilanzen und somit das Eigenkapital belasten. Hierzu zählen unter anderem Forderungen, Wertpapiere und andere risikobehaftete Finanzinstrumente. Im Austausch für die zumeist nicht mehr handelbaren Risikopositionen erhalten die Institute risikolose, fungible Staatsschuldtitel. Für die Risikoübernahme ist eine Gebühr zu entrichten.[75]

Insgesamt stehen für diese Stützungsmaßahmen 500 Mrd. EUR zur Verfügung.[76] Rechnet man die vor Gründung des SoFFin erfolgte Garantien und Stützungsmaßnahmen hinzu, erhöht sich dieser Wert auf 578 Mrd. EUR.[77]

---

[73] Vgl. §6 S. 1 FMStG.
[74] Vgl. §7 S. 1 FMStG.
[75] Vgl. §8 S. 1 bis S. 3 FMStG.
[76] Vgl. SoFFin (2009b).
[77] Vgl. Sinn, H.-W. (2009), S. 212.

2.3.3 Direkte Kredit- und Bürgschaftsprogramme des Staates

Die Bundesregierung hat im Rahmen ihrer Konjunkturpakete umfangreiche Maßnahmen zur Versorgung der Wirtschaft mit Krediten erlassen. Es stehen insgesamt Mittel in Höhe von 115 Mrd. EUR bereit. Davon werden 40 Mrd. EUR in Form direkter Kredite an die Wirtschaft weitergereicht, 15 Mrd. EUR hiervon an den Mittelstand und 25 Mrd. EUR an große Unternehmen. Die restlichen 75 Mrd. EUR stehen den Unternehmen in Form von Bürgschaften zur Verfügung, die ihnen die Kreditgewährung erleichtern sollen.[78]

Bei diesen Maßnahmen handelt es sich ausdrücklich nicht um Kreditverbilligungsprogramme, sondern um Überlebenshilfen für Unternehmen, die Schwierigkeiten haben, überhaupt einen Kredit zu bekommen. Da die Kreditvergabe zu Marktpreisen erfolgt, entsteht keine Wettbewerbsverzerrung.[79]

3 Wirkung bisheriger Stabilisierungsmaßnahmen

3.1 Wirkung ausgewählter Stabilisierungsmaßnahmen der EZB

Im Folgenden werden zwei Stabilisierungsmaßnahmen auf deren Wirkung hin überprüft. Als Beispiel für eine schon seit Monaten durchgeführte Maßnahme, wird die Absenkung der Leitzinsen besprochen. Als Beispiel für eine aktuelle Maßnahme, über deren Wirkung sich derzeit nur Vermutungen anstellen lassen, wird der Ankauf von Pfandbriefen gewählt.

- Wirkung von Zinssenkungen:

Das Ziel einer expansiven Geldpolitik besteht darin, die Investitionstätigkeit zu fördern, um so die Konjunktur anzukurbeln. Dazu wird der Wirtschaft Geld in Form von günstigen Krediten zur Verfügung gestellt. Da die EZB nicht direkt Kredite an Unternehmen vergibt, sondern den Banken zur Refinanzierung günstigere Konditionen

---

[78] Vgl. Bundesregierung (2009).
[79] Vgl. Schartau, H. (2009), S. A 2.

III.2 Die Auswirkungen der Finanzkrise auf die Unternehmensfinanzierung

einräumt, wird das Ziel nur dann erreicht, wenn diese ihre Zinsvorteile an die Unternehmen weitergeben. Dies geschieht zwar mit zeitlichem Verzug, der Wettbewerb zwingt die Banken aber letztlich, die Vorteile bei der Refinanzierung an ihre Kunden weiterzugeben. Im Verlauf der aktuellen Krise wurde den Banken allerdings vielfach vorgeworfen, sie würden ihre Refinanzierungsvorteile nicht weitergeben.

■ Kommen Zinssenkungen beim Kreditkunden an?

Da die Zinsweitergabe im kurzfristigen Kreditgeschäft erfahrungsgemäß mit der geringsten Verzögerung erfolgt, werden die folgenden Überlegungen am Beispiel von kurzfristigen Unternehmenskrediten durchgeführt.[80] Abbildung 6 zeigt, dass Bankzinsen für derartige Kredite mit Beginn der Leitzinssenkung im vierten Quartal 2008 deutlich gesunken sind. Die Banken haben demnach ihre Zinsvorteile weitergegeben.

Fraglich ist jedoch, in welchem Umfang sie dies getan haben. Die Analyse der Risikowahrnehmung in Kapitel 2.2.3 hat gezeigt, dass Banken in der Finanzkrise höhere Risikozuschläge verlangen als vor der Krise. Folglich kann beim Endkunden die Zinsentlastung nicht vollständig ankommen. Diese Vermutung belegen Untersuchungen der Bundesbank, deren Ergebnissen zufolge im Zeitraum von September 2008 bis März 2009 die Banken knapp 80% des Refinanzierungsvorteils an die Unternehmen weitergaben.[81]

Letztlich bleibt noch zu klären, ob Banken ihre Zinsvorteile in Zeiten der Krise zögerlicher weitergeben als bisher.

■ **Abbildung 6: Wirkung Zinssenkung**[82]

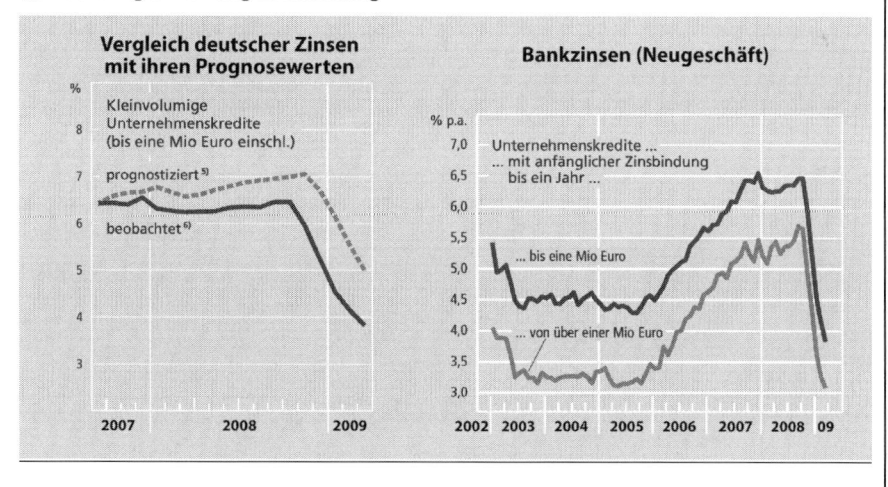

---

[80] Vgl. Deutsche Bundesbank (2009b), S. 38.
[81] Vgl. ebenda.
[82] Entnommen aus Deutsche Bundesbank (2009b), S. 36, 39.

Tobias Boland

▪ Kommen die Zinsen zeitverzögerter an als früher?

Hierzu wird auf das bis vor Beginn der Krise beobachtbare Zinsweitergabeverhalten der Banken abgestellt. Dieses wird modellhaft – ohne Berücksichtigung der Krise – aber unter Berücksichtigung der Zinssenkungen fortgeschrieben. Vergleicht man die prognostizierte Zinsentwicklung mit der beobachtbaren (siehe Abbildung 6), zeigt sich, dass die Banken ihre Zinsvorteile während der Finanzkrise sogar schneller weitergeben als früher.[83]

▪ Wirkung Ankauf Pfandbriefe

Bei den von der Ankaufsmaßnahme der EZB betroffenen Anleihen handelt es sich ausschließlich um Anleihen, die durch Hypotheken oder Kredite der öffentlichen Hand besichert sind. Sie werden vielfach in Form von großvolumigen „Jumbos"[84] platziert. Diese zur Kreditrefinanzierung bedeutenden Instrumente konnten Banken geraume Zeit lang entweder gar nicht oder nur unter Akzeptanz stark ausgeweiteter Risikoprämien (Spreads) nutzen.

Im Ergebnis hat schon die Ankündigung dieser Maßnahme dazu geführt, dass der in den vergangenen Monaten schlecht laufende und im Monat April gar komplett brach liegende Markt für Covered Bonds explodierte und die Banken in wenigen Tagen Anleihen im Volumen von knapp 18 Mrd. EUR begaben.[85]

▪ **Abbildung 7: Initialzündung durch die EZB**[86]

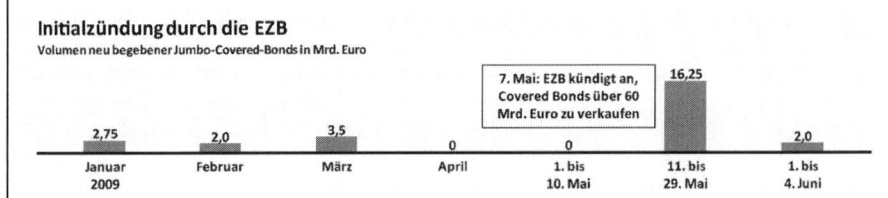

Initialzündung durch die EZB
Volumen neu begebener Jumbo-Covered-Bonds in Mrd. Euro

Januar 2009	Februar	März	April	1. bis 10. Mai	11. bis 29. Mai	1. bis 4. Juni
2,75	2,0	3,5	0	0	16,25	2,0

7. Mai: EZB kündigt an, Covered Bonds über 60 Mrd. Euro zu verkaufen

Die Nachfrage der Anleger nach diesen Papieren ist derzeit so groß, dass eine mit Immobilienkrediten unterlegte Anleihe der Deutschen Bank Anfang Juni 2009 5-fach überzeichnet war. Und dies, obwohl die Risikospreads nach Ankündigung der Ankaufsmaßnahme durch die EZB – die sich sowohl auf bereits gehandelte und neue Papiere erstrecken soll – deutlich zurückgegangen sind. Die Deutsche Bank zahlte für ihre Anleihe 55 Basispunkte Aufschlag. Vor Kurzem musste die Eurohypo für eine ähnliche Anleihe noch 80 Basispunkte Aufschlag auf den jeweils zugrunde liegenden

---

[83] Vgl. Deutsche Bundesbank (2009b), S. 38f.
[84] Das Volumen dieser Papiere liegt i. d. R. bei 500 Mio. EUR oder mehr.
[85] Vgl. Cünnen, A. (2009), S. 23.
[86] Entnommen aus Cünnen, A. (2009b), S. 23.

III.2 Die Auswirkungen der Finanzkrise auf die Unternehmensfinanzierung

Swap-Satz bezahlen.[87] Zum Vergleich: Vor der Finanzkrise lagen die Aufschläge noch ungefähr bei 10 Basispunkten.[88]

Dass der Markt zum einen wieder in Schwung gekommen ist und zum anderen – jedenfalls im Vergleich zu Höchstständen während der Finanzkrise – ein spürbarer Rückgang der Risikoprämien stattgefunden hat, ist positiv zu werten. Letztlich lassen sich aus dieser Entwicklung positive Impulse für die Kreditneuvergabe erwarten.[89]

Die EZB, die ihrerseits erstmals aus Stabilisierungsgründen in einen Markt eingreift, hofft indes, dass es durch diese Maßnahme nicht zu einer Ausweitung der Geldmenge kommen wird. Sie geht davon aus, dass die Nachfrage der Banken nach Offenmarktgeschäften etwa in der Weise abnimmt, wie Liquidität durch Ankauf der Pfandbriefe geschaffen wird.[90] Die Zukunft wird zeigen, ob dieser Eingriff in den Markt und die damit bislang einhergehende positive Wirkung nur ein „Strohfeuer" ist oder ob es über die Dauer der Maßnahme hinaus zu einer nachhaltigen Stabilisierung des Marktes kommt.

Alles in allem haben die geldpolitischen Maßnahmen dazu geführt, dass den Banken ausreichend Refinanzierungsmittel zur Verfügung stehen und die Kreditzinsen gesunken sind, zumindest für die Unternehmen, die einen Kredit bekommen.

3.2 Akzeptanz des SoFFin

Banken nutzen die vom SoFFin angebotenen Hilfsangebote nur zu einem kleinen Teil. Sie greifen vor allem auf Garantien für die Begebung von Bankschuldverschreibungen zurück. Von den hierfür insgesamt zur Verfügung stehenden 400 Mrd. EUR wurden bis Mai gerade einmal 132,9 Mrd. EUR vergeben. Von den 100 Mrd. EUR, die zur Rekapitalisierung zur Verfügung stehen, sind erst 19 Mrd. EUR bei den Banken angekommen. 18,2 Mrd. EUR gingen davon allein an die Commerzbank. Von der Möglichkeit risikoreicher Papiere zu übertragen hat bislang noch keine Bank Gebrauch gemacht.[91]

Dies sind Anzeichen dafür, dass das deutsche Rettungspaket – obwohl mit ausreichend Kapital ausgestattet – nicht in der Lage ist, die dringend notwendige Rekapitalisierung des deutschen Bankensystems zu bewerkstelligen. Zwar versuchen einige Banken schon aus Imagegründen eine staatliche Beteiligung zu umgehen. Der wesentliche Grund für die Ablehnung dieser Hilfen liegt aber in ihrer Ausgestaltung. Werden

---

[87] Vgl. o.V. (2009c), S. 15.
[88] Vgl. Röbisch, K. (2009), S. 22.
[89] Vgl. Kühnlenz, A./Schrörs, M. (2009b), S. 18.
[90] Vgl. Cünnen, A. (2009b), S. 23.
[91] Vgl. Drost, F./Landgraf, R. (2009), S. 22.

Leistungen angenommen, so geht dies mit Einkommenseinbußen im Management einher. Außerdem muss Behördenvertretern Einblick in interne Abläufe gewährt werden. Auch die Aktionäre sind nicht an Staatsbeteiligungen interessiert, schließlich erhält der Staat durch seinen Einstieg in Krisenzeiten für wenig Geld hohe Anteile am Unternehmenswert. Folglich fahren Banken als Antwort auf die schlechte Eigenkapitalsituation lieber ihr Kreditgeschäft herunter und nehmen Hilfsangebote nur im Notfall in Anspruch.[92]

Die Bundesregierung arbeitet sicher auch deshalb an einem Konzept zur Einführung einer Bad Bank in Deutschland. Das Eigenkapital der Banken soll durch Übernahme von Risikopapieren entlastet werden.[93] Trotz aller Kritik, die bereits der Gesetzesentwurf hervorruft, bleibt zu hoffen, dass diese Maßnahmen die notwendige Eigenkapitalverbesserung mit sich bringt und der Kreditvergabeprozess so wieder in Schwung kommt.

3.3 Nachfrage nach staatlichen Kredit- und Bürgschaftsprogrammen

Das Bürgschaftsprogramm der Bundesregierung findet bei kleinen und mittleren Unternehmen viel Zuspruch. Bis Mitte Mai 2009 sind bereits über 2600 Anträge auf Bürgschaften gestellt worden. Die steigende Nachfrage deutet auf eine immer größere Akzeptanz dieser Programme hin. Während im ersten Quartal 2009 „nur" etwa 1500 Anträge eingegangen sind, belief sich die Zahl der Anträge allein im April auf 1119. Viele Unternehmen haben bereits eine Bürgschaftszusage erhalten.[94]

Auch das Kreditprogramm der Bundesregierung, das über die Kreditanstalt für Wiederaufbau abgewickelt wird, findet große Akzeptanz. Anfang Juni 2009 sind Anträge im Volumen von knapp fünf Mrd. EUR eingegangen. Täglich kommen ungefähr 15 bis 18 neue Anträge hinzu.[95] Auf Kritik, dass der Zugang zu diesen Krediten gerade für kleine Unternehmen zu schwierig sei, will die KfW nun mit einer Lockerung der Vergabekriterien reagieren.[96]

---

[92] Vgl. Sinn, H.-W. (2009), S. 221f.
[93] Vgl. Afhüppe, S./Drost, F./Nagl, H. (2009), S. 24.
[94] Vgl. Stratmann, K. (2009), S. 5.
[95] Vgl. o.V. (2009d), S. 24.
[96] Vgl. Bastian, N. (2009), S. 24.

4 Fazit und Ausblick

Die durch die Finanzkrise verursachten Schwierigkeiten in der Kreditwirtschaft dürfen nicht isoliert betrachtet werden. Das Ausmaß der Probleme wird erst deutlich, wenn man die Einflüsse der Kreditwirtschaft auf andere Formen der Unternehmensfinanzierung berücksichtigt.

Um die aktuellen Probleme der Kreditwirtschaft besser verstehen und Stabilisierungsmaßnahmen besser beurteilen zu können, wurde modellhaft gezeigt, dass das Zusammenspiel von Bank und Unternehmen im Kreditvergabeprozess nur reibungslos verläuft, wenn mindestens zwei notwendige Bedingungen erfüllt sind. Einerseits müssen Banken über ausreichende Mittel zur Refinanzierung ihrer Geschäftstätigkeit verfügen, andererseits müssen sie in der Lage sein, Risiken mit Eigenmitteln zu unterlegen. Durch die Finanzkrise können viele Marktteilnehmer diese Bedingungen jedoch nicht erfüllen.

Die bislang von Staat und EZB angebotenen Stabilisierungsmaßnahmen wurden deshalb vor dem Hintergrund ihrer Eignung zur Erfüllung dieser Bedingungen betrachtet. Da die Bankenrefinanzierung durch Stützungsmaßnahmen gesichert ist, ist die erste notwendige Bedingung erfüllt. Bei der zweiten notwendigen Bedingung, der ausreichenden Unterlegung neuer Kreditrisiken mit Eigenkapital, bestehen weiterhin Probleme. Das zurzeit vorhandene Kapital ist durch Risiken bereits stark belastet, bisherige Stabilisierungsmaßnahmen hatten keinen Erfolg. Ein Bad-Bank-Modell könnte hier die Lösung sein.

Banken werden sich wohl nicht mehr lange restriktiv bei der Kreditvergabe verhalten. Zum einen nimmt der gesamtwirtschaftliche Druck zu, Stabilität in den Kreditvergabeprozess zu bringen, zum anderen sind auch Banken schlichtweg gezwungen, Geld zu verdienen.

Die Banken sind nun aufgefordert, ihre Position bei der Kreditvergabe zu überdenken, geeignete Unterstützungsmaßnamen anzunehmen bzw. aktiv an deren Gestaltung mitzuwirken. Eine Überarbeitung der Kreditvergabepraxis hin zu mehr Interaktivität zwischen Kreditgeber und -nehmer könnte positive Einflüsse auf die Risikobeurteilung der Kreditinstitute haben. Gemeint ist hiermit eine noch konkretere Verständigung über Informationspflichten der Kreditnehmer, die wiederum in valide Frühwarnsysteme der Banken einfließen. So könnte bereits bei Abschluss des Kreditvertrages Einigkeit darüber bestehen, bei welchen Symptomen der Kreditkunde welche Maßnahmen einzuleiten hat.

Letztlich wird der Kreditvergabeprozess erst dann reibungslos verlaufen, wenn wieder mehr Transparenz und Vertrauen zwischen den Marktteilnehmern herrscht.

Literaturverzeichnis

Achleitner, A.-K./Kaserer, C./Lahr, H. (2009). *Private Equity in der Krise?*, in: Zeitschrift für das gesamte Kreditwesen, Heft 8/2009 S. 14-17.

Afhüppe, S./Drost, F. M./Nagl, H. (2009). *Banken kritisieren Bad Bank*, in: Handelsblatt vom 12./13./14.06. 2009, S. 24.

Afhüppe, S./Hess, D./Köhler, P. (2009). *Merkel warnt vor Kreditmangel*, in: Handelsblatt vom 03.06.2009, S. 1.

Bastian, N. (2009). *Schneller Kreditzugang für Kleinunternehmen*, in: Handelsblatt vom 5./6./7. Juni 2009, S. 24.

Bastian, N./Köhler, P. (2009). *Leasing Branche im Sumpf der Krise*, in: Handelsblatt vom 27.04.2009, Abgerufen am 25.06.2009 von: http://www.handelsblatt.com/ unternehmen/ markt -und-trends/leasing-branche-im-sturm-der-krise;2251563 .

Bayer, T. (2009). *S&P warnt vor Refinanzierungsrisiko*, in: Financial Times vom 01.04.2009, S. 19.

Bartz, T./Luttmer, N./Rathmann, C. (2009). *Die Sehnsucht nach Verbriefungen*, in: Financial Times vom 12.06.2009 S. 19.

Bechtold, H./Papenfuß, H. (2008). *Der deutsche Verbriefungsmarkt im Griff der Subprime-Krise*, in: Zeitschrift für das gesamte Kreditwesen Heft 18/2008, S. 10-14.

Becker, H./Peppmeier, A. (2008). *Bankbetriebslehre*, 7. Auflage, Ludwigshafen 2008.

Bundesverband Deutscher Kapitalbeteiligungsgesellschaften - BVK (Hrsg. 2009). *Deutlicher Rückgang der Private Equity Investitionen in Deutschland*, Abgerufen am 21.06.2009 von: http://www.bvkap.de/privateequity.php/cat/144/aid/497/ title/BVK:_Deutlicher_Rueckgang_der_Private_Equity-Investitionen_in_Deutschland

Bundesverband Deutscher Leasing-Unternehmen – BDL (Hrsg. 2009). *Große Marktbedeutung*, Abgerufen am 22.06.2009 von: http://www.bdl-leasing-verband.de/ leasing.php?y=2

Bundesregierung (2009). *Konjunkturpakete*, Abgerufen am 03.07.2009 von: http://www.konjunkturpaket.de/Webs/KP/DE/BuergschaftenKredite/buergschaften-kredite.html

Cünnen, A. (2009a). *Firmen stürmen Bondmarkt.* In: Handelsblatt vom 22./23./24.05.2009 S. 26.

Cünnen, A. (2009b). *60 Milliarden Euro für Pfandbriefe.* In: Handelsblatt vom 5./6./7.06.2009 S. 23.

Creditreform (2009). ZaC-Index, Abgerufen am 22.06.2009 von: http://www.creditreform-bonn.de/Deutsch/Creditreform/Aktuelles/Creditreform _News_dyn/Creditreform_News/2009-05-26_ZaC-Index.jsp

Deutsche Bundesbank (2003). *Monatsbericht Juni 2003.*

Deutsche Bundesbank (2008). *Monatsbericht Februar 2008.*

Deutsche Bundesbank (2009a). *Entwicklung Zinssatz Hauptrefinanzierungsgeschäft*, Abgerufen am 22.06.2009 von: http://www.bundesbank.de/statistik/statistik_ zeitreihen.php?lang= de&open=zinsen&f unc=row&tr=SU0202

Deutsche Bundesbank (2009b). *Monatsbericht Mai 2009.*

Deutscher Factoring Verband e.V. (Hrsg. 2009). Abgerufen am 20.06.2009 von: http://www.factoring.de/index.php/factoring-aktuell/aktuelle-zahlen

Dickopf, C./Hommel, U./Knecht, C. (2007). *Workout-Management der kreditgewährenden Banken in Deutschland.* In: Zeitschrift für das gesamte Kreditwesen 60. Jg., Heft 13, S. 656-660.

Drost, F. M. (2009). *Hohe Hürden.* In: Handelsblatt Sonderteil Mittelstandsfinanzierung vom 18.05.2009, S. 1.

Drost, F. M./Landgraf, R. (2009). *Verschmähte Garantien.* In: Handelsblatt vom 12.05.2009, S. 22.

Finanzmarktstabilisierungsgesetz (FMStG). In der Fassung vom 17.10.2008 (Bundesgesetzblatt Jahrgang 2008 Teil I Nr. 46).

Grundsatz I über die Eigenmittel der Institute. In der Fassung vom 29.10.1997 (BAnz. S 13555) zuletzt geändert am 20.07.2000 (BAnz. Nr. 160).

Häring, N. (2009a). *Großbanken geizen mit Krediten.* In Handelsblatt vom 02.06.2009, S. 25.

Häring, N. (2009b). *Kreditklemme – ja oder nein?* In: Handelsblatt vom 18.05.2009, S. A 4.

Hempell, H. S. (2003). *Bank Lending Survey des Eurosystems – Erste Ergebnisse für Deutschland*, S. 1 – 10. Abrufbar unter: http://www.kfw.de/DE_ Home/Research/ Sonderthem68/PDF-Dokumente/Sonderpubl_Kreditklemme.pdf

Jumpertz, N. (2009). *Alternativ zum Bankkredit.* In: SteuerConsultant Heft 2. 2009, S. 40-42.

Köhler, P. (2009a). *Zahl der Leasinganbieter sinkt,* in: Handelsblatt vom 27.04.2009, S.33.

Köhler, P. (2009b). *Banken vor schweren Zeiten.* In: Handelsblatt vom 19./20./21.06.2009 S. 26.

Kühnlenz, A./Schrörs, M. (2009). *EZB bleibt bei Pfandbriefkauf vage.* In: Financial Times Deutschland vom 05.06.2009, S. 18.

Kreditanstalt für Wiederaufbau – KfW (2009a). *Unternehmensbefragung 2009,* abrufbar unter: http://www.kfw.de/DE_Home/Service/Download_Center/ Allgemeine_Publikationen/Research/PDF-Dokumente_Unternehmensbefragung/Ubef2009_22-05_internet.pdf

Kreditanstalt für Wiederaufbau – KfW (2009b). *Kreditmarktausblick Juni 2009,* abrufbar unter: http://www.kfw.de/DE_Home/Service/Download_Center/ Allgemeine_Publikationen/Research/PDF-Dokumente_KfW-Kreditmarktausblick /KfW_ Kreditmarktausblick_Juni09.pdf

Larabi, C. (2008). *Verbriefungen für den Mittelstand – Wohin geht die Reise?* In: Zeitschrift für das gesamte Kreditwesen Heft 18/2008, S. 33-37.

Lebert, R. (2008). *Deutsche Leasing hofft in der Krise auf die Sparkassen.* In: Handelsblatt vom 02.12.2008, S. 16.

Niebergall, I. (2009). *Gefühlter Zustand.* In: Die Bank, Heft 4.2009, S.3.

o.V. (2009a). *Der Geldmarkt ist noch lange nicht gesund.* In: Handelsblatt vom 15./16./17.05.2009, S. 27.

o.V. (2009b). *Belastung durch toxische Wertpapiere nimmt zu.* In: Handelsblatt vom 27.04.2009, S. 27.

o.V. (2009c). *Deutsche Bank erfolgreich mit Pfandbrief.* In: Financial Times Deutschland vom 03.06.2009, S. 15.

o.V. (2009d). *KfW-Hilfe ist heiß begehrt.* In: Handelsblatt vom 5./6./7. 06.2009, S. 24.

Osman, Y. (2009a). *Schuldscheine feiern Comeback.* In: Financial Times vom 16.05.2009 (Onlineausgabe) abrufbar unter: http://www.ftd.de/boersen_maerkte /aktien/ marktberichte/:Schuldscheine%20Comeback/356215.html

Osman, Y. (2009b). *Kunden ziehen Geld aus Sparkassen ab.* In: Handelsblatt vom 12.03.2009, S. 25.

Pausch, T. (2008). *Anmerkung zur Refinanzierungsstruktur ausgewählter Bankengruppen in Deutschland.* In: Zeitschrift für das gesamte Kreditwesen, Heft 23/2008, S. 38-42.

Rauleder, R. (2009). *Deutsche Bank: Refinanzierung im schwierigen Marktumfeld.* In: Zeitschrift für das gesamte Kreditwesen, Heft 9/2009, S. 22-24.

Röbisch, K. (2009). *Zinssenkungen gehen an Hausbanken vorbei.* In: Financial Times Deutschland vom 04.06.2009, S. 22.

Rödl, H. (2009). *Mittelstand in stürmischen Zeiten,* Abgerufen am 27.06.2009 von: http://mit-osnabrueck.de/files/2009/03/osnabruck_18_03_091.pdf

Schartau, H. (2009). Zeitungsinterview. In: Handelsblatt vom: 18.05.2009, S. A 4.

Schneck, O. (2006). *Handbuch alternativer Finanzierungsformen,* Weinheim, 2006.

Sinn, H.-W. (2009). *Kasino Kapitalismus,* 2. Aufl., Berlin 2009.

Sonderfonds Finanzmarktstabilisierung – SoFFin (Hrsg. 2009a). *Leistungen für Finanzunternehmen*: Abgerufen am 23.06.2009 von: http://www.soffin.de/ leistungen.php?sub=3

Sonderfonds Finanzmarktstabilisierung – SoFFin (HRSG. 2009b). *Finanzierung des Fonds:* abrufbar unter: http://www.soffin.de/fonds_finanzierung.php?sub=2

Städler, A. (2008). *Deutliche Bremsspuren bei Investitionen und Leasing – 2009 droht rezessive Investitionsentwicklung,* Abgerufen am 22.06.2009 von: http://www.bdl-leasing-verband.de/download/presse/publikationen/pdf/sonderdruck-sd24.pdf

Stratmann, K. (2009). *Mittelständler suchen Staatshilfe.* In: Handelsblatt vom 20.05.2009, S. 5.

Stumm, K. (2009). *Die Schere geht auseinander,* Abgerufen am 20.06.2009 von: http://www.manager-magazin.de/unternehmen/mittelstand/0,2828,557145,00.html

Weber, A. (2009). *Aktuelle Refinanzierungsbedingungen der deutschen Kreditwirtschaft,* in: Zeitschrift für das gesamte Kreditwesen Heft 9/2009, S. 17-21.

Wittrock, O. (2009). *Die Kreditmaschine.* In: Financial Times Deutschland vom 16.06.2009, S. 8.

Zeitler, F.-C. (2009). *Eigenkapitalanforderungen an deutsche Banken – Worauf kann die Aufsicht achten?* In: Zeitschrift für das gesamte Kreditwesen Heft 1/2009, S. 21-23.

Arthur Dill, Theo Lieven

III.3 Folgen der Krise für die internationale Realwirtschaft

1	Durch die Finanzwirtschaft verursachte Probleme in der Realwirtschaft - ein Teufelskreis 199	
	1.1 Realwirtschaftliche Folgen der Finanzkrise 200	
	1.1.1 Verschlechterung der Finanzierungsbedingungen 200	
	1.1.2 Vermögenspreisverfall 202	
	1.1.3 Fundamentale Unsicherheit 204	
	1.1.4 Kontraktion des Finanzsektors und des Bereichs Bau- und Wohnungswirtschaft 205	
	1.2 Rückwirkungen realwirtschaftlicher Probleme auf das Finanzsystem 206	
2	Realwirtschaftliche Kennzahlen vor und nach Ausbruch der Krise 207	
	2.1 Bruttoinlandsprodukt und Industrieproduktion 207	
	2.2 Export und Konsum 210	
	2.3 Die Situation in der Bevölkerung 211	
	2.4 Inflation und Deflation 213	
	2.5 Länderrating 215	
3	Zusammenfassung 216	
Literaturverzeichnis 216		
Anhang 218		

III.3 Folgen der Krise für die internationale Realwirtschaft

„Was die realwirtschaftlichen Folgen der US-Subprime-Krise – namentlich in Deutschland – angeht, so sehen wir diese nach wie vor als begrenzt an", sagte der Präsident des Bundesverbandes der deutschen Banken (BdB) Klaus-Peter Müller am 12. November 2007 in Frankfurt.[1]

Zwei Jahre später wissen wir es besser. Die beschriebenen Folgen der Subprime-Krise für die Finanzwirtschaft (Beitrag III.1) werden in dieser Arbeit hinsichtlich ihrer Auswirkungen auf die Realwirtschaft untersucht.

Zuerst wird erläutert, wie sich finanzwirtschaftliche Krisen grundsätzlich auf die Realwirtschaft auswirken können, dann werden zahlreiche realwirtschaftliche Größen vor und nach Ausbruch der Krise unter Berücksichtigung unterschiedlicher Betroffenheit in ausgesuchten Ländern erläutert.

1 Durch die Finanzwirtschaft verursachte Probleme in der Realwirtschaft - ein Teufelskreis

Im Sinne der klassischen Dichotomie besteht die Finanzwirtschaft aus dem Geld-, Kapital- und Wertpapiermarkt und die Realwirtschaft aus den Bereichen Produktion, Einkommen und Verteilung, bzw. dem Güter- und dem Arbeitsmarkt.

Die durch Übertreibungen an den US-amerikanischen Immobilien- und Kreditmärkten entstandenen Probleme des finanzwirtschaftlichen Sektors wurden in den vorigen Kapiteln hinreichend bezüglich Ursachen, Ausbreitung und finanzwirtschaftlichen Folgen dargestellt. Warum und wie sollten sich die Bankenprobleme auf den realen Sektor auswirken können?

Man sollte vermuten, dass Länder, deren Finanzinstitute sich den problembeladenen Märkten mit strukturierten Produkten ferngehalten haben, keine realwirtschaftlichen Folgen spüren. Dass dies ein Irrglaube ist, beweist das Beispiel Japans: Diese große Volkswirtschaft war von den Abschreibungen auf Finanzprodukte im Vergleich zu den USA oder Europa nur minimal betroffen. Dennoch leidet die japanische Industrie enorm unter der Krise. Was sind die Transmissionskanäle und wie funktionieren sie?[2]

---

[1] Müller, K.-P. (2007).
[2] Vgl. hierzu und im Folgenden: Sachverständigenrat (2008), S. 25ff.

Arthur Dill, Theo Lieven

1.1 Realwirtschaftliche Folgen der Finanzkrise

Die direkten Folgen für die Realwirtschaft resultieren aus

- der Verschlechterung der Finanzierungsbedingungen,
- dem Vermögenspreisverfall,
- und der fundamentalen Unsicherheit.

Hinzu tritt nach dem Platzen einer Blase wie derjenigen im Immobilien- und Hypothekensektor

- eine Kontraktion des Finanzsektors und des Bereichs Bau- und Wohnungswirtschaft.

1.1.1 Verschlechterung der Finanzierungsbedingungen

Banken sind angehalten, einen Teil ihrer ausgegeben Kredite durch Eigenkapital abzudecken. Aus dem Eigenkapital lässt sich demnach die Obergrenze der Darlehenssumme errechnen. Wäre z.B. jeder Kredit mit 8 % seines Wertes zu hinterlegen, läge die maximale Darlehenssumme einer Bank mit einem Eigenkapital von acht Mrd. EUR bei 100 Mrd. EUR. Sinkt nun das Kapital durch Abschreibungsverluste und Wertberichtigungen, sinkt auch die Darlehenshöchstgrenze.

Die Verluste stammten zwar zuerst aus den direkten oder indirekten Engagements im Subprimesektor, erhöhten sich jedoch alsbald um Abschreibungen auf Anteile oder Forderungen gegen andere Banken, die selbst in eine Schieflage geraten waren.[3]

Als Reaktion auf die Verminderung des Eigenkapitals werden die Banken als erstes bestehende Kredite nicht mehr verlängern und als zweites keine neuen Verpflichtungen mehr eingehen.[4] Dies ist auch an den seit 2007 verschärften Kreditvergabestandards zu erkennen (Abbildung 1).

---

[3] Viele Institute, die Lehman Brothers als Counterpart z. B. für Devisentermintransaktionen wählten, hatten zwar keine Verbindungen zum Subprimesektor, sie wurden dennoch durch die Insolvenz in Mitleidenschaft gezogen (z. B. die KfW).

[4] Betrachtet man in diesem Zusammenhang die weltweite Abschreibungssumme von fast 1.500 Mrd. US $ (Beitrag III.1), die bei 8 % Reserveerfordernis eine Verringerung der maximal möglichen Darlehenssumme um 18.750 Mrd. US $ bedeutet hätte, sind die Beschaffungsmaßnahmen von 1.241 Mrd. US $ frischem Eigenkapital im Hinblick auf einen Erhalt der Kreditvergabefähigkeit besonders zu würdigen (Bloomberg, Seite WDCI, Stand 17.06.2009). Trotz oder gerade wegen der Besonderheit, dass dieses Geld in großem Maße durch staatliche Hilfsmaßnahmen beigebracht wurde, lässt dies mit Rückblick auf die

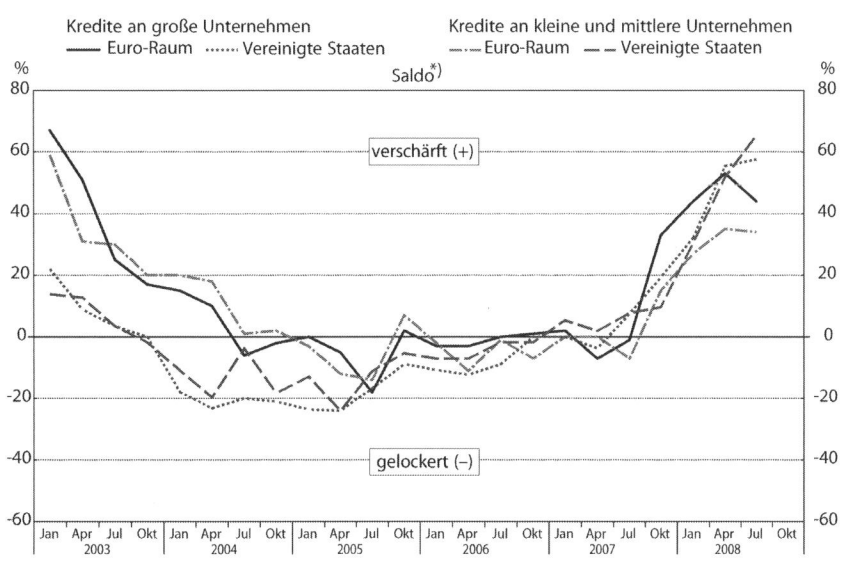

III.3 Folgen der Krise für die internationale Realwirtschaft

Abbildung 1: Kreditvergabestandards für Unternehmen im Euro-Raum und in den USA[5]

*) Differenz zwischen der Summe der Angaben für „deutlich verschärft" und „leicht verschärft" und der Summe der Angaben für „etwas gelockert" in „deutlich gelockert" in % aller Antworten.

Durch die globale Vernetzung der Banken wirkt sich die anschließende Kreditklemme („credit-crunch") nicht nur in den Ländern aus, in denen eigene Banken hohe Verluste erlitten, sondern weltweit.[6] Dies gilt auch für Japan, das von den finanzwirtschaftlichen Folgen nur wenig betroffen war.

Brüning'sche Sparpolitik der 1930er Jahre hoffen, dass uns aus der Sicht des Juni 2009 eine Weltwirtschaftkrise ähnlich derjenigen von 1929/30 erspart bleibt.

[5] Ergebnis der vierteljährlichen Umfragen unter Banken zur Veränderung der Richtlinien bei der Gewährung von Krediten an Unternehmen, Angaben der befragten Banken im Berichtsmonat für die letzten 3 Monate; Quellen: EZB, Fed, nach Sachverständigenrat (2008), S. 28.

[6] Die Royal Bank of Scotland (RBS), die 31,6 Mrd. US $ abschreiben musste (Beitrag III.1), ist zwar ein Unternehmen in Großbritannien, die realwirtschaftlichen Folgen blieben aber nicht auf Schottland begrenzt. U. a. ist die RBS Kreditgeber der ARCANDOR AG (ehemals Karstadt-Quelle), die am 9. Juni 2009 Insolvenz anmelden musste, weil u.a. die RBS aufgrund verschärfter Kreditvergabestandards nicht mehr willens war, den in Kürze fällig werdenden Kredit ohne Bürgschaften (bevorzugt des Staates oder staatlicher Banken wie der KfW) zu verlängern.

Die Gesamtsumme der ausgereichten Darlehen an Privatpersonen ging in den USA ab 2006 stark zurück. Waren es im zweiten Quartal 2006 noch mehr als 1.200 Mrd. USD, so reduzierte sich die Summe auf 200 Mrd. USD im zweiten Quartal 2008 (Abbildung 2).

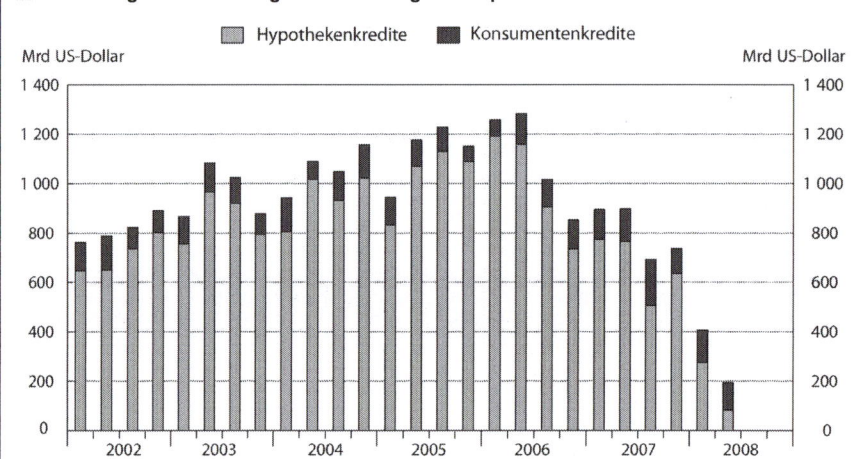

Abbildung 2: Entwicklung der Kreditvergabe an private Haushalte in den USA[7]

Wo Kredite fehlen, können weder Investitionen noch Konsumausgaben getätigt werden.

1.1.2 Vermögenspreisverfall

Vermögensgegenstände sollten im Gegensatz zu Ver- oder Gebrauchsgegenständen ihren Wert erhalten: z. B. Immobilien oder Wertpapiere. Die Rückgänge bei den Aktiennotierungen im Zuge der Turbulenzen der Krise haben die Finanzinstitute selbst am stärksten getroffen. Die Unternehmen und Privatinvestoren erlitten ebenfalls große Verluste.

Die Rückgänge der Vermögenswerte sind durch verstärkende Effekte an den Wertpapiermärkten noch gravierender ausgefallen.[8] Die zunehmende Anwendung von automatisierten Handelssystemen im internationalen Wertpapierhandel[9] führte zur Steigerung der

---

[7] Saisonbereinigte Vierteljahreswerte auf jährliche Werte umgerechnet. Quelle: Sachverständigenrat (2008), S. 126.

[8] Vgl. Heilmann, D. (2008).

[9] In den USA erfolgte bereits 2007 ca. ein Drittel des gesamten Wertpapierhandelsvolumens durch automatisierte Handelssysteme. Vgl. Gresser, U./Listing, S. (2008), S. 17. Auf XETRA wurde 2008 ca. 43% des Handelsvolumens durch automatisierten Handel abgewickelt. Vgl. Deutsche Börse (2009), S. 10.

Kursschwankungen (Abbildung 3) und folglich zur Verstärkung des Herdenverhaltens der Marktakteure. Solche Systeme beinhalten häufig eine Trendfolgekomponente, deren Informationsgehalt für die Preisbildung nur darin besteht einem Trend zu folgen, um Profit zu erwirtschaften. Die fundamentalen mikro-, makroökonomischen und insbesondere in Krisenzeiten relevanten Informationen fließen auf diese Weise nicht in die Marktpreise ein (Beitrag V.3). Folglich basiert die Entscheidung eines rationalen Marktteilnehmers auf falschen Informationen, da die Preise stärker fallen und die tatsächliche Lage nicht korrekt widergespiegelt wird. Der überproportionale Kursverfall wird als grundlegende Änderung der fundamentalen Faktoren wahrgenommen. Bereits in der Finanzkrise 1987 in den USA wurde der automatisierte Handel als verstärkende Ursache für den Kurseinbruch des Dow Jones um 22 % an einem Tag genannt.[10]

▮ Abbildung 3: Volatilität der Aktienmärkte[11]

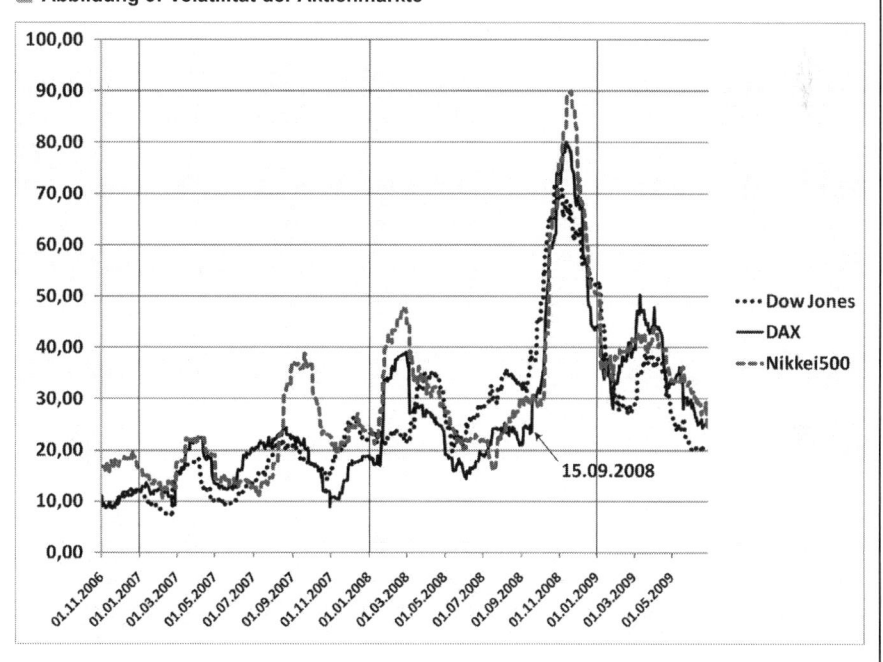

Die privaten Haushalte mussten einen teilweise dramatischen Wertverfall ihrer Immobilien hinnehmen. Dies gilt weniger für Deutschland und Japan, die anders als die USA, England und Spanien seit langem keine Immobilienpreisblase mehr erlebt haben. Dort aber (vor allem in den USA) führen die Verluste zu einer negativen Reakti-

---

[10] Vgl. Kendall, K. (2008), S. 10-13.
[11] Reuters 3000 Xtra, Stand 29.06.2009.

on. Wie in Beitrag I.2 (Konsumverhalten und Hypothekenmarkt) beschrieben, stiegen die Immobilienpreise über Jahrzehnte stetig an. Die Wertzuwächse wurden durch Erhöhung der Hypothekendarlehen als Barmittel abgeschöpft und in den Konsum investiert. Durch den Preisverfall der Immobilien stieg der Verschuldungsgrad der Haushalte an, da die Restschulden der Hypotheken unverändert bleiben.

■ Abbildung 4: Verbindlichkeiten der privaten Haushalte in Relation zu ihrem verfügbaren Einkommen in ausgewählten Ländern[12]

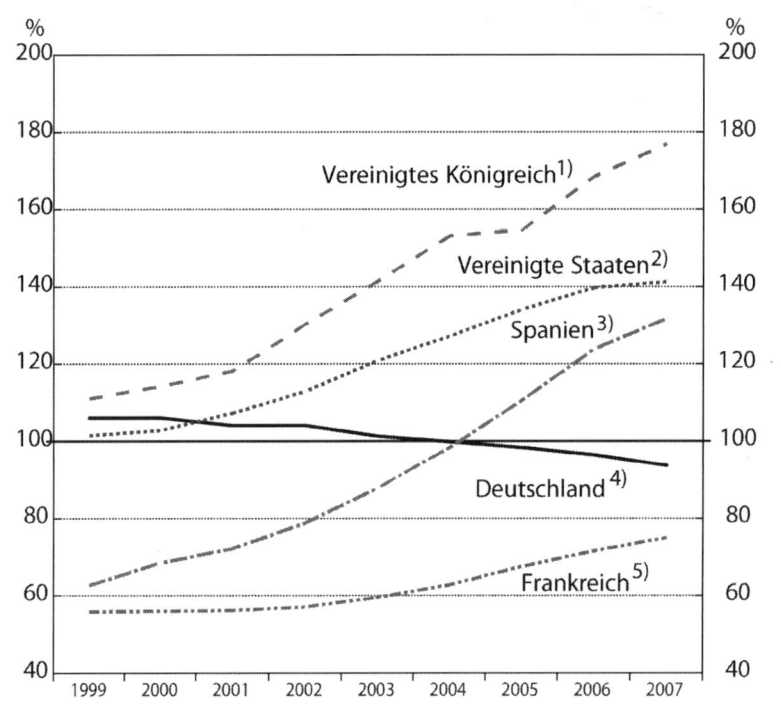

1) OECD.– 2) Fed.– 3) Banco de España.– 4) Deutsche Bundesbank.– 5) Banque de France.

Dies führt neben dem Wegfall einer einfachen Kreditbeschaffung zur weiteren Einschränkung des Konsums.

1.1.3 Fundamentale Unsicherheit

Anhand zahlreicher Äußerungen namhafter Finanzexperten konnte vom Ausbruch einer größeren Krise lange Zeit keine Rede sein (siehe das Zitat zu Beginn dieses Auf-

---

[12] Sachverständigenrat (2008), S. 29.

satzes). Auch die Rettungsmaßnahmen um die IKB, die Sachsen LB, Northern Rock und Bear Stearns waren eher dazu geeignet, den Beteiligten zu suggerieren, man habe die Lage im Griff.

Dies änderte sich schlagartig am 15. September 2008, als die Bank Lehman Brothers Insolvenz anmelden musste. Womit keiner gerechnet hatte, nämlich der Zusammenbruch eines Finanzinstituts, von dem man annahm, es sei „too big to fail", wurde Wirklichkeit. Der Glaube in die Stabilität des weltweiten Finanzsystems wurde dadurch grundlegend erschüttert.

Das Begriff „Kredit" stammt vom lateinischen „credere = glauben, vertrauen, anvertrauen" ab. Dieser „Kredit" geht über die Ausleihung eines Geldbetrages hinaus. Neben faktischen Einschränkungen der Darlehensgewährung durch Mindestreservevorschriften kommt nun eine fundamentale Unsicherheit hinzu. Selbst Kreditversicherer (z. B. Euler-Hermes, Zürich, Atrasius), die kein Geld verleihen, sind nun zurückhaltender. Sie tragen nicht nur zur Absicherung nationaler Warenlieferungsgeschäfte bei, sondern auch zum Zustandekommen internationaler Handelsbeziehungen. Diese drohen nun zu zerbrechen, was unmittelbar realwirtschaftliche Auswirkungen haben wird. Denn dort, wo aufgrund mangelnder Zahlungssicherheit des Kunden nichts geliefert werden kann, wird auch nichts produziert. Die Investitionsneigung sinkt und Arbeitsplätze geraten in Gefahr.

Als Folge wird die Investitions- und Konsumneigung der privaten Haushalte ebenfalls zurückgehen. Besonders betroffen ist davon angesichts seit dem Februar 2009 wieder steigender Ölpreise die Automobilindustrie.

1.1.4 Kontraktion des Finanzsektors und des Bereichs Bau- und Wohnungswirtschaft

Im Bankenbereich wird seit Jahren vermehrt das Wort „Finanzprodukt" verwendet. Dabei geht es nicht um Darlehensgewährung oder Verzinsung von Guthaben, sondern um Konstrukte, die für spezielle Wünsche oder Bedürfnisse entwickelt und als solche verkauft werden. Finanzdienstleister erzielen ihre Einkünfte hier nicht mehr durch eine Zinsdifferenz, sondern durch Beratungs- und Vertriebshonorare. Der Markt für jede Art von Zertifikaten brachte einigen Banken erhebliche Provisionseinnahmen. Der Verkauf dieser und zahlreicher anderer Papiere ist erheblich zurückgegangen und die Folgen sind, obwohl es sich um Produkte aus dem Finanzsektor handelt, eher dem realwirtschaftlichen Umfeld zuzurechnen.

Besonders betroffen ist im Falle des Platzens einer Immobilienblase die Bau- und Wohnungswirtschaft. Wenn nicht nur Unsicherheit über die Wertentwicklung eines Vermögensgegenstandes, sondern sogar Gewissheit herrscht, dass die Preise in den kommenden Monaten fallen, werden die Investitionen zurückgefahren. So sind die

Verkäufe von neu erstellten Wohnimmobilien seit etwa 2006 in den USA stark rückläufig. Dieser Rückgang trifft nicht nur Bauunternehmen, sondern schlägt auf dem gesamten Bausektor durch.

■ Abbildung 5: Verkäufe Neubauten [13]

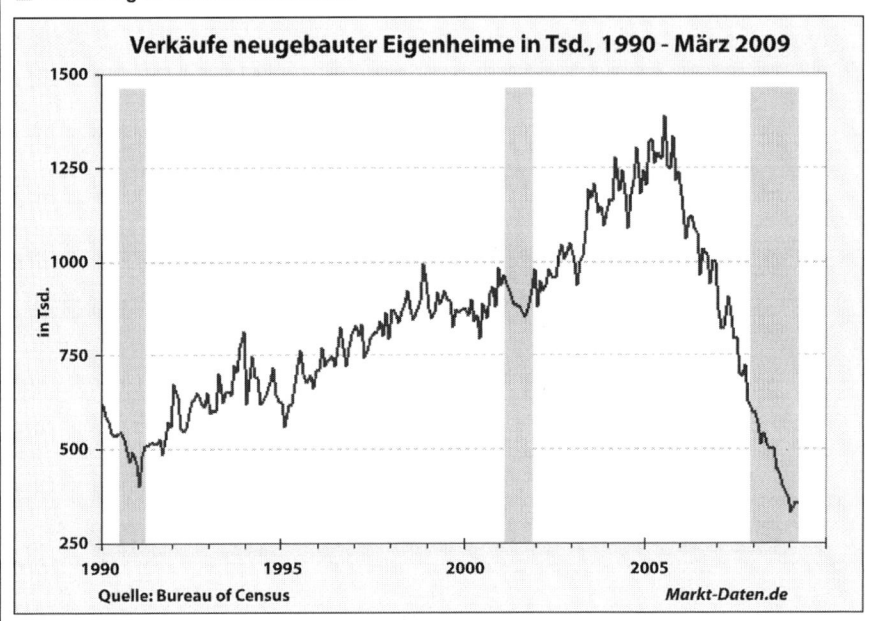

Verkäufe neugebauter Eigenheime in Tsd., 1990 - März 2009

Quelle: Bureau of Census — Markt-Daten.de

Solange die Hauspreise stiegen, war die Investition in eine Immobilie sinnvoll, weil die Kosten für die Finanzierung niedriger als der Wertzuwachs waren. Für den rationalen Entscheider ist es daher bei rückläufigen Immobilienpreisen vorteilhaft, die Leistung der Zins- und Tilgungsdienste einzustellen. In den USA ist dies mit den so genannten „Walk-Away"-Hypotheken legal möglich, bei denen der Hausbesitzer den Vertrag mit Abgabe der Hausschlüssel beendet. Dies führt erneut zu Verlustabschreibungen bei den Banken.

1.2 Rückwirkungen realwirtschaftlicher Probleme auf das Finanzsystem

Bei den Auswirkungen der Finanzkrise auf die Realwirtschaft bleibt es jedoch nicht. Unternehmen und private Haushalte haben wiederum starke Verflechtungen mit

---

[13] Bureau of Census, bei Markt-Daten.de (2009), Stand 22.06.2009.

III.3 Folgen der Krise für die internationale Realwirtschaft

Banken und Kreditinstituten. Konnten Industrieunternehmen ihre Zins- und Tilgungsleistungen bisher noch aus dem Cash-Flow zahlen, reicht die Innenfinanzierung selbst bei profitablen Ergebnissen aufgrund rückläufiger Erträge nun nicht mehr aus. Da auch Fremdfinanzierungsmöglichkeiten durch die oben beschriebenen Effekte eingeschränkt sind, kommt es zu Liquiditätsengpässen, die im schlimmsten Fall zur Zahlungsunfähigkeit des Unternehmens führen können, die erneut eine Wertberichtigung bei den Kreditgebern herbeiführen, womit sich der Teufelskreis nochmals in Bewegung setzt.

Abbildung 6: Teufelskreis finanz- und realwirtschaftlicher Krisen[14]

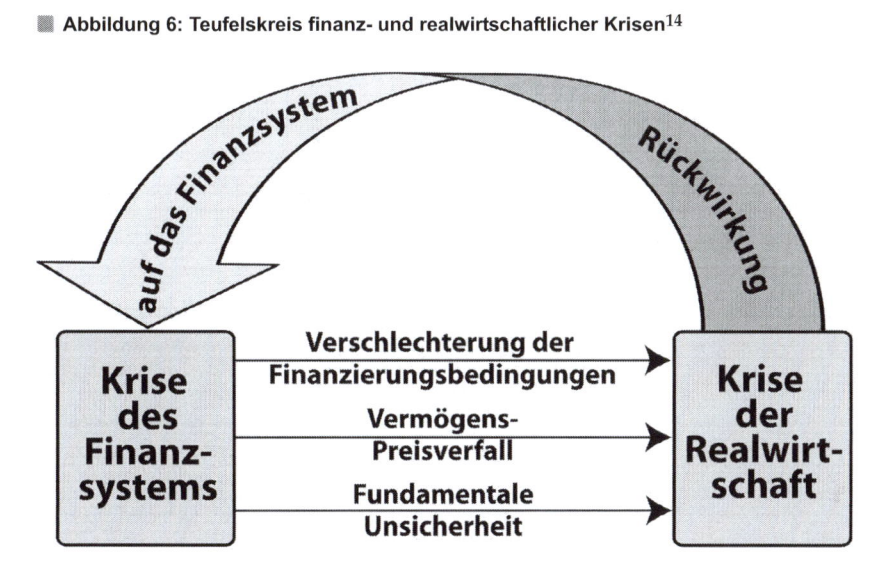

2 Realwirtschaftliche Kennzahlen vor und nach Ausbruch der Krise

2.1 Bruttoinlandsprodukt und Industrieproduktion

Das Bruttoinlandprodukt (BIP) oder englisch Gross Domestic Product (GDP) umfasst alle in einer Volkswirtschaft für den Verbrauch aufsummierten Leistungen innerhalb

---

[14] Eigene Darstellung.

eines vorgegeben Zeitraums (vornehmlich für ein Jahr). Es gibt Aufschluss über die tatsächliche Leistung der Nation und unter Berücksichtigung der Bevölkerungszahl indirekt auch über den Wohlstand der Bürger. Es handelt sich um eine der wichtigsten volkswirtschaftlichen Kennzahlen.

Abbildung 7 zeigt die Entwicklung des BIP vom 1. Quartal 2000 bis zum 1. Quartal 2009 für die USA, Deutschland, Japan, China und die Schweiz. Der Zeitraum umfasst zwei große Krisen, den terroristischen Angriff auf das World-Trade-Center am 11. September 2001 und die Finanzkrise ab 2007.

Abbildung 7: Prozentuale Veränderungen des Bruttoinlandsprodukt im Vergleich zum Vorjahresquartal[15]

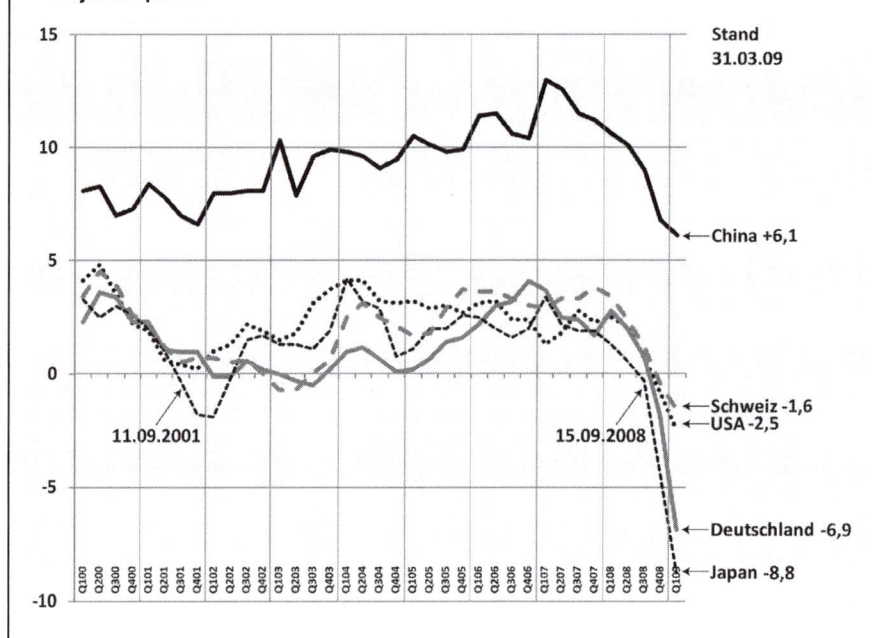

Als erstes fällt der starke Rückgang des BIP bei den Exportnationen Japan und Deutschland auf. Japan ist noch stärker betroffen als Deutschland, obwohl die finanzwirtschaftlichen Auswirkungen eher gering waren. Zweitens verzeichnen die nicht so stark vom Export abhängigen Nationen USA und Schweiz einen geringeren Rückgang. Sie hatten jedoch die größten Verluste im Finanzsektor hinzunehmen. In China ging die Wachstumsrate des BIP ebenfalls deutlich zurück, blieb im Gegensatz zu den anderen Volkswirtschaften aber noch positiv.

---

[15] Quelle Bloomberg, Seite ECMX, Stand 17.06.2009.

III.3 Folgen der Krise für die internationale Realwirtschaft

Die Abbildung zeigt aber noch mehr. Zur Veranschaulichung wurden der 11. September 2001 und der 15. September 2008, der Tag der Lehman-Insolvenz, eingezeichnet. Vergleicht man die dramatischen Einbrüche des BIP nach dem 15. September 2008 mit den eher moderaten nach dem 11. September 2001, so muss man feststellen, dass ein terroristischer Angriff auf das System mit mehreren Tausend Opfern realwirtschaftlich weit weniger gravierende Folgen hatte, als der Verlust des Vertrauens in das weltweite Finanzsystem.

Der Interbankenmarkt war schon Monate vor der Lehman-Insolvenz zum Erliegen gekommen, weil sich die Institute gegenseitig nicht (ver)trauten. Viele dieser Banken hatten selber toxische Papiere in den Büchern und wussten, dass es anderen Banken nicht besser ging und dass man es vorziehen sollte, keine Gelder zu vergeben. Genau in dieses Misstrauen fällt die vorher als undenkbar geltende Pleite eines großen Investmenthauses. Das Misstrauen wurde somit bestätigt und nun auch auf das gesamte System projiziert. Demnach hätte die Lehman-Insolvenz unbedingt verhindert werden müssen, ungeachtet ordnungspolitischer Fragen, die damit verbunden sind.

Ein ähnliches Bild bietet die Veränderung der Industrieproduktion (Abbildung 8). Parallel zum BIP zeigt es einen ähnlich starken Rückgang ab dem dritten Quartal 2008.

Abbildung 8: Prozentuale Veränderungen der Industrieproduktion im Vergleich zum Vorjahr[16]

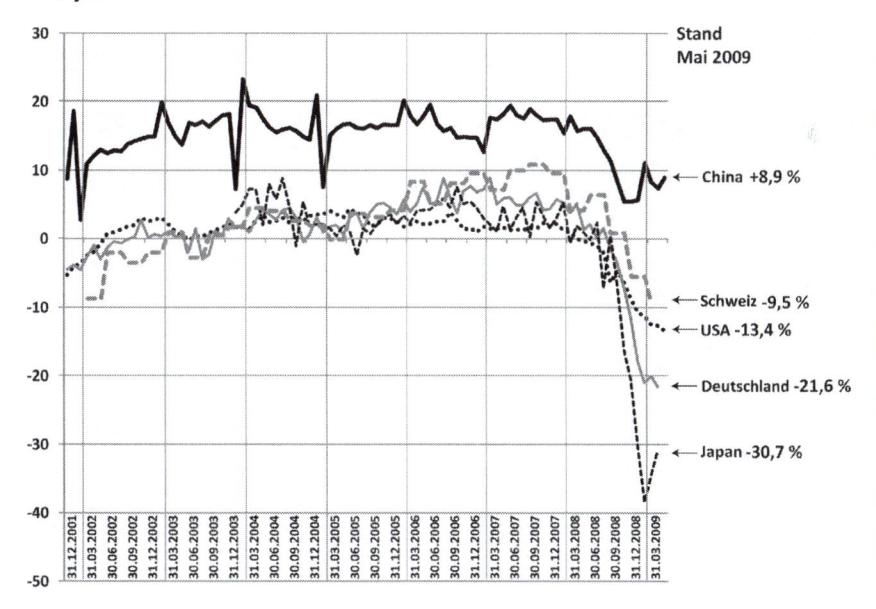

Stand Mai 2009

China +8,9 %
Schweiz -9,5 %
USA -13,4 %
Deutschland -21,6 %
Japan -30,7 %

---

[16] Bloomberg, Seite ECMX, Stand 17.06.2009.

Arthur Dill, Theo Lieven

2.2 Export und Konsum

Warum vor allem Japan und Deutschland realwirtschaftlich härter getroffen wurden als z. B. die bezüglich finanzwirtschaftlicher Abschreibungen weltweit an zweiter Stelle stehende Schweiz, zeigt die folgende Grafik für das Exportvolumen (Abbildung 9). Da die Volumina nicht direkt vergleichbar sind, wurden die Daten um den Mittelwert normalisiert. Japan und Deutschland als zwei der großen Exportnationen werden aufgrund weltweiter Nachfragerückgänge stärker als andere Länder in Mitleidenschaft gezogen.

■ Abbildung 9: Exportvolumen[17]

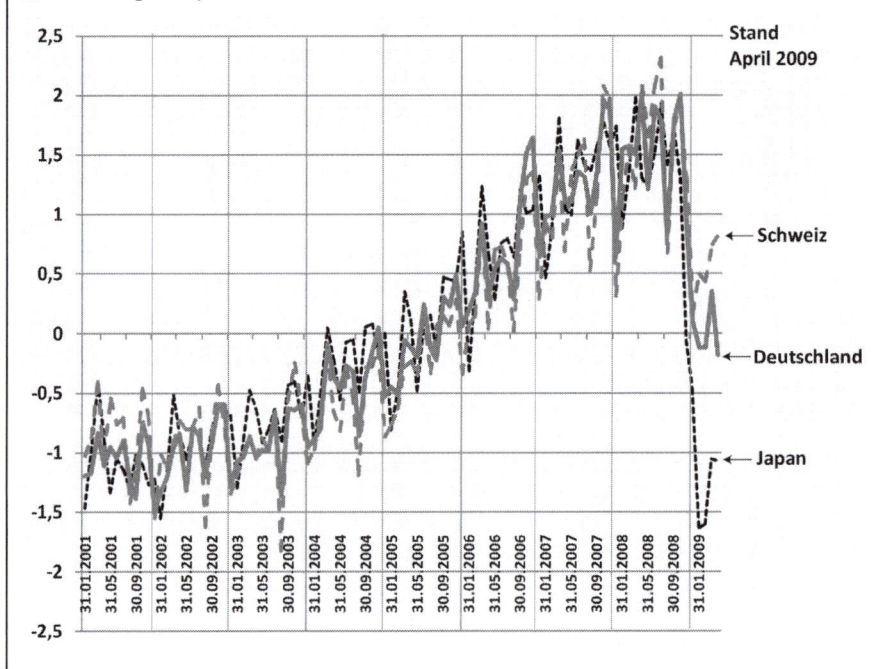

---

[17] Bloomberg, Seite ECMX, Stand 22.06.2009. Die Werte wurden aufgrund unterschiedlicher Skalen z-normalisiert mit $z = \dfrac{x - \mu}{\sigma}$. Die jeweiligen Erhebungsdaten werden damit in vergleichbare Standardnormalverteilungen überführt.

III.3 Folgen der Krise für die internationale Realwirtschaft

Unter einen dramatischen Rückgang der Binnennachfrage hat vor allem Irland zu leiden, allerdings nach vielen Jahren fast zweistelliger Steigerungsraten (Abbildung 10). Die Konsumausgaben gehen in anderen Ländern eher moderat zurück.

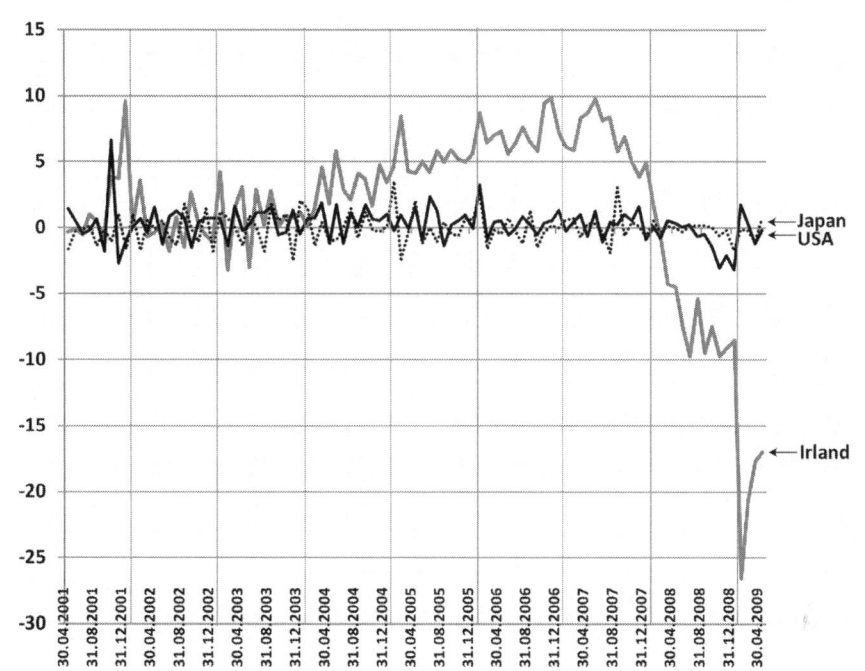

■ **Abbildung 10: Prozentuale Veränderungen der Konsumausgaben gegenüber Vorjahr**[18]

2.3 Die Situation in der Bevölkerung

Das Verbrauchervertrauen ist in Deutschland und den USA schon seit Ende 2007 rückläufig (Abbildung 11). In den USA scheint es sich jedoch wieder zu erholen.

---

[18] Bloomberg, Seite ECMX, Stand 22.06.2009.

Abbildung 11: Verbrauchervertrauen[19]

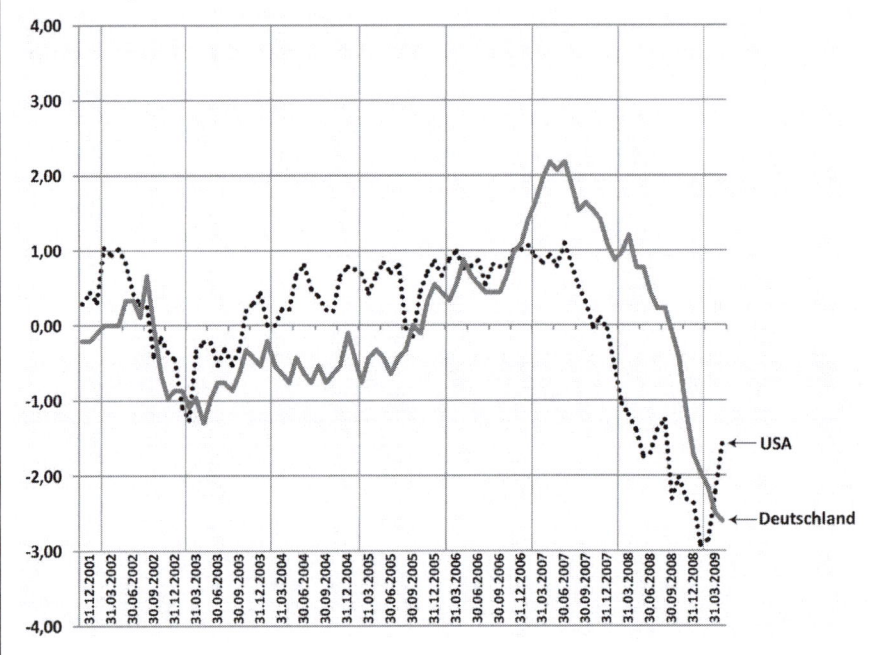

[Diagramm zeigt Verbrauchervertrauen USA und Deutschland von 31.12.2001 bis 31.03.2009, z-normalisiert, Werte zwischen -4,00 und 4,00]

Eine große Unbekannte ist die Arbeitslosenquote. Sie folgt der wirtschaftlichen Entwicklung mit einem Abstand von mehreren Monaten. In Deutschland wurden die realwirtschaftlichen Folgen durch die hohe Nutzung von Kurzarbeit gemildert, während die USA Deutschland mittlerweile bei der Arbeitslosenquote überholt haben, was noch vor einigen Monaten unmöglich erschien (Abbildung 12). Es scheint, dass die Anpassungsprozesse dort schneller ablaufen. Es bleibt abzuwarten, wie die weitere Entwicklung in Deutschland aussehen wird. Manche Politiker halten eine Zahl von fünf Mio. Arbeitslosen zum Ende 2010 wieder für realistisch.

---

[19] Bloomberg, Seite ECMX, Stand 17.06.2009. Die Werte wurden aufgrund unterschiedlicher Skalen z-normalisiert.

III.3 Folgen der Krise für die internationale Realwirtschaft

Abbildung 12: Arbeitslosenquote in %[20]

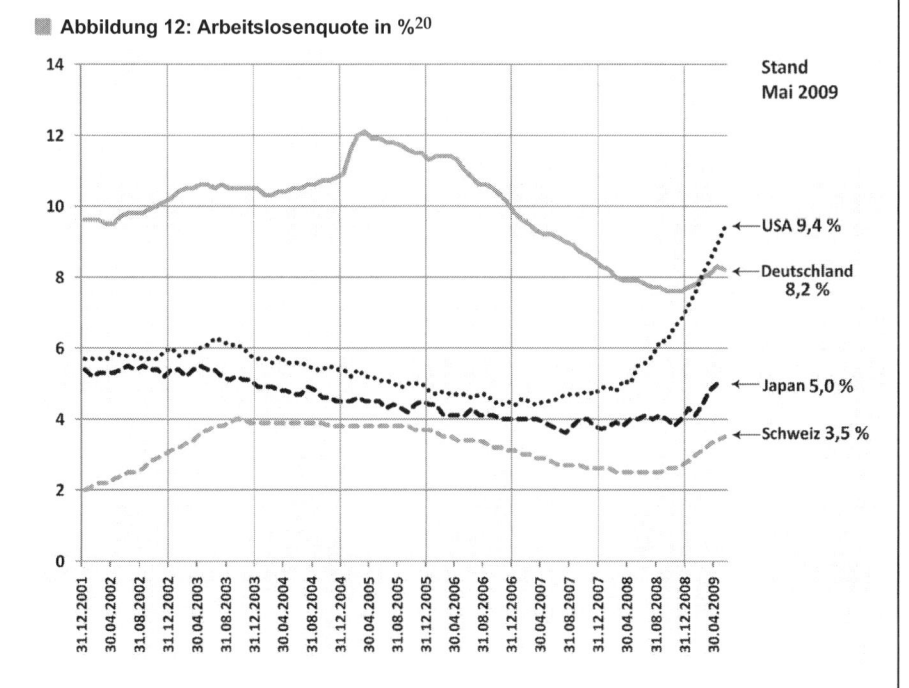

Stand Mai 2009
- USA 9,4 %
- Deutschland 8,2 %
- Japan 5,0 %
- Schweiz 3,5 %

2.4 Inflation und Deflation

Die Inflationsrate ist ein wichtiger makroökonomischer Indikator. Als Inflation wird ein dauerhafter Anstieg des Preisniveaus durch längerfristige Ausweitung der Geldmenge durch Staaten und Zentralbanken bezeichnet. Das (Sach-)Vermögen wird in Folge der inflationären Entwicklung teurer bzw. es kommt zu einer Geldentwertung.

Die Deflation ist das umgekehrte Phänomen. Die Kreditnehmer werden benachteiligt, da das insbesondere kreditfinanzierte (Sach-)Vermögen abgewertet wird. Die Folgen einer Deflation sind noch gravierender als die einer Rezession.

Falls eine Volkswirtschaft sich in einer deflationären Phase befindet, schrumpfen Konsum und Investitionen durch die fundamentale Unsicherheit der Konsumenten und Unternehmen. Das allgemeine Niveau der Preise sinkt, die Konsumenten halten ihr Geld zurück, da sie weiterhin sinkende Preise erwarten. Durch das Platzen von Blasen wie der Immobilienblase in der aktuellen Finanzkrise wird das kreditfinanzierte Vermögen abgewertet. Folgen sind die Überschuldung von privaten Haushalten, Senkung

---

[20] Bloomberg, Seite ECMX, Stand 17.06.2009.

der Geldmenge und Rückgang der Nachfrage. Die besondere Gefahr einer deflationären Entwicklung besteht in einem selbstverstärkenden Effekt. Dies kann es weg zu einer dauerhaften und massiven Krise der Realwirtschaft führen.[21]

Die Inflation erreichte im Juli 2008 den Spitzenwert in den europäischen Staaten, USA und Japan. Seitdem sanken die Inflationsraten und erreichten in der Eurozone im Mai 2009 den Nullpunkt. Die USA und Japan befinden sich seit März 2009 in einem deflationären Bereich. Sinkende Exporte und der seit Januar 2009 wieder ansteigender Euro/Dollar-Kurs führen zu einem hohen Rückgang der Nachfrage und somit zur Beeinträchtigung der konjunkturellen Entwicklung in Exportstaaten wie Deutschland und Japan (Abbildung 13).

Abbildung 13: Harmonisierter Verbraucherpreisindex Mai 2009[22]

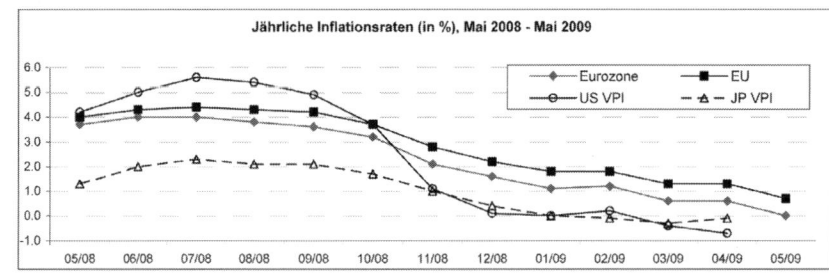

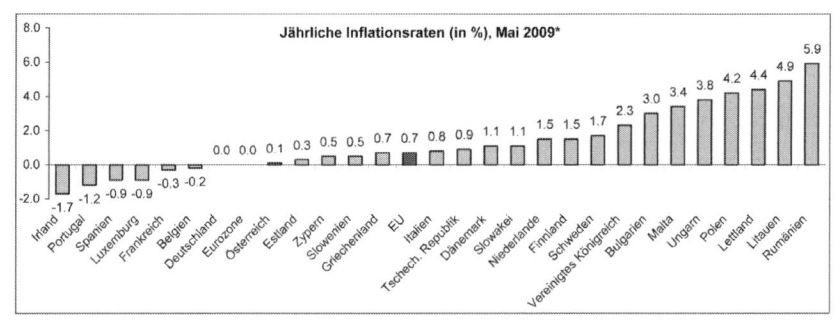

---

[21] Vgl. Hiller, C. von (2008).
[22] Arellano-Vaillant, A./Wirtz, C. (2009), S. 1.

2.5 Länderrating

Die Vergabe von Rettungspaketen an Banken und Unternehmen bleibt für einen Staat nicht ohne Folgen. Mit der steigenden Staatsverschuldung besteht die Gefahr einer Abstufung im Länderrating. Das Länderrating reflektiert die Bonität (Kreditwürdigkeit) eines Staates.

Die Ratingabstufungen drohen vielen Ländern in Europa und den USA. Die steigende Verschuldung, sinkende Steuerannahmen und die Rezession führten dazu, dass Irland bereits zwei Mal in 2009 von der Rating-Agentur Standard & Poor's auf das drittbeste Rating „AA" mit weiterhin negativem Ausblick herabgestuft wurde. Auch Spanien verlor im Juni 2009 die beste Ratingstufe „AAA".[23]

Eine Abstufung verteuert die Kreditaufnahme der betroffenen Länder. Eine niedrigere Rating-Stufe signalisiert, dass die Gefahr eines Zahlungsausfalls rechnerisch zugenommen hat. Für das erhöhte Ausfallrisiko wird von den Investoren ein Risikoaufschlag (Spread) für die Übernahme des Risikos verlangt. In Europa werden als Benchmark deutsche Staatsanleihen verwendet.

Der Spread zwischen den deutschen und irischen Staatsanleihen identischer Laufzeit liegt derzeit bei 2,2 Prozentpunkten. Falls der irische Staat die Staatsschulden durch eine 10-jährige Anleihe über 10 Mrd. EUR am Kapitalmarkt finanziert, werden durch die Herabstufung Opportunitätskosten in Höhe von 100 Mio. EUR pro Jahr gegenüber Deutschland entstehen. Für den gesamten Zeitraum belaufen sich die Kosten ohne Berücksichtigung der Zinseszinseffekte auf eine Mrd. EUR (Abbildung 14).

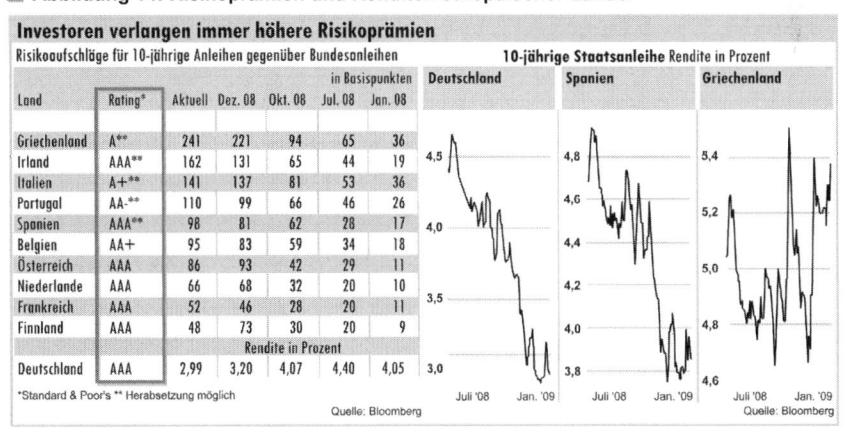

Abbildung 14: Risikoprämien und Renditen europäischer Länder[24]

Investoren verlangen immer höhere Risikoprämien

Risikoaufschläge für 10-jährige Anleihen gegenüber Bundesanleihen in Basispunkten

Land	Rating*	Aktuell	Dez. 08	Okt. 08	Jul. 08	Jan. 08
Griechenland	A**	241	221	94	65	36
Irland	AAA**	162	131	65	44	19
Italien	A+**	141	137	81	53	36
Portugal	AA-**	110	99	66	46	26
Spanien	AAA**	98	81	62	28	17
Belgien	AA+	95	83	59	34	18
Österreich	AAA	86	93	42	29	11
Niederlande	AAA	66	68	32	20	10
Frankreich	AAA	52	46	28	20	11
Finnland	AAA	48	73	30	20	9
		Rendite in Prozent				
Deutschland	AAA	2,99	3,20	4,07	4,40	4,05

*Standard & Poor's ** Herabsetzung möglich

Quelle: Bloomberg

---

[23] Vgl. Heilmann, D./Grüttner, A./Cünnen, A. et al (2009).
[24] Eckert, D. (2009). Für Irland gilt ab dem 08.06.2009 das Rating AA.

Die Herabstufungen des Länderratings führen zur weiteren Belastung der Realwirtschaft. Die Attraktivität von Direktinvestitionen sinkt und belastet das Wachstum der heimischen Unternehmen.

3 Zusammenfassung

Durch die Verschlechterung der Finanzierungsbedingungen, den Vermögensverfall insbesondere US-amerikanischer Immobilien und die fundamentale Unsicherheit vor allem nach der Lehman-Insolvenz konnten sich die finanzwirtschaftlichen Probleme auf die Realwirtschaft ausbreiten. Aufgrund der weltweiten Vernetzung wurden alle Länder davon mehr oder weniger betroffen. Stark exportabhängige Staaten wie Japan und Deutschland mussten teils gravierende Rückgänge ihres Bruttoinlandsproduktes hinnehmen.

Ob die Rückwirkung realwirtschaftlicher Probleme auf die Finanzwirtschaft eine erneute Schockwelle auslösen wird, kann zum derzeitigen Zeitpunkt noch nicht gesagt werden.

Der erschreckende realwirtschaftliche Einbruch nach der Insolvenz von Lehman Brothers am 15. September 2008 geht weit über die Folgen des terroristischen Angriffs vom 11. September 2009 hinaus. Der Untergang eines Bankhauses dieser Größenordnung hätte verhindert werden müssen.

Literaturverzeichnis

Arellano-Vaillant, A./Wirtz, C. (2009). *Harmonisierter Verbraucherpreisindex Mai 2009.* In: *Eurostat – Daten kurz gefasst*, Nr. 19, 2009. Abgerufen am 29. Juni 2009 von http://epp.eurostat.ec.europa.eu/cache/ITY_OFFPUB/KS-QA-09-019/DE/KS-QA-09-019-DE.PDF

Deutsche Börse (2009). *Preliminary Results Q4 and FY 2008, Analystenkonferenz der Deutschen Börse Group am 25.02.2009*, Frankfurt am Main. Abgerufen am 25.Februar 2009 von http://deutsche-boerse.com/dbag/dispatch/de/binary/gdb_content_pool/imported _files/public_files/10_downloads/14_investor_relations/40_Financial_Calendar/Analys tenkonferenz_25Feb2009.pdf

Eckert, D. (2009). *Staatsanleihen – Spanien droht zu straucheln.* In: Welt Online vom 13.01.2009. Abgerufen am 29.Juni 2009 von http://www.welt.de/finanzen/article3019781/Staatsanleihen-Spanien-droht-zu-straucheln.html

Gresser, U./Listing, S. (2008). *Automatisierte Handelssysteme*, München, 2008.

Heilmann, D. (2008). *Bloomberg fordert mehr Transparenz.* In: Handelsblatt Online vom 07.10.2008. Abgerufen am 22. Juni 2009 von http://www.handelsblatt.com/unternehmen/banken-versicherungen/bloomberg-fordert-mehr-transparenz;2057225

Heilmann, D./Grüttner, A./Cünnen, A. et al (2009). *Bankenretter kommen ins Rutschen.* In Handelsblatt Online vom 23.06.2009. Abgerufen am 23. Juni 2009 von http://www.handelsblatt.com/politik/international/bankenretter-kommen-ins-rutschen;2386232;0

Hiller, C. von (2008). *Die Gefahr der Deflation.* In FAZ.NET vom 17.10.2008. Abgerufen am 21. Juni 2009 von http://www.faz.net/s/Rub48D1CBFB8D984684AF5F46CE28AC585D/Doc~E805D3210BB224C4D984C1B7A05091293~ATpl~Ecommon~Sspezial.html

Kendall, K. (2008). *Electronic and Algorithmic Trading Technology*, New York, 2008.

Markt-Daten.de (2009). Abgerufen am 22. Juni 2009 von http://www.markt-daten.de/research/indikatoren/new-homes.htm

Müller, K.-P. (2007). *Pressekonferenz anlässlich der Vorstandssitzung des Bundesverbandes deutscher Banken am 12.11.2007,* Frankfurt am Main. Abgerufen am 22. Juni 2009 von http://www.bankenverband.de/print.asp?artid=2205&channel=101417

Sachverständigenrat (2008). *Die Finanzkrise meistern – Wachstumskräfte stärken, Jahresgutachten 2008/09 des Sachverständigenrates zur Begutachtung der gesamtwirtschaftlichen Entwicklung,* Statistisches Bundesamt, Wiesbaden. Abgerufen am 18. Juni 2009 von http://www.sachverstaendigenrat-wirtschaft.de/download/gutachten/ga08_ges.pdf

Anhang

Folgende Tabelle gibt einen Überblick über 24 wichtige Länder. Es handelt sich um die aktuellen Kennzahlen zum Ende des Monats April bzw. Mai, je nach Land.

Tabelle 1: Fünf Kennzahlen für 24 Länder[25]

Land	Bruttoinlandsprodukt Jahresvergleich	Industrieproduktion Jahresvergleich	Konsum Jahresvergleich	Inflationsrate Jahresvergleich	Arbeitslosenquote
USA	-2,50%	-13,40%	-9,60%	-1,30%	9,40%
Deutschland	-6,90%	-21,60%	-3,10%	0,10%	8,20%
Japan	-8,80%	-30,70%	-2,80%	-0,10%	5,00%
China	6,10%	8,90%	15,00%	-1,40%	n/v
Großbritannien	-4,10%	-12,30%	-1,60%	2,20%	7,20%
Frankreich	-3,20%	-18,80%	-0,80%	-0,30%	8,70%
Italien	-6,00%	-24,20%	-5,20%	0,90%	7,29%
Schweiz	-1,60%	-9,50%	1,20%	-1,00%	3,50%
Belgien	-3,10%	-18,72%	n/v	-0,37%	7,50%
Niederlande	-4,50%	0,10%	2,10%	1,60%	4,50%
Schweden	-6,40%	-21,40%	4,90%	-0,40%	5,61%
Österreich	0,00%	-14,30%	n/v	1,50%	4,60%
Dänemark	-3,60%	-15,20%	-6,80%	1,30%	3,30%
Finnland	-6,00%	-21,04%	-0,80%	0,00%	n/v
Griechenland	0,30%	-11,70%	-17,60%	0,50%	n/v
Portugal	-3,70%	-9,90%	n/v	-1,20%	8,90%
Spanien	-3,00%	-28,60%	-10,40%	-0,90%	n/v
Irland	-7,50%	-1,80%	-17,00%	-4,66%	11,80%
Norwegen	-0,30%	-0,80%	-0,90%	3,00%	3,20%
Island	-3,30%	n/v	n/v	11,60%	n/v
Canada	0,00%	-2,25%	-6,20%	0,10%	8,40%
Australien	0,40%	n/v	0,60%	2,50%	5,70%
Russland	-9,80%	-17,10%	-5,60%	12,30%	n/v
Singapore	-10,10%	-0,50%	-8,90%	-0,70%	3,20%

[25] Bloomberg, Seite ECMX, Stand 22.06.2009.

Petra Lieven

III.4 Lehman 9/15: Die größte Insolvenz aller Zeiten

1 Hintergründe der Insolvenz 221
2 Warum eine Insolvenz und warum ausgerechnet Lehman? 228
3 Fazit 233
Literaturverzeichnis 233

III.4 Lehman 9/15: Die größte Insolvenz aller Zeiten

Die Rettung von Bear Stearns im Frühjahr 2008 wurde vom ehemaligen Credit-Suisse-Chef Oswald Grübel am 21. April 2008 mit der Kuba-Krise verglichen: Wie die Welt damals *„haarscharf an einem Atomkrieg vorbeigegangen"* sei, sei sie nun *„haarscharf an einem System-Kollaps vorbeigeschlittert"*. *„Eine Bank reicht, um das ganze System zum Stillstand zu bringen"*.[1] Wenn dies für Bear Stearns mit einer Bilanzsumme von 233 Mrd. USD zutrifft, um wie viel mehr muss es dann für eine dreimal so große Investmentbank wie Lehman Brothers gelten? Die Bilanzsumme betrug mehr als 650 Mrd. USD, allein 365 Mrd. in CDS (Credit Default Swaps).[2]

Dennoch: Am 15. September 2008 wurde das Undenkbare wahr. Lehman Brothers begaben sich unter Gläubigerschutz nach dem US-amerikanischen Chapter 11. Es war die größte Unternehmensinsolvenz in der Geschichte.

In diesem Beitrag wird zuerst beschrieben, *wie* es zur Insolvenz kam. Auf viele Ursachen der Subprime-Krise und des Verbriefungsmarktes mit ABS und CDOs muss dabei nicht besonders eingegangen werden (siehe hierzu die Beiträge in Teil I und II). Viel wichtiger erscheint dann jedoch, eine Antwort auf die Frage zu finden, *warum* diese Insolvenz von den verantwortlichen Beteiligten *zugelassen* wurde, wo es doch zuerst hieß, Lehman sei *„too big to fail"*. Hätte man den Zusammenbruch nicht verhindern müssen, wenn es stimmt, was Oswald Grübel sagt? Die dramatischen Folgen nach dem 15. September 2008 (Beiträge III.1 und 3) zeigen, dass der nachfolgende Vertrauensverlust in das System weit größere Schäden für Finanz- und Realwirtschaft angerichtet hat als der terroristische Angriff vom 11. September 2001 auf das World-Trade-Center in New York.

Hat man nicht mit allen Mitteln Bear Stearns, Freddie Mac, Feannie Mae, AIG, Merrill Lynch und Wachovia gerettet, oder die IKB, die SachsenLB, die Bayern LB, Hypo Real Estate, Northern Rock, HBOS, Fortis, Dexia und viele weitere? Hat man Lehman absichtlich fallengelassen, war es Fahrlässigkeit oder bedingter Vorsatz?

Gäbe es die Antwort, wäre sie veröffentlicht worden und jedem bekannt. An dieser Stelle kann daher nur der Versuch unternommen werden, so viele Erkenntnisse wie möglich zusammenzutragen, damit eine sachgerechte Beurteilung möglich ist, ohne sich in den Bereich der Spekulation zu begeben.

1 Hintergründe der Insolvenz

Wie viele andere Finanzinstitute und insbesondere Investmentbanken war Lehman im Hypothekenmarkt und in der Verbriefung von Darlehen zu ABS und CDOs tätig.

---

[1] Grübel, O. (2008).
[2] Vgl. Candeias, M. (2008), S. 7.

Entsprechend stark war die Bank von den Folgen des Niedergangs dieser Märkte betroffen.

Ende 2003 wies Lehman ein Beteiligungskapital (shareholder equity) von 13 Mrd. USD und Assets in Höhe von 312 Mrd. USD aus. Ende Februar 2008 stieg Lehmans Beteiligungskapital auf 24,8 Mrd. USD und die Verbindlichkeiten auf die Höhe von 761 Mrd. USD, eine Hebelwirkung (Leverage) von 1 zu 32,7 (Tabelle 1). Normalen Geschäftsbanken ist nur ein Leverage von maximal 1 zu 15 erlaubt.[3] Wie alle anderen auch refinanzierte sich Lehman am kurzfristigen Geldmarkt. In Kombination mit dem großem Hebel kam die Liquidität nach Ausbruch der Krise erheblich unter Druck. Es ging vorerst nicht darum, Verluste zu vermeiden, sondern Geld zu beschaffen. Lehman versuchte dies auf vielfältige Weise. Schon im Juli 2008 bat man die Behörden, Lehman ab sofort als Geschäftsbank einzustufen. Diesen stehen Finanzierungsmöglichkeiten bei der Fed zur Verfügung, die den Investmentbanken verschlossen bleiben. Lehmans Ansinnen wurde jedoch abgelehnt[4] (am 23. September, nach der Lehman-Pleite, wurden nach genau diesem Verfahren die noch verbliebenen Investmentbanken Goldman Sachs und Morgan Stanley zu gewöhnlichen Bankenholdings).

Lehman musste sich demnach anderweitig Geld beschaffen. Die eigens von der Fed für die Investmentbanken geschaffene Finanzierungsmöglichkeit wollte Lehman wegen der damit einhergehenden Stigmatisierung nicht nutzen. Stattdessen suchte man anderweitig nach Liquidität. Weitgehend unbeachtet durch die Finanzmärkte vollzog sich dies auch im Ausland. Unter den Darlehensgebern war z. B. die Europäische Zentralbank. Am Tag der Insolvenzanmeldung soll Lehman über die Frankfurter Niederlassung der EZB 8 bis 9 Mrd. USD geschuldet haben.[5] Eine Sprecherin der EZB lehnte jeden Kommentar ab, ein Phänomen, das bei Fragen an Zentralbanken und offizielle Stellen bezüglich der Lehman-Insolvenz häufig anzutreffen war.

Um die Lage des Unternehmens zu verbessern, wurden von Seiten des Vorstandes mehrere in Frage kommende Optionen geprüft, wie z.B. der Verkauf von zur Sorge Anlass gebenden Immobilien im Wert von 40 Mrd. USD und die Trennung von Teilen des Investment-Managements, darunter auch die Tochtergesellschaft „Neuberger Berman", die eventuell einen Veräußerungserlös von 7 bis 10 Mrd. USD hätte erzielen können.[6]

---

[3] Vgl. Zingales, L. (2008), S. 12.
[4] Vgl. Story, L./White, B. (2008).
[5] Vgl. Mollenkamp et al. (2008).
[6] Vgl. Anderson, J./Dash, E. (2008).

III.4 Lehman 9/15: Die größte Insolvenz aller Zeiten

Tabelle 1: Lehman-Quartalsberichte[7]

PERIOD ENDING		31-May-08	29-Feb-08	30-Nov-07	31-Aug-07
Current Liabilities	Accounts Payable	70,888,000	96,148,000	80,346,000	68,986,000
	Short/Current Long Term Debt	163,148,000	428,555,000	359,415,000	336,456,000
	Other Current	29,355,000	28,829,000	29,363,000	24,935,000
Total Current Liabilities		-	-	-	-
Long Term Debt		349,765,000	207,671,000	199,449,000	207,106,000
Other Liabilities		-	-	-	-
Deferred Long Term Liability Charges		-	-	-	-
Minority Interest		-	-	-	-
Negative Goodwill		-	-	-	-
Total Liabilities		613,156,000	761,203,000	668,573,000	637,483,000
Stockholders' Equity					
Misc Stocks Options Warrants		-	-	-	-
Redeemable Preferred Stock		-	-	-	-
Preferred Stock		6,993,000	2,993,000	1,095,000	1,095,000
Common Stock		61,000	61,000	61,000	61,000
Retained Earnings		16,901,000	19,880,000	19,698,000	18,915,000
Treasury Stock		-4,922,000	-5,149,000	-5,524,000	-5,658,000
Capital Surplus		11,268,000	11,129,000	9,733,000	9,802,000
Other Stockholder Equity		-4,025,000	-4,082,000	-2,573,000	-2,482,000
Total Stockholder Equity		26,276,000	24,832,000	22,490,000	21,733,000
Leverage ratio (assets over equity)		24.6	32.7	30.7	30.4
Short term ratio (short term debt over assets)		25.51%	54.59%	52.05%	51.09%

Source: Lehman Annual Reports.

Auf der Suche nach Kapital klopfte Lehman an viele Türen, darunter bei der Bank of America Corp., MetLife Inc., Morgan Stanley, Warren Buffet, General Electric, HSBC Holdings PLC Großbritannien, einer Investorengruppe unter Führung von Dubai's Scheich Mohammed bin Rashid Al Maktoum, und bei Chinas größtem Staatsfond China Investment Corp.[8]

---

[7] Zingales, L. (2008), Anlage 6.
[8] Vgl. Mollenkamp et al. (2008); Story, L./White, B. (2008).

Mit der Korean Development Bank (KDB) kam es zu konkreten Verhandlungen über eine Kapitalbeteiligung, was der Aktie zu einem Kursanstieg verhalf. Verlautbarungen, dass die Korean Development Bank (KDB) sich von den Verhandlungen zurückgezogen hat, endeten am Dienstag, den 9. September 2008, mit einem radikalen Kurssturz der Aktie (45 %).[9] Der Kursverlust bezogen auf den Höchststand der Aktie im Februar betrug sogar ca. 90 %.

Man kann Lehman und seinem Vorstandsvorsitzenden (CEO) Richard Fuld demnach keine Untätigkeit vorwerfen. Die folgenden Ereignisse legen sogar die Vermutung nahe, dass er zu weit gegangen ist, als er die Öffentlichkeit falsch über die Lage des Unternehmens informiert hat.[10] Hintergrund ist folgender Sachverhalt:

Am 4. September verlangte der Co-CEO der Bank JPMorgan, Steven Black, von Lehman die Bereitstellung von Sicherheiten („collateral") in Höhe von 5 Mrd. USD, an obigem 9. September, dem Tag des Kurssturzes, weitere 5 Mrd.[11] JPMorgan war die Clearing Bank für Lehman. Die Geschäfte, die Lehman abschloss, wurden über JPMorgan-Konten abgewickelt. Da es hierbei immer wieder zu offenen bzw. noch nicht geschlossenen Positionen kommt, besteht regelmäßig ein gewisses Risiko (wenn z. B. Wertpapiere aus einem Aktiengeschäft bereits geliefert wurden, der Zahlungseingang sich jedoch aus technischen Gründen verzögert). In normalen Zeiten ist das Risiko im Vergleich zum Gesamtvolumen eher klein. Aber nach dem, was JPMorgan am Markt hörte (und sicherlich durch einen tiefen Einblick in die Lehman-Geschäfte wusste), wurde die Bank nervös.

Statt Zahlung der geforderten 10 Mrd. konnte Lehman JPMorgan mit dem Versprechen über eine Bereitstellung von 3 Mrd. USD abspeisen. Aber auch die mussten erst einmal „flüssig" gemacht werden.[12] Aufgrund der Unsicherheit über die Lösung dieses Problems warnten die Lehman-Berater vor der Durchführung einer Telefonkonferenz mit Investoren und Finanzanalysten am nächsten Tag.

R. Fuld ließ sich jedoch nicht davon abhalten. Zuerst wurde am 10. September in der Telefonkonferenz ein Quartalsverlust von 3,9 Mrd. USD verkündet. Danach stellten die Teilnehmer der Runde ihre Fragen, darunter auch Mike Mayo, Bankanalyst der Deutschen Bank, der wissen wollte, ob Lehman 4 Mrd. USD benötige. Dessen Finanz-

---

[9] Vgl. Anderson,J./Sorkin, A.R. (2008).

[10] Siehe hierzu die zahlreichen Befragungen von R. Fuld durch Kongressabgeordnete im Untersuchungsausschuss des U.S. House of Representatives am 6. Oktober 2008: Committee Hearing (2008).

[11] Vgl. Mollenkamp et al. (2008).

[12] Dies bedeutet nicht zwingend Bargeld, sondern jede Form liquider Mittel, wozu auch hoch liquide Wertpapiere zählen (z. B. Staatsanleihen, sichere Unternehmensanleihen).

vorstand Ian Lowitt meinte: „*Wir glauben nicht (don't feel), dass wir zusätzliche Mittel beschaffen müssen*", und weiter: „*Unsere Kapitalposition im Moment ist stark*".[13]

In der unter Eid durchgeführten Anhörung im Kongressausschuss wurde R. Fuld wissentliche Irreführung der Öffentlichkeit vorgeworfen, was er jedoch zurückwies: „*And I will note that, on September 10th […] we had 41 billion of excess liquidity.*"[14]

In einer weiteren Befragung durch den republikanischen Abgeordneten John Mica aus Florida wiederholte R. Fuld diese Zahl. Mica darauf ungehalten: „*Nochmal, nochmal, vor dem Komitee, unter Eid: In der Nacht vor dem 10. September, an dem Sie diese Erklärung abgaben, wussten Sie da, dass Sie genau genommen die geschätzten 3 bis 5 Mrd. nicht bekommen werden, um das Schiff über Wasser zu halten?*"[15]

In der Antwort „windet" sich Fuld mit dem Erklärungsversuch, die von JPMorgan geforderten 3 bis 5 Mrd. seien kein Kapital *(capital)*, das man benötige, sondern Sicherheiten *(collateral)* für die Clearing Bank. Vorausgesetzt, die Bilanz zum 31. August weise das Kapital korrekt aus (woran Zweifel bestehen), wäre Lehman in der Tat nicht überschuldet gewesen und „Kapital"-Bedarf im eigentlichen Sinne hätte nicht bestanden. Im Krisenfall spielt dies jedoch keine Rolle mehr. Konnte Lehman die von JPMorgan geforderten liquiden Mittel nicht aufbringen, drohte die Zahlungsunfähigkeit, selbst wenn man bilanziell über noch so viel „excess liquidity" verfügte. JPMorgan wollte keine Immobilien, ABS oder CDOs, von denen man sowieso befürchtete, sie seien zu hoch bewertet. Die Bank wollte die Geschäfte nur weiterführen, wenn sofort „zu Geld zu machende" Werte übertragen würden. Die aber hatte Lehman offensichtlich nicht.[16]

Dies schienen auch die Insider zu wissen. Am Freitag, den 12. September 2008, wurde durch Offizielle der Fed die erste Krisensitzung im Falle Lehman einberufen. Die Sitzung begann am frühen Abend um 6 Uhr, unter den Teilnehmern waren Finanzminister Henry M. Paulson, der Vorsitzende der US Börsenaufsicht SEC, Christopher Cox und einige Top-Banker, ebenso der Chef von Morgan Stanley, John Mack, und der Chef von Merrill Lynch, John Thain.[17] Nicht anwesend waren Lehman-Manager selbst.[18] Die Fed hatte bereits zuvor bei mehreren Gelegenheiten Maßnahmen zur Rettung des Finanzsystems ergriffen. Hierzu zählen die „Zweckehe" zwischen Bear

---

[13] Zitiert nach Mollenkamp et al. (2008).
[14] Committee Hearing (2008), S. 148, Zeilen 3396-3398. Der Begriff „excess liquidity" wird interpretiert als die freien liquiden Mittel, die über den Betrag hinausgehen, die die Bank normalerweise benötigt.
[15] Committee Hearing (2008), S. 164f., Zeilen 3799ff. Übers. d. d. Verf.
[16] Da Insolvenzstraftatbestände grundsätzlich immer erst verfolgt werden, wenn es zur Insolvenz kommt, haben die Beteiligten ein umso größeres Interesse an der Vermeidung von deren Eintritt und erhalten kontraproduktiverweise einen Anreiz, die Lage des Unternehmens zwecks Beschaffung neuer Mittel noch besser darzustellen.
[17] Vgl. sueddeutsche.de (2008); Sorkin, A.R. (2008).
[18] Vgl. Tett, G. (2009), S. 272.

Stearns und JPMorgen Chase (März 2008) mit einer Absicherung durch die Fed in Höhe von 29 Mrd. USD und die gerade erst am Wochenende zuvor (6. und 7. September) von der Regierung übernommen Institute Fannie Mae und Freddie Mac, bei denen sie sich in Höhe von 200 Milliarden USD engagiert hatte.[19]

Im Laufe dieser Krisensitzungen wurde den Bankern durch die Fed mitgeteilt, dass es diesmal keine finanzielle Unterstützung für Lehman von Seiten der Regierung geben werde.[20] Genau dies war jedoch die Forderung der potentiellen Interessenten. Nachdem die Regierung verlautbart hatte, dass mit keinerlei Garantien ihrerseits zu rechnen sei, war die Bank of America nicht weiter an einer Übernahme interessiert. Der Hauptvorschlag zur Rettung der angeschlagenen Lehman sah die Aufsplittung der Bank in zwei Einheiten vor, einer „good bank" und einer „bad bank". Unter einem solchen Szenario hätte Barclays oder die Bank of America die gut laufenden Teile von Lehman übernommen, eine Gruppe von zehn bis fünfzehn Wall Street Firmen hätte einer Übernahme der verbleibenden verlusttragenden Assets zugestimmt. Steuergelder wären bei diesem Handel nicht geflossen. Andere in die Verhandlungen mit einbezogene Wall Street Banken schreckten jedoch hiervor wegen möglicher von ihnen zu tragenden Verlusten zurück, während Barclays oder die Bank of America mit den profitablen Assets „davonziehen" könnten.[21]

Nachdem sich die Bank of America zurückgezogen hatte, konzentrierten sich die Verhandlungen auf Barclays. Diese sollte jedoch auf Wunsch der Fed alle laufenden Geschäfte von Lehman Brothers garantieren, bevor die Börsen am Montag, 15. September, öffnen. Geithner befürchtete sonst Panik. Dies, so Barclays, sei nach den britischen Regulierungsvorschriften nicht ohne Zustimmung der Aktionäre möglich. Die britische Regulierungsbehörde FSA sah sich außerstande, diese Vorschrift vorübergehend außer Kraft zu setzen.[22] Ob es sich dabei wirklich um berechtigte Bedenken handelte, sei dahingestellt. Wie im Endstadium eines Unternehmens üblich, verweigert man sich häufig konstruktiven Lösungen, weil man das Ganze am Ende viel billiger bekommen kann.[23] Nachdem nun auch Barclays ausgeschieden war[24], trat Plan B in Kraft, an dem offensichtlich schon seit Tagen gearbeitet wurde. Der noch am 14. September vorbereitete Insolvenzantrag wurde am Montag, den 15. September, in aller Frühe eingereicht (Abbildung 1).

---

[19] Vgl. Labaton, St./Andrews, E. L. (2008).
[20] Vgl. Tett, G. (2009), S. 272.
[21] Vgl. Sorkin, A. R. (2008).
[22] Vgl. Tett, G. (2009), S. 274.
[23] So erwarb Barclays die Nordamerikaaktivitäten von Lehman einen Tag nach deren Insolvenzanmeldung für vergleichsweise kleines Geld: 1,54 Mrd. Vgl. Mollenkamp et al. (2008). Die japanische Bank NOMURA kauft später das Asien- und Europageschäft, vgl. Reuters (2008a).
[24] Vgl. Wearden, G./Teather, D./Treanor, J. (2008).

III.4 Lehman 9/15: Die größte Insolvenz aller Zeiten

Abbildung 1: Lehman-Insolvenzantrag nach Chapter 11 vom 14.09.2009, eingereicht am 15.09.2009 um ca. 0.30 amerikanischer EST, (6.30 MESZ)[25]

(Official Form 1) (1/08)

United States Bankruptcy Court Southern District of New York	Voluntary Petition
Name of Debtor (If individual, enter Last, First, Middle): **Lehman Brothers Holdings Inc.**	Name of Joint Debtor (Spouse) (Last, First, Middle): N/A
All Other Names used by the Debtor in the last 8 years (include married, maiden, and trade names):	All Other Names used by the Joint Debtor in the last 8 years (include married, maiden, and trade names): N/A
Last four digits of Soc. Sec. or Individual-Taxpayer I.D. (ITIN) No./Complete EIN (if more than one, state all): **EIN # 13-3216325**	Last four digits of Soc. Sec. or Individual-Taxpayer I.D. (ITIN) No./Complete EIN (if more than one, state all): N/A
Street Address of Debtor (No. and Street, City, and State): **745 Seventh Avenue** **New York, New York** ZIP CODE **10019**	Street Address of Joint Debtor (No. and Street, City, and State): N/A ZIP CODE
County of Residence or of the Principal Place of Business: **New York**	County of Residence or of the Principal Place of Business: N/A
Mailing Address of Debtor (if different from street address): N/A ZIP CODE	Mailing Address of Joint Debtor (if different from street address): N/A ZIP CODE
Location of Principal Assets of Business Debtor (if different from street address above): ZIP CODE	

Signature of Attorney*	Signature of Non-Attorney Bankruptcy Petition Preparer
X /s/ **Harvey R. Miller** Signature of Attorney for Debtor(s) **Harvey R. Miller, Esq.** **Richard P. Krasnow, Esq.** **Lori R. Fife, Esq.** **Shai Y. Waisman, Esq.** **Jacqueline Marcus, Esq.** Printed Name of Attorney for Debtor(s) **Weil, Gotshal & Manges LLP** Firm Name **767 Fifth Avenue** Address **New York, New York 10153** **212-310-8000** Telephone Number **September 14, 2008** Date	I declare under penalty of perjury that: (1) I am a bankruptcy petition preparer as defined in 11 U.S.C. § 110; (2) I prepared this document for compensation and have provided the debtor with a copy of this document and the notices and information required under 11 U.S.C. §§ 110(b), 110(h), and 342(b); and (3) if rules or guidelines have been promulgated pursuant to 11 U.S.C. § 110(h) setting a maximum fee for services chargeable by bankruptcy petition preparers, I have given the debtor notice of the maximum amount before preparing any document for filing for a debtor or accepting any fee from the debtor, as required in that section. Official Form 19B is attached. Printed Name and title, if any, of Bankruptcy Petition Preparer Social-Security number (If the bankruptcy petition preparer is not an individual, state the Social-Security number of the officer, principal, responsible person or partner of the bankruptcy petition preparer.) (Required by 11 U.S.C. § 110.) Address X Date Signature of bankruptcy petition preparer or officer, principal, responsible person, or partner whose Social-Security number is provided above.
* In a case in which § 707(b)(4)(D) applies, this signature also constitutes a certification that the attorney has no knowledge after an inquiry that the information in the schedules is incorrect.	Names and Social-Security numbers of all other individuals who prepared or assisted in preparing this document unless the bankruptcy petition preparer is not an individual:
Signature of Debtor (Corporation/Partnership) I declare under penalty of perjury that the information provided in this petition is true and correct, and that I have been authorized to file this petition on behalf of the debtor. The debtor requests the relief in accordance with the chapter of title 11, United States Code, specified in this petition. X /s/ **Ian T. Lowitt** Signature of Authorized Individual **Ian T. Lowitt** Printed Name of Authorized Individual **Chief Financial Officer** Title of Authorized Individual **September 14, 2008** Date	If more than one person prepared this document, attach additional sheets conforming to the appropriate official form for each person. *A bankruptcy petition preparer's failure to comply with the provisions of title 11 and the Federal Rules of Bankruptcy Procedure may result in fines or imprisonment or both. 11 U.S.C. § 110; 18 U.S.C. § 156.*

NY2:\1914653\08\15\CT08!.DOC\73683.1043

---

[25] Lehman-Filing (2008).

2 Warum eine Insolvenz und warum ausgerechnet Lehman?

Der Markt ging nach der Rettung von Bear Stearns im Frühjahr und der Übernahme von Freddie Mac und Fannie Mae in ein „conservatorship" am 6. September davon aus, dass das Finanzministerium und die Fed zwar kleinere zahlungsunfähige Sparkassen in die Insolvenz gehen lassen könnten (IndyMac), nicht jedoch die großen Investmentbanken. Die Aufsichtsbehörden standen in ständigem Kontakt mit den Entscheidungsträgern dieser Banken und hätten, wie im Falle Bear Stearns, rechtzeitig helfend eingreifen können. Auch der deutsche Finanzminister Peer Steinbrück rechnete noch am Samstag, 13. September 2008, am Rande von Beratungen der EU-Finanzminister in Nizza mit einer Rettung von Lehman: „*Wir erwarten eine Lösung vor Öffnung der asiatischen Märkte am Montag.*"[26]

Aus einer E-Mail vom Lehman-CEO Richard Fuld an den stellvertretenden Boardvorsitzenden und Chefjustiziar von Lehman, Thomas A. Russo, ist eine durchaus freundschaftliche Beziehung zwischen Lehman und dem damaligen Finanzminister Henry Paulson herauszulesen. Wenn es dort um Probleme ging, dann nur in Bezug auf Merrill Lynch (Punkt 6: *H(enry) P(aulson) ist besorgt wegen M(errill) L(ynch)*).

■ **Abbildung 2: E-Mail von Richard Fuld vom 12. April 2008 an Thomas A. Russo**[27]

From:	Fuld, Dick [████@lehman.com]
Sent:	Saturday, April 12, 2008 2:52 AM (GMT)
To:	Russo, Thomas A [████@lehman.com] <Error -2147221233>
Subject:	Tom

Just finished the Paulson dinner.
A few takeaways//
1-we have huge brand with treasury
2-loved our capital raise
3-really appreciate u + Reiders work onm ideas
4-they want to kill the bad HFnds + heavily regulate the rest
5-they want all the G7 countries to embrace
Mtm stnds
Cap stnds
Lev + liquidty stnds
6-HP has a worried view of ML-
All in all worthwhile.
Dick

---

[26] Tagesspiegel (2008).
[27] Fuld, R. (2008).

III.4 Lehman 9/15: Die größte Insolvenz aller Zeiten

In Lehmans häufig kritisiertem Hebel zwischen Eigenkapital und Verschuldung und der Liquididitätsausstattung scheint der Finanzminister nach den Aussagen Fulds keine Probleme zu erkennen (*„Lev + liquidty stnds"*).

In die entscheidenden Rettungsverhandlungen ging Paulson jedoch mit einer klaren Botschaft: Keine Steuergelder für Lehman. Ohne staatliche Garantien aber waren die einzigen verbliebenen Bieter, Bank of America und Barclays, nicht mehr an einer Übernahme von Lehman interessiert.[28]

Während Barclays nach der Insolvenzanmeldung nun doch wieder Interesse an Lehmans Nordameriakaktivitäten zeigte (allerdings zu weit besseren Konditionen), hatte die Bank of America nach Verlassen des Rettungsgipfels am 14. September Anderes im Sinn. Merrill Lynch hatte im Juli CDOs im Nominalbetrag von 31 Mrd. USD für 8,8 Mrd. USD verkaufen müssen, insgesamt musste man 55,9 Mrd. USD im Zuge der Subprime-Krise abschreiben. Die Bank of America übernahm Merrill Lynch am 15. September 2008 im Wege eines Aktientausches. *„Bank of America hat sich gegen die Übernahme des Lehman-Risikos entschieden, aber bei Merrill Lynch hielt man das Risiko für kleiner"*, kommentierte John Medlin Jr., ehemaliger Wachovia-Chef, die Übernahme.[29]

Staatliche Garantien gab es für diese Aktion zu diesem Zeitpunkt noch nicht. Nach einem Blick in die Merrill Lynch-Bücher muss den BoA-Managern jedoch klar geworden sein, dass man auf die endgültige Durchführung der Übernahme verzichten sollte.[30] Dieses Mal war Paulson's Auffassung gänzlich von derjenigen bei der Lehman-Rettung verschieden. Nicht nur, dass er im Januar 2009 die Übernahme mit 20 Mrd. USD Steuergeldern absicherte, sondern auch die Tatsache, dass er der Bank of America im Falle des Scheiterns mit gravierenden Konsequenzen gedroht haben soll, zeigt die unterschiedliche Sicht der Dinge.[31]

Warum aber diese vielen offensichtlichen Ungleichbehandlungen? Auf Seiten des Staates und der Fed könnten folgende Gründe ausschlaggebend gewesen sein:

- Betrachtet man die über lange Zeit gemachten beschwichtigenden Statements der offiziellen Stellen (von denen viele in diesem Buch wiedergegeben werden), könnte man vermuten, die Ereignisse hätten die Verantwortlichen in so dramatischer Weise „überrollt", dass rationale Entscheidungen nicht mehr zustande kamen. Man reagierte „aus dem Bauch" heraus.

- Finanzminister Paulson stand nach der Rettung ("Bail Out") von Bear Stearns (eingesetztes Steuergeld: 29 Mrd. USD) und der Quasi-Verstaatlichung von Freddie Mac und Fannie Mae (200 Mrd. USD) unter hohem Druck insbesondere seiner

---

[28] Vgl. Mollenkamp et al. (2008).
[29] Mildenberg, D./Keoun, B. (2008).
[30] Vgl. Reuters (2009).
[31] Vgl. Appelbaum, B. (2009).

Parteikollegen. Die republikanische Partei ist seit jeher eine Befürworterin der unregulierten Finanzmärkte nach dem Prinzip des „laissez-faire". Sie lässt die Akteure die Folgen unvorsichtigen Handelns jedoch auch selbst tragen. Dem Grundsatz „Gewinne privatisieren" stimmt sie zu, „Verluste sozialisieren" lehnt sie ab. Wie die Abstimmung zum großen Rettungsprogramm noch zeigen wird, nehmen die Republikaner diesen Grundsatz auch in schweren Krisen ernst. Da am 4. November 2008 die Präsidentschaftswahlen anstanden, könnte es sein, dass man den eigenen Kandidaten McCain nicht mit einer widersprüchlichen ordnungspolitischen Hypothek belasten wollte.

- Hinter dem zumindest geduldeten Untergang von Lehman könnte jedoch auch die Strategie einer Einstimmung des Senats, des Kongresses und insgesamt der amerikanischen Öffentlichkeit für ein nie dagewesenes Hilfsprogramm stehen. Selbst nach dem Schock der Lehman-Pleite und den nachfolgenden Verwerfungen wurde das Rettungspaket über 700 Mrd USD vom Repräsentantenhaus am 29. September 2008 mit 205 Ja-Stimmen gegen 228 Nein-Stimmen abgelehnt. Entsprechend der US-amerikanischen Abstimmunskultur ohne Fraktionszwang gingen die Meinungen quer durch beide Lager: 133 Republikaner und 95 Demokraten stimmten dagegen.[32] Erst am 3. Oktober wurde das Hilfspaket verabschiedet: 263 „Ja"- (Demokraten 172, Republikaner 91) gegen 171 „Nein"-Stimmen (Demokraten 63, Republikaner 108).[33] Wären die Lehman-Ereignisse nicht vorausgegangen, wäre das Rettungspaket endgültig abgelehnt worden.

- Weitere Vermutungen legen den Willen zur Vermeidung eines zukünftigen „Moral Hazards" nahe (Anreiz riskanten Verhaltens durch faktische Rettungsgarantie des Staates im Falle des Scheiterns).[34] Auch könnte die Absicht bestanden haben, ein Exempel statuieren zu wollen, und da sei Lehman mit seinen undurchsichtigen Bilanzen nun einmal das schwächste Glied in der Kette gewesen. Gelegentlich werden auch Finanzminister Paulson als ehemaligem Goldman Sachs-Chef Animositäten gegenüber Lehman Brothers und der Führungslegende Robert Fuld nachgesagt. Es ist aber fraglich, ob hier wirklich die Gründe für den Fall Lehman gesucht werden können. Die tage- und nächtelangen Bemühungen aller Beteiligten schließen solche Gründe eher aus.

Besondere Brisanz erhält die strikte Verweigerung von Steuergeldern für die Lehman-Rettung bei der fast gleichzeitigen Gewährung des Rettungsschirms für den amerikanischen Versicherer AIG am 16. September. AIG hatte sich besonders im Bereich der Versicherung von ABS- und CDO-Papieren engagiert, dafür jedoch kaum Rückstellungen gebildet. Als diese immer mehr im Kurs verfielen, wurden viele

---

[32] Vgl. Hulse, C./Herszenhorn, D. M. (2008).
[33] Vgl. Abstimmungen (2008).
[34] Vgl. Dash, E. (2008).

Versicherungsleistungen fällig. Den Zusammenbruch von AIG verhinderte der amerikanische Steuerzahler mit 85 Mrd. USD.[35]

In einem vielbeachteten Rechenschaftsbericht vor dem Board of Governors of The Federal Reserve System am 24. September 2008 verglich der Notenbankchef Ben Bernanke das unterschiedliche Vorgehen bei AIG und Lehman folgendermaßen:

„Im Falle von AIG gewährte die Fed mit Unterstützung des Finanzministeriums eine Notfallkreditlinie zwecks ordnungsgemäßer Abwicklung. Die Fed handelte so, weil sie zum Urteil gekommen war, dass unter Berücksichtigung der gegenwärtigen Marktbedingungen und dem Umfang und der Zusammensetzung von AIG's Verpflichtungen ein unkontrolliertes Versagen von AIG die weltweite Stabilität der Finanzmärkte und damit der US-Wirtschaft gefährdet hätte." […]

„Im Falle von Lehman Brothers, einer größeren Investmentbank, haben die Fed und der Finanzminister eine Unterstützung mit öffentlichen Mitteln abgelehnt. Lehmans Fall barg Risiken. Aber Lehmans Probleme waren seit geraumer Zeit wohlbekannt, und, wie man z. B. an den hohen Versicherungskosten für Lehmans Verbindlichkeiten am Markt für Credit Default Swaps (CDS) ablesen konnte, haben die Investoren wahrgenommen, dass die Pleite der Firma signifikant im Bereich des Möglichen lag. Deshalb nahmen wir an, dass Investoren und Vertragspartner Zeit für vorbeugende Maßnahmen hatten."[36]

In der Tat. Nachdem viele Investoren schon im Vorfeld auf dem Wege eines institutionellen Bank Runs „vorbeugend" ihre Gelder abgezogen hatten, forderte JPMorgan am 4. und 9. September neue Sicherheiten zur Fortführung des Clearings. Am 12. September, dem Tag des Beginns der Rettungsverhandlungen, folgte dann der Todesstoß: JPMorgan blockierte die freien liquiden Mittel von Lehman in Höhe von 17 Mrd. USD.[37] Auf dem Papier war dies durch keine anderweitigen Verpflichtungen gebundene Liquidität, das Geld gehörte Lehman. Offensichtlich aber verfuhr JPMorgan im Zustand höchster Nervosität nach dem altbewährten Motto des (Faust-) Pfandrechts: *Glücklich, wer hat.* Nach dem Verlust jeglicher Bewegungsfreiheit wurden JPMorgans Befürchtungen durch diese Aktion zur sich selbst erfüllenden Prophezeihung. Es muss vermutet werden, dass dies unter den zumindest duldenden Augen von Fed und Finanzminister geschah.

Andere „Verschwörungstheorien" glauben gar, dass nicht die Rettung von Lehman, sondern die der viel wichtigeren Bank JPMorgan im Vordergrund stand[38], die mit

---

[35] Wie unangebracht voreilige Urteilssprüche über solche Rettungsaktionen sind, zeigt die Tatsache, dass nur aufgrund dieser US-amerikanischen Zahlung die Deutsche Bank in den Genuss von vertraglich zugesicherten Leistungen in Höhe von 6 Mrd. USD durch AIG kommen konnte. Vgl. Mollenkamp, C./Ng, S. (2009).
[36] Bernanke, B. (2008). Übersetzung durch die Verfasserin.
[37] Vgl. Sandler, L./St. Onge, J. (2008).
[38] Vgl. Kirby, R. (2008).

Billionenbeträgen (amerikanisch *trillions*) in Kreditderivaten engagiert war. JPMorgan gilt als Inkarnation des amerikanischen Finanzsystems. Der legendäre John Piermont Morgan rettete 1907 die Wall Street und half später bei der Gründung der Fed. Die von der Fed abgesicherte Zahlung von JPMorgan an die Brokertöchter von Lehman nach der Insolvenz der Holding (!) über insgesamt 138 Mrd. USD (87 + 51 Mrd.)[39] gibt den Vermutungen neue Nahrung. Ob, wann und wie diese Gelder an die Fed zurückgeflossen sind, ist den verfügbaren Quellen nicht zu entnehmen.[40]

Die Bevorzugung von JPMorgan-Forderungen gegenüber denen anderer Gläubiger durch das Insolvenzgericht kommentierte der zuständige Richter wie folgt: *„Die Bevorzugung (comfort order for the benefit) von JPMorgan Chase unter diesen Abwicklungsvereinbarungen ist vollkommen angemessen, wenn auch nach meiner Erfahrung ungewöhnlich."*[41]

An dieser Stelle, Mitte des Jahres 2009, enden die Möglichkeiten dieses Beitrags zur umfassenden Erklärung des Phänomens der Lehman-Pleite, der größten Insolvenz aller Zeiten. Licht ins Dunkel können nur zukünftige Erkenntnisse bringen.

---

[39] Vgl. Kary, T./Scinta, C. (2008).

[40] Die vorschnell als „irrtümlich" kommunizierte Überweisung der Kreditanstalt für Wiederaufbau (KfW) an Lehman am 15. September 2008 in Höhe von 350 Mio. EUR kurz nach der Insolvenzeröffnung nimmt sich da geradezu bescheiden aus, vgl. Appel, H. (2008). Den Vorwürfen an die deswegen fristlos entlassenen Manager liegt folgende Überlegung zugrunde: Wenn sich irgendjemand einen tropfenden Wasserhahn hat reparieren lassen und der Klempner eine Rechnung übergibt mit der Bitte, diese bis Montag zu begleichen, man aber am Wochenende erfährt, besagter Klemper mache sowieso bald pleite, dann wäre es unklug, den Betrag noch zu überweisen anstatt das Geld als Extragewinn einzustreichen. Die KfW ist aber nicht irgendjemand, sondern die größte Staatsbank einer der größten Exportnationen der Welt. Unter der Voraussetzung, dass das Rechtsgeschäft bindend und die Zahlung fällig war, hat der für die Kommunikation zuständige Teil der KfW oder der sie kontrollierenden Staatseinrichtungen die einmalige Chance verpasst, der Weltöffentlichkeit mitzuteilen, dass man sich an einmal getroffene Zahlungsverpflichtungen zu halten gedenkt. Im Zweifel hätte sich Lehmans Insolvenzverwalter das Geld sowieso geholt. Wenn alle Bankenvorstände so handeln, wie der Finanzminister es von der KfW im Nachhinein verlangt, dann traut keiner mehr keinem. Genauso ist es gekommen. Bis zum Zeitpunkt der Fertigstellung dieses Buches (August 2009) gibt es keinen funktionierenden Interbankenmarkt mehr.

[41] Kary, T./Scinta, C. (2008).

3 Fazit

Im Nachhinein hätte es unter Berücksichtigung der dramatischen Folgen nie zu einer Insolvenz von Lehman Brothers kommen dürfen. Nach den hier vorliegenden Erkenntnissen ist sie weder fahrlässig noch vorsätzlich herbeigeführt worden. Das Vorgehen der Verantwortlichen könnte man eher wie folgt charakterisieren:

- „Einen muss es ja mal treffen, und mit Lehman trifft es nicht den Falschen."
- „Es wird schon nichts passieren."
- „Und falls doch, na, wenn schon!"

Juristisch sind dies die Voraussetzungen für billigendes Inkaufnehmen. Das wäre bedingter Vorsatz.[42]

Literaturverzeichnis

Abstimmungen (2008). *Ergebnisse im Repräsentantenhaus zum Rettungspaket.* Abgerufen am 20. Juli 2009 von http://clerk.house.gov/evs/2008/roll674.xml (29.09.2008) und http://clerk.house.gov/evs/2008/roll681.xml (03.10.2008).

Appel, H. (2008). *KfW überwies nach langen Beratungen.* In: FAZ.NET vom 21. September 2008. Abgerufen am 21. Juli 2009 von
http://www.faz.net/s/Rub0E9EEF84AC1E4A389A8DC6C23161FE44/Doc~E2B2E54D587 4D4384B795E8801F11F621~ATpl~Ecommon~Scontent.html

Appelbaum, B. (2009). *Paulson Makes No Apologies for Role in Merrill Lynch Sale.* In: Washington Post vom 16. Juli 2009. Abgerufen am 20. Juli 2009 von
http://www.washingtonpost.com/wp-dyn/content/article/2009/07/15/AR2009071501816.html

---

[42] „Vorsätzlich handelt, wer den Erfolgseintritt für möglich hält und den Erfolg billigend in Kauf nimmt oder sich jedenfalls mit ihm abfindet". Vgl. Baumann, J./Weber, U./Mitsch, W. (2003), § 20 Rn. 54.

Anderson, J./Dash, E. (2008). *For Lehman, More Cuts and Anxiety.* In: New York Times vom 29. August 2008. Abgerufen am 17. Juli 2009 von http://www.nytimes.com/2008/08/29/business/29wall.html?_r=1&em

Anderson, J./Sorkin, A .R. (2008). *Lehman Said to Be Looking for a Buyer as Pressure Builds.* In: New York Times vom 11. September 2008. Abgerufen am 17.07.2009 von http://www.nytimes.com/2008/09/11/business/11lehman.html?_r=2

Baumann, J./Weber, U./Mitsch, W. (2003). *Strafrecht. Allgemeiner Teil: Ein Lehrbuch,* Bielefeld.

Bernanke, B. (2008). *Economic Outlook.* Testimony before the Joint Economic Committee, U.S. Congress, 24. September 2008. Abgerufen am 20. Juli 2009 von http://www.federalreserve.gov/newsevents/testimony/bernanke20080924a.htm

Candeias, M. (2008). *Finanzkrise und neuer Staatsinterventionismus.* Abgerufen am 02. März 2009 von http://www.rosalux.de/cms/fileadmin/rls_uploads/pdfs/standpunkte_0824.pdf

Committee Hearing (2008). *The Causes and Effects of the Lehman Brothers Bankruptcy, Monday, October 6, 2008, House of Representatives, Committee on Oversight and Government Reform, Washington, D.C.* (Nicht revidierte) stenografische Mitschrift. Abgerufen am 19. Juli 2009 von http://oversight.house.gov/documents/20081010150253.pdf

Dash, E. (2008). *U.S. Gives Banks Urgent Warning to Solve Crisis.* In: New York Times vom 13. September 2008. Abgerufen am 19.07.2009 von http://www.nytimes.com/2008/09/13/business/13rescue.html?_r=1&hp&oref=slogin

Fuld, R. (2008). E-Mail an Thomas A. Russo vom 12. April 2008. Abgerufen am 20. Juli 2009 von http://oversight.house.gov/documents/20081006141656.pdf

Grübel, O. (2008). NZZ-Online vom 21. April 2008. Abgerufen am 14. Juli 2009 von http://www.nzz.ch/nachrichten/wirtschaft/aktuell/system-kollaps_gruebel_knapp_vermieden__1.715034.html

Hulse, C./Herszenhorn, D.M. (2008). *House Reject Bailout Package, 228-205; Stocks Plunge.* In: New York Times vom 30 September 2008. Abgerufen am 20.07.2009 von http://www.nytimes.com/2008/09/30/business/30bailout.html?scp=1&sq=House%20Rejects%20Bailout%20Package&st=cse

Kary, T./Scinta, C. (2008). *JPMorgan Gave Lehman $138 Billion After Bankruptcy.* Bloombergmeldung vom 16. September 2008. Abgerufen am 20. Juli 2009 von http://www.bloomberg.com/apps/news?pid=20601087&sid=aX7mhYCHmVf8&refer=home

Kirby, R. (2008). *And the Band Played On.* Vom 22. September 2008. Abgerufen am 21. Juli 2009 von http://www.financialsense.com/Market/kirby/2008/0922.html

Labaton, St./Andrews, E. L. (2008). *In Rescue to Stabilize Lending, U.S. Takes over Mortgage Finance Titans.* In: New York Times vom 8. September 2008. Abgerufen am 18.07.2009 von http://www.nytimes.com/2008/09/08/business/08fannie.html?_r=1

Lehman-Filing (2008). *Insolvenzantrag der Lehman Brothers Holsing Inc.* Abgerufen am 18. Juli 2009 von
http://online.wsj.com/public/resources/documents/lehmanfiling916208.pdf

Mildenberg, D./Keoun, B. (2008). *Bank of America to Acquire Merrill as Crisis Deepens.* Bloomberg vom 15. September 2008. Abgerufen am 20. Juli 2009 von http://www.bloomberg.com/apps/news?pid=20601087&sid=a9O9JGOLdI_U

Mollenkamp, C./Craig, S./McCracken, J./Hilsenrath, J. (2008). *The Two Faces of Lehman's Fall,* in: Wall Street Journal vom 6. Oktober. 2008. Abgerufen am 19. Juli 2009 von http://online.wsj.com/article/SB122324937648006103.html

Mollenkamp, C./Ng, S. (2009). *Top U.S., European Banks Got $50 Billion in AIG Aid.* In: Wall Street Journal vom 7. März 2009. Abgerufen am 21. Juli 2009 von http://online.wsj.com/article/SB123638394500958141.html

Reuters (2008a). Meldung vom 23. September 2008: *Japanischer Broker Nomura kauft Europa-Geschäft von Lehman.* Abgerufen am 20. Juli 2009 von
http://de.reuters.com/article/idDEBEE48M0LV20080923

Reuters (2008b). Meldung vom 16. September 2008: *NY Fed repaid JPMorgan for 87 bln in Lehman financing.* Abgerufen am 20. Juli 2008 von
http://www.reuters.com/article/marketsNews/idUSN1648070820080916

Reuters (2009). Meldung vom 15. Januar 2009: *BofA furious with Merrill, Thain over losses: report.* Abgerufen am 20. Juli 2009 von
http://www.reuters.com/article/americasDealsNews/idUSTRE50E88H20090115

Sandler, L./St.Onge, J. (2008). *Lehman Cash Crunch Caused by Lender JPMorgan, Creditors Say,* in: Bloomberg-Meldung vom 4. Oktober 2008. Abgerufen am 20. Juli 2009 von http://www.bloomberg.com/apps/news?sid=aOBEg1wAitck&pid=20601109

Sorkin, A.R. (2008). *Lehman Files for Bankruptcy; Merrill Is sold.* In: New York Times vom 14. September 2008. Abgerufen am 16.07.2009 von
http://www.nytimes.com/2008/09/15/business/15lehman.html?_r=1&pagewanted=all

Story, L./White, B. (2008). *The Road to Lehman's Failure Was Littered With Lost Chances.* In: New York Times vom 6. Oktober 2008. Abgerufen am 20. Juli 2008 unter http://www.nytimes.com/2008/10/06/business/06lehman.html

sueddeutsche.de (2008). *Zu grelles Licht am Ende des Tunnels.* Abgerufen am 16.07.2009 von http://www.sueddeutsche.de/finanzen/154/310085/text/

Tagesspiegel (2008). 14. September 2008: *Wall Street ringt um Rettung von Lehman Brothers.* Abgerufen am 20. Juli 2009 von
http://www.tagesspiegel.de/wirtschaft/art271,2614054

Tett, G. (2009). *Fool's Gold – How unrestrained Greed corrupted a Dream, shattered Global Markets and unleashed a Catasprophe,* London.

Wearden, G./Teather, D./Treanor, J. (2008). *Banking crisis: Lehman Brothers files for bankruptcy protection,* in: guardian.co.uk vom 15. September 2008. Abgerufen am 16.07.2009 von http://www.guardian.co.uk/business/2008/sep/15/lehmanbrothers.creditcrunch

Zingales, L. (2008). Testimony before the Committee on Oversight and Government Reform, U.S. House of Representatives, October 6, 2008. Abegrufen am 19. Juli 2009 von http://oversight.house.gov/documents/20081006103245.pdf

Teil IV

Das Krisenmanagement der Staaten und Zentralbanken

Adalbert Polonis, Firat Göcmen

IV.1 Die Reaktionen der Zentralbanken im internationalen Vergleich

1 Aufgaben der Zentralbanken 241
2 Eingreifen der Zentralbanken 242
    2.1   Verhalten der EZB 242
    2.2   Verhalten der Fed 245
    2.3   Verhalten der Bank of England 248
3 Lender of Last Resort 251
4 Moral Hazard als Gefahr für das Bankensystem 252
5 Fazit und Ausblick 255
Literaturverzeichnis 256

IV.1 Die Reaktionen der Zentralbanken im internationalen Vergleich

"It is well enough that people of the nation do not understand our banking and monetary system, for if they did, I believe there would be a revolution before tomorrow morning."
(Henry Ford)

Eine Säule der Liquiditätsbereitstellung ist der Interbanken-Geldmarkt. Während der Finanzkrise kam es in diesem Markt zu Liquiditätsengpässen mit gravierenden weltweiten Folgen. Bei Interbankengeschäften leihen sich Banken gegenseitig Geld zum Zwecke der Refinanzierung. Vorausgesetzt wird dabei die Bonität des jeweiligen Geschäftspartners.

Ausgelöst wurden die Liquiditätsengpässe durch Unsicherheiten und Risiken am Markt, die besonders nach der Lehman-Insolvenz zu einem Vertrauensverlust unter den Banken führte. Dadurch wurden die Zentralbanken zum Eingreifen gezwungen.

Gegenstand dieses Beitrags sind die Reaktionen verschiedener Zentralbanken im internationalen Vergleich. Die Untersuchung beschränkt sich auf drei Zentralbanken. Betrachtet werden die Europäische Zentralbank (EZB), die US-amerikanische Federal Reserve (Fed) sowie die Bank of England (BoE). Zunächst wird ein Überblick über die Aufgaben sowie die Ziele der drei Zentralbanken gegeben. Dann werden die Gründe für ihr Eingreifen sowie ihr Verhalten während der Subprime-Krise dargestellt. Insbesondere soll auf ihre geldpolitischen Reaktionen während der Anfangszeit und die damit verbundenen Maßnahmen eingegangen werden. Anschließend wird ihr Verhalten kritisch gewürdigt und ein Fazit gezogen, welches Ansätze zur Lösung von Problematiken aufzeigen soll.

1 Aufgaben der Zentralbanken

Die EZB als gemeinsame Währungsbehörde der Mitgliedsstaaten der Europäischen Währungsunion hat diverse Aufgaben, die im EG-Vertrag geregelt sind. Die Hauptaufgabe der EZB angesichts von Liquiditätsengpässen am Geldmarkt ist die Sicherstellung der Preisniveaustabilität.[1] So heißt es im EG - Vertrag:

„Das ESZB trägt zur reibungslosen Durchführung der von den zuständigen Behörden auf dem Gebiet der Aufsicht über die Kreditinstitute und der Stabilität des Finanzsystems ergriffenen Maßnahmen bei."[2]

Nach Art. 105 Abs. 2 EG - Vertrag ist die Festlegung, sowie die Durchführung der Geldpolitik durch geldpolitische Instrumente eine der Aufgaben der EZB.[3] Im Mittel-

---
[1] Vgl. Europäische Zentralbank (2007).
[2] Vgl. EG-Vertrag (1995), Art. 105 (5).
[3] Vgl. Europäische Zentralbank (2007).

punkt stehen hierbei die Offenmarktgeschäfte. Dabei handelt es sich um Wertpapiertransaktionen auf dem offenen Markt. Diese Operationen unterteilen sich in die vier Hauptfelder:

Hauptrefinanzierungsgeschäfte (HRG), längerfristige Refinanzierungsgeschäfte, Feinsteuerungsoperationen (FSO) sowie strukturelle Operationen.[4]

Die Preisniveaustabilität wird indirekt durch die Festlegung des Hauptrefinanzierungssatzes gesteuert, der ein nahes Substitut zu den Tagesgeldzinsen auf dem Interbankenmarkt darstellt. Die anderen Instrumente besitzen eine eher untergeordnete Bedeutung.[5]

Die Fed als Zentralbank der USA hat als Hauptaufgabe die Aufrechterhaltung eines funktionierenden Zahlungssystems. Gemäß dem Federal Reserve Act sind die Wahrung der Preisstabilität, sowie die Aufrechterhaltung eines hohen Beschäftigungsniveaus Ziele der Geldpolitik der Fed.[6] Dabei benennt die Fed einen Zielwert für den Zinssatz, für den sich Banken Geld leihen können, die Federal Funds Target Rate.[7]

Die BoE als Zentralbank des Vereinigten Königreichs von Großbritannien und Nordirland hat gemäß dem Bank of England Act wie die EZB die Preisniveaustabilität als Ziel.[8] Aus der gemeinsamen Absichtserklärung des Finanzministeriums, der BoE sowie der Financial Services Authority (FSA) geht die Sicherstellung der Finanzsystemstabilität als zusätzliches Ziel hervor.[9]

2 Eingreifen der Zentralbanken

2.1 Verhalten der EZB

Preiseinbrüche am Markt für US-Wohnimmobilien sowie der damit einhergehende Rückgang der Konsumnachfrage und seine Auswirkungen auf die Realwirtschaft

---

[4] Vgl. Ruckriegel, K./Seitz, F. (2006), S. 543.
[5] Vgl. Terlau W. (2004), S. 45f.
[6] Vgl. Board of Governors of the Federal Reserve System (2005), S. 15.
[7] Vgl. Terlau W. (2004), S. 43.
[8] Vgl. Bank of England (2009a).
[9] Vgl. Bank of England (2003), S. 1f.

führten dazu, dass auch die Europäische Zentralbank nach der Übertragung der Krise gezwungen war, zu handeln.[10]

Ein geringes Handelsvolumen am Geldmarkt verbunden mit einem unerwarteten Anstieg des kurzfristigen Geldmarktsatzes EONIA auf 4,22 % war zu beobachten. Der Tagesgeldsatz EONIA bewegt sich üblicherweise sehr nahe am Zinssatz für Hauptrefinanzierungsgeschäfte, den die EZB seit Juni 2007 auf einem Niveau von 4 % hielt.[11] Die Nachfrage der Geschäftsbanken nach Guthaben bei der EZB stieg aufgrund von Spannungen am Dollar-Geldmarkt. Die am Markt vorherrschenden Unsicherheit über die Verteilung von Risiken schmälerte die Bereitschaft der Geschäftsbanken sich gegenseitig Geld zu leihen; vielmehr wurde das Guthaben bei der EZB aufgestockt.[12]

Die EZB hatte die Spannungen am Geldmarkt erkannt und Maßnahmen zur Liquiditätssteuerung ergriffen. Am 09. August 2007 reagierte sie mit der Durchführung einer Feinsteuerungsoperation, um dem Anstieg des EONIA entgegen zu wirken. Dem Geldmarkt wurden 94,8 Mrd. EUR zugeführt, so dass sich der EONIA im Tagesverlauf normalisierte. Bereits am 10. August 2007 wurde erneut eine FSO durchgeführt und 61,1 Mrd. EUR zur Verfügung gestellt, so dass am Euro-Geldmarkt normale Bedingungen hergestellt wurden. Am 13. August führte die EZB erneut eine FSO mit 47,7 Mrd. EUR durch, so dass der EONIA schließlich bei 4,10 % lag.[13]

Abbildung 1: Entwicklung des EONIA[14]

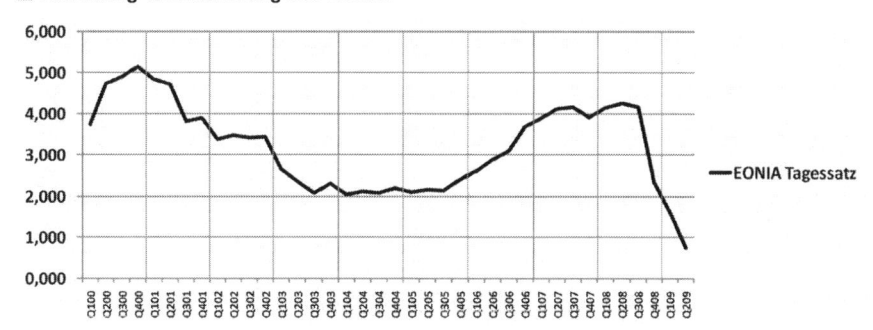

---

[10] Vgl. Brück, M. et al. (2009).
[11] Vgl. Trichet, J. C. (2009).
[12] Vgl. Balzli, B. et al. (2008), S. 70 und Brück, M. et al. (2009).
[13] Vgl. Stark, J. (2009).
[14] Deutsche Bundesbank (2009), Euro OverNight Index Average (EONIA), seit 4. Januar 1999 von der Europäischen Zentralbank auf der Basis effektiver Umsätze nach der Zinsmethode act/360 berechneter gewichteter Durchschnittssatz für Tagesgelder im Interbankengeschäft, der über Moneyline Telerate veröffentlicht wird. Bis 31. August 2007 mit 2 Nachkommastellen veröffentlicht.

Dadurch wurde insgesamt eine Normalisierung der Lage am Geldmarkt erreicht, was auch am Absinken des EONIA sichtbar wurde. Jean-Claude Trichet, Präsident der EZB, bezeichnete in einer Stellungnahme am 14. August 2007 die derzeitige Neubewertung von Risiken am Markt als „Normalisierung der Risikobepreisung". Er betonte, dass die EZB ein „ordnungsmäßiges Funktionieren des Geldmarktes" sicherstelle.[15] Die Zentralbank versuchte, die Ausbreitung der Liquiditätsengpässe auf den gesamten Finanzmarkt und die negativen Folgen für die Realwirtschaft zu verhindern und die Marktteilnehmer zu beruhigen. Die EZB verwendete also neben der geldpolitischen die „verbale Intervention", um Einfluss auf die Entwicklung am Geldmarkt zu nehmen.

Am 22. August 2007 wurde ein zusätzliches längerfristiges Refinanzierungsgeschäft in Form eines Zinstenders mit dreimonatiger Laufzeit und einem Zuteilungsbetrag von 40 Mrd. EUR beschlossen und am 24. August 2007 abgewickelt.[16] Die Lage am Geldmarkt bei längerfristigen Laufzeiten blieb jedoch gespannt. Die EZB konnte offenbar die langfristigen Zinssätze nicht wie den Tagesgeldzinssatz unmittelbar steuern.

Am 30. August 2007 stieg der Tagesgeldsatz von 4,05 % auf 4,13 % und anschließend noch höher, so dass die EZB am 04. Dezember 2007 beschloss, den Zuteilungsbetrag des HRG um 5 Mrd. EUR zu erhöhen. Am 12. September 2007 wurde ein dreimonatiges Tendergeschäft zugeteilt und am 13. September 2007 abgewickelt.

Die von der EZB beschlossenen Maßnahmen zeigten letztlich Wirkung: Der EONIA sank von seinem Höchststand von 4,588 % am 5. September 2007 auf 3,538 % am 10. September 2007.

Im Ergebnis wurde die Kreditvergabe an Unternehmen deutlich stärker eingeschränkt als die Kreditvergabe an private Haushalte, welche insgesamt kaum die Auswirkungen der Geldmarktturbulenzen spürten.

Insgesamt ist der Zeitraum von Anfang September 2007 bis Mitte Oktober 2007 durch eine hohe Volatilität bei den Übernachtgeschäften gekennzeichnet. Am 12. Oktober 2007, der EONIA lag bei lediglich 3,830 %, wird eine FSO mit Fälligkeit am 17. Oktober 2007 angekündigt: 30 Mrd. EUR sollten durch die EZB[17] zu einem Zinssatz von 4 % vom Markt abgezogen werden, um den niedrigen Tageszinssatz zu stimulieren.

Veranlasste die erste Phase der Krise die EZB lediglich zur Liquiditätsbereitstellung, so wurde sie in der zweiten Phase der Krise, die durch den Konkurs der US-Investmentbank Lehman Brothers am 15. September 2008 eingeläutet wurde, zusätzlich bewegt, zinspolitische Maßnahmen zu ergreifen.[18] Vom 15. Oktober 2008 bis zum

---

[15] Vgl. Trichet, J.-C. (2007).
[16] Vgl. European Central Bank (2007).
[17] Eine Übersicht über die Ankündigungen und Aktionen der EZB finden sich unter http://www.ecb.int/mopo/implement/omo/html/communication.en.html (10.03.2009).
[18] Vgl. Stark, J. (2009).

5. März 2009 senkt die EZB den HRS in mehreren Schritten auf das bis dato historische Tief von 1,5%.[19]

Die Bemühung, solvente Banken vor einer Insolvenz durch die verschlechterten Marktbedingungen zu schützen, münden in tiefgreifenden Modifizierungen bestehender geldpolitischer Instrumente. Am 8. Oktober 2008 vollzieht die EZB einen Wechsel von einem Zinstender hin zu einem Mengentender bei den Hauptrefinanzierungsgeschäften, allen Refinanzierungsgeschäften mit Laufzeit von bis zu sechs Monaten und USD Auktionen mit Laufzeit von bis zu drei Monaten. Zusätzlich bietet sie ab dem 30. Oktober 2008 längerfristige Refinanzierungsgeschäfte an.[20]

2.2 Verhalten der Fed

Das Gegenstück zum EONIA ist im US-System die Effective Federal Funds Rate. Dieser Zinssatz soll sich möglichst nahe an dem von der Fed vorgegebenen Ziel bewegen, der Federal Funds Target Rate.[21]

Aufgrund der US-Immobilien– und Hypothekenmarktkrise erwarteten die Marktteilnehmer Anfang August eine Senkung der Federal Funds Rate (FFR). Das Federal Open Market Committee (FOMC), verantwortlich für die geldpolitischen Entscheidungen in den USA, gewichtete in einer Stellungnahme vom 7. August 2007 die Inflationsgefahren weiterhin schwerer als die gestiegene Volatilität an den Finanzmärkten und die damit im Zusammenhang stehende geringe Kreditvergabe. Die auftretenden Probleme am Geldmarkt schienen in diesem Zeitpunkt von der Zentralbank als nicht gravierend betrachtet zu werden.[22]

Die FFR wich am 09. August 2007 von ihrem Zielwert von 5,25 % ab. Die Fed tätigte aufgrund dieser Entwicklung zwei Offenmarktgeschäfte an diesem Tag und stellte dem Geldmarkt insgesamt 24 Mrd. USD zur Verfügung. Der Anstieg der FFR im Tagesverlauf auf Werte von über 6 % bewegte die Fed zu drei weiteren Maßnahmen i. H. v. insgesamt 38 Mrd. USD. Durch diese Intervention wurde schließlich am 10. August 2007 erreicht, dass die FFR bei 4,68 % lag.[23]

Die Fed tätigte Offenmarktgeschäfte mit Laufzeiten von einem Tag und drei Monaten, üblicherweise Übernachtgeschäfte mit einer Volumenhöhe von zwei bis zwanzig Mrd. USD. Die Liquiditätszuführungen der Fed schienen im Vergleich zu denen der EZB gering zu sein. Dies lässt sich durch Unterschiede in der Ausgestaltung des Instru-

---

[19] Vgl. European Central Bank (2009b), S. 26.
[20] Vgl. European Central Bank (2009a); González-Páramo, J. M. (2009); Trichet, J.-C. (2009).
[21] Vgl. Terlau W. (2004), S. 43.
[22] Vgl. Federal Reserve Board (2007b).
[23] Vgl. Federal Reserve Board (2007a).

ments der Mindestreserve erklären. In den USA müssen deutlich geringere Mindestreserven gehalten werden als im Euroraum. Die Fed muss in der Regel öfters eingreifen als die EZB, um den Tagesgeldsatz zu glätten.

Das Eingreifen der Fed am 09. und 10. August 2007 hatte unter Beachtung ihrer Gegebenheiten eine enorme Dimension. Dies wird u. a. daran deutlich, dass die gesamten Reserven im US-Bankensystem zwischen Juli und November 2007 im Durchschnitt bei lediglich etwa 43 Mrd. USD lagen.

In den folgenden Tagen wurde täglich darauf hingewiesen, dass die Notenbank evtl. zusätzlich benötigte Liquidität durch ein weiteres Eingreifen bereitstellen könnte. Außergewöhnliche Offenmarktoperationen wurden seitens der Fed jedoch nicht durchgeführt.

Am 17. August 2007 wurde durch das FOMC bekannt gegeben, dass von den Auswirkungen der Geldmarktkrise Gefahren für das gesamtwirtschaftliche Wachstum ausgingen. Für die Geschäftsbanken wurde seitens der Fed die Möglichkeit eingeräumt, Kredite für eine Laufzeit von 30 Tagen aufzunehmen. Diese Laufzeit konnten Geschäftsbanken auch verlängern. Die Bereitschaft, weiterhin eine große Spanne an Sicherheiten zu akzeptieren, insbesondere Hypotheken und verwandte Wertpapiere, wurde unterstrichen. Das sollte das Vertrauen der Marktakteure in diese Papiere stärken.

Bis Ende August 2007 fanden Offenmarktgeschäfte in der Höhe des normalen Volumens statt. Lediglich an 2 Tagen, am 23. sowie am 30. August 2007 führte die Fed mehr als nur ein Offenmarktgeschäft durch.

Im August 2007 war der Tagesgeldmarkt durch hohe Volatilität gekennzeichnet. Ebenso wie im Euroraum spiegelte dies die große Unsicherheit wieder, die zu dieser Zeit unter den Marktakteuren bezüglich der Risiken herrschte.

Ende August sowie Anfang September 2007 lag die Federal Funds Rate unterhalb des Zielwertes für den Zinssatz. Dies war vor allem auf die Verlängerung von auslaufenden früheren Geschäften zurückzuführen. Am 06. September 2007 wurden beispielsweise Offenmarktgeschäfte im Umfang von insgesamt 31,25 Mrd. USD durchgeführt. Davon entfielen 16,5 Mrd. USD auf die Verlängerung früherer Operationen.[24]

Am 10. September lag die FFR noch bei 5,07 %, stieg aber in den folgenden Tagen weiter an. Am 17. September 2007 lag der Zinssatz schließlich bei 5,33 % und damit deutlich über dem von der Fed vorgegebenen Zielwert von 5,25 %. Am 18. September 2007 gab das FOMC bekannt, dass es die Federal Funds Target Rate um 50 Basispunkte auf 4,75 % senken würde. Begründet wurde dies mit negativen Auswirkungen der strengeren Kreditvergabe und der Probleme am Immobilienmarkt auf das volkswirtschaftliche Wachstum. Im Gegensatz zu ihren früheren Bekanntmachungen wurde das

---

[24] Vgl. Federal Reserve Board (2007a).

IV.1 Die Reaktionen der Zentralbanken im internationalen Vergleich

Ausmaß der Krise inzwischen als gravierend bewertet. Es wurde auf die gestiegene Unsicherheit am Markt verwiesen.[25]

Die Größe des Zinsschrittes war für die Marktakteure überraschend. Um die FFR nach der Leitzinssenkung auf das Niveau des neuen Zielwertes von 4,75% zu bewegen, waren Verlängerungen von auslaufenden Geschäften am 20. und 27. September 2007 durch mehrere Offenmarktgeschäfte notwendig. Hierbei wurden zum Teil die Laufzeiten verkürzt, um der Fed eine flexiblere Handhabung der Liquiditätslinien zu ermöglichen. Die FFR wies auch um den neuen Zielwert eine hohe Volatilität auf. Die Schwankungen des Zinssatzes wurden jedoch im Zeitablauf geringer. Dadurch zeigte sich die Wirksamkeit der zusätzlichen bzw. verlängerten Offenmarktgeschäfte.

Bei den Notenbankgeschäften seit Ende September fällt auf, dass alle sieben Tage Offenmarktgeschäfte mit einem erhöhten Volumen durchgeführt wurden, d.h. größer als 20 Mrd. USD. Dies ist auf die Verlängerung auslaufender Offenmarktgeschäfte zurückzuführen. Zusätzlich stellte die Fed den Geschäftsbanken in normalem Umfang Gelder bereit. Im Gegensatz zur EZB hatte die Fed jedoch bislang kaum versucht, Liquidität wieder abzuschöpfen. Vielmehr wurde die Federal Funds Target Rate bis zum 16. Dezember 2008 auf nur 0,25% gesenkt.[26]

Abbildung 2: Entwicklung der Leitzinsen in den USA und Europa[27]

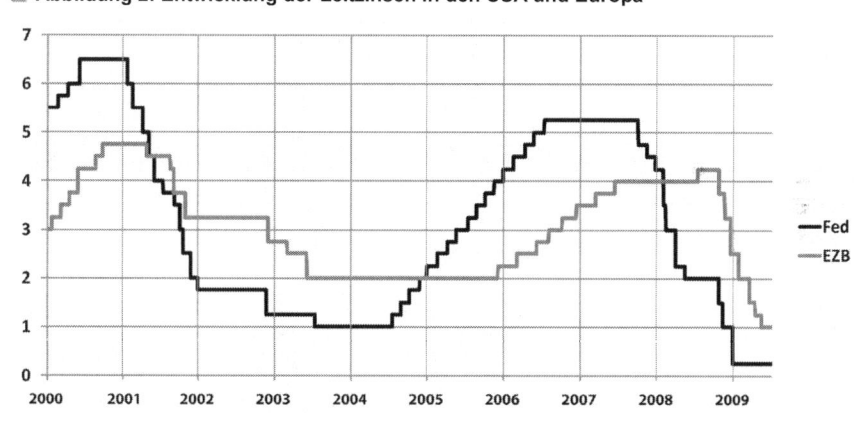

Die Leitzinssenkung seit Beginn der Krise zeigte, dass sich die Einschätzung der Lage durch das FOMC seit Anfang August grundlegend geändert hatte. Man ging davon aus, dass sich Inflationsrisiken und negative Einflüsse durch die aktuelle Krise in etwa die Waage hielten. Die Fed verwendete, so wie die EZB, neben dem Instrument der

---

[25] Vgl. Federal Reserve System (2007a).
[26] Vgl. Board of Governors of the Federal Reserve System (2008a), S. 37-40 und (2008b), S. 34-37 und (2009), S. 33-36.
[27] Bloomberg, Seite ECMX, Stand 24.06.2009.

Offenmarktgeschäfte immer häufiger die verbale Kommunikation, um Einfluss auf die Erwartungen der Marktakteure zu nehmen.

Das Gewicht, welches das FOMC den Finanzmarktturbulenzen mittlerweile beimaß, wurde deutlich durch die Faktoren, die auf die Leitzinsentscheidungen wesentlichen Einfluss hatten. Einerseits zählte hierzu die Möglichkeit, dass die US-Hypothekenkrise eine Rezession auslösen würde. Dabei hatte die Fed die Aufgabe, das Vertrauen der Marktteilnehmer in verbriefte Papiere und den Geldmarkt wieder herzustellen, um die Finanzsystemstabilität zu sichern. Beide Faktoren sprachen zu dieser Zeit für weitere Zinssenkungen, welche die Inflationsgefahr erhöhten. Andererseits hatte das FOMC das enorme Leistungsbilanzdefizit der USA im Auge zu behalten. In engem Zusammenhang hierzu steht der Wechselkurs des USDs, da dieser den Außenbeitrag der USA sowie die Finanzierung des Leistungsbilanzdefizits beeinflusst. Die zuletzt genannten Faktoren sprachen gegen eine Senkung der FFR.

Durch die bisherigen Zinssenkungen in den USA ist – insbesondere unter Berücksichtigung des schwachen USDs und des enormen Leistungsbilanzdefizits – deutlich geworden, dass das FOMC die Auswirkungen der Turbulenzen am Hypotheken- und Geldmarkt als äußerst schwerwiegend einschätzt.

Obwohl die US-Notenbank bereits in der ersten Phase der Krise komplexer reagiert als ihr europäisches Gegenstück, gleichen sich die Reaktionen beider Institutionen auf die Turbulenzen am Geldmarkt im Laufe der Krise an. Insbesondere der durch Lehman Brothers ausgelöste Liquiditätsschock treibt das Ausmaß der Krise vollständig in das Bewusstsein der Finanzwelt und veranlasst einen signifikanten Richtungswechsel in der Leitzinspolitik der EZB.

2.3 Verhalten der Bank of England

Im Gegensatz zu den frühzeitigen und umfangreichen Interventionen der EZB sowie der Fed verhielt sich die BoE sehr zurückhaltend. So wurden im August 2007 weder zusätzliche Offenmarktgeschäfte durchgeführt noch fanden verbale Interventionen statt durch Mitglieder des Monetary Policy Committee (MPC), das im Vereinigten Königreich die geldpolitischen Beschlüsse trifft. Offensichtlich vertrat die britische Zentralbank die Ansicht, die Liquiditätsknappheit am Geldmarkt, die durch das Ansteigen des Sterling-LIBOR sichtbar wurde, würde sich von selbst lösen. Der erhöhten Volatilität am Geldmarkt wies die BoE eine größere Bedeutung zu. Stattdessen wurden mittelfristige Risiken für die Preisniveaustabilität diskutiert. Daher erschien eine Erhöhung der Bank Rate, die in Großbritannien die Leitzinsfunktion einnimmt, im Jahresverlauf auf 6 % wahrscheinlich.

Auch in Großbritannien stiegen die Finanzierungskosten sowohl für kurzfristige als auch für längerfristige Laufzeiten von einem Monat oder drei Monaten am 9. August

IV.1 Die Reaktionen der Zentralbanken im internationalen Vergleich

erheblich an. In der Regel bewegte sich der Sterling-LIBOR für Übernachtgeschäfte etwa 10 bis 15 Basispunkte über der Bank Rate, die seit 5. Juli 2007 bei 5,75 % liegt.[28] Die Reservehaltung im britischen Bankensystem unterscheidet sich zwar in ihrer Ausgestaltung erheblich von der im Euroraum, erfüllt jedoch auch die Stabilisierungsfunktion für den Tagesgeldsatz. Dieser Mechanismus hat versagt wie im Euroraum Anfang August 2007. Der Tagesgeldsatz begann sich von seinem normalen Niveau zu entfernen und notierte am 9. August bei 6,17 %. Mit 6,50 % am 13. August erreichte er seinen Höchststand. Damit war die Finanzierung über Nacht teurer als eine längerfristige Verschuldung über einen Monat (6,28 %) oder über drei Monate (6,39 %).

Nach dem Höchststand sank der Zinssatz zwar leicht ab, bewegte sich aber weiterhin auf hohem Niveau. Diese Entwicklung spiegelt die am Markt vorherrschende Unsicherheit ebenso eindrucksvoll wieder wie die Entwicklung der Zinssätze im Euroraum und in den USA. Anders als die EZB und die Fed sah die Zentralbank in Großbritannien jedoch keinen Anlass einzugreifen.[29]

Für britische Geschäftsbanken, die mit Refinanzierungsproblemen aufgrund des nicht liquiden Interbankenmarktes zu kämpfen hatten, bestand nur die Möglichkeit, die ständige Fazilität der BoE in Anspruch zu nehmen. Diese Finanzierung war sehr teuer, da der Zinssatz einen Prozentpunkt über der Bank-Rate und damit im betrachteten Zeitraum bei 6,75 % lag. Damit hatte eine Bank, die dieses Zentralbankinstrument in Anspruch nahm, einen Strafzins (penalty rate) zu zahlen. Von einer zusätzlichen Liquiditätsbereitstellung durch die britische Zentralbank konnte daher im August keine Rede sein.

Diese Linie wurde zunächst fortgesetzt. Erst Anfang September änderte das MPC seine Einschätzung der Lage. Auf der Sitzung am 5. und 6. September wurde den Inflationsrisiken weniger Gewicht beigemessen als noch Anfang August. Im Mittelpunkt standen nun die von der US-Subprime-Krise ausgehenden Gefahren.[30] Noch am 12. September 2007 machte der Zentralbankgouverneur der BoE, Mervyn King, deutlich, dass die BoE nicht bereit wäre, dem Beispiel der EZB und der Fed zu folgen und dem Markt Liquidität bereitzustellen. Die britische Zentralbank werde auch in Zukunft nur gegen einen Strafzins im Rahmen ihrer üblichen Fazilität den Banken zusätzliche Liquidität über Offenmarktgeschäfte hinaus bereitstellen. Die Lage änderte sich, als Northern Rock, ein Immobilienfinanzier, der FSA am 13. September 2007 mitteilte, dass schwerwiegende Finanzierungsprobleme aufgetreten seien. Northern Rock war bis dato der am schnellsten wachsende Hypothekenfinanzier im Vereinigten Königreich, dessen Wachstum vor allem durch die Finanzierung mit Geldmarktinstrumenten (ca. 72 %) erreicht wurde. Wettbewerber refinanzierten sich dagegen zum Großteil über Kundeneinlagen.

---

[28] Vgl. Bank of England (2009b).
[29] Vgl. Schrörs, M. (2009).
[30] Vgl. Bank of England (2007a), S. 1-3.

Damit war Northern Rock den Geldmarktturbulenzen in besonderem Maße ausgesetzt: Die Nachfrage nach verbrieften Produkten war so gering, dass sich Northern Rock nicht mehr refinanzieren konnte. Am 14. September gewährte die BoE deshalb der angeschlagenen Hypothekenbank eine Liquiditätslinie. Diese Aktion unterschied sich gravierend von denen der anderen beiden Zentralbanken: Die Fed und die EZB stellten dem gesamten Finanzsystem Liquidität bereit, während die BoE versuchte, die Refinanzierungsprobleme einer einzelnen Bank zu lösen. Diese „ex post Versicherung" einzelner Investoren wollte die BoE gerade nicht übernehmen, wie King noch zwei Tage vorher deutlich gemacht hatte. Anders als die Fed und die EZB, die das Instrument der verbalen Intervention ergänzend zu zusätzlichen Offenmarktgeschäften genutzt hatten, erlitt die BoE durch ihre widersprüchliche Kommunikation einen Glaubwürdigkeitsverlust.

Auch das Vertrauen in das britische Bankensystem wurde dadurch schwer erschüttert. Die Ankündigung der Unterstützung für Northern Rock durch die BoE führte zum ersten „Bank Run" im Vereinigten Königreich seit 1866. Kunden der Bank wollten ihre Einlagen abziehen, da sie kein Vertrauen mehr in die Sicherheit ihrer Gelder hatten. Dies hing zum Teil mit der mangelnden Einlagensicherung in Großbritannien zusammen. Lediglich 2.000 Pfund Sterling einer Einlage sind voll gesichert, die folgenden 33.000 Pfund nur noch zu 90 %. Daher ist verständlich, dass Kunden von Northern Rock um ihr Erspartes besorgt waren. Der Ansturm auf die Filialen der Bank wurde schließlich durch eine staatliche Garantie aller Einlagen bei dieser Bank durch den britischen Finanzminister Alistair Darling am 17. September 2007 beendet. Diese Garantie wurde am 1. Oktober 2007 auf sämtliche Einlagen im Vereinigten Königreich bis zu einer Höhe von 35.000 Pfund ausgeweitet.

Daneben gab die BoE am 13. September 2007 bekannt, dass die Schwankungsbreite für eine Verzinsung der Reservehaltung, die üblicherweise bei +/- 1 % liegt, auf +/- 37,5 % ausgeweitet würde. Dies zeigt, dass die Zentralbank die am Interbankenmarkt vorherrschende Unsicherheit und die damit verbundene angespannte Liquiditätssituation mittlerweile als Problem wahrnahm. Die Ausdehnung der Schwankungsbreiten wurde im Oktober und November 2007 beibehalten, jedoch auf +/- 30 % reduziert. Die Unsicherheit am Markt wurde also weiterhin als problematisch eingeschätzt.

Am 19. September 2007 kündigte die BoE schließlich an, über außerordentliche Offenmarktgeschäfte in den nächsten Wochen zusätzliche Liquidität i. H. v. jeweils 10 Mrd. Pfund für eine jeweils dreimonatige Laufzeit bereitstellen zu wollen. Dabei würden schlechtere Sicherheiten akzeptiert als bei regulären Offenmarktgeschäften einschließlich hypothekenbesicherter Wertpapiere. Ähnliche Geschäfte hatten sowohl die Fed als auch die EZB bereits im August 2007 durchgeführt (vgl. Abschnitt 2.1 und 2.2). Es gab aber einen wichtigen Unterschied: Die Liquidität, die die britische Notenbank nun anbot, war sehr teuer, da der Mindestbietungssatz für Banken bei 6,75 % lag. Mittlerweile beruhigte sich die Lage am Geldmarkt wieder: Die Zinssätze begannen Ende September 2007 zu sinken und die Volatilität nahm ab. Der Sterling-LIBOR lag, für eine dreimonatige Verschuldung notiert am 26. September 2007, bei nur noch 6,32 %. Das erste Geschäft der BoE, das am 26. September 2007 durchgeführt wurde, zeigte bereits, dass das Angebot für die Marktteilnehmer nicht interessant war: Keine einzige Bank gab Gebote ab. Dieses Ergebnis wiederholte sich bei den Auktionen am 2., 10. und 17. Oktober 2007.[31]

Aufgrund dieser Resultate ist anzunehmen, dass sich die Geschäftsbanken bereits auf andere Weise mit Liquidität versorgt hatten. Eine Möglichkeit besteht z. B. darin, dass die Liquiditätsspritzen der EZB über Filialen britischer Banken im Euroraum genutzt und anschließend dorthin transferiert wurden. Darüber hinaus besteht die Möglichkeit, dass Geschäftsbanken das Angebot der BoE nicht annehmen wollten, da dies einer Stigmatisierung gleichgekommen wäre. Andere Marktakteure hätten den Eindruck gewonnen, dass die Bank in beachtlichen Refinanzierungsproblemen steckte. Das Ergebnis der Aktionen zeigt, dass es der BoE nicht gelungen ist, die Lage der Geschäftsbanken richtig einzuschätzen.

In einer Stellungnahme vom 20. September 2007 verteidigte Mervyn King diese Aktionen. Demnach sah er – im Gegensatz zu den Notenbankern der EZB sowie der Fed – Anfang August keine Gefahren für die Stabilität des Bankensystems und daher auch keinen Anlass, zusätzliche Operationen durchzuführen. Dennoch pendelte sich der Tagesgeldsatz ab Anfang Oktober 2007 wieder um den Zielwert ein, der später weiterhin unverändert bei 5,75 % lag. Der Ausschlag des Ein–Monats-LIBORs Anfang Dezember 2007 war darauf zurückzuführen, dass unter den Banken weiterhin große Unsicherheit herrschte.[32]

Damit zeigt sich, dass sich die Lage am Geldmarkt nicht nur in den USA und dem Euroraum, sondern auch in Großbritannien etwas normalisiert hat. Sie bleibt aber weiterhin angespannt, da die zusätzliche Liquidität der Zentralbanken noch im Umlauf ist und die Zinssätze weiterhin sehr volatil sind.

3 Lender of Last Resort

Die Reaktionen der Zentralbanken werden im folgenden Abschnitt vor dem Hintergrund des Lender of Last Resort (LOLR) kritisch gewürdigt.

Die Rolle eines LOLR, des Kreditgebers in letzter Instanz, ergibt sich unmittelbar aus dem Notenemissionsmonopol der Zentralbank. Ob diese Position von den Notenbanken eingenommen wird, hängt von der Einschätzung durch die geldpolitischen Ent-

---

[31] Vgl. Bank of England (2007b).
[32] Vgl. bbalibor.com (2009).

scheidungsträger ab. Ausschlaggebend ist, ob ein Liquiditätsengpass am Interbankenmarkt negative Auswirkungen auf andere Bereiche der Volkswirtschaft hätte, z.B. auf die Kreditvergabe an Nichtbanken, den Konsum und auf Investitionen. Aufgabe eines LOLR ist es, die Übertragung von finanziellen Krisen auf die Realwirtschaft zu verhindern.

Sowohl die EZB als auch die Fed sprangen unmittelbar als LOLR ein, indem sie dem Bankensystem über Offenmarktoperationen Liquidität bereitgestellt haben, nachdem am Interbankenmarkt Anzeichen von Illiquidität sichtbar geworden waren. Im Gegensatz dazu hatte die BoE eine abwartende Haltung eingenommen. Erst nachdem für die Hypothekenbank Northern Rock eine Liquiditätslinie bereitgestellt und die BoE damit als LOLR für eine einzelne Bank tätig wurde, hat sie auch allen anderen Marktteilnehmern zusätzliche Fazilitäten angeboten. Das Beispiel von Northern Rock zeigt, dass Banken, die mit hohem Anteil an Fristentransformation arbeiten, im Falle von Vertrauensverlusten besonders gefährdet sind.

4 Moral Hazard als Gefahr für das Bankensystem

Kunden können aufgrund eines Informationsdefizits nicht zwischen einer vorübergehend und einer dauerhaft nicht liquiden Bank unterscheiden. Ziehen sie ihre Einlagen aus Angst vor der Insolvenz ihrer Bank schlagartig ab, so führt dies zur Illiquidität der Geschäftsbank, da die Fristigkeit der Depositen in aller Regel kürzer ist als die der Verbindlichkeiten. Aus individueller Sicht ist dieses Verhalten der Kunden rational, für die Gemeinschaft der Bankkunden wäre es jedoch besser, wenn die Einlagen bei der Bank belassen würden. Dieses Problem kann z.B. durch eine Einlagensicherung abgemildert werden. Die Einlagensicherung ist jedoch in Großbritannien mangelhaft ausgestaltet und hat zumindest teilweise zum „Run" auf Northern Rock beigetragen.

Zudem können Liquiditätsprobleme einer Bank die Solvenz und Liquidität weiterer Banken gefährden, wenn sie nicht schnell gelöst werden. Durch den „Run" auf eine Bank kann eine Vertrauenskrise in das gesamte Bankensystems ausgelöst werden. Um dieses Risiko für das Finanzsystem zu verhindern, das schließlich Auswirkungen auf die Realwirtschaft haben könnte, sollte eine Zentralbank in finanziellen Krisen eingreifen.

Eine Kreditvergabe sollte jedoch nur an Geschäftsbanken erfolgen, die geeignete Sicherheiten hinterlegen. Dabei stellt sich das Problem, wie eine Zentralbank eine insolvente von einer vorübergehend nicht liquiden Geschäftsbank unterscheiden soll.

IV.1 Die Reaktionen der Zentralbanken im internationalen Vergleich

Liquidität sollte daher idealerweise lediglich über Offenmarktoperationen und damit allen Marktteilnehmern bereitgestellt werden. Dieser Ansicht liegt jedoch die Annahme eines vollkommenen Marktes zugrunde. Auf einem nicht vollkommenen Markt kann sich selbst eine solvente Bank nicht über den Interbankenmarkt refinanzieren, wenn dieser nicht liquide ist.

Erstens sind auf dem Markt nur unvollständige Informationen verfügbar, so dass Zweifel an der Solvenz einer in der Tat zahlungsfähigen Bank auftreten können.

Zweitens verstärkt sich vorsichtiges Verhalten am Markt in Krisenzeiten, so dass eine Refinanzierung über den Interbankenmarkt erschwert, wenn nicht gar unmöglich gemacht wird.

Drittens sind Geschäftsbanken in Zeiten erhöhter Unsicherheit nicht bereit, überschüssige Gelder zu verleihen. Sie horten diese stattdessen, da sie nicht sicher sind, ob sie sich selbst noch über den Interbankenmarkt mit Liquidität versorgen können.

Alle drei Merkmale sind in dieser Krise deutlich hervorgetreten, so dass die Kreditvergabe der Zentralbank als LOLR auch an einzelne Banken gerechtfertigt erscheint. Dennoch kann es nicht die Aufgabe einer Notenbank sein, einzelne Geschäftsbanken vor der Insolvenz zu retten. Dies würde die Problematik des moralischen Wagnisses verschärfen. Im Interesse einer Notenbank muss vielmehr die Stabilität des gesamten Finanzsystems stehen. Daher wurde die Fed für die Senkung des Zinssatzes im August 2007 kritisiert: Die Zentralbank habe hierdurch die Politik des früheren Vorsitzenden des Federal Reserve Board, Alan Greenspan, weiterverfolgt, da die Fed unter seinem Vorsitz den Märkten in früheren Krisen stets Liquidität bereitgestellt und die FFR gesenkt hat. Die Fed steht anscheinend stets bereit, die Marktteilnehmer mit Liquidität zu versorgen, wenn diese in Finanzierungsproblemen stecken. Diese Erwartungshaltung der Marktteilnehmer führt jedoch letztlich zum Moral Hazard, das gegen die Funktion einer Notenbank als LOLR spricht.

Auf dieses Anreizproblem hat vor allem Mervyn King wiederholt hingewiesen: Wenn die Marktteilnehmer wissen, dass die Zentralbank Liquidität bereitstellen wird, haben sie den Anreiz hoher Risiken auf sich zu nehmen oder bei Bonitätsprüfungen der Kreditvergabe weniger Sorgfalt aufzuwenden. King bezeichnet die Bereitstellung von Liquidität durch die Zentralbank als „ex post Versicherung", die dieses moralische Wagnis fördere.

Die BoE hat dieses Anreizproblem über die Einführung eines Strafzinses abgemildert, indem sie für die Ende September 2007 angebotenen zusätzlichen Refinanzierungsgeschäfte einen sehr hohen Zinssatz verlangt hat. Das hat allerdings nicht den Bedürfnissen des Marktes entsprochen. Daher wurden keine Gebote von Geschäftsbanken abgegeben. Die EZB hat zunächst keinen Zinsaufschlag für ihre zusätzlichen Offenmarktgeschäfte verlangt und auch die zusätzlichen Geschäfte der Fed wurden mit keinen oder geringen Aufschlägen auf die FFR durchgeführt. Erst nachdem erste Auswirkungen der Liquiditätsspritzen am Interbankenmarkt sichtbar geworden waren, haben die beiden Zentralbanken ihre außerordentliche Liquiditätszuführung im Vergleich zum Leitzins verteuert. Durch diese Vorgehensweise ist es den Notenbanken gelungen, die Lage an den kurzfristigen Geldmärkten zumindest zu beruhigen und zudem Informationen über die Lage der Geschäftsbanken einzuholen.

Die EZB als auch die Fed könnten jedoch durch die großzügigen und schnell bereitgestellten Liquiditätsspritzen Fehlanreize für die Zukunft gesetzt haben. Die Kosten der Liquiditätsspritzen in Form eines gestiegenen Inflationsdrucks sind umso höher, je länger die zusätzliche Liquidität am Markt zirkuliert. Kritisch zu sehen ist, dass sich die Notenbanken zu wenig auf ihr vorrangiges Ziel – die Gewährung von Preisniveaustabilität – konzentrierten, sondern stattdessen versuchten, einen Konjunktureinbruch durch lockere Geldpolitik zu verhindern. Das Verhalten der BoE hingegen ist aufgrund ihrer passiveren Haltung kritisch zu bewerten.

Ihr Gouverneur, Mervyn King, machte in der Stellungnahme vor dem Unterhaus deutlich, dass er die Gefahr, das moralische Wagnis unter den Marktteilnehmern durch Liquiditätsspritzen weiter zu erhöhen, als gravierender ansähe als mögliche Gefahren für die Finanzsystemstabilität. In seinem Brief vom 12. September an das Unterhaus wies er wiederholt auf die negativen Folgen von zusätzlichen Refinanzierungsgeschäften hin. Dadurch wirkte jedoch der Kurswechsel, den er nur Tage später vollzog, indem er Northern Rock eine Liquiditätslinie bereitstellte, umso radikaler. Der Ansturm der Kunden auf den Hypothekenfinanzierer hätte daher wohl durch eine vorsichtigere Wortwahl seinerseits vermieden werden können.

Zudem hat King durch diese extreme Kehrtwende die Glaubwürdigkeit seiner Person und vor allem die der BoE in Frage gestellt. In der Stellungnahme vor dem Unterhaus antwortete King daher auf die Frage nach dem Reputationsverlust der BoE ausweichend. In der Pressekonferenz zum Inflation Report im November 2007 machte King deutlich, dass er keinen Vertrauensverlust der Marktteilnehmer in das britische Finanzsystem durch den „Run" auf Northern Rock befürchte.

Zudem verwies er vor dem Unterhaus auf die britische Gesetzgebung, die es der BoE erschwert habe, anders auf die Krise bei Northern Rock zu reagieren. Es bleibt freilich ungeklärt, warum die BoE nicht bereits Anfang August 2007 das Spektrum der Sicherheiten erweitert hat, die für Offenmarktgeschäfte hinterlegt werden können. Dadurch hätten Liquiditätsprobleme von Northern Rock abgemildert werden können, ohne durch die Ankündigung einen „Run" auf die Bank zu verursachen.

5 Fazit und Ausblick

Es wird deutlich, dass sich Zentralbanken in einem Dilemma befinden: Sie müssen abwägen, ob sie den Marktteilnehmern zusätzliche Liquidität bereitstellen und damit auf lange Sicht moralisches Wagnis fördern oder kurzfristig die Stabilität des Finanzsystems gewährleisten bzw. wiederherstellen. Werden keine Liquiditätsspritzen zur Verfügung gestellt, so vermindert dies zwar die Moral Hazard Problematik, führt aber möglicherweise zur Insolvenz von Geschäftsbanken und im schlimmsten Fall zum Zusammenbruch des Finanzsystems.

Um dies zu verhindern, sollte der Zugang zum LOLR nicht auf Geschäftsbanken beschränkt, sondern für alle Unternehmen im Kreditgewerbe offen sein. Hierzu zählen neben Geschäftsbanken vor allem Pensionsfonds, Versicherungen und Hedgefonds. Denn auch solche Unternehmen erfüllen mittlerweile viele Aufgaben, die früher nur von Geschäftsbanken wahrgenommen wurden: Über Finanzmärkte kommt es zur Interaktion dieser Unternehmen mit Haushalten und Unternehmen. Die Zentralbanken sollten sich daher an die Entwicklung der Finanzmärkte anpassen, indem sie neben Geschäftsbanken auch o. g. Unternehmen mit Liquidität versorgen. Dies ist jedoch nur dann in Erwägung zu ziehen, wenn sich die o. g. Unternehmen denselben Aufsichts- und Regulierungsvorschriften verpflichten wie Geschäftsbanken. Eine derartige Entwicklung ist momentan aber noch nicht abzusehen.

Die BoE hatte zunächst die Bekämpfung des Moral Hazard Problems in den Vordergrund gestellt, während die EZB sowie die Fed im Gegensatz dazu mehr um die Finanzsystemstabilität besorgt waren. Im Rückblick erscheint diese Wahl der britischen Zentralbank unglücklich, da sie schließlich durch die Probleme bei Northern Rock zu einem Kurswechsel gezwungen wurde. Inwiefern diese Kehrtwende der Reputation und damit der Glaubwürdigkeit der Notenbank geschadet hat, wird die Reaktion der Marktteilnehmer auf zukünftige Aktionen der BoE zeigen. Aus theoretischer Sicht sind die mehrfachen Warnungen von King korrekt: Eine Zentralbank nimmt durch die Bereitstellung von Liquidität in Krisenzeiten die Funktion einer Versicherung ein und fördert damit das moralische Wagnis.

Unbestritten ist, dass ein schnelles Eingreifen von Zentralbanken nach dem Platzen einer Blase bzw. dem Bekanntwerden von Problemen hilft, die Auswirkungen auf die Realwirtschaft zu begrenzen. Langsames Handeln oder Untätigkeit hingegen verschärft die Situation. Unter diesem Gesichtspunkt ist das Verhalten der EZB und der Fed positiver zu bewerten als das der BoE. Neben dem Versuch, Auswirkungen einer Krise am Geldmarkt auf die Realwirtschaft zu begrenzen, stellt sich die Frage, wie Zentralbanken derartigen Krisen künftig präventiv begegnen sollten.

Literaturverzeichnis

Balzli, B./Brinkbäumer, K./ Brenner, J. (2008). *Der Bankraub.* Der Spiegel, 62 (47), S. 44-80.

Bank of England (2003). *Memorandum of Understanding between HM Treasury, the Bank of England and the Financial Services Authority* . Abgerufen am 6. Juli 2009 von http://www.bankofengland.co.uk/financialstability/mou.pdf

Bank of England (2007a). *Minutes of Monetary Policy Comittee Meeting 5 and 6 September 2007.* Abgerufen am 7. Juli 2009 von http://www.bankofengland.co.uk/publications/minutes/mpc/pdf/2007/mpc0709.pdf

Bank of England (2007b). *Term Auctions Bank of England Auctions to provide funds at a 3 month maturity.* Abgerufen am 7. Juli 2009 von http://www.bankofengland.co.uk/markets/termauctions/index.htm

Bank of England (2009a) *Monetary Policy Framework.* Abgerufen am 6. Juli 2009 von http://www.bankofengland.co.uk/monetarypolicy/framework.htm

Bank of England (2009b). *Official Bank Rate history.* Abgerufen am 07. Juli 2009 von http://www.bankofengland.co.uk/statistics/rates/baserate.pdf

bbalibor.com (2009). *Rates.* Abgerufen am 7. Juli 2009 von http://www.bbalibor.com/bba/jsp/polopoly.jsp?d=1638

Board of Governors of the Federal Reserve System (2005). *The Federal Reserve System - Purposes and Functions, 9. Aufl.* Washington D.C.: Board of Governors.

Board of Governors of the Federal Reserve System (2008b). *Monetary Policy Report to the Congress - July 15, 2008.* Washington D.C.: Board of Governors of the Federal Reserve System.

Board of Governors of the Federal Reserve System (2008a). *Monetary Policy Report to the Congress - Februaury 27, 2008.* Washington D.C.: Board of Governors of the Federal Reserve System.

Board of Governors of the Federal Reserve System (2009). *Monetary Policy Report to the Congress - February 24, 2009.* Wachington D.C.: Board of Governors of the Federal Reserve System.

Brück, M., Stroisch, J./Jeimke-Karge, H./Detering, M. (2009). *Chronik: Finanzkrise: Vom Immobilienboom zum Börsen-Crash.* Abgerufen am 9. März 2009 von http://www.wiwo.de/finanzen/finanzkrise-vom-immobilienboom-zum-boersen-crash-271063

Deutsche Bundesbank (2009). *Zeitreihe ST0304: Geldmarktsätze / EONIA / Tagessatz.* Abgerufen am 24. Juni 2009 von http://www.bundesbank.de/statistik/statistik_zeitreihen.php?open=&func=row&tr=st0304&year=2009#comm

EG-Vertrag (1995). *Vertrag zur Gründung der Europäischen Gemeinschaft.* Abgerufen am 23. Februar 2009 von http://www.juraforum.de/gesetze/EGV%201957/vertrag_zur_gr%FCndung_der_europ%E4ischen_gemeinschaft.html

European Central Bank (2007). *Supplementary longer-term refinancing operation.* Abgerufen am 6. Juli 2009 von http://www.ecb.europa.eu/press/pr/date/2007/html/pr070822.en.html

European Central Bank (2009a). *Monthly Bulletin - February.* Frankfurt am Main: European Central Bank.

European Central Bank (2009b). *Statistics Pocket Book - March 2009.* Frankfurt am Main: European Central bank.

Federal Reserve Board (2007a). *Monetary Policy Releases.* Abgerufen am 06. Juli 2009 von http://www.federalreserve.gov/newsevents/press/monetary/2007monetary.htm

Federal Reserve Board (2007b). *Minutes of the Federal Open Market Committee.* Abgerufen am 6. Juli 2009 von http://www.federalreserve.gov/FOMC/minutes/20070807.htm

González-Páramo, J. M. (2009). *Financial market failures and public policies: A central banker's perspective on the global financial crisis.* Abgerufen am 15. März 2009 von http://www.ecb.int/press/key/date/2009/html/sp090206.en.html

Leitzinsen.info (2009). *Die Welt der Leitzinsen im Überblick.* Abgerufen am 13. März 2009 von http://www.leitzinsen.info/

Ruckriegel, K./Seitz, F. (2006). *Die operative Umsetzung der Geldpolitik - Eurosystem, Fed, Bank of England.* In: Wirtschaftsdienst, 86 (8), S. 540-548.

Schrörs, M. (2009). *Kampf gegen die Krise.* Abgerufen am 7. Juli 2009 von http://www.ftd.de/boersen_maerkte/aktien/anleihen_devisen/:Kampf-gegen-die-Krise-Bank-of-England-kauft-Staatsanleihen/483066.html

Stark, J. (2009). *Eine Bilanz von 10 Jahren Euro und der Geldpolitik der EZB.* Abgerufen am 15. März 2009 von http://www.ecb.int/press/key/date/2009/html/sp090214.de.html

Terlau, W. (2004). *Vergleichende Analyse der europäischen und amerikanischen Geldpolitik.* In Volkswirtschaftliche Schriftenreihe (Bd. 31). Münster.

Trichet, J.-C. (2007). *Statement by Jean-Claude Trichet, President of the European Central Bank*. Abgerufen am 6. Juli 2009 von http://www.ecb.int/press/pr/date/2007/html/pr070814_1.en.html

Trichet, J.-C. (2009). *The ECB's response to the crisis*. Abgerufen am 15. März 2009 von http://www.ecb.int/press/key/date/2009/html/sp090220.en.html

Tobias Lösel

IV.2 Die Reaktionen der Staaten im internationalen Vergleich

1 Notwendigkeit eines Staatseingriffes 261
2 Reaktionen und Maßnahmen ausgewählter Staaten.. 262
    2.1   USA 262
    2.2   Großbritannien 265
    2.3   Deutschland 267
    2.4   Weitere Staaten im Überblick 270
3 Vergleich und Ausblick.. 272
Literaturverzeichnis.. 275

IV.2 Die Reaktionen der Staaten im internationalen Vergleich

Die heutige Finanzkrise hatte ihren Ursprung auf dem amerikanischen Immobilien- und Hypothekenmarkt. Von dort breitete sich die Krise in der ganzen Welt aus und sorgte in vielen Staaten für massive Probleme auf den Geld- und Finanzmärkten. Die nachfolgende Arbeit wirft einen Blick auf diese unterschiedlichen Märkte und beschäftigt sich mit den Reaktionen und Maßnahmen, die von den einzelnen Staaten getroffen wurden, um die Finanzkrise zu bekämpfen. Aufgrund des begrenzten Umfangs wird sich die Analyse dieser Finanzkrise auf eine beschränkte Auswahl an Ländern konzentrieren. Dies ermöglicht eine genauere Betrachtung der Entstehung und Umsetzung der verschiedenen Maßnahmenpakete.

Das erste Kapitel stellt den Zusammenhang zwischen dem Verlauf der Finanzkrise und der Notwendigkeit eines Eingriffes durch den Staat dar. Welche Entwicklungen haben zu diesem Schritt geführt und welche Ziele sollte der Staat mit seinem Eingriff in die Marktwirtschaft verfolgen? Das zweite Kapitel widmet sich den Reaktionen ausgewählter Staaten. Hier werden die Maßnahmen- und Rettungspakete vorgestellt, die von den USA, Großbritannien und Deutschland im Laufe der letzten eineinhalb Jahre auf den Weg gebracht wurden. Im Anschluss folgt eine kurze Zusammenfassung weiterer Reaktionen, vorwiegend aus dem europäischen Ausland. Das dritte Kapitel vergleicht daraufhin die unterschiedlichen Maßnahmen und versucht Gemeinsamkeiten sowie Unterschiede aufzudecken. Wo liegen die Vor- und Nachteile bestimmter Maßnahmen und wo haben diese bereits erste Erfolge gezeigt? Ein Ausblick über die zukünftige Rolle des Staates schließt das Kapitel ab.

1 Notwendigkeit eines Staatseingriffes

Der Zusammenbruch des amerikanischen Immobilien- und Hypothekenmarktes als Resultat des Versagens marktwirtschaftlicher und regulatorischer Lenkungsmechanismen sorgte auf den internationalen Finanzmärkten für eine Kettenreaktion.[1] Die Folge war ein Austrocknen der Refinanzierungsmärkte, im Besonderen des Interbankenmarktes. Die Unsicherheit über den Wert bilanzieller Vermögenspositionen, schmelzendes Eigenkapital und die Insolvenz von Lehman Brothers, einer der größten amerikanischen Investmentbanken, sorgten im Jahre 2008 für einen massiven Vertrauensverlust. Die Kreditvergabe von Banken untereinander geriet ins Stocken oder konnte nur noch durch den Einsatz hoher Risikoaufschläge durchgeführt werden.

Dieser Vertrauensverlust konnte aber weder durch die „Selbstheilungskräfte des Marktes" als *„Kern der neoliberalen Ideologie"*[2] noch durch das Eingreifen der Zentral-

---

[1] Vgl. Wissenschaftlicher Beirat beim BMWi (2008a), S. 15.
[2] Vgl. Stockhammer, E. (2008), S. 78.

banken in Form von Zinssenkungen oder kurzfristigen Liquiditätshilfen überwunden werden. Die Notwendigkeit eines Staatseingriffes schien unabwendbar, denn ein Dominoeffekt, der aus dem Zusammenbruch einer Großbank oder des Interbankenmarktes entstehen würde, würde nicht nur auf den Finanzmärkten, sondern auch in der Realwirtschaft immensen Schaden anrichten.

In welcher Form dieser Staatseingriff durchgeführt wird, hängt von den Gegebenheiten in den unterschiedlichen Ländern und auf den unterschiedlichen Märkten ab und kann sowohl präventiv oder reaktiv in Form von Rettungspaketen gestaltet werden.

Das Bundesministerium für Wirtschaft und Technologie nennt hier zentrale Ziele, die jede staatliche Intervention verfolgen sollte:[3]

Erstens muss die Funktionsfähigkeit des Finanzsystems wiederhergestellt werden. D.h. der Staat muss für Vertrauen sorgen, damit die Kreditversorgung von Unternehmen und Privatpersonen sowie von Banken untereinander aufrecht erhalten bleibt.

Zweitens soll diese Intervention nicht dazu führen, dass bei den privaten Marktteilnehmern schädliche Anreizwirkungen (Moral Hazard) entstehen, indem Banken auf Kosten des Staates ungerechtfertigte Risiken eingehen.

Drittens soll der Steuerzahler, der in letzter Instanz die Finanzierung der staatlichen Maßnahmenpakete trägt, so gering wie möglich belastet werden.

Diese drei Zielsetzungen bilden die Grundlage, auf der eine staatliche Intervention zum Erfolg führen kann.

2 Reaktionen und Maßnahmen ausgewählter Staaten

2.1 USA

Die USA mussten nicht nur die eigentliche Finanzkrise auf dem Bankensektor bekämpfen, sie mussten darüber hinaus Maßnahmen treffen, um den kollabierten Immobilienmarkt als Ausgangspunkt der globalen Krise zu stabilisieren. Letzteres sollte durch vier Maßnahmenpakete erreicht werden:

---

[3] Vgl. Wissenschaftlicher Beirat beim BMWi (2008a), S. 15.

(1) Das erste Paket, die so genannte *Hope Now Alliance*, wurde im Oktober 2007 angekündigt.[4] Durch eine freiwillige und engere Zusammenarbeit von Hypothekenbanken auf der einen und Wohnungseigentümern auf der anderen Seite sollten mit Zinssenkungen, veränderte Hypothekenkonditionen sowie das Einfrieren von variablen Hypothekenzinsen Zwangsräumungen verhindert werden.

(2) Im Dezember 2007 verabschiedete der Senat zudem den *Mortgage Forgiveness Debt Relief Act*. Mit diesem Gesetz konnten Familien, die von der Hypothekenkrise betroffen sind, für 3 Jahre von Steuerzahlungen auf erlassene Hypothekenschulden befreit werden. Neben Steuererleichterungen für spezielle Personengruppen ermöglichte das Gesetz zudem, Zahlungen für Hypothekenversicherungen vom steuerpflichtigen Einkommen abzuziehen.[5]

(3) Im Juli 2008 verabschiedete der US-Senat den *Housing and Economic Recovery Act*. Das Gesetz zur Unterstützung notleidender Eigenheimbesitzer ermöglichte es der Regierung, die beiden größten Hypothekenfinanzierer der USA, *Fannie Mae* und *Freddie Mac*, am 7. September 2008 unter staatliche Kontrolle zu stellen, da ein Kollaps der Institute weitreichende Folgen für den amerikanischen Immobilienmarkt gehabt hätte.[6] Der Staat übernahm Vorzugsaktien im Wert von bis zu 100 Mrd. USD pro Unternehmen, um eine positive Eigenkapitalbasis zu ermöglichen. Im Gegenzug erhielt der Staat Optionsscheine zum Kauf von bis zu 79,9 % der Stammaktien.[7] Um die Verfügbarkeit und Erschwinglichkeit von Hypothekenkrediten zu verbessern, konnten *Fannie Mae* und *Freddie Mac* kurzfristige Staatsdarlehen aufnehmen und diese mit Mortgage Backed Securities (MBS) hinterlegen. Ein Verkauf von MBS an den Staat war ebenso möglich.[8] Neben den Hilfen für *Fannie Mae* und *Freddie Mac* umfasste das Gesetz staatliche Garantie auf Hypothekenkredite in Höhe von 300 Mrd. USD (Section 1402) sowie Steuernachlässe für Neubesitzer von Häusern (Section 3011). Für die Sanierung von verlassenen und zwangsversteigerten Häusern wurden den amerikanischen Kommunen ca. 4 Mrd. USD zur Verfügung gestellt (Section 2305). Außerdem wurde im Rahmen des Gesetzes die Verschuldungsgrenze des US-Haushaltes auf über 10 Bil. USD erhöht (Section 3083)[9]

(4) Der *Homeowner Affordability and Stability Plan* im Februar 2009 verschaffte Hauseigentümern den Zugang zu günstigen Refinanzierungsmöglichkeiten.

---

[4] Vgl. The Financial Services Roundtable (2007), S. 1f.
[5] Vgl. Mortgage Forgiveness Debt Relief Act (2007), S. 1ff.
[6] Vgl. US Department of the Treasury (2008a).
[7] Vgl. US Department of the Treasury (2008b), S. 4.
[8] Vgl. US Department of the Treasury (2008c), S. 1f.
[9] Vgl. Housing and Economic Recovery Act (2008), S. 147ff., section 1402.

Ein Stabilisierungsprogramm im Wert von 75 Mrd. USD sollte drohende Zwangsvollstreckungen verhindern.[10] Durch den Ankauf weiterer Vorzugsaktien von *Fannie Mae* und *Freddie Mac* sollte der Markt für Hypothekardarlehen weiter gestärkt werden.

Als im März 2008 die fünftgrößte Investment Bank der USA, *Bear Stearns*, in eine plötzliche Liquiditätsklemme geriet, beteiligte sich der amerikanische Staat zum ersten Mal an einer Rettungsaktion auf dem Bankensektor. Um den Zusammenbruch des Unternehmens zu verhindern, öffnete die amerikanische Notenbank (*Fed*) zum ersten Mal ihr „Diskontfenster" auch für Investmentbanken, über das sich bisher lediglich Kreditbanken kurzfristig refinanzieren konnten.[11] Für die Übernahme von *Bear Stearns* durch den Finanzdienstleister *JPMorgan Chase* stellte die *Fed* zusätzlich 30 Mrd. USD zur Sicherstellung der Liquidität und Absicherung von Verlusten von *Bear Stearns* zur Verfügung.[12]

Im September 2008 richtete die US-Regierung eine Einlagensicherung im Wert von 50 Mrd. USD für unter Druck geratene Geldmarktfonds ein.[13] Im gleichen Monat autorisierte das US-Finanzministerium die *Fed*, dem in die Krise geratenen Versicherungskonzern *AIG* einen Kredit über 85 Mrd. USD zu gewähren. Im Gegenzug übernahm der Staat 79,9 % an *AIG* und erhielt ein Veto-Recht bei der Dividendenausschüttung.[14] Dieses Rettungspaket wurde im Laufe der folgenden Monate mehrmals aufgestockt. Im Februar 2009 beteiligte sich der Staat zudem mit 25 Mrd. USD an der angeschlagenen Bank *Citigroup*.[15]

Mit dem Ziel die Liquidität im Bankensektor zu sichern und den Finanzmarkt zu stabilisieren führte die Regierung am 3. Oktober 2008 den *Emergency Economic Stabilization Act* ein. Hauptbestandteil dieses Notgesetzes zur Wirtschaftsstabilisierung war das so genannte *Troubled Asset Relief Program (TARP)*, mit dem das Finanzministerium schädliche Vermögenswerte der Banken im Wert von bis zu 700 Mrd. USD aufkaufen bzw. versichern konnte.[16] Die ersten 350 Mrd. USD standen sofort zur Verfügung, die andere Hälfte wurde im Januar 2009 im Rahmen des *Financial Stability Plan* vom Kongress freigegeben.

Um das Gesetz und die Zielerreichung der Maßnahmen zu kontrollieren, wurde mit dem *Office of Financial Stability* eine eigene Aufsichtsbehörde eingerichtet. Neben den Hilfen für Finanzinstitute wurden aus dem *TARP* zudem Darlehen an die Automobil-

---

[10] Vgl. US Department of the Treasury (2009a).
[11] Vgl. Federal Reserve (2008a).
[12] Vgl. JPMorgan Chase (2008).
[13] Vgl. US Department of the Treasury (2008d).
[14] Vgl. Federal Reserve (2008b).
[15] Vgl. US Department of the Treasury (2009b).
[16] Vgl. Emergency Economic Stabilization Act (2008), S. 16.

industrie in Höhe von 25 Mrd. USD vergeben.[17] *Timothy Geithner*, der Finanzminister der USA, räumte bei der Vorstellung des *Financial Stability Plan* am 10. Februar 2009 ein, dass die bisher getätigten Maßnahmen zur Stabilisierung des Finanzsektors nicht ausreichend waren. Der neue Ansatz, der auf den verbliebenen 350 Mrd. USD aus dem *TARP* aufbaute, sollte diese Missstände durch den Einsatz dreier Instrumente beseitigen:[18]

(1) *Financial Stability Trust*: Mehr Transparenz und verbesserte Offenlegung von Bankbilanzen sowie Einführung eines „Stress"-Tests zur Beurteilung der Fähigkeiten von Banken, die Kreditvergabe zu sichern und drohende Verluste zu absorbieren. Am Stress-Test teilnehmende Banken bekamen Zugang zu einem Kapitalpuffer, der es ihnen erlaubte, zugleich Verluste auszugleichen und als Brückenfinanzierung zu fungieren, bis der Zugang zu privatem Kapital wieder hergestellt war. Als Bedingung für die Teilnahme sollten Managergehälter auf 500.000 USD pro Jahr begrenzt werden.

(2) *Public-Private Investment Fund*: Einrichtung eines Fonds aus privaten und öffentlichen Mitteln im Wert von bis zu einer Billion USD zur Aufnahme von risikoreichen Vermögenswerten aus Bankbilanzen.

(3) *Consumer and Business Lending Initiative*: Mit bis zu einer Billion USD sollten die Märkte für Konsumentenkredite und Kredite an kleine Unternehmen stabilisiert werden, indem die *Fed* Unternehmen und Banken unterstützt, die speziell in diesem Sektor als Kreditgeber tätig werden.

2.2 Großbritannien

Großbritannien ist nach den USA das wichtigste Finanzzentrum der Welt. Allein die Banken und Wertpapierhäuser der Londoner City erwirtschaften jährlich rund 9,4 % des britischen Bruttoinlandproduktes. Die Auswirkungen der Subprime-Krise in den USA sind hier also unmittelbar zu spüren.

Großbritanniens fünftgrößte Hypothekenbank, Northern Rock, refinanzierte sich im Gegensatz zu anderen Hypothekenbanken nicht über Kundeneinlagen, sondern zu einem Großteil über den kurzfristigen Kapitalmarkt. Diese Möglichkeit der Kapitalbeschaffung brach im Zuge der Finanzkrise durch massiv ansteigende Zinsen am Interbankenmarkt zusammen. Die Folge war ein so genannter „Bank Run", ein massenhafter Abzug von Einlagen durch Kunden. Allein vom 14. bis 17. September 2007 hoben die Kunden etwa zwei Mrd. Pfund von Konten der Bank ab.[19] Nachdem die Bank of

---

[17] Vgl. US Budget Watch (2009).
[18] Vgl. US Department of the Treasury (2009c), S. 2-4.
[19] Vgl. o.V. (2007).

England Northern Rock mit einem Notfallkredit aus der Liquiditätsklemme geholfen hatte, sprach der britische Finanzminister Alistair Darling am 17. September eine Staatsgarantie auf alle Einlagen der Bank aus.[20] Diese Garantie wurde im Laufe der folgenden Wochen mehrmals erweitert, konnte weiteren Kapitalabzug aber nicht verhindern. Da der Verkauf des Unternehmens an Privatinvestoren am Veto der Regierung scheiterte, wurde Northern Rock am 17. Februar 2008 verstaatlicht.[21]

Ebenfalls vor dem Zusammenbruch bewahrt wurde die Hypothekenbank Bradford & Bingley. Die Aktie des Unternehmens hatte innerhalb eines Jahres 90 % an Wert verloren, massive Abschreibungen mussten vorgenommen werden und Kunden zogen Gelder ab. Am 29. September verkündete die Regierung, dass das Spargeschäft und das Filialnetz an die spanische Banco Santander verkauft werden, während der Staat die restlichen Vermögenswerte sowie Verbindlichkeiten übernimmt.[22]

Rettungspaket I:

Die geringe Kapitalausstattung der Banken und die daraus folgenden Liquiditätsschwierigkeiten sorgten für große Besorgnis. Eine Wiederholung der Panik, die 2007 verängstigte Kunden in die Filialen von Northern Rock trieb, sollte verhindert werden. Aus diesem Grund entwickelte die britische Regierung am 8. Oktober 2008 ein umfassendes Maßnahmenpaket, welches drei Aspekte beinhaltete:[23]

(1) *Rekapitalisierungsplan:* Durch Übernahme von Vorzugsaktien durch den Staat wurden den acht größten Banken und Bausparkassen Liquidität in Höhe von bis zu 50 Mrd. Pfund zur Stärkung der Eigenkapitalquote zur Verfügung gestellt.

(2) *Staatsgarantie:* Der Staat garantierte gegen Gebühr für alle unbesicherten mittelfristigen Schuldverschreibungen sowie Geldmarktpapiere und Einlagenzertifikate der beteiligten Banken und Bausparkassen in Höhe von bis zu 250 Mrd. Pfund.

(3) *Liquiditätskredite:* Die Bank of England stellte notleidenden Banken Liquiditätshilfen in Höhe von 200 Mrd. Pfund zur Verfügung.

Rettungspaket II:

Die Kreditvergabe der Banken untereinander sowie an Unternehmen konnte nicht wie erhofft verbessert werden und wurde in Großbritannien schließlich zu einem akuten Problem. Daher wurde am 19. Oktober 2008 ein zweites Rettungspaket mit folgenden

---

[20] Vgl. HM Treasury (2007).
[21] Vgl. HM Treasury (2008a).
[22] Vgl. HM Treasury (2008b).
[23] Vgl. HM Treasury (2008c).

Eckpunkten vorgestellt:[24] Die Staatsgarantien auf Kredite und die Liquiditätshilfen durch die *Bank of England* wurden verlängert. Zudem wurde die Garantie auf Asset Backed Securities erweitert. Ein 50 Mrd. Pfund-Fond wurde durch die *Bank of England* für den Ankauf von Unternehmenswerten zur Vermeidung von Kreditklemmen eingerichtet. Und um Unsicherheiten über den Wert von Vermögenspositionen in Bankbilanzen zu minimieren, wurde eine Versicherung gegen den Ausfall „fauler" Kredite aufgebaut.

Im Rahmen des zweiten Rettungspaketes wurde zudem die Umwandlung von Vorzugsaktien in Stammaktien der *Royal Bank of Scotland* beschlossen.[25] Damit erhöhte der britische Staat seinen Stimmrechtsanteil an der Bank auf rund 68 % und sicherte mit der Ausgabe der Stammaktien eine damit verbundene Kapitalerhöhung ab.

2.3 Deutschland

Als in Folge der Subprime-Krise auf dem amerikanischen Hypothekenmarkt die *Deutsche Industriebank (IKB)* im Juli 2007 in eine existenzbedrohende Schieflage geriet, reagierte der deutsche Staat zum ersten Mal auf die aufkommende Finanzkrise. Mit Hilfe der bundeseigenen *Kreditanstalt für Wiederaufbau (KfW)* garantierte man der *IKB* eine Kreditlinie von 8,1 Mrd. EUR.[26] Zusätzlich wurde in Zusammenarbeit mit Bankenverbänden, Bundesbank und *Bundesanstalt für Finanzdienstleistungsaufsicht (BaFin)* ein Hilfspaket in Höhe von 3,5 Mrd. EUR zur Verfügung gestellt. Im November 2007 vergab ein Bankenpool um die *KfW* zusätzliche Risikogarantien in Höhe von 350 Mio. EUR.[27] Neben weiteren Kapitalverstärkungen Anfang 2008 gab die *KfW* im August im Rahmen einer Kapitalerhöhung die Zusage zur Zeichnung von Aktien in Höhe von 1,25 Mrd. EUR, womit sich der Anteil der *KfW* an der *IKB* schließlich auf 90,8 % erhöhte.[28]

Zum Schutz der deutschen Finanzbranche gegen Spekulationen auf sinkende Kurse wurden von der *BaFin* am 19. September 2008 Aktienleerverkäufe von elf Unternehmen der Finanzwirtschaft, darunter *Deutsche Bank*, *Commerzbank* und *Hypo Real Estate*, untersagt.[29] Am 8. Oktober 2008 gab die Bundesregierung eine Garantieerklärung in

---

[24] Vgl. HM Treasury (2009a).
[25] Vgl. HM Treasury (2009b).
[26] Vgl. Fehr, B. (2007), S. 11.
[27] Vgl. KfW (2007).
[28] Vgl. IKB (2008).
[29] Vgl. BaFin (2008).

unbeschränkter Höhe auf alle Spareinlagen in Deutschland ab. Diese Garantie galt für alle Institute, die Teil der deutschen Einlagensicherung sind.[30]

▪ Finanzmarktstabilisierungsgesetz (FMStG):

Am 17. Oktober 2008 trat das durch die Regierung beschlossene Rettungsprogramm zur Stabilisierung des deutschen Finanzsystems in Kraft. Ziel des Gesetzes war es, das Vertrauen in das Finanzsystem wieder herzustellen, die Kreditversorgung der deutschen Wirtschaft und die Absicherung von Sparern und Anlegern zu gewährleisten. Hauptbestandteil des Gesetzes war der *Sonderfond Finanzmarktstabilisierung (SoFFin)*, der von der neu geschaffenen *Finanzmarktstabilisierungsanstalt* verwaltet wurde und für dessen Verbindlichkeiten der Bund haftet. Die Leistungen des *SoFFin* umfassten drei Elemente:[31]

(1) *Garantiegewährung:* Für die Refinanzierung der Finanzinstitute untereinander können bis zum Jahre 2012 Garantien in Höhe von 400 Mrd. EUR gestellt werden. Im Fall der Inanspruchnahme aus einer Garantie stehen 20 Mrd. EUR zur Verfügung.

(2) *Rekapitalisierung:* Durch stille Beteiligungen oder den Erwerb von Anteilen kann die Eigenmittelausstattung der Finanzinstitute gestärkt werden.

(3) *Risikoübernahme:* Der Fond kann vor dem 13. Oktober 2008 erworbene Risikopositionen aufkaufen oder auf andere Weise absichern. Für die Rekapitalisierung und die Risikoübernahme stehen bis zu 80 Mrd. EUR zur Verfügung.

Als Gegenleistung für die Inanspruchnahme des *SoFFin* mussten die Institute bestimmte Auflagen, wie Höchstgrenzen für Vorstandsbezüge, Verzicht auf Bonuszahlungen oder Dividendenauszahlungen erfüllen. Als Ergänzung des FMStG wurde am 18. Februar 2009 das *Finanzmarktstabilisierungsergänzungsgesetz (FMStErgG)* beschlossen, das die befristete Verstaatlichung von Unternehmen des Finanzsektors als „Ultima Ratio" ermöglichte.[32]

▪ Hypo Real Estate und Commerzbank:

Am 6. Oktober 2008 stellte ein Finanzkonsortium aus Finanzministerium, *Bundesbank*, *BaFin* und Vertretern der deutschen Kredit- und Versicherungswirtschaft der *Hypo Real Estate* (HRE) Kredite in Höhe von 50 Mrd. EUR und der Bund einen Bürgschaftsrahmen von 35 Mrd. EUR in Aussicht.[33] Zur Überbrückung erhielt die *HRE* eine Sonderliquiditätshilfe in Höhe von 15 Mrd. EUR von der *deutschen Bundesbank*.[34] Für die

---

[30] Vgl. Bundesministerium der Finanzen (2008).
[31] Vgl. SoFFin (2008).
[32] Vgl. Bundesministerium der Finanzen (2009).
[33] Vgl. Hypo Real Estate (2008a), S. 1.
[34] Vgl. Hypo Real Estate (2008b), S. 1.

Liquiditätslinien mussten Wertpapiere im Wert von 60 Mrd. EUR sowie Anteile an den operativen Töchtern des Unternehmens als Sicherheiten hinterlegt werden.

Aus dem *Finanzmarktstabilisierungsfonds* erhielt die *HRE* bis Februar 2009 Garantien von insgesamt 52 Mrd. EUR.[35] Die Bundesregierung und ein Bankenkonsortium übernahmen die Aufsicht der *HRE* und gestalteten den Aufsichtsrat um. Um die Garantien und Beihilfen des Staates zu schützen, da diese bei einer Insolvenz verloren gegangen wären, gab der Lenkungsausschuss des *SoFFin* am 26. Januar 2009 bekannt, die Mehrheit an der *Hypo Real Estate* übernehmen zu wollen.[36] Dazu musste jedoch der Gesetzestext des *SoFFin* geändert werden, da dieser bisher nur staatliche Übernahmen bis zu einer maximalen Beteiligungsgrenze von 33 % vorsah. Diese Gesetzesänderung wurde am 28. Februar 2009 im Rahmen des *Finanzmarktstabilisierungsergänzungsgesetzes* von der Bundesregierung beschlossen.

Aufgrund gestiegener internationaler Anforderungen an die Eigenkapitalausstattung der Banken war die *Commerzbank* im Dezember 2008 die erste große Privatbank, die von dem staatlichen Rettungsfond *SoFFin* Gebrauch machte. Neben einer stillen Einlage in Höhe von 8,2 Mio. EUR gab der Bund zudem eine Garantie auf Schuldverschreibungen im Wert von 15 Mio. EUR.[37] Die *Commerzbank* wird im Gegenzug die Dividende für die Jahre 2009 und 2010 aussetzen sowie eine Ausweitung der Mittelstandskreditfinanzierung um 2,5 Mrd. EUR durchführen. Am 8. Januar 2009 wurde die *Commerzbank* schließlich teilverstaatlicht, indem der Bund 25 % plus eine Aktie an der *Commerzbank* übernahm und eine weitere stille Einlage in Höhe von 8,2 Mio. EUR tätigte.[38]

■ **Konjunkturpaket II:**

Im Rahmen des *Konjunkturprogramms II*, das am 20. Februar 2009 vom Bundesrat beschlossen wurde, konnten Unternehmen, die wegen der Finanzkrise keine Kredite erhalten, Bürgschaften vom Bund und Kredite von der *KfW-Bank* im Wert von 100 Mrd. EUR in Anspruch nehmen.[39]

---

[35] Vgl. Hypo Real Estate (2009), S. 1-2.
[36] Vgl. Hübner, A./Riedel, D./Kühler, P., u.a. (2009).
[37] Vgl. Commerzbank (2008).
[38] Vgl. Commerzbank (2009).
[39] Vgl. Bundesregierung (2009).

2.4 Weitere Staaten im Überblick

▎ **Island**

Um ein Zusammenbrechen der isländischen Kreditinstitute und damit der gesamten Wirtschaft Islands zu verhindern, verabschiedete das isländische Parlament am 6. Oktober 2008 ein Notstandsgesetz, das die staatliche Übernahme der drei Großbanken *Kaupthing*, *Landsbanki* und *Glitnir* durch die isländische Finanzaufsicht (Financial Supervisory Authority) beschloss.[40] Neben der Verstaatlichung und der Erzwingung von Fusionen ermöglichte das Notstandsgesetz den Verkauf von Auslandsaktiva der Banken, das Auswechseln des Managements und eine Begrenzung der Gehälter sowie die Bündelung von Wohnungskrediten in einem Staatsfond, um Privatinsolvenzen zu verhindern. Zudem wurde der Handel von Aktien aus der Finanzbranche an der Börse von Reykjavik ausgesetzt.[41]

Um die Schuldenlast der Banken tragen und einen Staatsbankrott zu verhindern, wandte sich die Isländische Regierung an den *Internationalen Währungsfond (IWF)*. Dieser sicherte dem Nordatlantikstaat in einer 2-Jahres-Vereinbarung eine Kredithilfe in Höhe von 2,1 Mrd. USD zu.[42] Die Vereinbarung mit dem *Internationalen Währungsfond* beinhaltete drei zentrale Aufgaben: die Stabilisierung der Landeswährung Krone, die Gewährleistung einer mittelfristigen Tragfähigkeit der öffentlichen Finanzen und die Entwicklung einer Strategie zur Restrukturierung der drei Großbanken.

Weitere Kredithilfen kamen aus den skandinavischen Ländern sowie Großbritannien und den Niederlanden, deren Privatkunden von dem Zusammenbruch der Banken besonders betroffen waren.

▎ **Frankreich**

Die Regierung gab am 13. Oktober 2008 bekannt, dem französischen Finanzsektor durch die Einrichtung zweier Rettungsfonds helfen zu wollen. Die *Société de financement de l'economie française (SFEF)* stellte Garantien in Höhe von 320 Mrd. EUR vornehmlich für die Kreditaufnahme der Banken untereinander zur Verfügung.[43] Davon machten bereits die Finanztöchter von *Renault* und *Citröen/Peugeot* sowie später *Airbus* als erstes Industrieunternehmen Gebrauch. Der zweite Fond, die *Société de prises de participation de l'Etat (SPPE)*, wurde zur Stärkung der Eigenkapitalausstattung der Banken gegründet und konnte auf 40 Mrd. EUR zurückgreifen.

---

[40] Vgl. Prime Minister's Office (2008).
[41] Vgl. Financial Supervisory Authority (2008).
[42] Vgl. IWF (2008), S. 4.
[43] Vgl. Kuchenbecker, T. (2008).

Österreich

Ebenfalls am 13. Oktober 2008 stellte die österreichische Regierung ein Maßnahmenpaket zur Stärkung der Finanzstabilität und der Wettbewerbsfähigkeit der inländischen Banken vor. Dieses Maßnahmenpaket umfasste erstens eine Garantie auf alle privaten Einlagen in Österreich, zweitens die Möglichkeit eines Verbotes von Leerverkäufen, drittens 75 Mrd. EUR für die Vergabe von Staatsgarantien und viertens 15 Mrd. EUR zur Stärkung der Eigenkapitalbasis der Banken.[44] Im November wurde die österreichische Bank *Kommunalkredit Austria* vor dem Zusammenbruch bewahrt und verstaatlicht.

Irland

Die irische Regierung gab am 30. September 2008 bekannt, für alle Einlagen von Privatpersonen und Unternehmen sowie Bankverbindlichkeiten der sechs größten Finanzinstitute des Landes in Höhe von ca. 400 Mrd. EUR zu garantieren.[45] Am 11. Februar 2009 wurden die *Allied Irish Bank* und die *Bank of Ireland* von der Regierung mit jeweils 3,5 Mrd. EUR unterstützt. Im Gegenzug erhielt der Staat Vorzugsaktien mit einer Dividende von 8 % und einem Stimmrechtsanteil an den Unternehmen von 25 %.[46]

Südkorea

Um sich den weltweiten Bemühungen um Finanzmarktstabilität anzuschließen und die internationale Wettbewerbsfähigkeit der südkoreanischen Banken zu gewährleisten, kündigte die Regierung am 19. Oktober 2008 ein umfassendes Maßnahmenpaket an.[47] Dieses Paket enthielt neben Bürgschaften für koreanische Banken in Höhe von 100 Mrd. USD und Liquiditätshilfen in Höhe von 30 Mrd. USD aus den Devisenreserven des Landes auch Steuervergünstigungen für langfristige Kapitalanlagen.

Association of Southeast Asian Nations (ASEAN) + 3

Die *ASEAN*, die zehn südostasiatische Länder umfasst sowie Japan, China und Südkorea, einigten sich am 24. Oktober 2008 auf die Einrichtung eines regionalen Kreditfonds zur Bekämpfung der Finanzkrise. Der Mitte 2009 startende Fond, der wertlos gewordene Aktienpapiere aufkaufen und Unternehmen mit frischem Kapital versorgen soll, hat ein Volumen von 80 Mrd. USD.[48]

Tabelle 1 gibt einen Überblick über die Bankenrettungsprogramme, speziell in den entwickelten Volkswirtschaften:

---

[44] Vgl. Bundesministerium für Finanzen Österreich (2008).
[45] Vgl. Department of Finance (2008), S. 1.
[46] Vgl. Department of Finance (2009).
[47] Vgl. Financial Service Commission (2008), S. 1-3.
[48] Vgl. Reuters (2008).

Tobias Lösel

Tabelle 1: Elemente von Bankenrettungsprogrammen in entwickelten Volkswirtschaften[49]

Elemente von Bankrettungsprogrammen in entwickelten Volkswirtschaften[1]					
Land	Ausweitung der Einlagensicherung	Garantie der Verbindlichkeiten gegenüber Grosskunden[2]		Kapitaleinschüsse[3]	Ankauf von Forderungen
		Neue Schulden	Bestehende Schulden		
Australien	✓	✓	✓		✓
Belgien	✓	✓			
Dänemark	✓	✓	✓		
Deutschland	✓	✓		✓	✓
Finnland	✓				
Frankreich		✓		✓	
Griechenland	✓	✓		✓	
Irland	✓	✓	✓		
Italien		✓		✓	
Kanada		✓			✓
Neuseeland	✓				
Niederlande	✓	✓		✓	
Norwegen					✓
Österreich	✓	✓		✓	
Portugal	✓	✓			
Schweden	✓	✓		✓	
Schweiz				✓	✓
Spanien	✓	✓		✓	✓
USA	✓	✓		✓	✓
Vereinigtes Königreich	✓	✓		✓	

[1] Stand Mitte November 2008. [2] Einschl. Anleiheemissionen, Interbankkrediten und sonstiger Verbindlichkeiten gegenüber Grosskunden. Der Deckungsumfang der Garantie für solche Positionen ist je nach Land unterschiedlich. [3] Nur angekündigte Programme (ohne Einzelfallmassnahmen).

Quelle: BIZ.

3 Vergleich und Ausblick

Beim Vergleich der Reaktionen und Maßnahmen in den unterschiedlichen Ländern kann man viele Gemeinsamkeiten, aber auch Unterschiede erkennen. Die Maßnahmenpakete umfassten meist drei zentrale Instrumente, nämlich die Rekapitalisierung von Banken durch Staatsbeteiligungen, die Übernahme schädlicher bzw. illiquider Vermögenswerte und eine Garantiegewährung für die Refinanzierung der Banken untereinander:

---

[49] Bank für Internationalen Zahlungsausgleich (2008), S. 23.

IV.2 Die Reaktionen der Staaten im internationalen Vergleich

(1) Mit 400 Mrd. EUR in Deutschland, 320 Mrd. EUR in Frankreich oder 250 Mrd. Pfund (ca. 280 Mrd. EUR) in Großbritannien machten diese Garantiegewährungen jeweils den größten Teil der staatlichen Maßnahmenpakete aus. Diese Absicherung durch die Regierung sollte das Vertrauen der Banken untereinander stärken, um die Versorgung mit Liquidität am Interbankenmarkt wieder herzustellen. Die Geldmarktsätze in Europa sprechen für einen Erfolg dieser Maßnahmen. *EONIA* und *EURIBOR* sind von ca. 5 % im Oktober 2008 auf 1 bis 2 % im Februar 2009 gefallen.[50]

(2) Die Übernahme schädlicher bzw. illiquider Vermögenswerte als zweites Instrument wurde nur von wenigen Staaten eingeführt, darunter Deutschland, USA und Spanien. Der Vorteil dieser Maßnahme lag in der Stärkung der Finanzinstitute. Mit der Ausgliederung solcher Vermögenswerte aus den Bankbilanzen sollte sich das damit verbundene Risiko und die Unsicherheit vermindern, so dass eine bessere Zukunftsplanung möglich war.[51] Nachteile waren zum einen die Unklarheiten über die Preisgestaltung solcher Wertpapiere. In Spanien beispielsweise scheuten sich zunächst viele Banken vor dem Verkauf an den Staat, weil dieser aus ihrer Sicht einen zu geringen Preis anbot.[52] Zum anderen bestand ein Anreiz für Banken zum Missbrauch dieser Lösung, indem mehr riskante Papiere verkauft wurden, als für eine Wiederherstellung der Funktionsfähigkeit des Systems notwendig gewesen wäre oder die Bank gerade wegen dieser „Hintertür" künftig weitere unnötige Risiken eingehen könnte.[53]

(3) Die Rekapitalisierung als drittes Instrument wurde unterschiedlich ausgestaltet. Deutschland etablierte mit Hilfe des *SoFFin* eine freiwillige Lösung, die Unternehmen nutzen konnten, um die Eigenkapitalbasis zu verstärken. Diese Möglichkeit wurde zunächst nur wenig genutzt, denn die Banken wollten auf der einen Seite nicht öffentlich zugeben, auf Staatshilfen angewiesen zu sein. Auf der anderen Seite waren sie nicht bereit, die Bedingungen zu akzeptieren, die mit der Einwilligung zur Rekapitalisierung verbunden waren (Begrenzung Managergehälter, Einfluss auf Kreditvergabe).[54] Diesem Problem ging Großbritannien von Anfang an aus dem Weg, indem es die Rekapitalisierung durch den Staat zum Zwang für alle Institute machte, die aus eigener Kraft eine bestimmte Mindestkernkapitalquote nicht erreichen konnten.

Neben den Hilfen für Banken und Unternehmen spielte die Einlagensicherung privater Sparer eine wichtige Rolle. Um die Gefahr eines „Bank Runs" zu vermeiden, wur-

---

[50] Vgl. Deutsche Bundesbank (2009), S. 1.
[51] Vgl. o.V. (2008c).
[52] Vgl. Maharg-Bravo, F. (2008).
[53] Vgl. Wissenschaftlicher Beirat beim BMWi (2008b), S. 16.
[54] Vgl. o.V. (2008a).

den in nahezu allen Ländern die staatliche Einlagensicherung erhöht oder Garantien auf Einlagen gegeben. Hier nahm Irland eine Vorreiterrolle ein, indem das Land im September 2008 eine umfassende Garantie auf alle Einlagen irischer Banken bekannt gab. Diese Ankündigung wurde jedoch, ähnlich wie die deutsche Garantieerklärung im Oktober 2008, von anderen europäischen Ländern wie Österreich oder Großbritannien kritisiert, da diese um Kapitalabzüge aus dem eigenen Land fürchteten.[55] In der Folge waren diese Länder also gezwungen, ihrerseits Maßnahmen zum Schutz privater Sparer zu treffen. Im Fall Irland sorgte die Garantieerklärung darüber hinaus für Bedenken, da das Volumen dieser Garantien in der Höhe von 400 Mrd. EUR einen Anteil von 210 % am irischen Bruttoinlandsprodukt ausmachte und so die Gefahr eines Staatsbankrottes möglich wurde.

Weitere staatenübergreifende Gemeinsamkeiten zeigten sich in dem Aussetzen von Leerverkäufen, um den Fall von Aktienkursen aus dem Finanzsektor nicht weiter zu verstärken. Des Weiteren war der Schutz des Steuerzahlers ein zentraler Punkt. Die Hilfen, die den Unternehmen angeboten wurden, waren nicht kostenlos. Die Garantien wurden nur gegen Gebühren gewährt und Kredite beinhalteten hohe Zinskoupons, die den Staat und damit den Steuerzahler in Zukunft entschädigen sollten.

Letztlich bleibt festzuhalten, dass die Maßnahmenpakete der Staaten, auch aufgrund ihrer zeitlichen Begrenzung, lediglich eine kurzfristige Lösung darstellen. Um den Finanzsektor langfristig und nachhaltig zu stärken, müssen die Staaten mit Notenbanken und Finanzaufsichten zusammenarbeiten und die Rahmenbedingungen auf den Finanzmärkten verbessern. Die aber sind heute geprägt durch den Wettlauf zwischen Finanzregulierung und Finanzinnovation.[56]

---

[55] Vgl. o.V. (2008b).
[56] Vgl. Bundesministerium für Wirtschaft und Technologie (2008), S. 7.

Literaturverzeichnis

BaFin (2008). *BaFin untersagt Leerverkäufe - elf Finanztitel betroffen.* Abgerufen am 07. März 2009 von http://www.bafin.de/cln_109/nn_722802/SharedDocs/Mitteilungen/DE/Service/PM__2008/pm__080919__leerverk.html

Bank für Internationalen Zahlungsausgleich (2008). *BIZ Quartalsbericht Dezember 2008, S, 23.* Abgerufen am 09. März 2009 von http://www.bis.org/publ/qtrpdf/r_qt0812a_de.pdf

Bundesministerium der Finanzen (2008). *Einlagensicherung.* Abgerufen am 07. März 2009 von http://www.bundesfinanzministerium.de/nn_69116/DE/BMF__Startseite/Ministerium/Der__Sprecher__spricht/003__sprecher__spricht__einlagensicherung.html?__nnn=true

Bundesministerium der Finanzen (2009). *Pressemitteilung Nr. 7/2009 - Bundesregierung beschließt wichtige Ergänzungen zum Finanzmarktstabilisierungsgesetz. .* Abgerufen am 07. März 2009 von http://www.bundesfinanzministerium.de/nn_54090/DE/Presse/Pressemitteilungen/Finanzpolitik/2009/02/20091802__PM7.html

Bundesministerium für Finanzen Österreich (2008). *Presseinformation vom 13.10.2008: Vizekanzler Molterer zu Maßnahmenpaket zur Finanzmarktstabilität.* Abgerufen am 07. März 2009 von http://www.bundesfinanzministerium.de/nn_54090/DE/Presse/Pressemitteilungen/Finanzpolitik/2009/02/20091802__PM7.html

Bundesministerium für Wirtschaft und Technologie (2008). *Entschlossenes handeln gegen die Finanzkrise – Eine Bewertung aus ordnungspolitischer Sicht.* In: Bundesministerium für Wirtschaft und Technologie (Hrsg.), Schlaglichter der Wirtschaftpolitik - Sonderheft Finanzkrise , S. 7.

Bundesregierung (2009). *Konjunkturpaket - Unternehmenskredite.* Abgerufen am 07. März 2009 von http://www.bundesregierung.de/Webs/Breg/konjunkturpaket/DE/Unternehmenskredite/unternehmenskredite.html

Commerzbank (2008). *Pressemitteilung vom 19.12.2008: Commerzbank und SoFFin vereinbaren Kreditprogramm für den Mittelstand.* Abgerufen am 07. März 2009 von https://www.commerzbank.de/de/hauptnavigation/presse/archiv_/presse_mitteilungen/2008/quartal_08_04/presse_archiv_detail_08_04_4919.html

Commerzbank (2009). *Pressemitteilung vom 08.01.2009: SoFFin, Allianz und Commerzbank planen Stärkung des Eigenkapital der neuen Commerzbank.* Abgerufen am 07. März 2009 von https://www.commerzbank.de/de/hauptnavigation/presse/archiv_/presse_mitteilungen/2009/quartal_09_01/presse_archiv_detail_09_01_5011.html

Department of Finance (2009). *Press Release 11.02.09: Recapitalisation of Allied Irish Bank and Bank of Ireland.* Abgerufen am 07. März 2009 von http://www.finance.gov.ie/viewdoc.asp?DocID=5669&CatID=1&StartDate=1+January+2009&m=n

Department of Finance (2008). *Press Release 30.09.08: Government decision to safeguard Irish Banking System.* Abgerufen am 07. März 2009 von http://www.finance.gov.ie/documents/pressreleases/2008/blo11.pdf

Deutsche Bundesbank (2009). *Zinsstatistik Stand vom 09.03.09 - Geldmarktsätze.* Abgerufen am 20. März 2009 von http://www.bundesbank.de/download/statistik/stat_geldmarkts.pdf

Federal Reserve (2008a). *Press Release 11.03.2008.* Abgerufen am 07. März 2009 von http://www.federalreserve.gov/newsevents/press/monetary/20080311a.htm

Fehr, B. (2008). *Der Weg in die Krise.* In: Frankfurter Allgemeine Zeitung, Nr. 66 (18.03.2008), S. 11.

Ferderal Reserve (2008b). *Press Release 16.09.2008.* Abgerufen am 07. März 2009 von http://www.federalreserve.gov/newsevents/press/other/20080916a.htm

Financial Service Commission (2008). *Press Release 19.10.08: Proposed measures to overcome uncertainties in the international financial markets.* Abgerufen am 07. März 2009 von http://www.fsc.go.kr/downManager?bbsid=BBS0048&no=55786

Financial Supervisory Authority (2008). *Temporary suspension from trading.* Abgerufen am 07. März 2009 von http://www.fme.is/?PageID=580&NewsID=328

HM Treasury (2007). *Press Notice 17.09.07: Statement by the Chancellor of the Exchequer on financial markets.* Abgerufen am 07. März 2009 von http://www.hm-treasury.gov.uk/press_95_07.htm

HM Treasury (2008a). *Press Notice 17.02.08: Northern Rock plc.* Abgerufen am 07. März 2009 von http://www.hm-treasury.gov.uk/press_16_08.htm

HM Treasury (2008b). *Press Notice 08.10.08: Financial support to the banking industry.* Abgerufen am 07. März 2009 von http://www.hm-treasury.gov.uk/press_100_08.htm

HM Treasury (2008c). *Press Notice 29.09.08: Bradford & Bingley plc.* Abgerufen am 07. März 2009 von http://www.hm-treasury.gov.uk/press_97_08.htm

HM Treasury (2009a). *Press Notice 19.01.09 05/09: Statement on financial intervention to support lending in the economy.* Abgerufen am 07. März 2009 von http://www.hm-treasury.gov.uk/press_05_09.htm

HM Treasury (2009b). *Press Notice 19.01.09 06/09: Treasury statement on restructuring its investment in RBS to deliver further bank lending to industry and homeowners.* Abgerufen am 07. März 2009 von http://www.hm-treasury.gov.uk/press_06_09.htm

Hübner, A./Riedel, D./Kühler, P. et al. (2009). *HRE vor Verstaatlichung.* Abgerufen am 07. März 2009 von Handelsblatt.com vom 26.02.2009: http://www.handelsblatt.com/unternehmen/banken-versicherungen/hre-vor-verstaatlichung;2134187

Hypo Real Estate (2008a). *Presseinformation 06.10.08: Hypo Real Estate Group begrüßt Einigung über Liquiditätslinien.* Abgerufen am 07. März 2009 von http://www.hypore alestate .com /pdf/PI-HREG_6.Oktober_2008_Deutsch_ Endfassung.pdf

Hypo Real Estate (2008b). *Presseinformation 30.10.08: Finanzmarktstabilisierungsfonds garantiert Bankschuldverschreibung - Erster Baustein der Liquiditätsfazilität mit dem Bankenkonsortium vereinbart.* Abgerufen am 07. März 2009 von http://www.hypo realestate .com/pdf/PI-Faszi_Garantie_Deutsch_Endfassung.pdf

Hypo Real Estate (2009). *Presseinformation 11.02.09: SoFFin erweitert Garantierahmen für Hypo Real Estate Group um 10 Mrd. Euro.* Abgerufen am 07. März 2009 von http://www.hyporealestate.com/pdf/0902soffin_final_d.pdf

IKB (2008). *Kapitalerhöhung der IKB: Finales Zeichnungsvolumen am 19.08.08.* Abgerufen am 07. März 2009 von http://www.ikb.de/content/de/presse/

JPMorgan Chase (2008). *JPMorgan Chase To Acquire Bear Stearns.* Abgerufen am 07. März 2009 von http://investor.shareholder.com/jpmorganchase/press/releasedetail.cfm?ReleaseID=299805

KfW (2007). *Informationen aus der Bankenpoolsitzung vom 29.11.2007.* Abgerufen am 07. März 2009 von http://www.kfw.de/DE_Home/Presse/Pressearchiv/2007/20071129 .jsp?logo=logo_bankengruppe.gif

Kuchenbecker, T. (2008). *Der Rentner als Retter - Rettungsfond für Banken.* Abgerufen am 07. März 2009 von Handelblatt.com: http://www.handelsblatt.com/politik/konjunktur-nachrichten/der-rentner-als-retter;2114422

Maharg-Bravo, F. (2008). *Spanisches Rettungspaket: Ein Reinfall.* Abgerufen am 09. März 2009 von Handelsblatt.com vom 28.11.2008: http://www.handelsblatt.com/finanzen/meinung/_b=2099177,_p=52,_t=ftprint,doc_pag e=0;printpage

o.V. (2007). *Pleite Panik treibt Kunden zum Geldabheben.* Abgerufen am 07. März 2009 von Welt.de vom 17.09.2007: http://www.welt.de/finanzen/article1189614/Pleite_ Panik_treibt_Kunden_zum_Geldabheben.html

o.V. (2008a). *Staatliches Rettungspaket: Die Hilfe lockt und schreckt zugleich.* Abgerufen am 20. März 2009 von FAZ.net vom 14.10.2008: http://www.faz.net/s/Rub58241E4DF1B 149538ABC24D0E82A6266/Doc~EAB718D011DCB4F8EBE29CC82496A925E~ATpl~Eco mmon~Scontent.html

o.V. (2008b). *Garantien für Spareinlagen sorgen für Zwist*. Abgerufen am 09. März 2009 von Handelsblatt.com vom 06.10.2008: http://www.handelsblatt.com/politik/deutschland/garantien-fuer-spareinlagen-sorgen-fuer-zwist;2056279

o.V. (2008c). *Bankenverband fordert Aufkauf kritischer Wertpapiere*. Abgerufen am 20. März 2009 von http://www.tagesspiegel.de/wirtschaft/Finanzen-Finanzkrise-Bankenverband;art130,2692255

Prime Minister's Office (2008). *Address to the Nation by H.E. Geir H. Haarde, Prime Minister of Iceland, 06.10.2008*. Abgerufen am 07. März 2009 von http://eng.forsaetisraduneyti.is/news-and-articles/nr/3035

Reuters (2008). *Asia commits to $80 bn reserve pool start by mid-2009*. Abgerufen am 09. März 2009 von http://uk.reuters.com/article/usTopNews/idUKTRE49N1P620081024?pageNumber=1&virtualBrandChannel=0

SoFFin (2008). *Leistungen für Finanzunternehmen*. Abgerufen am 09. März 2009 von http://www.soffin.de/leistungen.php?sub=3

Stockhammer, E. (2008). Von *der Subprime Krise zur Finanzkrise: ökonomische Entwicklungen und wirtschaftspolitische Reaktionen*. In: Kurswechsel: Zeitschrift für gesellschafts-, wirtschafts- und umweltpolitische Alternativen, 2008. Jg., Band 2 , S. 78.

The Financial Service Roundtable (2007). *HOPE NOW Alliance Created to Help Distressed Homeowners*. Abgerufen am 07. März 2009 von http://www.fsround.org/media/pdfs/AllianceRelease.pdf

U.S. Department of the Treasury (2008a). *Fact Sheet: GSE Mortgage Backed Securities Purchase Program*. Abgerufen am 09. März 2009 von http://www.ustreas.gov/press/releases/reports/mbs_factsheet_090708hp1128.pdf

U.S. Department of the Treasury (2008b). *Fact Sheet: Treasury Senior Preferred Stock Purchase Agreement*. Abgerufen am 09. März 2009 von http://www.ustreas.gov/press/releases/reports/pspa_factsheet_090708%20hp1128.pdf

U.S. Department of the Treasury. (2008c). *Statement by Secretary Henry M. Paulson, Jr. on Treasury and Federal Housing Finance Agency Action to Protect Financial Markets and Taxpayers, 07.09.08*. Abgerufen am 09. März 2009 von http://www.ustreas.gov/press/releases/hp1129.htm

U.S. Department of the Treasury (2008d). *Treasury Announces Guaranty Program for Money Market Funds, 19.09.08*. Abgerufen am 09. März 2009 von http://www.treas.gov/press/releases/hp1147.htm

U.S. Department of the Treasury (2009a). *Fact Sheet – Financial Stability Plan*. Abgerufen am 09. März 2009 von http://financialstability.gov/docs/fact-sheet.pdf

U.S. Department of the Treasury (2009b). *Homeowner Affordability and Stability Plan – Executive summary, tg-33.* Abgerufen am 09. März 2009 von http://www.treas.gov/press/releases/tg33.htm

U.S. Department of the Treasury (2009c). *Treasury Announces Participation in Citigroup's Exchange Offering, tg41.* Abgerufen am 09. März 2009 von http://www.treas.gov/press/releases/tg41.htm

US Budget Watch (2008/2009). *Stimulus Watch: Government Responses to the Financial & Economic Crisis – TARP.* Abgerufen am 07. März 2009 von http://www.usbudgetwatch.org/stimulus?filter0=80&filter1=&filter2=&filter3=

Wissenschaftliche Beirat beim Bundesministerium für Wirtschaft und Technologie. (2008). *Brief des Wissenschaftlichen Beirats beim Bundesministerium für Wirtschaft und Technologie.* In: Bunderministerium für Wirtschaft und Technologie (Hrsg.), Schlaglichter der Wirtschaftspolitik - Sonderheft Finanzkrise , S. 15f.

Teil V

Folgekrisen: Sozialkrise - Finanzsystemkrise - Wirtschaftssystemkrise

Vitali Lysenko, Rainer Elschen

V.1 Islamic Banking - Vorbild für ein künftiges Bankensystem?

1 Entwicklung und Grundlagen des Islamic Banking 285
    1.1   Begriffserklärung „Islamic Banking" 285
    1.2   Geschichte und Entwicklung 286
    1.3   Die fünf Schlüsselprinzipien 287

2 Finanzprodukte im Scharia-konformen Bankengeschäft 290
    2.1   Einlagengeschäft 291
    2.2   Kreditgeschäft 291
    2.3   Investmentgeschäft 293

3 Islamic Banking als Vorbild für ein künftiges Bankensystem 294
    3.1   Analyse des islamischen Bankensystems 294
    3.2   Einschätzung des Islamic Banking als allgemeines Bankensystem 297
    3.3   Umsetzbarkeit des Islamic Banking zum globalen Standard 299

4 Fazit 301

Literaturverzeichnis 302

„Und die ethischen Prinzipien, die die Grundlage des islamischen Finanzsystems darstellen, können die Banken zur Kundennähe zurückführen und zur wahren Dienstleistungsgesinnung, die jeden Bankenservice auszeichnet." Loretta Napoleoni und Claudia Segre im Osservatore Romano, der amtlichen Zeitung des Apostolischen Stuhls, am 4. März 2009[1]. (Übersetzung durch die Verfasser).

Experten diskutieren zurzeit, ob Islamic Banking als alternatives Anlagekonzept ein Wirtschaftspotenzial innerhalb des Bankensystems hat. Dieser bis jetzt nicht erforschte Wachstumsmarkt birgt zahlreiche Chancen, aber auch Risiken. Doch eignet sich Islamic Banking nur als Alternative im System oder könnte es auch eine Alternative zum System sein, kurz: das Vorbild für ein künftiges Bankensystem?

In diesem Beitrag wird untersucht, was Islamic Banking bedeutet und ob es als Vorbild für ein künftiges Bankensystem gelten kann. Es werden die Grundlagen des Islamic Banking anhand der fünf Schlüsselprinzipien aufgezeigt, um Außenstehenden das nötige Grundwissen zu vermitteln. Ziel ist es, auch für nicht muslimische Personen Verständnis für die Funktionalität des islamischen Bankensystems zu schaffen.

Des Weiteren wird gezeigt, welches die bekanntesten Finanzinstrumente des Islamic Banking sind. Der Aufbau der Instrumente wird dargestellt und erörtert, ob es zur aktuellen Wirtschaftskrise gekommen wäre, wenn Islamic Banking anstatt des konventionellen Banking angewendet worden wäre.

Bei der Frage, ob Islamic Banking als weltweiter Standard eingesetzt werden kann, wird geklärt, ob es aus technischen, rechtlichen, religiösen, personellen und wirtschaftlichen Aspekten zu diesem Zweck umsetzbar ist.

1 Entwicklung und Grundlagen des Islamic Banking

1.1 Begriffserklärung „Islamic Banking"

Die wirtschaftsethischen und -rechtlichen Institutionen der Scharia haben zur Herausbildung des islamischen Bankwesens geführt, welches mit dem englischen Ausdruck „Islamic Banking" bezeichnet wird. Obwohl es noch keine einheitliche Definition gibt, werden im Allgemeinen unter islamischen Banken Finanzinstitute verstanden, die

---

[1] Napoleoni, L./Segre, C. (2009).

entsprechend der Scharia handeln und somit auf die Erhebung von Zinsen verzichten. Dabei erfüllen islamische Banken als Finanzintermediäre trotz einiger Restriktionen, mit denen sie konfrontiert sind, im Wesentlichen die gleichen Funktionen wie Banken in einem konventionellen System.[2]

Islamic Banking betrifft grundsätzlich alle ökonomischen Transaktionen, welche nach den islamischen Vorgaben, auf Basis der Primärquellen (Koran und Sunna: Lebensweise des Propheten) konzipiert und umgesetzt worden sind.

1.2 Geschichte und Entwicklung

Während der Kolonialisierung im 19. Jahrhundert wurden konventionelle Finanzsysteme auch in islamischen Ländern eingeführt. Die Besetzer bauten ihr Netzwerk auf, ohne Rücksicht auf die örtlichen Gegebenheiten zu nehmen. Das Bankennetz wurde von den Kolonialmächten hauptsächlich für die Vereinfachung der Import- und Exportzahlungen verwendet. Die kolonialisierten Völker verachteten das Bankensystem aus nationalistischen, aber auch aus religiösen Gründen. Doch aufgrund der wirtschaftlichen Weiterentwicklung wurde das Bankensystem für viele Transaktionen zwingend und somit auch für gläubige Personen unumgänglich. Die islamischen Staaten beobachteten diese Entwicklung kritisch und erkannten, dass ein zinsloses Bankensystem nötig wurde, um den gläubigen Muslimen die Möglichkeit der Einhaltung ihrer religiösen Grundsätze zu gewähren.

Im Jahre 1963 wurde in Ägypten, in einer kleinen Stadt im Nildelta, die erste Bank in der Form einer zinslosen Sparkasse errichtet. Das Hauptinteresse lag darin, dass es durch die Sparkonten der Bank möglich wurde, Investitionskredite auszugeben.

Die Islamische Entwicklungsbank (Islamic Development Bank, IDB) wurde am 18. Dezember 1973 bei der ersten Konferenz der Finanzminister sämtlicher Mitgliedsländer gegründet. Der Hauptaspekt für die Gründung war die Wirtschaftsförderung und die Entwicklung eines Bankensystems, welches für den öffentlichen, aber auch für den privaten Sektor aktiv sein sollte. Eine der Hauptaufgaben der IDB ist das Entwickeln von neuen Finanzprodukten, welche den Voraussetzungen des Islamic Banking gerecht werden. Mit dieser Gründung wurde die Schaffung des islamischen Bankensystems initiiert. Im Jahr 1975 nahm die IDB ihre Tätigkeit offiziell auf.[3]

Ebenfalls im Jahre 1975 wurde die erste private islamische Geschäftsbank in Dubai gegründet. Anschließend entstanden innerhalb von ungefähr zehn Jahren bis an die 50 islamische Banken, zu Beginn hauptsächlich in der arabischen Welt. In den neunziger Jahren kamen Zentralasien und Europa dazu.

---

[2] Vgl. Iqbal, Z./Mirakhor, A. (1987), S. 3.
[3] Vgl. Islamic Development Bank (2008).

V.1 Islamic Banking - Vorbild für ein künftiges Bankensystem?

In den vergangenen Jahren hat das Islamic Banking zunehmend an Bedeutung gewonnen. Es stellt einen noch unbekannten, aber stetig wachsenden Bereich dar.[4]

Momentan gibt es ca. 300 islamische Finanzinstitute in 65 islamisch geprägten und westlichen Ländern. Weltweit operieren zirka 280 islamische Banken in 40 Ländern - Tendenz steigend.[5]

1.3 Die fünf Schlüsselprinzipien

■ Abbildung 1: Position des Islamic Banking innerhalb des Islams.[6]

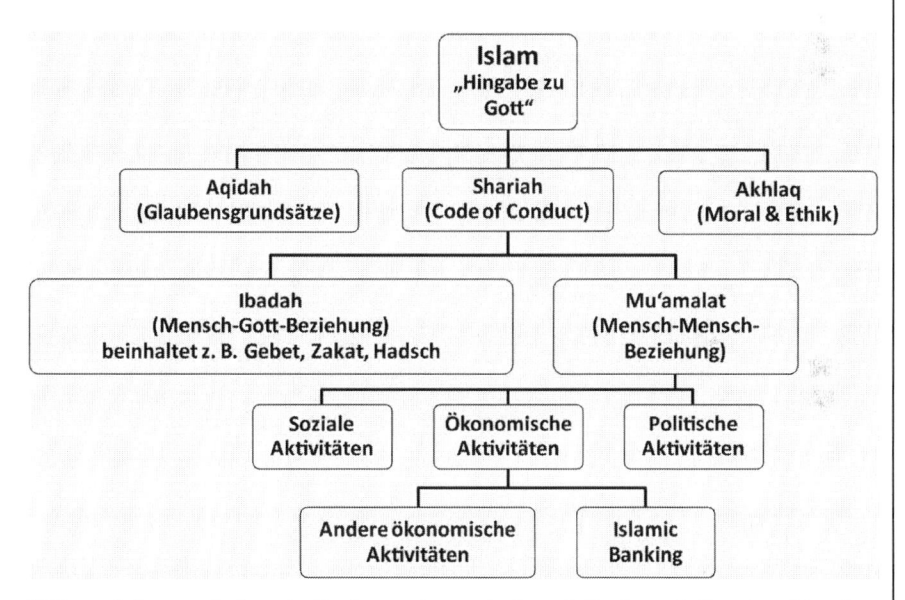

```
                        Islam
                    „Hingabe zu
                       Gott"
              ┌────────────┼────────────┐
         Aqidah         Shariah         Akhlaq
   (Glaubensgrundsätze) (Code of Conduct) (Moral & Ethik)
                   ┌───────┴───────┐
               Ibadah            Mu'amalat
        (Mensch-Gott-Beziehung) (Mensch-Mensch-
        beinhaltet z. B. Gebet,   Beziehung)
        Zakat, Hadsch
                   ┌────────────┼────────────┐
               Soziale      Ökonomische    Politische
              Aktivitäten   Aktivitäten   Aktivitäten
                        ┌───────┴───────┐
               Andere ökonomische     Islamic
                  Aktivitäten         Banking
```

Während das uns bekannte Bankensystem primär auf die finanziellen Aspekte einer Geschäftstransaktion fokussiert ist, setzt das islamische Bankensystem die ethischen, moralischen, sozialen und religiösen Dimensionen auf gleiche Ebene mit den finanziellen. Damit soll Gleichberechtigung und Gerechtigkeit für das Wohl der ganzen islamischen Gesellschaft erreicht werden. Ein Scharia-Expertenbeirat überwacht und prüft in der Bank, was verboten (haram) und was erlaubt (halal) ist. Der Beirat inter-

---

[4] Vgl. Ende, W./Steinbach, U. (2005), S. 167f.
[5] Vgl. Chahboune, J./El-Mogaddedi, Z. (2008), S. 33.
[6] Vgl. Institute for Islamic Banking and Finance (2008), S. 5.

pretiert dazu den Koran, die Aussprüche ("Hadiths") und die Lebensgeschichte und Lebensweise ("Sunna") des Propheten. Die obige Abbildung veranschaulicht die Position des Islamic Banking innerhalb des Islams. Die Scharia bildet die wichtigste Rechtsgrundlage des Islamischen Bankensystems und hat einen direkten Zusammenhang mit dem Islam.

Zweifellos ist das Zinsverbot der Kern des islamischen Bankensystems. Es kommen jedoch weitere Elemente dazu, welche zusammen die Schlüsselprinzipien des Islamic Banking darstellen:

a. Geld aus Geld machen ist verboten

Das Erwirtschaften von Geld mittels Geldanlagen gegen Zins ist verboten. Die Annahme, dass Geld ein Gebrauchsgut darstellt, ist im Islam nicht zulässig. Vor diesem Hintergrund werden in der Scharia Geld und Erzeugnisse unterschiedlich behandelt. Es können zwei Abgrenzungen gemacht werden:

- Geld darf nicht als Handelsprodukt eingesetzt werden. Es soll in seinem ursprünglichen Verwendungszweck als Tauschmittel oder als Maßeinheit belassen werden.
- Falls das Geld im Ausnahmefall dennoch gegen Geld gehandelt wird, müssen die Gewinn- und Verlustzahlungen auf beiden Seiten gleich groß sein. Im Weiteren darf das Geld nur für einen im Voraus bestimmten Zweck eingesetzt werden.

b. Zinsverbot (Riba)

Das Zinsverbot ist das wichtigste Prinzip des Islamic Banking. Rechtsgelehrte des Islams halten Geld als solches nur für ein Tauschmittel, welches über die Zeit nicht wachsen kann.

Der Zinsertrag ist in der konventionellen Finanzwelt der wichtigste Grund, warum eine Person einer anderen das Geld borgt. Da im islamischen System das Zinsprinzip wegfällt, müssen andere Beweggründe vorherrschen, weshalb jemand sein Geld einer anderen Person zu Verfügung stellt. Dies sind die folgenden drei Hauptgründe: Sympathie, besserer Schutz und Gewinnteilung.

Aus der Überlegung der Gleichstellung von Borger und Ausleiher untersagt die Scharia das Zurverfügungstellen von Geld auf Zinsbasis. Dadurch kann verhindert werden, dass mittels Darlehen oder Klein- und Konsumkrediten Personen über ihre Einkommensverhältnisse leben oder sich durch geschickte Finanzanlagen bereichern.

c. Gewinnteilung

Durch die Gewinn- und Verlustteilung werden Investoren zu Partnern, nicht nur zu Geldgebern. Dadurch sind die Interessen am Geschäft und an dessen Gelingen größer als bei einem reinen Kreditgeschäft. Durch diese Partnerschaft werden beide Parteien zu optimierten Handlungen angetrieben, welche schließlich zu einer wirtschaftlichen Weiterentwicklung führen. Durch die Zusammenarbeit können beide Parteien profitieren. Der Darlehensnehmer erhält Unterstützung in seinem Vorhaben und der Darlehensgeber erntet im Falle des Gelingens einen höheren Gewinn, verglichen mit dem fixen Zins eines konventionellen Bankgeschäftes.

d. Gharar (Unsicherheit oder Spekulation) ist verboten.

Gharar kann als Glückspiel übersetzt werden und ist ebenso verboten wie der Zins. Das bedeutet nicht, dass nur Spielotheken untersagt sind, sondern es gilt für den gesamten Finanzbereich. Durch das Gharar-Verbot sind Spekulationen und die Übernahme von hohen Risiken nicht erlaubt. Folgende Prinzipien werden darauf aufgebaut:

- Kein Handel kann zustande kommen, ohne dass vorher der Preis für den Kauf und den Rückkauf festgelegt wurde und beide Parteien damit einverstanden sind.
- Es kann nichts verkauft werden, was man nicht besitzt.

Durch diese weitere Einschränkung entfallen sämtliche Options- und Future-Kontrakte in der islamischen Finanzwelt. Ebenfalls unmöglich werden Forward-Geschäfte, da diese eine gewisse Unsicherheit implizieren.

e. Investiert werden darf nur in Halal-Aktivitäten

Die Scharia erlaubt es Muslimen nicht, finanziell in die Produktion oder das Handeln mit verbotenen Produkten (Haram) einzusteigen[7]. Halal steht für erlaubte Tätigkeiten, welche gegen keine im Koran oder der Sunna genannten Grundsätze verstoßen. Hier einige Beispiele von Haram-Produkten:

- Der Kauf von Aktien von Finanzinstituten, welche Zinsgeschäfte tätigen (dies sind insbesondere konventionelle Banken und Versicherungsgesellschaften).
- Investitionen in Firmen, die Alkohol oder Tabak produzieren oder damit handeln.
- Firmen, die bei der Schweinefleischproduktion involviert sind.
- Firmen, die mit Glücksspiel oder ähnlichen Tätigkeiten arbeiten.
- Unternehmen, die Nachtclubs oder vergleichbare Lokale betreiben.
- Aktivitäten, die mit Pornographie oder Prostitution zusammenhängen.

Abbildung 2 dient als Veranschaulichung der Grundlagen des islamischen Bankensystems.

---

[7] Vgl. The Encyclopaedia of Islam (1960), S. 173.

Abbildung 2: Grundlagen des Islamic Banking.[8]

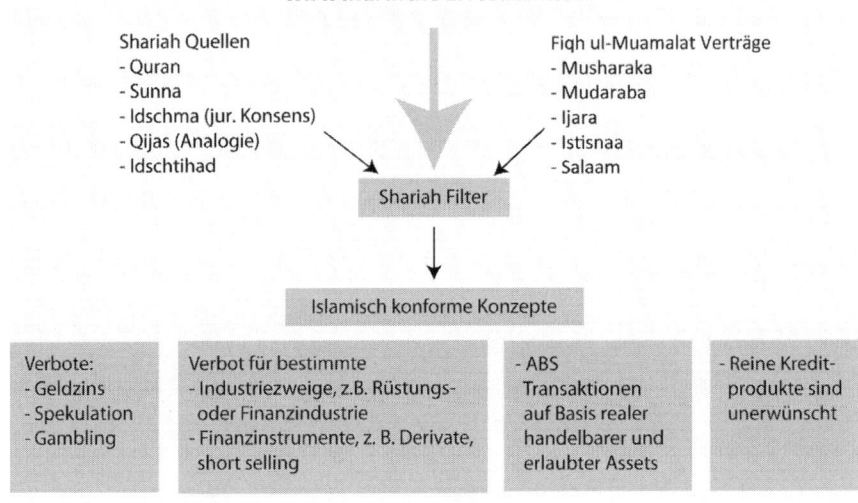

Wirtschaftliche Erfordernisse

Shariah Quellen
- Quran
- Sunna
- Idschma (jur. Konsens)
- Qijas (Analogie)
- Idschtihad

Fiqh ul-Muamalat Verträge
- Musharaka
- Mudaraba
- Ijara
- Istisnaa
- Salaam

Shariah Filter

Islamisch konforme Konzepte

Verbote:
- Geldzins
- Spekulation
- Gambling

Verbot für bestimmte
- Industriezweige, z.B. Rüstungs- oder Finanzindustrie
- Finanzinstrumente, z. B. Derivate, short selling

- ABS Transaktionen auf Basis realer handelbarer und erlaubter Assets

- Reine Kreditprodukte sind unerwünscht

2 Finanzprodukte im Scharia-konformen Bankengeschäft

Ein Moslem, der sich an die Vorgaben des Islams hält, darf Angebote westlicher Banken nicht in Anspruch nehmen. Das Islamic Banking bietet einige Möglichkeiten, Bankgeschäfte abzuwickeln und sich doch an den muslimischen Glauben zu halten. Im folgenden Abschnitt werden die Instrumente des Islamic Banking vorgestellt.

---

[8] Vgl. Institute for Islamic Banking and Finance (2008), S. 25.

2.1 Einlagengeschäft

Girokonto:

Das Girokonto hat die gleichen Funktionen wie im konventionellen Bankgeschäft. Man nutzt dieses Konto zum bargeldlosen Zahlungsverkehr und zur Verwahrung von Geld. Doch es werden keine Soll- und Guthabenzinsen ausbezahlt. Für die Dienstleistung bezahlt man Kontoführungsgebühren.

Sparkonto:

Das Sparkonto wird nicht für den Zahlungsverkehr benutzt, sondern zum Zweck der Vermögensansparung. Bei der Eröffnung vereinbart man, dass das Finanzinstitut die Spareinlage für die Finanzierung von kurzfristigen Projekten nutzen darf. Als Gegenleistung erhält man eine Beteiligung am erzielten Gewinn abzüglich der Verwaltungskosten. Mögliche Verluste sind von den Kunden mitzutragen.[9]

Anlagekonto:

Das Anlagekonto wird zur mittel- und langfristigen Beteiligung an den Bankinvestitionen benutzt. Die Bank sammelt das Geld im Pool und investiert in geeignete Vermögensgegenstände. Gewinne werden wie beim Sparkonto proportional aufgeteilt. Verluste werden vom Anleger bis zur Höhe seiner Einlage getragen.

2.2 Kreditgeschäft

Exportfinanzierung

Die Exportfinanzierung („Murabaha") besteht aus zwei Kaufverträgen, die miteinander in Verbindung stehen.[10] Es wird ein Zwischenhändler eingeschaltet, der eine Ware bei einem Verkäufer kauft, dem Exporteur. Anschließend verkauft er sie zu einem höheren Preis an den Importeur, also den eigentlichen Käufer. Bei dem Zwischenhändler handelt es sich in der Regel um eine Bank. Der Preis für den ersten Kauf ist sofort zu entrichten, der für die zweite Transaktion wird zunächst gestundet. Der Aufpreis stellt die Vergütung für den Zwischenhändler dar. Auf diese Weise ist es möglich, kurzfristige Geschäfte zu finanzieren, ohne gegen das Zinsverbot zu verstoßen, da die Bank ein Gut und keinen Kredit zur Verfügung stellt.

---

[9] Vgl. Stöttner, R. (2008), S. 10.
[10] Vgl. Bälz, K. (2003), S. 5f.

Allerdings ist dieses Vorgehen für die Bank mit einem höheren Risiko behaftet, da sie mit Waren handelt, für die sie selbst keine Verwendung hat. Dies wird mit der besonderen Vertragsgestaltung umgangen: Der eigentliche Käufer erteilt der Bank den verbindlichen Auftrag, das Gut zu kaufen. Tritt er selbst später von dem Kauf zurück, so muss er ein vorher festgelegtes „Reuegeld" zahlen. Doch bei der Exportfinanzierung muss die Bank für einen kurzen Moment sowohl Eigentümer als auch Besitzer der Ware sein, da nichts gehandelt werden darf, dessen Eigenschaften nicht allen Beteiligten bekannt sind. In der Praxis wird dieses Problem jedoch meist übergangen.[11]

Leasing (Ijara)

Prinzipiell steht Leasinggeschäften nichts entgegen. Beim Leasing wird nicht eine Ware selbst gehandelt, sondern lediglich das Recht, sie für einen bestimmten Zeitraum zu benutzen. Allerdings muss das Leasing-Unternehmen während der gesamten Vertragslaufzeit der Eigentümer der Ware sein. Zudem darf keine Bank an dem Geschäft beteiligt werden, die für ihre Dienste Zinsen in Rechnung stellt.[12] Auch dies wäre ein Verstoß gegen das Zinsverbot. Dieses Verbot bereitet Probleme bei Strafzahlungen im Falle verspäteter Zahlung der Leasingraten.

Partnerschaften

Bei den Partnerschaften wird zwischen Musharaka und Mudaraba unterschieden. Bei der Musharaka handelt es sich um eine vollständige Partnerschaft inklusive Erfolgsbeteiligung, die mit den westlichen Private Equity-Transaktionen vergleichbar ist. Die Bank stellt hierbei Kapital für ein Projekt zur Verfügung und erhält gleichzeitig ein Mitspracherecht bei den Geschäftsentscheidungen. Darüber hinaus wird sie prozentual an den Gewinnen und Verlusten aus dem Projekt beteiligt.[13]

Die Mudaraba ist dagegen mit einer stillen Partnerschaft zu vergleichen, da die Bank keine Einflussmöglichkeiten auf die Geschäftsaktivitäten erhält.[14] Der Gewinnanteil der Bank berechnet sich in diesem Fall nicht aus dem Gesamtgewinn, sondern aus dem Kapitalanteil der Bank. Eine weitere Besonderheit ist der Umstand, dass das Unternehmen die Bankanteile in festen, im Voraus vereinbarten Raten wieder von der Bank zurückkauft.

Projektfinanzierung

Bei der Projektfinanzierung wird ein Werklieferungsvertrag abgeschlossen. Ein Käufer einigt sich dabei mit einer Bank über die Errichtung eines Projekts. Die Bank ihrerseits

---

[11] Vgl. Bälz, K. (2003), S. 7.
[12] Vgl. El-Gamal, M. (2000), S. 13f.
[13] Vgl. Bälz, K. (2003), S. 7.
[14] Vgl. Bälz, K. (2003), S. 8.

schließt nun einen zweiten Vertrag mit einem Käufer, der für die Durchführung des Projekts zuständig ist. Zu Beginn des Projekts wird das Unternehmen von der Bank für seine Dienste im Voraus bezahlt, die Zahlungen vom Käufer an die Bank werden inklusive eines Aufschlags erst zu einem späteren Zeitpunkt fällig.[15]

Auch hier besteht für die Bank wieder ein hohes Risiko, denn der Käufer kann jederzeit während des Projekts vom Kauf zurücktreten. Daher wird auch bei Projektfinanzierungen für diesen Fall meist eine Strafzahlung vereinbart. Allerdings trägt die Bank bei solchen Geschäften das Fertigstellungsrisiko.

2.3 Investmentgeschäft

Investitionsinstrumente bieten gläubigen Muslimen die Möglichkeit, trotz des Zins- und Spekulationsverbotes Vermögen gewinnbringend anzulegen.

■ **Abbildung 3: Finanzprodukte des Islamic Banking.**[16]

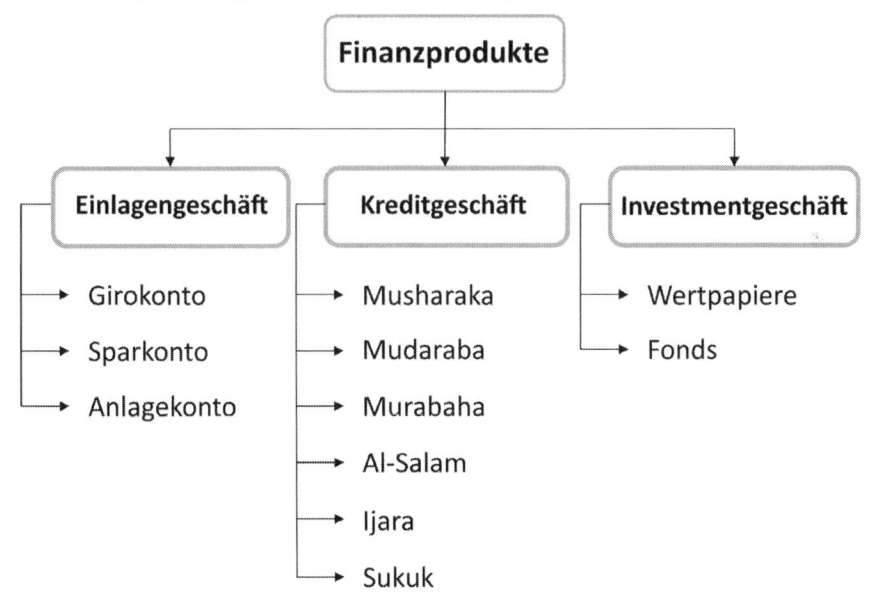

```
                        Finanzprodukte
           ┌─────────────────┼─────────────────┐
    Einlagengeschäft   Kreditgeschäft    Investmentgeschäft
    → Girokonto        → Musharaka       → Wertpapiere
    → Sparkonto        → Mudaraba        → Fonds
    → Anlagekonto      → Murabaha
                       → Al-Salam
                       → Ijara
                       → Sukuk
```

---

[15] Vgl. Bälz, K. (2003), S. 9.
[16] Vgl. Stöttner, R. (2008), S. 8.

Aktien

Der Aktienbesitz ist erlaubt, solange das Unternehmen nicht mit Gütern handelt, die gegen muslimische Verbote verstoßen (z. B. Alkohol oder Schweinefleisch).[17] Schließlich wird Aktionären eine Dividende ausbezahlt und keine Zinsen. Daher sind auch Investmentfonds möglich, sofern hier die Firmen entsprechend den Regeln des Korans ausgewählt wurden. Die Manager des Fonds werden für ihre Dienste über eine Gebühr entlohnt. Ein Problem könnte allerdings sein, dass aufgrund der Auflagen durch den Islam zu wenige Aktien zur Auswahl stehen, um den Fonds breit genug diversifizieren zu können.

Anlagefonds mit festem Einkommen

Um die hohen Risiken reiner Aktienfonds zu umgehen, wurden Anlagefonds mit festem Einkommen geschaffen, das aus einem Teil der Geldanlage gezahlt wird.[18] Allerdings verstoßen die bei uns bekannten festverzinslichen Investitionsmöglichkeiten gegen das islamische Zinsverbot.

In einem Anlagefonds mit festem Einkommen wird beispielsweise eine Immobilie gekauft. Die Mieteinnahmen ergeben für den Investor ein festes Einkommen. Die Risiken der Investitionen halten sich in Grenzen: ein sinkender Wert der Immobilie beispielsweise oder hohe Reparaturkosten. Diese Risiken lassen sich aber durch ein breit gestreutes Portfolio minimieren.

3 Islamic Banking als Vorbild für ein künftiges Bankensystem

3.1 Analyse des islamischen Bankensystems

Im islamischen Bankensystem ergeben sich ebenso Chancen und Risiken wie im konventionellen Bankensystem. In der Tabelle 1 werden die Unterschiede zwischen islamischen und konventionellen Bankensystemen gezeigt:

---

[17] Vgl. El-Gamal, M. (2000), S. 18-20.
[18] Vgl. El-Gamal, M. (2000), S. 21f.

Tabelle 1: Islamic Banking vs. Konventionelles Banking.[19]

Islamic Banking	Konventionelles Banking
Generelles Zinsverbot	Ohne Zinsen nicht durchführbar
Ausgehende Zahlungsströme in Waren/Dienstleistungen Eingehende Zahlungsströme in Geld	Alle Zahlungsströme in Geld
Erträge aus Gewinnbeteiligung	Erträge aus Zinsen und Provision
Einbeziehung in Handelsgeschäfte, aktives Management	Kapitalsammelstelle

Insgesamt hat das Islamic Banking seine Funktionsfähigkeit in der Praxis bewiesen. Es gibt sogar Hinweise darauf, dass sich das islamische Modell als das kosteneffizientere und profitablere herausstellen könnte.[20] Gerade die niedrigeren Finanzierungskosten und geringen Darlehensverluste könnten ein entscheidender Vorteil sein.

Chancen sind vor allem zu sehen, wenn durch die Errichtung eines islamischen Bankwesens ein Kapitalbildungsprozess einsetzt, der im konventionellen Bankensystem aufgrund des Zinssystems nicht eingesetzt hätte.[21] Weiterhin können durch ausgebildetes Bankpersonal Mittel in erfolgversprechende Bereiche gelenkt werden. Dabei ist das Interesse des Bankpersonals bzw. der Kapitalgeber infolge der Partizipation höher einzuschätzen als im konventionellen Bankensystem.[22]

Im Vergleich zu westlichen Banken erscheinen islamische Geldinstitute oft als wenig kosteneffektiv. Dabei wird jedoch die vergleichsweise geringe Größe der Institute nicht berücksichtigt, die das Profitieren von Skalenerträgen verhindert. Insgesamt sind islamische Banken nicht weniger profitabel als andere. Kunden werden an dem Gewinn aber nur in vergleichsweise geringem Maße beteiligt.[23]

Islamic Banking wird oft als „ethisches Bankensystem" bezeichnet. Im Vordergrund des konventionellen Bankensystems steht dagegen das Interesse des einzelnen Wirtschaftssubjektes in der westlichen Wirtschaftsordnung, während in der islamischen Wirtschaftsordnung die Werte des Islams und das Wohl der Gemeinschaft im Vordergrund stehen. Somit wird beim Islamic Banking mehr Vertrauen zwischen Kapitalgeber und Kapitalnachfrager aufgebaut, was zu zusätzlichen Einlagen bei der Bank führen kann. Die Mensch-zu-Mensch Beziehung steht hier im Vordergrund.

Dennoch weist das Islamic Banking eine Reihe von Nachteilen und Problemen auf. So können Banken keine neuen Produkte einführen, bevor diese nicht von den zuständi-

---

[19] Vgl. Islamic Banking Conference (2007), S. 10.
[20] Vgl. Iqbal, M./Molyneux, P. (2005), S. 104.
[21] Vgl. Chahin, H. (2000), S. 98.
[22] Vgl. Chahin, H. (2000), S. 98f.
[23] Vgl. Iqbal, M./Molyneux, P. (2005), S. 76ff.

gen Rechtsgelehrten auf ihre Vereinbarkeit mit der Scharia überprüft wurden. Dies kann sehr lange dauern, auch wenn die Prozesse inzwischen etwas schneller abzulaufen scheinen. Besonders hemmend wirken sich hier Kommunikationsschwierigkeiten zwischen Bankmitarbeitern und Rechtsgelehrten aus. Eine weitere Schwierigkeit stellt die Inflation dar, da variable Anpassungen in den Verträgen nicht erlaubt sind. Dies kann insbesondere bei langen Laufzeiten zu Problemen führen.[24]

Es existieren auch Probleme in der Bankenaufsicht. Die meisten Banken haben zwar ein eigenes Sharia Board, doch es gibt Zweifel an der Unabhängigkeit dieser Einrichtungen. Ein Großteil der Banken befindet sich in der Hand weniger Familien, woraus nachteilige Konzentrationstendenzen erwachsen. Schließlich bereitet das internationale Privatrecht Probleme: Auch die islamischen Banken handeln bei internationalen Verträgen nach geltendem Recht eines Staates. Häufig kommen daher Klauseln in den Verträgen zum Einsatz, nach denen der Vertrag den Grundsätzen des islamischen Rechts unterliegt.[25]

Geschäfte, bei denen Unsicherheit bzw. Unklarheit herrscht, sind verboten. Meistens sind das Geschäfte mit langfristigem Horizont. Deswegen sind diese Produkte im Islamic Banking wenig vertreten. Die Banken verhalten sich risikoavers, da bei den kurzfristigen Bankprodukten das Verlustrisiko für die Bank deutlich niedriger liegt als bei langfristigen Investitionsprojekten. Langfristig ausgerichtete Projekte können meistens nicht durchgeführt werden und werden abgebrochen, wenn eine Anschlussfinanzierung nicht gelingt. Wegen der Wirtschaftskrise abgebrochene Bauprojekte in islamischen Ländern geben davon beredtes Zeugnis.

Für die Kapitalnachfrager ergeben sich gravierende Nachteile. Sie müssen sich im ethischen Rahmen des Islams bewegen. Somit werden Wirtschaftsbereiche wie konventionelle Banken und Versicherungen, Alkohol- und Tabakindustrie, Produktion und Verarbeitung von Schweinefleisch, Glückspiel, Rüstungsindustrie oder Pornoindustrie nicht finanziert. Islamische Banken haben nur beschränkten Zugang zu den Zentralbankangeboten, da diese Garantien verlangen, die islamische Banken nicht geben können.

Es gibt einerseits bestimmte Risiken, die im konventionellen Bankensystem durch Termingeschäfte abgesichert werden können, im islamischen Bankwesen jedoch nicht. Andererseits kann man Risiko- und Kapitalkosten nicht eindeutig fixieren, was die Berechnung erschwert.[26]

Da im Islamic Banking strenge Restriktionen herrschen, ist die Auswahl der Finanzprodukte kleiner als im konventionellen Banking. Den Wegfall dieser lukrativen Einnahmequellen versuchen islamische Banken durch eine Reihe von Verträgen zu kom-

---

[24] Vgl. Buckmaster, D. (1996), S. 105.
[25] Vgl. Bälz, K. (2003), S. 4f.
[26] Vgl. Chahin, H. (2000), S. 98f.

pensieren, die hauptsächlich Beteiligungspartnerschaften darstellen. Hinzu kommen einige neu geschaffene Finanzierungsinstrumente. Das Angebot an Finanzierungsalternativen führt dazu, dass das islamische Bankwesen ein auf Gewinn- und Verlustteilung beruhendes System ist.

3.2 Einschätzung des Islamic Banking als allgemeines Bankensystem

In neuerer Zeit wird das islamische Bankwesen vermehrt auch von westlichen Banken entdeckt und die Anlagestrategie islamisch orientierter Spezialfonds weckt zunehmend das Interesse von Anlegern aus aller Welt, bei denen konventionelles und leicht kalkulierbares Fondsmanagement sowie die Sicherheit der Mittel Priorität haben.

Islamische Banken weisen durchaus eine gute Kapitalisierungsquote auf, wobei es deutliche Unterschiede zwischen den Instituten gibt.[27] Es gibt keine Hinweise darauf, dass die islamischen Banken darunter leiden, zu wenige Investitionsmöglichkeiten für ihre Liquiditätsreserven zu haben.

Der Liquiditätsüberschuss stellt die islamischen Banken dennoch vor ein grundsätzliches Problem. Sie dürfen ihre überschüssigen kurzfristigen fremden Gelder nicht in liquiden verzinslichen Geldvermögenswerten und Rentenpapieren anlegen. Und falls sie diese Gelder langfristig binden, besteht die Gefahr, dass sie kurzfristigen Verpflichtungen gegenüber ihren Kunden nicht nachkommen können. Somit müssen sie sich auf eine beschränkte Anzahl von Finanzprodukten wie Handelsfinanzierungen und Leasing konzentrieren. Die Beteiligung an langfristigen Entwicklungsprojekten, zum Beispiel im Infrastrukturbereich, bleibt schwierig.[28]

Das Verbot von Zinsen verhindert zwar nicht – wie manchmal fälschlicherweise dargestellt – die Entstehung einer islamischen Wirtschaft, es hat aber negative Auswirkungen auf den wirtschaftlichen Kreislauf. Die Diversifikationsmöglichkeiten der Banken sind limitiert, gleichzeitig stehen sie einem höheren Risiko gegenüber als in einem konventionellen System. Somit können die Banken die Investitionsvorhaben innerhalb der Volkswirtschaft nicht ausreichend fördern. Ein auf islamischen Institutionen basierendes Wirtschaftssystem weist deshalb Ineffizienzen auf, ist im hohen Ausmaß der Free-Rider-Problematik ausgesetzt und behindert die wirtschaftliche Entwicklung der islamischen Länder.

Momentan ist die Welt durch eine Weltwirtschaftskrise erschüttert, die noch Jahre andauern könnte. Viele Banken und Versicherungsunternehmen melden Insolvenz an

---

[27] Vgl. Iqbal, M./Molyneux, P. (2005), S. 74.
[28] Vgl. Muslehuddin, M. (1993) S. 23ff.

oder müssen staatliche Hilfe beantragen. Gier und das Streben nach Profit, bei gleichzeitig riskanteren Positionen, haben dazu geführt, dass die Banken ihre Risiko-Ertrags-Balance vernachlässigt haben. Das Ergebnis spüren die westlichen Nationen immer noch.

Bisher scheinen allerdings Länder wie der Iran, in dem sich die Geldgeschäfte an den Vorgaben der Scharia orientieren, die aktuelle Krise auf dem Finanzmarkt ohne größere Verluste zu überstehen. Dies verwundert nicht: Kreditgeschäfte, Hypotheken, Optionen, Futures, Derivate oder Zertifikate – also alle Bankgeschäfte, die für die Krise verantwortlich sind, sind im Islamic Banking verboten.[29] Scharia-konforme Anleihen konnten auch im Jahr 2008 Wachstumsraten von 20 % und mehr aufweisen. Die Banken und Staatsfonds der Golfländer sichern aktuell einen wesentlichen Teil der Liquidität der krisengeschüttelten westlichen Banken.[30]

Der Unterschied lässt sich anhand der Hypothekenkredite verdeutlichen: Statt Geld für den Hauskauf zu verleihen, hätten islamische Banken das Haus komplett oder zumindest zu einem Großteil selbst gekauft. Der Kunde zahlt dann, wie bei herkömmlichen Krediten, monatliche Raten bis seine Schuld beglichen ist. Zudem haben viele westliche Banken mit Vermögen gehandelt, das eigentlich nicht vorhanden war. Auch dies ist im Islamic Banking nicht denkbar. Banken müssen zuerst im Besitz aller Einlagen sein, bevor sie damit Geschäfte machen dürfen. Auch das Verleihen von Geld zwischen den Instituten ist nicht erlaubt.[31]

Wie oben beschrieben sind keine islamischen Banken bekannt, die Konkurs anmelden mussten oder Liquiditätsengpässe aufwiesen. Hauptgrund dafür ist, dass es islamischen Banken einfach verboten ist, die Geschäfte zu tätigen, bei denen Unsicherheit bzw. Unklarheit herrscht, die auf den Kunden überwälzt werden. Spekulationen jeder Art sind ausgeschlossen. Somit werden meistens die Geschäfte kurzfristiger Natur getätigt, welche nicht riskant, meistens gut kalkuliert und durchschaubar sind.–

Es wäre wohl nicht zu dieser Wirtschaftskrise gekommen, hätte man Islamic Banking als globalen Standard angewendet. Dennoch kann das islamische Bankensystem nicht als Vorbild für das weltweite Bankensystem gelten:

Islamische Banken sind mit kurzfristigen Geldern oft gut ausgestattet. Diese Mittel können aufgrund der Fristenkongruenz nur in kurzfristige Projekte investiert werden. Es kann aber auch vorkommen, dass islamische Institute sich bemühen, schnell kurzfristiges Scharia-konformes Kapital zu finden. Das islamische Bankwesen hat jedoch bisher noch keine effiziente Alternative gefunden, die mit dem westlichen „Interbank Money Market" vergleichbar wäre.[32] Hier fehlt also von vornherein das, was gegen-

---

[29] Vgl. Hackensberger, A. (2008), S. 1.
[30] Vgl. Remé, M. (2008), S. 1.
[31] Vgl. Hackensberger, A. (2008), S. 1.
[32] Vgl. Stoll, M. (1990), S. 20f.

wärtig dem globalen Bankensystem derzeit die meisten Probleme bereitet: der Interbankenhandel. Mit Islamic Banking wäre es zwar nicht zur Krise gekommen, aber das moderne Bankensystem hätte sich mit diesen Grundsätzen erst gar nicht entwickelt. Letztlich führt das zu der lapidaren Erkenntnis: Wenn Du ein solches System nicht hast, dann gibt es auch keine Probleme damit. Doch hätte die westliche Wirtschaft dann ihren gegenwärtigen Status?

Mit Islamic Banking können jedoch neue Einnahmequellen auch für konventionelle Banken erschlossen werden. Vor allem in westlichen Ländern, in denen ausländische Bürger wohnen, die aus islamischen Elternhäusern kommen und islamisch leben, bietet das Islamic Banking eine gute Möglichkeit, die Vermögen in Finanzinstitute zu transferieren, die sie aus „Angst", etwas „Falsches" zu tun, zu Hause bzw. anderweitig aufbewahrt haben. Diese Bürger wissen, dass sie ebenfalls islamisch falsch handeln, wenn sie ihr Erspartes aufbewahren und es auf diese Weise dem Wirtschaftskreislauf vorenthalten. Der Großteil dieser Menschen ist dankbar für Scharia-konforme Anlagemöglichkeiten, in die sie beruhigt investieren können.

Angesichts zunehmenden Finanzvolumens in den islamischen Staaten besteht erhebliches Wachstumspotential für islamische Bankprodukte. Nicht-islamische Banken akzeptieren vermehrt das islamische Bankensystem und nutzen die Produktpalette und das Know-how der islamischen Banken, um ihre Kunden zufriedenzustellen. Neue Initiativen der Citibank und der Arab Banking Corporation zur Eröffnung rein islamischer Filialen in Bahrain deuten darauf hin, dass man sich sogar im direkten Privatkundengeschäft engagieren möchte.[33]

Daneben hat zum Beispiel die United Bank of Kuwait einen Leasing Fonds aufgelegt, in den über 50 % der Anleger außerhalb der islamischen Welt eingestiegen sind. Dabei liegt der Anlageschwerpunkt bei US-amerikanischen Titeln.[34] Anleger aus aller Welt, die Wert auf ein konventionelles und leicht kalkulierbares Fondsmanagement sowie die Sicherheit ihrer Anlagen legen, investieren in diesem Bereich.

3.3 Umsetzbarkeit des Islamic Banking zum globalen Standard

Die Entstehung des islamischen Bankwesens liegt vierzig Jahre zurück. Trotzdem kämpft das System noch um seine Anerkennung. Die Entwicklung von neuen Investitionsinstrumenten verlangt die Schaffung eines leistungsfähigen islamischen Kapital-

---

[33] Vgl. Siddiqui, N. (1997), S. 54f.
[34] Vgl. o.V. (1998), S. 5.

marktes.[35] Nur ein effizienter Primär-/Sekundärmarkt kann die dazu nötige Flexibilität garantieren.

Malaysias islamische Banken unterstehen der Regulierung der Zentralbank. Sie werden vom zentralen Scharia-Ausschuss überwacht. In den Golfstaaten existieren hingegen unabhängige Scharia-Beratungsgremien, die sich aus mehreren religiösen Gelehrten zusammensetzen. Diese Gelehrten vertreten oft unterschiedliche Meinungen, so dass es keine standardisierten Richtlinien für islamische Bankprodukte gibt.

Ohne internationale Standardisierung bleibt die Zahl der lokalen Marktteilnehmer begrenzt, so dass sich weder ein Interbanken- noch ein Sekundärmarkt entwickeln kann und man ein Produkt nur der Bank zurückgeben kann, die es angeboten hat.[36]

Ein weiteres Problem ist das rechtliche Umfeld. In Pakistan sind nach der Einführung des Scharia-konformen Bankwesens keine neuen Gesetze zur Regelung des islamischen Finanzwesens erlassen worden. Diese Situation schafft Unklarheiten und kann die wirtschaftliche Entwicklung eines Landes behindern. Pakistan hat dieses Problem erkannt und wird längerfristig versuchen, das Gesetz mit dem islamischen Bankgeschäft in Einklang zu bringen.[37]

Vor allem die folgenden Faktoren erschweren die Etablierung des islamischen Bankensystems im westlichen Wirtschaftsraum:

- Das Fehlen eines zentralen einheitlichen Sharia-Boards: Jede islamische Bank hat ihre eigene „religiöse" Abteilung, die, je nach Interpretation des Koran, Finanztransaktionen unterschiedlich bewerten. Es bestehen also keine einheitlichen Grundlagen, auf die sich westliche Geschäftspartner verlassen können.

- Das Fehlen eines islamischen Interbankenmarktes: Islamische Banken haben keinen Zutritt zum Interbankenmarkt, der ohne Ausnahme auf zinsinvolvierten Finanzinstrumenten beruht. Das Etablieren eines funktionsfähigen islamischen Interbankenmarktes, also ein Kapitalmarkt innerhalb der internationalen Finanzmärkte, steht in letzter Zeit im Mittelpunkt der Diskussionen islamischer Bankmanager und muslimischer Ökonomen.

- Fehlen einer eigenen Bankenstrategie: Die islamischen Banken haben sich bisher an die Strategie des konventionellen Banking gehalten, anstatt ihre eigene Strategie zu entwickeln, die auf ihre speziellen Ziele und Bedürfnisse angepasst ist.[38] Eine der Voraussetzungen dafür ist die Standardisierung der Scharia-Interpretationen und entsprechende Gesetze. Bereits heute können jedoch internationale, mit den islamischen Banken verbundene Probleme an einen höheren Rat in Jeddah weitergeleitet

---

[35] Vgl. Khan, M. (1999), S. 80f.
[36] Vgl. Malik, M. (1999), S. 49-51.
[37] Vgl. Stoll, M. (1990), S. 28-31.
[38] Vgl. Ipektchi, M. (1997), S. 199.

werden. Zudem strebt die Accounting and Auditing Organization for Islamic Financial Institutions in Bahrain an, allgemeine Bilanzierungsregeln für die islamischen Banken zu entwickeln. Damit kann man islamische Banken mit nichtislamischen Banken im Mittleren Osten vergleichen und Rating-Agenturen ermöglichen, eine zuverlässige Einschätzung der islamischen Banken vorzunehmen.[39]

4 Fazit

Islamic Banking kann kein Vorbild für ein weltweites Bankensystem sein. Im Vergleich zum konventionellen Banking hat es zu viele Einschränkungen. Ganze Wirtschaftsbereiche werden nicht berücksichtigt, da diese nicht finanziert werden dürfen. Das würde große Nachteile für den gesamten Wirtschaftskreislauf mit sich bringen.

Die momentane Weltwirtschaftskrise hätte eventuell vermieden werden können, wenn die Banken der betroffenen Länder nach Gesetzen des Islamic Banking gehandelt hätten. Wie jedoch gezeigt wurde, ist Islamic Banking nicht als globaler Standard umsetzbar. Unter dem Islamic Banking wäre es auch nie zur Entwicklung des jetzigen Bankensystems gekommen und ebenfalls nicht zu einer Entwicklung der westlichen Wirtschaft auf das heutige Niveau. Das war nur möglich durch die Bereitschaft, auch langfristig Risiken zu übernehmen. Das aber ist im Islamic Banking verpönt.

Da aber das Islamic Banking auf internationaler Ebene immer mehr an Akzeptanz und Bedeutung gewinnt und vermehrt auch von westlichen Banken eingesetzt wird, ist das Konzept zukunftsträchtig und kann als zusätzliche Variante für potentielle Vermögensvermehrung betrachtet werden.

Das islamische Bankensystem wird in Ländern wie Deutschland, in denen eine wachsende Zahl von Menschen muslimischen Glaubens lebt, in der Zukunft an Bedeutung gewinnen. Es könnte in naher Zukunft von einer regionalen Größe zu einem globalen Finanzkonzept werden, allerdings zu einem alternativen Konzept *im* System und nicht zu einem alternativen Konzept *zum* System.

---

[39] Vgl. Ipektchi, M. (1997), S. 200f.

Literaturverzeichnis

Bälz, K. (2003). *Islamic Banking - Ein Wachstumsmarkt für deutsche und internationale Banken.* Abgerufen am 04. März 2009 von http://www.gleisslutz.com/media.php/Veröffentlichungen/Downloads/GleissLutz_Baelz.pdf

Buckmaster, D. (1996). *Islamic Banking - an Overview.* London.

Chahboune, J./El-Mogaddedi, Z. (2008). *Islamic Banking - das Marktpotential in Deutschland.* In: Kreditwesen, Nr. 15 , S. 33.

Chahin, H. (2000). *Chancen und Risiken im islamischen Bankwesen.* Freiburg.

El-Gamal, M. A. (2000). *A Basic Guide to contemporary Islamic Banking and Finance.* Houston.

Ende, W. /Steinbach, U. (2005). *Der Islam in der Gegenwart.* München.

Hackensberger, A. (2008). *Islamische Prinzipien haben vor Finanzkrise geschützt.* Abgerufen am 04. April 2009 von http://www.heise.de/tp/r4/artikel/29/29016/1.html

Hamidullah, M. (1991). *Der Islam.* Islamabad.

Ipektchi, M. (1997). *Bankbetriebliche Geschäftstätigkeit nach islamischem Recht.* Hamburg.

Iqbal, Z. (1990). *Public Finance in Islam.* Lahore.

Iqual, M./Molyneux, P. (2005). *Thirty Years of Islamic Banking - History, Performance and Prospects.* New York.

Iqual, Z./Mirakhor, A. (1987). *Islamic Banking.* Washington.

Islamic Banking Conference (2007). Abgerufen am 27. Juli 2009 von http://www.fb3-fh-frankfurt.de/fachschaft/econ/media/Islamic_Banking_Conference.pdf

Islamic Development Bank (2008). *About IDB.* Abgerufen am 27. Juni 2009 von http://isdb.org/irj/portal/anonymous?NavigationTarget=navurl://24de0d5f10da906da85e96ac356b7af0

Khan, M. A. (1999). *An Introduction to Islamic Economics.* Neu-Delhi.

Malik, M. H. (1999). *Financing in Islam.* Islamabad.

Muslehuddin, M. (1993). *Banking and Islamic Law.* Neu-Delhi.

Napoleoni, L./Segre, C. (2009). *I meccanismi alternativi di credito basati su un codice etico - Dalla finanza islamica proposte e idée per l'Occidente in crisi.* In: L'Osservatore Romano vom 4. März 2009, abgerufen am 4. Juli 2009 von http://rassegnastampa.mef.gov.it/mefnazionale/PDF/2009/2009-03-04/2009030412006886.pdf

o.V. (1998). *Islamic Banking - Großes Volumen anlagesuchenden Kapitals.* In: Deutsche Sparkassen Zeitung, Nr. 20 vom 13.03.1998 , S. 5.

Remé, M. (2008). *Volkswirtschaftliche Analysen der KfW Entwicklungsbank - Islamic Finance - was steckt dahinter?* Abgerufen am 27. Juni 2009 von http://www.kfw-entwicklungsbank.de/DE_Home/Service_und_Dokumentation/Online_Bibliothek/PDF-Dokumente_WLP/2008/Trotz_Krise_auf_dem_Vormarsch.pdf

Siddiqui, N. (1997). *Banking without Interest,* 6. Aufl., Islamabad.

Stoll, M. (1990). *Das islamische Bankwesen.* Zürich.

Stöttner, R. (2008). *Islamic Banking.* Abgerufen am 27. Juni 2009 von http://cms.uni-kassel.de/unicms/fileadmin/groups/w_030109/Lehre/Financial_Engineering/Habibovic_Sarferaz_Islamic_Banking.pdf

The Encyclopaedia of Islam (1960). Volume III. London.

Sven Lauterjung

V.2 Sozialkrise – Die Finanzkrise des Sozialsystems

1 Die sozialen Sicherungssysteme 308
    1.1   Geschichte des „Sozialen" 308
    1.2   Soziale Sicherungsphilosophien 309
    1.3   Deutsche Sozialversicherungsarten 311
    1.4   US-Amerikanisches Sozialversicherungssystem 315

2 Subprimebedingte Impulse 316
    2.1   Das Wesen der Krise 316
    2.2   Schrumpfung der Wirtschaftsleistung 317
    2.3   Steigende Arbeitslosigkeit 318
    2.4   Insolvenzgeschehen in Deutschland 320
    2.5   Abgrenzung der Folgen in den USA und in Deutschland 321

3 Finanzierungsgrenzen 322
    3.1   Was ist Soziale Gerechtigkeit? 322
    3.2   Belastbarkeit 323
    3.3   Wer zahlt nun? 326

4 Fazit 328

Literaturverzeichnis 329

V.2 Sozialkrise - Die Finanzkrise des Sozialsystems

„Ich kann mir vorstellen, dass in zwei bis drei Monaten die Wut der Menschen deutlich wachsen könnte. Dann laufen vermutlich abfedernde Maßnahmen wie das Kurzarbeitergeld aus. Wenn sich dann kein Hoffnungsschimmer auftut, dass sich die Lage verbessert, dann kann die Stimmung explosiv werden." Die damalige Kandidatin für das Amt der Bundespräsidentin Gesine Schwan in einem Interview mit dem Focus Online am 24. April 2009.[1]

Mit der Insolvenz von Lehman Brothers verloren viele Banker ihren Job. Betroffen von Einkommensverlusten waren aber nicht nur gutbezahlte Banker, sondern auch Anleger. Menschen, die ihr Erspartes oder ihre Altersvorsorge in Lehman Zertifikaten angelegt hatten.

Aus der Subprime-Krise wurde die Finanzkrise und diese führte zu einer Krise der Realwirtschaft. Spätestens in der Realwirtschaft erreichte die Krise in Europa Menschen, die existentielle Ängste haben: Angst vor Kurzarbeit, die schnell in Arbeitslosigkeit mündet, Angst um die Altersversorgung und Angst um den Lebensstandard.

Wie Gesine Schwan prophezeite der Chef des deutschen Gewerkschaftsbundes Michael Sommer soziale Unruhen, falls Unternehmer in der Krise Entlassungen vornehmen.[2] Elektrisiert wurde die Atmosphäre durch die Forderung von Oskar Lafontaine (MdB), Widerstand von unten zu leisten und zwar durch einen Generalstreik.[3] Er nutzt dabei das Gefühl, dass die finanziell schwächer Gestellten die Lasten der Finanzkrise zu schultern haben und dass die ohnehin einkommensschwachen Schichten die Banken zu retten hätten. „Wir bezahlen Eure Krise nicht" wurde zum Slogan all jener, die die soziale Ordnung in Deutschland in Gefahr sehen. Nach Frau Schwan wächst die Empörung über die soziale Ungerechtigkeit stetig unter den Bürgern.[4]

Die damit verbundene Furcht wird in dem folgenden Beitrag untersucht. Es soll die Frage beantwortet werden, ob es in Deutschland eine soziale Krise als Konsequenz aus der Subprime-Krise geben wird oder ob sich eine andere Krise im „sozialen Schlaraffenland" anbahnt.

---

[1] Schwan, G. (2009).
[2] Vgl. o.V. (2009a).
[3] Vgl. o.V. (2009b).
[4] Vgl. Ehrlich, P. (2009).

Sven Lauterjung

1 Die sozialen Sicherungssysteme

1.1 Geschichte des „Sozialen"

Der Verlauf der Krise wurde in diesem Buch bereits vielfältig diskutiert und analysiert. Nicht betrachtet wurden dabei zwei Aspekte, die dem „Sozialen" zuzurechnen sind und zumindest Impulse zur Subprime-Krise in den USA gegeben haben. Auf der einen Seite ist dies der Community Reinvestment Act, eine Gesetzesnorm mit deren Hilfe eine diskriminierende Kreditvergabe an ärmere Menschen unterbunden werden soll. Auf der anderen Seite ist es die Möglichkeit, Hypothekenzinsen für selbstbewohnte Immobilien in den USA von der individuellen Einkommensteuer abzuziehen. Beides sind Eingriffe in den Markt mit dem Ziel, soziale Stabilität durch Wohlstand zu schaffen.[5]

Für die soziale Sicherheit nahmen die Regierungen immer schon manipulierende Eingriffe in Kauf. Mit Beginn der Industrialisierung im 19. Jahrhundert wuchs die Erkenntnis, dass sich die Abhängigkeiten der Arbeiter gegenüber ihren Arbeitgebern erheblich erhöhten und gleichzeitig eine Anonymisierung der Arbeitswelt einsetzte.[6] Die durch die Bismarcksche Politik beginnende Sozialgesetzgebung war ein politisches Kampfmittel gegen die „gemeingefährlichen Umtriebe der Sozialdemokratie" und für die Sicherung des Kaiserreiches im Industriezeitalter.[7]

Die zügellose Entwicklung der Wirtschaft in den frühen Phasen der Industrialisierung wurde durch die Gründung der Gewerkschaften, die Tarifautonomie und eine flankierende Gesetzgebung begrenzt. Diese Elemente der Sozialgesetzgebung wurden mit der Zeit nicht mehr als Klassenkampf verstanden. Bereits Alfred Müller-Armack verstand die freie Initiative in der Wettbewerbswirtschaft als Sicherung für die marktwirtschaftliche Leistung und den sozialen Fortschritt. Allerdings betonte er auch, dass die finanziellen Mittel für den sozialen Ausgleich erst erwirtschaftet werden müssten. Letzteres gelänge mit einer funktionierenden Marktwirtschaft.[8]

Unter den Eindrücken des zweiten Weltkrieges begann sich in Deutschland ein Sozialstaat zu entwickeln, der dem Bürger immer umfangreicher seine individuellen Risiken abnahm und darüberhinaus die Niveauunterschiede zwischen Leistungsträgern und Leistungsbeziehern verschwimmen ließ. Diese Entwicklung verlief entlang verschiedener Sicherungsphilosophien.

---

[5] Vgl. Beck, H. (2009), S. 7.
[6] Vgl. Eichenhofer, E. (2007), S. 32.
[7] Vgl. Schmidt, M. (2005), S. 29.
[8] Vgl. Müller-Armack, A. (1952), S. 461.

1.2 Soziale Sicherungsphilosophien

Sozialpolitik wird an die Bedürfnisse der Gemeinschaft angelehnt, der sie dienen soll. Jede entwickelte marktbasierte Gesellschaft weist Merkmale eines Wohlfahrtsstaates bzw. eines Sozialstaates auf, seine Ausgestaltung bleibt individuell. Individuell bedeutet die Möglichkeit, mehrere dominierende Formen zu bilden, die über gemeinsame Kernelemente verfügen.[9] Unterschiede zwischen den Sozialstaaten treten in der institutionellen Ausgestaltung, den Finanzierungsformen, der Rechtsstellung der Bezieher oder den abgedeckten Risiken auf.[10]

Akteure im Sozialstaat sind neben dem Staat der Markt und die Familie bzw. das Individuum. Durch eine Untersuchung der unterschiedlichen Gewichtung der Leistungen und Beiträge lassen sich die Sozialstaaten miteinander vergleichen. Zur Typisierung der Wohlfahrtsstaaten werden drei Kriterien herangezogen:

- die Zusammensetzung und das Mischverhältnis aus staatlicher und familiärer Sicherung, sowie der Anteil des Marktes an der Wohlfahrtsleistung durch Gesundheits- und Alterssicherung,
- die De-Kommodifizierung, d.h. der Grad der Entkopplung von Arbeitseinkommen und sozialer Sicherheit,
- und die Stratifizierung, also der Wirkungsgrad sozialpolitischer Maßnahmen bezogen auf die Gesellschaftsstruktur und deren Auswirkungen auf die Reduktion sozialer Ungleichheiten.[11]

Diese drei Kriterien sind eine Weiterentwicklung der Grundüberlegungen des britischen Pioniers der Sozialforschung Richard Titmuss durch den dänischen Soziologen Esping-Andersen. Titmuss unterteile Wohlfahrtsstaaten 1974 in drei unterschiedliche Typen:

- der residualer Wohlfahrtsstaat, bestimmt durch die Basisleistungen für Bedürftige,
- der leistungsbasierte Wohlfahrtsstaat, gekennzeichnet durch die Sozialversicherungssysteme,
- der institutionelle Wohlfahrtsstaat, der die universalen sozialen Rechte gewährt.[12]

Aus den Unterscheidungskriterien lassen sich nach Esping-Andersen drei idealtypische Regime ableiten. Diese Systeme können zur Veranschaulichung den Regionen der Welt zugeordnet werden, in denen sie vorrangig auftreten. Trennschärfe ergibt sich

---

[9] Vgl. Ullrich, C. (2005), S. 40.
[10] Vgl. Bäcker, G. (2008), S. 49.
[11] Vgl. Esping-Andersen, G. (1990), S. 5.
[12] Vgl. Blome, A. (2008), S. 69.

aus der Zuordnung nicht, da die Staaten regelmäßig Mischtypen ausbilden. Soziophilosophische Trends lassen sich allerdings erkennen.[13]

- *Das angelsächsische, liberale Regime*

Das angelsächsische Modell ist geprägt von hoher sozialer Ungleichheit, begründet durch die Marktkonfirmität in Fragen der Organisation, Gestaltung und Umfang der Transferleistungen. Insgesamt übt der Staat nur geringen Einfluss aus. Das führt zu einer starken und weit verbreiteten Sicherungsfunktion der Familie. Dieser Typ verlangt ein hohes Maß an Eigenverantwortung und birgt nur für wenige elementare Risiken. Die sparsame Gewährung von Unterstützung findet nicht zuletzt ihren Ausdruck in einer strengen Prüfung und Begleitung der Hilfesuchenden.

- *Das skandinavische, sozialdemokratische Regime*

Den Gegenpol zum angelsächsischen Modell bildet das skandinavische. Der Staat sieht sich in einer vollumfänglichen Verantwortung für die allgemeine Wohlfahrt und begründet dies mit der Verpflichtung zur Wahrung der allgemeinen Bürgerrechte. Die Rolle der Familie tritt hinter die Rolle des Staates zurück. Dabei ist das soziale Sicherungsniveau ausgesprochen hoch. Die soziale Sicherung bleibt weitgehend frei von Markteinflüssen. Das führt zu einer deutlichen Einkommensumverteilung, durch die Klassen- und Statusunterschiede kaschiert werden. Eine Sonderrolle fällt der Absicherung von Frauen zu, denn der Staat sieht sich in der Pflicht, die Strukturen zu schaffen, welche den Frauen trotz Familie eine uneingeschränkte Teilhabe am Arbeitsleben ermöglichen.

- *Das kontinentaleuropäische, konservative Regime*

Eine Besonderheit ist der traditionelle Einfluss der Kirchen auf die Ausgestaltung der sozialen Sicherungssysteme. Das führt zu einer Rolle des Staates, in der dieser als Vormund des Bürgers auftritt. Die soziale Sicherung ist an der lohnabhängigen Arbeit ausgerichtet und spiegelt auch in der sozialen Notlage die gesellschaftliche Stellung wieder. Ehefrauen sind dabei an ihren Mann gekoppelt, ihre individuelle Versorgung ist an die Position des Mannes auf dem Arbeitsmarkt gebunden. Nichterwerbstätige werden an die Familie oder an Fürsorgeleistungen verwiesen. Die Finanzierung ist regelmäßig umlagefinanziert.[14]

Unabhängig von jeder Klassifizierung sehen einige Ökonomen die Hauptfunktion des Sozialstaates in seiner Rolle als Bindemittel industrieller Gesellschaften. Erreicht wird dies durch die Sicherung der Teilhabe aller Menschen am gesellschaftlichen Reichtum in Verknüpfung mit einer individuellen Umsetzung der eigenen Lebensplanung.[15] Diese Arbeit wird hierbei häufiger auf die Frage zurückkommen, bis zu welchem Grad

---

[13] Vgl. Bäcker, G. (2008), S. 49.
[14] Vgl. Bäcker, G. (2008), S. 51.
[15] Vgl. Neumann, L. (2008), S. 13.

die Gesellschaft verantwortlich ist, über die Existenzsicherung hinausgehende Hilfestellungen zu geben.

1.3 Deutsche Sozialversicherungsarten

Das deutsche Sozialversicherungssystem fußt auf fünf Säulen:

- Rentenversicherung,
- Arbeitslosenversicherung,
- Krankenversicherung,
- Pflegeversicherung,
- Unfallversicherung.

Die Rentenversicherung finanziert aus den laufenden Einnahmen die aktuell fälligen Ausgaben. Dieses Umlageverfahren wird als Generationenvertrag bezeichnet. Das Mitglied der Rentenversicherung spart kein Vermögen an, welches wieder abgerufen werden kann. Er finanziert unmittelbar die gegenwärtigen Leistungsempfänger. Die Rentenbezüge werden aus den Beitragszahlungen kommender Generationen bestritten. Eine jährliche Rentenanpassung gleicht die Renten der Entwicklung von Löhnen und Gehältern an.[16]

Beitragszahler sind Arbeitgeber und Arbeitnehmer gleichermaßen. Mit Beginn des Jahres 2007 liegt der Beitragssatz bei 19,9 % des Bruttolohns. In Abhängigkeit von den eingezahlten Beiträgen wird die individuelle Rente berechnet.[17] Die Einnahmen beliefen sich 2008 auf 179,1 Mrd. EUR und deckten 75 % des Bedarfes der Rentenversicherung. Aufgrund der Entspannung am Arbeitsmarkt stieg der Anteil der Beiträge gegenüber dem Vorjahr um 3,1 %.[18]

Der Berechnung der zu beziehenden Rente liegen nicht nur die eigenen Beitragszeiten zugrunde, sondern auch Zeiten, in denen keine Beiträge in die gesetzliche Versicherung eingezahlt wurden. Diese Zeiten nennt man beitragsfreie Zeiten. Neben vielfältigen anderen Ursachen sind dies regelmäßig beschäftigungsfreie Zeiten, Zeiten der Schul- und Hochschulausbildung, Leistungen für die Kindererziehung, Leistungen gegenüber Vertriebenen und Spätaussiedlern und gegenüber Bürgern der ehemaligen DDR, welche nicht in die Rentenversicherung eingezahlt haben.[19]

---

[16] Vgl. DSVAE (2009a).
[17] Vgl. Deutsche Rentenversicherung (2009a).
[18] Vgl. Rürup, B. (2009), S. 357.
[19] Vgl. Deutsche Rentenversicherung (2009b).

Diese versicherungsfremden Leistungen werden durch den Bundeshaushalt gedeckt.[20] Der Zuschuss belief sich für 2008 auf 56,4 Mrd. EUR und machte somit etwa 24 % des Gesamtetats der Rentenversicherung aus. Die Rentenversicherung verfügt nur über geringe Reserven. Aktuell reicht die Nachhaltigkeitsrücklage, um die Rentenzahlungen für knapp einen Monat zu finanzieren. Insgesamt belief sich im Jahr 2008 der Gesamtbedarf auf 237,3 Mrd. EUR und stieg gegenüber dem Vorjahr um 2,6 %.[21]

Neben der Rentenversicherung ist die Arbeitslosenversicherung ein Kern der Sozialversicherung. Jeder Beschäftigte, der einer abhängigen Tätigkeit nachgeht, die über eine geringfügige Beschäftigung hinausgeht, ist pflichtversichert. Ausnahmen bilden nur Beamte oder ihnen gleichgestellte Beschäftige und Personen, die älter als 65 Jahre sind. Auch im Rahmen der Arbeitslosenversicherung wird eine Vielzahl von Leistungen erbracht, die über die reine finanzielle Unterstützung im Falle der Erwerbslosigkeit hinausgehen. Das betrifft neben vielen anderen Leistungen die Arbeitsvermittlung, verschiedenste Hilfestellungen in Fort- und Weiterbildung oder die allgemeine Betreuung von Erwerbslosen.[22]

Seit dem 1. Januar 2009 beträgt der gesetzliche Beitragssatz 3,0 %. Aufgrund einer Sonderregel soll der Beitragssatz bis Mitte 2010 auf 2,8 % sinken. Damit sinkt der Beitragssatz von 3,7 % in 2006 auf 2,8 % in 2009. Durch diese Beitragssenkung wurden die Pflichtversicherten entlastet.[23]

Die Bundesagentur für Arbeit ist Trägerin der Arbeitslosenversicherung und erzielte im Jahr 2008 Einnahmen in Höhe von 38,3 Mrd. EUR, denen Ausgaben in Höhe von 39,4 Mrd. EUR, gegenüberstanden. Für 2008 gab es einen Fehlbetrag von 1,1 Mrd. EUR, der durch die Entnahme von Rücklagen ausgeglichen wurde. Diese Berechnungen beziehen sich jedoch nur auf Arbeitslose, welche Arbeitslosengeld I beziehen.[24]

Für den Bundeshaushalt deutlich relevanter sind die Leistungen an Arbeitssuchende im Rahmen des Arbeitslosengeldes II. Der Bund trägt vollumfänglich die Aufwendungen der Grundsicherung für Arbeitssuchende einschließlich der Verwaltungskosten, soweit die Leistungen von der Bundesagentur erbracht werden.[25]

Das Arbeitslosengeld II, das offiziell mit der Bezeichnung "Grundsicherung für Arbeitssuchende" überschrieben wird und daneben häufig mit dem Begriff „Hartz IV"

---

[20] Vgl. § 213 SGB VI.
[21] Vgl. Rürup, B. et al. (2009), S. 358.
[22] Vgl. DSVAE (2009a).
[23] Vgl. Bundesagentur für Arbeit (2009a).
[24] Vgl. Bundesagentur für Arbeit (2009b).
[25] Vgl. § 46 SGB II.

V.2 Sozialkrise - Die Finanzkrise des Sozialsystems

bezeichnet wird, trat am 1. Januar 2005 in Kraft und stellt damit den Abschluss der Umsetzung des Hartz-Konzepts dar.[26]

Im Unterschied zum früheren Modell aus Arbeitslosengeld und Arbeitslosenhilfe richtet sich die Höhe der ALG II Bezüge nicht mehr nach früheren Nettolöhnen, sondern nach dem Bedarf des Leistungsbeziehers. Die gewöhnliche Leistung entspricht den ehemaligen Sätzen der Sozialhilfe. Dies führte besonders während der Umstellung von Arbeitslosenhilfezahlungen auf Arbeitslosengeld II zu spürbaren Leistungsminderungen gegenüber den Leistungsbeziehern.[27]

Finanziert wird das ALG II nicht über eine umlageorientierte Versicherung, sondern unmittelbar durch den Staatshaushalt.[28] Im Jahre 2008 wurde der Bundeshaushalt mit 21,7 Mrd. EUR belastet und für 2009 wird von einer Belastung in Höhe 21,2 Mrd. EUR ausgegangen. Der Bedarf dürfte für 2009 allerdings höher ausfallen, da sich die Prognosen für diese Ausgaben aus dem Bundesfinanzministerium regelmäßig als zu niedrig herausstellen.[29]

Neben der Arbeitslosen- und der Rentenversicherung ist die Krankenkasse elementarer Bestandteil der sozialen Sicherung aller Bürger. Die gesetzliche Krankenversicherung hat die Aufgabe, als Solidargemeinschaft die Gesundheit der Versicherten zu erhalten, wiederherzustellen oder ihren Gesundheitszustand zu bessern. Neben der unmittelbaren medizinischen Versorgung haben die Krankenkassen den Auftrag, den Mitgliedern durch geeignete Aufklärung, Hilfestellungen und Leistungen zu helfen und generell auf gesunde Lebensverhältnisse hinzuwirken.[30]

Finanziert wird die Krankenversicherung durch drei Akteure: den versicherten Arbeitnehmer, den Arbeitgeber und den Staat, der durch seinen Anteil die versicherungsfremden Leistungen bezahlt. Alle drei zahlen ihre Beiträge in den Gesundheitsfonds ein, der zur Finanzierung der gesetzlichen Krankenversicherung eingerichtet wurde und zum Jahresbeginn 2009 seine Arbeit aufnahm.[31]

Der Bund zahlt aus Steuermitteln einen Beitrag in Höhe von 4 Mrd. EUR für 2009. Mit diesem Beitrag sollen die versicherungsfremden Leistungen abgedeckt werden. In den Folgejahren erhöht sich dieser Zuschuss jährlich um 1,5 Mrd. EUR bis zu einer Gesamtsumme von 14 Mrd. EUR.[32]

Als Reaktion auf die Wirtschaftskrise beschloss die Bundesregierung Anfang 2009 als Element des Konjunkturpaketes II, den Beitragssatz von 15,5 % ab dem 1. Juli 2009

---

[26] Vgl. Hartz, P. (2002), S. 343.
[27] Vgl. o.V. (2009c).
[28] Vgl. § 46 SGB II.
[29] Vgl. o.V. (2009d).
[30] Vgl. Artikel 1 SGB V.
[31] Vgl. GKV-WSG in SGB V.
[32] Vgl Bundesministerium für Gesundheit (2009).

gleichmäßig für Arbeitgeber und Arbeitnehmer auf 15,2 % zu senken. Die daraus resultierenden Einnahmeverluste für den Gesundheitsfonds werden durch eine Aufstockung der Steuerzuschüsse um 3,2 Mrd. EUR in 2009 und um 6,3 Mrd. EUR für das Jahr 2010 kompensiert werden.[33] Erstaunlicherweise führt die Krise hier also nicht zu einer zusätzlichen Belastung, sondern zu einer Entlastung der Leistungserbringer.

Die Unfallversicherung ist eine weitere Sozialversicherung. Sie greift bei Arbeitsunfällen, Berufskrankheiten oder arbeitsbedingten Gesundheitsgefahren ein. Zusätzlich leistet sie Hilfe nach Arbeitsunfällen oder Berufskrankheiten, mit dem Ziel, die Arbeitsfähigkeit der Versicherten durch sinnvolle Maßnahmen wiederherzustellen.[34]

Die Finanzierung der Unfallversicherung erfolgt im Gegensatz zu anderen Sozialversicherungen durch eine Umlage bei den Mitgliedsunternehmen. Öffentliche Haushalte sind nur dadurch beteiligt, dass sie die Unfallversicherung für Kindergartenkinder, Schüler und Studenten sicherstellen. Die Gesamtumlage belief sich 2008 auf etwa 9,3 Mrd. EUR und damit etwa 236 Mio. EUR mehr als im Vorjahr. Der durchschnittliche Beitragssatz lag damit bei 1,26 % der Lohnsumme.[35]

Die jüngste Versicherung ist die Pflegeversicherung. Sie wurde zu Beginn des Jahres 1995 durch das Gesetz zur sozialen Absicherung des Risikos der Pflegebedürftigkeit als fünfte Sozialversicherungssäule eingeführt. Sie ist ebenfalls eine Pflichtversicherung und hat die Aufgabe, hilfsbedürftigen Menschen die nötige Pflege angedeihen zu lassen. Diese Pflege wird in Abhängigkeit der Pflegebedürftigkeit durch die Übernahme oder die Beteiligung an entstehenden Kosten gewährleistet. Üblicherweise bedeutet das die Sicherstellung einer stationären Pflege oder die Finanzierung einer häuslichen Betreuung.[36]

Im Gleichklang mit den anderen Sozialversicherungen basiert die Finanzierung auf einem Umlageprinzip und ist somit an das Einkommen gekoppelt. Aktuell zahlen Arbeitnehmer und Arbeitgeber 1,95 % vom individuellen Lohn als Versicherungsbeitrag. Für Kinderlose gilt ein erhöhter Beitragssatz von 2,2 % des Lohns. Parität ist bei der Finanzierung der Pflegeversicherung nicht gewahrt worden, denn die Arbeitnehmer mussten auf einen gesetzlichen Feiertag verzichten.[37]

---

[33] Vgl. Artikel 13 Gesetzes zur Sicherung von Beschäftigung und Stabilität in Deutschland (2009).
[34] Vgl. Artikel 1 SGB VII.
[35] Vgl. DGUV (2009).
[36] Vgl. § 1 SGB XI.
[37] Vgl. Doenges, J. (2005), S. 7.

1.4 US-Amerikanisches Sozialversicherungssystem

Die USA blicken auf eine andere geschichtliche Entwicklung des Sozialstaates zurück als die Europäer. In Amerika engagierten sich private Wohlfahrtsorganisationen und Kommunen, wenn es darum ging, Hilfsbedürftige zu unterstützen. Während sich in Europa ab 1900 Sozialsysteme ausprägten, bestand aus Sicht der US-Administration die Notwendigkeit gar nicht. Die frühe Geschichte der USA war geprägt durch stetiges Wirtschaftswachstum und freie Landnahme im unbesiedelten Westen. Das erlaubte grundsätzlich jedem, Arbeit und Auskommen zu finden, so er denn wollte.

Diese Überzeugung fand ein jähes Ende mit der Wirtschaftskrise 1929. In erheblichem Umfang waren Bürger ohne Arbeit und konnten diesen Zustand auch nicht durch höchstes Engagement beenden. Unternehmen und Banken gingen massenweise in Konkurs. Mit dem Amtsantritt Roosevelts 1932 trat eine Vielzahl von Gegenmaßnahmen in Kraft, gebündelt im „New Deal". Teil des ersten Konjunkturpaketes war die Social Security, die amerikanische Sozialversicherung, welche bis heute besteht.[38]

Im Amerika des 20. Jahrhunderts wurden Erfahrungen mit einer Sozialkrise gesammelt. Diese folgte auf die Wirtschaftskrise um 1930. Reformiert wurde die Sozialgesetzgebung in den Folgejahren durch Sozialhilfeprogramme der Bundesstaaten, die aus Steuermitteln finanziert wurden. Das Sozialgesetz unterstreicht die Ausnahmesituation für die Leistungsbezieher durch eine Beschränkung der Sozialhilfezahlungen auf fünf Jahre. Bereits nach zwei Jahren werden die Leistungsbezieher zu einem Arbeitseinsatz herangezogen. Seit den 1990er Jahren gibt es in den USA kein Sozialhilfesystem im europäischen Sinne mehr. Exemplarisch sei die so genannte „Family Cap" in New Jersey genannt, die 1992 eingeführt wurde. Frauen oder Familien, die staatliche Unterstützung bekommen und ein weiteres Kind erwarten, erhalten keine zusätzliche staatliche Unterstützung für das Neugeborene. Aktuell verfügen 22 Bundesstaaten der USA über „Family Caps".[39]

Trotz dieser massiven Maßnahmen haben im Jahr 2008 mehr als 50 Millionen Amerikaner insgesamt etwa 614 Mrd. USD an sozialen Leistungen bezogen.[40]

Die Krankenversicherung in den USA ist gesetzlich nicht für alle vorgesehen. Sonderfälle gelten nach der Medicare-Gesetzgebung für Menschen, die älter als 65 Jahre sind. Daneben wirkt das Medicaid speziell für Bürger mit geringem Einkommen. Medicare und Medicaid wurden 1965 durch Zusätze zur Social Security Gesetzgebung eingeführt. Speziell Medicaid hat dabei Sozialhilfecharakter und wird zur Gänze staatlich

---

[38] Vgl. Leuchtenburg, W. (2009), S. 9.
[39] Vgl. Camasso, M. (2007), S. 72.
[40] Vgl. U.S. Department of Health and Human Services (2009), S. 157.

finanziert. Durch diese beiden Programme wird die Gesundheitsfürsorge für etwa 25 % der US-Bürger gewährleistet.

Die notwendigen finanziellen Mittel für die Durchführung der Hilfsprogramme der US-Regierung, inklusive Sozialversicherung, Medicare, Medicaid und der weiteren Sozialleistungen, beanspruchen heute etwa die Hälfte des Gesamtbudgets der Regierung. Das entspricht einer Verdoppelung gegenüber dem Stand der 60er Jahre.[41]

Die US-Varianten der Unfall- und Arbeitslosenversicherung unterliegen der Kontrolle der einzelnen Bundesstaaten. Im Grundsatz wird die Arbeitslosenversicherung paritätisch von Arbeitnehmern und Arbeitgebern finanziert. Den Arbeitgebern wird aber über Steuerbegünstigungen ein erheblicher Teil der Kosten erstattet. An die Leistungen schließt sich keine unbefristete Arbeitslosenhilfe mehr an.[42]

2 Subprimebedingte Impulse

2.1 Das Wesen der Krise

Zu Beginn dieses Kapitels ist der Fokus auf die Krise als solche gerichtet. Diese stellt gewöhnlich den ersten Schritt auf dem Weg in das Versagen eines Systems dar. Der Zusammenbruch der Sozialsysteme wäre dabei der Schlusspunkt einer krisenhaften Entwicklung, dem nicht qualifiziert begegnet wurde.

Der Begriff der Krise war bereits im antiken Griechenland bekannt, gemeint war damit die Zuspitzung einer Krankheit oder der Höhepunkt eines Spannungsbogens im antiken Drama. Zusammengeführt beschreibt die Krise die Wende in der Dramatik einer bedrohlichen Situation.[43]

Im deutschsprachigen Raum fand sich die Krise regelmäßig im Mittelpunkt von Untersuchungen wieder. Der Schwerpunkt wurde zunächst auf die Erkennung von Symptomen gelegt, um Krisen frühzeitig erkennen zu können.[44] Da das Wirtschaftsleben in Mitteleuropa über Jahrhunderte hinweg geprägt war von kriegsbedingter Zerstö-

---

[41] Vgl. GPO (2009).
[42] Vgl. U.S. Department of Labor (2009a).
[43] Vgl. Maus, K.H. (2006), S. 25.
[44] Vgl. Schmalenbach, E. (1932), S. 11.

rung, Wiederaufbau, Wirtschaftswundern und Weltwirtschaftskrisen ging die Krisenforschung regelmäßig in der Realität unter.[45]

Der Prozessausgang bleibt offen. Nicht jede Krankheit endet tödlich und nicht jedes Drama endet in einer Tragödie. Patienten können immer genesen und auch ein Drama kann ein glückliches Ende finden. Eine Systemkrise eröffnet daher auch stets die Möglichkeit einer Sanierung. Die Titulierung einer Situation als „Krise" ist unangebracht, wenn die Entwicklung des Systems keine Chance auf eine positive Wendung hat.[46] Die Indikatoren für oder gegen eine positive Wendung werden in den nächsten Kapiteln untersucht.

2.2 Schrumpfung der Wirtschaftsleistung

Die Wirtschaftskraft einer Gesellschaft ist der Garant für die Stabilität der Sozialsysteme. Die Frage nach der zukünftigen Entwicklung der Wirtschaft kann Auskunft geben über den Grad der Sicherheit des Systems.

Die Bundesregierung geht aufgrund des Berichtes des Sachverständigenrates von einer Stagnation des Wirtschaftswachstums für 2009 aus.[47] Im Juni 2009 prognostizierte das Rheinisch-Westfälische Institut für Wirtschaftsforschung dagegen für 2009 ein Wirtschaftsrückgang von minus 4,3 % und korrigierte dies unlängst auf ein Minus von 6,4 %. Ursächlich war der stärker als erwartet ausfallende wirtschaftliche Einbruch im 1. Quartal 2009. Anstatt der erwarteten Schrumpfung des Bruttoinlandproduktes um 2,3 % verlor das BIP sogar 6,9 %.

Die Abwärtsbewegung bremst sich derzeit allerdings ab. Für das zweite Quartal 2009 bleibt nur noch ein Rückgang um ein Prozent zu befürchten. Verschiedene Indikatoren deuten auf eine Bodenbildung hin. Sowohl der Welthandel als auch die weltweite Industrieproduktion haben in den vergangenen Monaten kaum noch weiter abgebaut.

Es wurden sogar bereits erste Frühindikatoren erkannt, die auf eine steigende Nachfrage schließen lassen. Neben steigenden Rohstoffpreisen sind dies die sich positiv entwickelnden Erwartungen der Unternehmen.[48]

Trotz dieser Indizien geht das RWI für 2010 nur von einer zögerlichen Belebung aus. Das erwartete BIP-Wachstum wird um die 0,2 % betragen.[49] Die Forscher vom ifo-

---

[45] Vgl. Zirener, J. (2005), S. 11.
[46] Vgl. Keller, R. (1999), S. 3.
[47] Vgl. Sachverständigenrat, (2008), S. 18.
[48] Vgl. OECD (2009), S. 6.
[49] Vgl. RWI (2009), S. 8.

Institut hingegen erwarten im kommenden Jahr erneut einen Rückgang der Wirtschaftsleistung um 0,3 %.[50]

2.3 Steigende Arbeitslosigkeit

Unmittelbarer als das Wirtschaftswachstum schlägt sich die Situation auf dem Arbeitsmarkt auf die Lage der sozialen Sicherheit nieder. Mit dem Statuswechsel eines Leistungsträgers hin zu einem Leistungsempfänger wirken ausbleibende Mitgliedsbeiträge und steigende Sozialversicherungsleistungen negativ auf beide Bilanzseiten.

Die Wirtschaftskrise wird mit dem ausklingendem Sommer 2009 verstärkt auf den Arbeitsmarkt durchschlagen. Kurzarbeitsmaßnahmen werden auslaufen und damit die Lohnkostenbeteiligung der Bundesagentur für Arbeit. In den Betrieben, in denen eine Rückkehr zur Normalbeschäftigung nicht möglich ist, werden Entlassungen die Folge sein. Die Arbeitslosenzahlen werden steigen und für 2009 dürfte die Erwerbstätigenzahl um durchschnittlich 460.000 sinken, im darauffolgenden Jahr um 1,05 Mio. Laut Schätzungen des ifo-Instituts wird die Zahl der Arbeitslosen im Jahr 2009 durchschnittlich um 320.000 und im Jahr 2010 um durchschnittlich 760.000 steigen.[51]

Krisenbedingt stellten sich die prognostizierten Daten der Bundesregierung - sie ging von einem Wachstum von 0,2 % für 2009 aus - bereits als überholt heraus. Aufgrund dieser Daten hatte die Bundesagentur ihren Haushaltsplan für 2009 erstellt. Anfang Januar hat die Bundesregierung ihren Jahreswirtschaftsbericht vorgestellt und darin für das Bruttoinlandsprodukt einen Rückgang von 2,25 % angekündigt. Darauf basierend geht die Bundesagentur nun von einem Rückgang der Zahl der abhängig Beschäftigten um 0,8 % gegenüber 2008 aus. Wenn sich die Zahl der Beschäftigten so entwickelt, dann werden sich die Versicherungsbeiträge für 2009 insgesamt um 186 Mio EUR auf 22,45 Mrd. EUR bei 26,71 Mio. Versicherungspflichtigen vermindern. Die Ausgaben für das Arbeitslosengeld steigen hingegen um 1,8 Mrd. EUR auf 17,18 Mrd. EUR. Begründet wird dies durch die Zahl der Arbeitslosen, welche im Jahresdurchschnitt 2009 um 253.000 auf 3.518.000 steigt.[52] Die Schätzung der Bundesagentur liegt im Jahresschnitt um 70.000 Arbeitslose günstiger als die des ifo-Instituts.[53]

Die Erwartungen der OECD für den deutschen Arbeitsmarkt sind noch negativer. Ihrer Ansicht nach werden Maßnahmen wie Kurzarbeit nicht in der Lage sein, eine weitere Zunahme der Arbeitslosigkeit zu verhindern. Für das letzte Quartal 2010

---

[50] Vgl. ifo-Institut (2009), S. 5.
[51] Vgl. ifo-Institut (2009), S. 7.
[52] Vgl. Bundesagentur für Arbeit (2009c).
[53] Vgl. ifo-Institut (2009), S. 7.

rechnet die OECD mit 5,1 Mio. Erwerbslosen.[54] Das würde gegenüber dem aktuellen Wert einen Anstieg von 3,4 % bedeuten.[55]

Um der negativen Entwicklung auf dem Arbeitsmarkt entgegenzuwirken, hat die Bundesregierung das Konjunkturpaket II mit einem Gesamtvolumen von 50 Mrd. EUR beschlossen.[56] Teile dieses Gesetzes wirken sich auf die Bundesagentur aus. Um die Vorgaben der Bundesregierung zu erfüllen, hat die Bundesagentur einige Haushaltstitel um insgesamt 810 Mio. EUR aufgestockt; darunter 300 Mio. EUR mehr für das Sonderprogramm zur Wiedereingliederung geringqualifizierter und älterer beschäftigter Arbeitnehmer[57] sowie 200 Mio. EUR für die Qualifizierung und Weiterbildung wieder eingestellter Arbeitnehmer.[58]

Ebenfalls sind die finanziellen Mittel für die Zahlung von Kurzarbeitergeld um 1,8 Mrd. EUR angehoben worden. Damit stehen Mittel für die vorgeschriebene hälftige Übernahme der Sozialversicherungsbeiträge der Arbeitnehmer bereit. Bislang hatte diese bei Kurzarbeit allein der Arbeitgeber zu tragen. Eine Steigerung fand die Neuschöpfung in der vollständigen Übernahme der Beiträge durch die Bundesagentur, wenn der Arbeitnehmer während der Kurzarbeit qualifiziert wird. Bislang plante die Bundesagentur Leistungen für 83.300 Empfänger von konjunkturellem Kurzarbeitergeld im Jahresdurchschnitt ein. Sie rechnet nunmehr mit insgesamt 260.000 Leistungsempfängern. Zur Bewältigung der vielfältigen Aufgaben sollen bei der Bundesagentur 5.000 neue Stellen geschaffen werden.

In einer Gesamtübersicht bleibt festzuhalten, dass nach den Planungen der Bundesagentur die Einnahmen des Haushalts durch die Nachbesserungen auf insgesamt 34,7 Mrd. EUR sinken werden, während die Ausgaben auf 45,6 Mrd. EUR steigen. Das erhebliche Defizit von 10,9 Mrd. EUR muss aus den gebildeten Rücklagen der Bundesagentur ausgeglichen. Ende 2009 wird damit diese Rücklage auf höchstens 5,8 Mrd. EUR zusammengeschmolzen sein.[59]

Krisenbedingt ist auch der US-Arbeitsmarkt in Mitleidenschaft gezogen worden. Die Zahl derer, die zum ersten Mal Anträge auf Leistungen der US-Arbeitslosenversicherung gestellt haben, ist in der 25. KW auf 627.000 gestiegen. Experten rechneten mit einem geringeren Wert. Damit erhielten insgesamt 6,7 Mio. Menschen Arbeitslosenunterstützung.[60]

---

[54] Vgl. OECD (2009), S. 105.
[55] Vgl. Bundesagentur für Arbeit (2009d), S. 57.
[56] Vgl. Gesetzes zur Sicherung von Beschäftigung und Stabilität in Deutschland (2009).
[57] Vgl. § 77 SGB III.
[58] Vgl. Bundesagentur für Arbeit (2009e).
[59] Vgl. Bundesagentur für Arbeit (2009f).
[60] Vgl. U.S. Department of Labor (2009b).

Sven Lauterjung

2.4 Insolvenzgeschehen in Deutschland

Insolvente Unternehmen verursachen innerhalb der Volkswirtschaft erhebliche Schäden. Diese Schäden für das Jahr 2009 werden sich auf etwa 33 Mrd. EUR belaufen. Das sind 4 Mrd. EUR mehr als 2008, wo die Zahl der Insolvenzen in Deutschland bereits zum ersten Mal seit fünf Jahren wieder gestiegen war.[61]

Losgelöst von überregionalen Auswirkungen korrelieren mit der Schließung eines Unternehmens immer regionale Probleme wie steigende Arbeitslosenzahlen, weitere Insolvenzen im Bereich der Zulieferer und ein Rückgang der Gewerbesteuereinnahmen der Städte und Kreise. Je strukturschwächer die Region, desto dramatischer können sich auch einzelne Unternehmensschließungen auf den Sozialen Frieden auswirken.[62]

Die Fortführung einer Unternehmung als Alternative gegenüber der „schöpferischen Zerstörung" liegt auch im volkswirtschaftlich motivierten öffentlichen Interesse. Eine schöpferische Kraft ergibt sich aus der Zerstörung bestehender Strukturen ja nur, wenn das Zerstörte tatsächlich so schlecht war, das es für etwas Neues Platz machen sollte.[63] Muss ein Unternehmen aus dem Markt ausscheiden, weil Zwischenfinanzierungen krisenbedingt nicht gewährt werden, so ist eine negative Wirkung der Krise auf den Sozialen Frieden nicht ausgeschlossen.

In einem Teil der Fälle mag das Unternehmen tatsächlich keinen Platz mehr auf dem Markt haben, wobei allerdings in vielen anderen Fällen die Wettbewerbssituation im Insolvenzfall nur eine nebensächliche Rolle spielt. In eine Krise und damit an den Rand der Zahlungsunfähigkeit können kumulative Forderungsausfälle ein wettbewerbsfähiges Unternehmen viel schneller führen, als es die Mechanismen des Wettbewerbes vermögen. Ein Forderungsausfall von 150.000 EUR verlangt bei einer Umsatzrendite von 3 % schon einen zusätzlichen Umsatz von 5 Mio. EUR, um den Forderungsausfall auszugleichen.[64] Eine globale Wirtschaftskrise ist regelmäßig auch von solchen Effekten betroffen.

---

[61] Vgl. Creditreform (2009).
[62] Vgl. Seidl, A. (2006), S. 11.
[63] Vgl. Schumpeter, J. (2002), S. 409.
[64] Vgl. Bindewald, A. (2004), S. 6.

2.5 Abgrenzung der Folgen in den USA und in Deutschland

Aufgrund der Unterschiede in den Sozialsystemen werden sich auch die Folgen der Krise in den USA und in Deutschland verschieden darstellen und für die Menschen verschiedene Konsequenzen haben.

Ein Bürger der USA hat keinen zeitlich unbegrenzten Anspruch auf staatliche Sozialhilfe. Aufgrund der zeitlichen Befristung kann er in seinem Leben maximal fünf Jahre lang Unterstützung durch Sozialhilfe erwarten. Dadurch stellt die Wirtschaftskrise eine zusätzliche Erhöhung des allgemeinen Lebensrisikos dar. Im Gegensatz dazu spielt die Wirtschaftskrise für deutsche Sozialleistungsbezieher nur eine nebensächliche Rolle. Die Aussage gilt zumindest für Bezieher des Arbeitslosengeldes II, denn Zahlungen hierfür sind zeitlich unbefristet.

Der aktuellen Aussage des ifo-Instituts folgend wird sich die Rezession in den USA im Verlauf des Jahres 2009 fortsetzen. Das Institut erwartet, dass der Konsum der privaten Haushalte rückläufig sein wird. Da sich die Lage am Arbeitsmarkt weiterhin negativ entwickeln wird, greifen auch nicht die getroffenen fiskalpolitischen Maßnahmen in dem gewünschten Umfang, wie etwa die Investitionsprogramme.[65]

Der harte Übergang von der Erwerbstätigkeit in die Sozialhilfe in den USA verschärft die zusätzliche Bedrohung durch die Wirtschaftskrise für die US-Bürger. In Deutschland ist der Weg ins Abseits länger, denn er führt über Kurzarbeitergeld und Arbeitslosengeld I und endet unter Umständen erst nach Jahren im Arbeitslosengeld II.

Die Folgen der Wirtschaftskrise für US-Bürger unterscheiden sich ebenfalls in der Höhe der Sicherung. Die US-Fürsorge beschränkt sich auf eine pure Existenzsicherung ohne Sicherstellung darüberhinausgehender Lebensqualität. Dies bedeutet auch eine Einschränkung verschiedener Rechte der betroffenen Bürger. In der Bundesrepublik hingegen wird ein hohes Niveau gesichert und die Ansprüche an ein selbstbestimmtes Leben bleiben weitgehend unangetastet.

Das soziale Sicherungssystem der USA ist nicht als Vorbild geeignet. Ungeachtet seiner Mängel genügt es aber zur Existenzsicherung und scheint in der Lage zu sein, den Sozialen Frieden in der von Pioniergeist und Optimismus geprägten Atmosphäre der USA zu wahren.

---

[65] Vgl. ifo-Institut (2009), S. 5.

Sven Lauterjung

3 Finanzierungsgrenzen

3.1 Was ist soziale Gerechtigkeit?

Soziale Gerechtigkeit beschreibt einen idealen Zustand der Gesellschaft, indem es u.a. einen neutralen und rechtlich gesicherten Anspruch auf Verteilung der Güter zwischen den Mitgliedern gibt. Dieser ideale Zustand hat zwei dominierende Ausprägungen. Auf der einen Seite eine Verfahrensgerechtigkeit und auf der anderen Seite eine Ergebnisgerechtigkeit.

Die verfahrensbezogene kommutative Gerechtigkeit stellt allein auf gerechte Regeln für den Verfahrensablauf ab und geht davon aus, dass jedes Ergebnis eines solchen Verfahrens auch gerecht ist. Eine quantitative Bewertung der Gerechtigkeit des Ergebnisses findet nicht statt.

Die ergebnisbezogene distributive Gerechtigkeit bezieht sich auf eine Bedarfsgerechtigkeit, dabei ist der Bewertungsmaßstab nicht die Leistung, sondern ein allgemein definiertes Bedürfnis. Die Reduktion auf das Ergebnis bei Vernachlässigung des Zustandekommens geht davon aus, dass nicht alle Akteure in der Lage sind, gleichberechtigt an den Verfahren teilzunehmen.

Die Herstellung einer sozialen Gerechtigkeit basiert regelmäßig auf der Umsetzung distributiver Maßnahmen. Sie wird durch die Zahlung von Sozialleistungen hergestellt. Dafür werden Steuern und Transferleistungen als Instrumente der Einflussnahme genutzt. Der Staat verlangt von den Bürgern mit höheren Einkommen bzw. größeren Vermögen einen höheren Beitrag zur allgemeinen Wohlfahrt, um es sozial Schwächeren zukommen zu lassen.[66] Bis zu diesem Punkt wird noch kein Akteur dieses Sozialstaates eine Gegenrede führen. Es gibt auch keinen Grund dafür, denn Hilfe wird als absoluter Betrag gewährt, das Vermögen des Zahlenden aber relativ belastet.

Vor 50 Jahren war der Vorstandsvorsitzende eines Unternehmens im Schnitt durch sein Einkommen etwa um das Vierzigfache besser gestellt als der durchschnittliche Arbeitnehmer. Aktuell hat sich der Unterschied etwa auf das 300-fache erhöht. Ob dies noch im Verhältnis zu der erbrachten Leistung stehe, fragte unlängst der Bundesfinanzminister Peer Steinbrück (MdB). Weiter fragte er, wie sich dies auf die auswirken würde, die das beobachten könnten.[67]

Losgelöst von einer Bewertung dieser Einkommensschere stellt sich aber die Frage: Was kümmert es denn den Leistungsbezieher, wie viel der Leistungserbringer nach

---

[66] Vgl. Arenhövel, M. (2002), S. 66.
[67] Vgl. Steinbrück, P. (2009).

Steuern und Sozialabgaben noch übrig behält? Hans Werner Sinn bemerkte, dass 42 % der Deutschen Nettotransferleistungsbezieher sind und weitgehend von Transferleistungen leben. Genau diese 42 % könnten ohnehin nicht innerhalb der sozialen Schutzhülle von der Krise getroffen werden.[68]

Dennoch haben die Transferleistungsbezieher mit Blick auf die Einkommensschere ein Ungerechtigkeitsgefühl. Unterschiedliche Leistung ist das eine Kriterium, durch das Gehaltsunterschiede dem Durchschnittsdeutschen folgend gerecht sind. Das zweite Kriterium ist die Bedürftigkeit. Im Gegensatz zur vorherigen Argumentation spielt bei der Bedürftigkeit eine potentielle Leistungsfähigkeit für die Betrachter gar keine Rolle.[69] 600.000 EUR Jahreseinkommen billigt der durchschnittliche Deutsche einem Spitzenverdiener zu. Das Gerechtigkeitsgefühl wird bei keinem anderen Thema so empfindlich berührt wie beim Einkommen. Ein überwiegender Anteil der lohnabhängig Beschäftigten würde eine persönliche Einkommenssteigerung von 5 % ablehnen, wenn damit eine Lohnerhöhung von 10 % für einen Kollegen verbunden wäre, der die gleiche Leistung erbringt.

Die Bereitschaft, auf eigenes Einkommen zu verzichten zugunsten eines subjektiven Gerechtigkeitsgefühls, ist nicht rational zu begründen. Das Irrationale bestätigt sich im Diktatorspiel. In diesem Experiment agieren die Akteure A und B. A erhält 100 EUR und muss davon einen Teil dem Akteur B anbieten. Die Höhe des Angebotes bleibt dabei A überlassen. Ist B allerdings mit seinem Anteil unzufrieden und lehnt ab, so müssen beide auf das Geld verzichten. Rational würde sich B verhalten, wenn er jeden Betrag größer Null annehmen würde. In dem Experiment zeigte sich aber, dass B regelmäßig ablehnte, wenn das Angebot an ihn weniger als 30 EUR betrug. Lehnt B ein Angebot unter 30 EUR ab, so bestraft er A für ein vermeintlich unfaires Verhalten: B lässt A seinen Neid spüren. Die Mehrzahl der Entscheider (A) war bereit, einem nicht näher bestimmten Fairnessgebot zu folgen und deshalb war das häufigste Angebot durch A eine Teilung 63 : 37.[70]

„Neid spüren lassen", könnte also ein Motiv für Unruhen und das Symptom einer Sozialkrise sein.

3.2 Belastbarkeit

Reichen die finanziellen Ressourcen der Sozialkassen nicht aus, um die Neidgefühle zu beruhigen, so muss der Staat die Sozialkassen finanziell stützen. Der Staat finanziert sich aus dem Steueraufkommen, welches von den Unternehmen und dem Teil

---

[68] Vgl. Siems, D. (2009).
[69] Vgl. Schmitt, M. (2009), S. 45.
[70] Vgl. Englerth, M. (2004), S. 72.

der Bevölkerung getragen wird, der ohnehin bereits in die Sozialversicherungen einzahlt. Um den Sozialen Frieden auch auf der Geberseite zu wahren, wird der Mehrbedarf kreditfinanziert. Der momentane Mehrbedarf in der Krise drückt sich im Konjunkturpaket II aus, das gänzlich kreditfinanziert wird.[71]

Sehr wichtig ist in den Augen des Finanzministers, dass das Risiko einer Einschränkung der Handlungsfähigkeit des Staates durch die enormen kreditfinanzierten Unterstützungsmaßnahmen begriffen wird. Der Schuldendienst der öffentlichen Haushalte aus der wachsenden Verschuldung ist nämlich erheblich angestiegen.

Zur Veranschaulichung des Verschuldungsgrades wird die Gesamtverschuldung des Bundes in Relation zum Bruttoinlandsproduktes (BIP) der betrachteten Periode gesetzt. Die Schulden der öffentlichen Haushalte betrugen 2008 rund 65,9 % des Bruttoinlandproduktes (BIP). Bereits in 2009 werden sie nach aktuellen Schätzungen bei 73,4 % liegen. In absoluten Zahlen ausgedrückt, werden am Ende des Jahres 2009 die Gesamtschulden der Bundesrepublik die Höhe von rund 1.655 Mrd. EUR erreicht haben.

Aus der Finanzkrise ergibt sich ein höheres Risiko gegenüber Zinsänderungen an den Geld- und Kreditmärkten. Für den Bundeshaushalt bedeutet das, dass eine Erhöhung der Zinsen um nur einen Prozentpunkt eine Erhöhung der Zinslast allein des Bundes um rund 8,8 Mrd. EUR pro Jahr nach sich zieht. Die aktuelle Zinsbelastung für den Bundeshaushalt beträgt rund 42 Mrd. EUR.[72]

Neben dem üblichen Marktrisiko unterliegt die Höhe der Zinslast in erheblichem Umfang dem Rating der Staaten durch Rating-Agenturen. Deutschland, Frankreich oder die USA sind Triple-A geratet und können so günstiger Kredite bekommen. Ruft man sich die Rolle der Rating-Agenturen auf dem Weg in die Subprime-Krise ins Gedächtnis, so ist das weiterhin unreflektierte Vertrauen in diese Agenturen erstaunlich. Die Macht der Rating-Agenturen scheint ungebrochen. Allein das laute Nachdenken von Standard & Poor's (S&P) und Moody's, Großbritannien das beste Rating zu entziehen, führte zu einer deutlichen Abwertung des Pfund Sterling.[73] Dass unter den weltweiten Maßnahmepaketen gegen die Krise eine Reglementierung der Rating-Agenturen praktisch keine Rolle spielte, muss zu denken geben.

---

[71] Vgl. Bundesministerium der Finanzen (2009).
[72] Vgl. Steinbrück, P. (2009).
[73] Vgl. Baier, T. (2009).

V.2 Sozialkrise - Die Finanzkrise des Sozialsystems

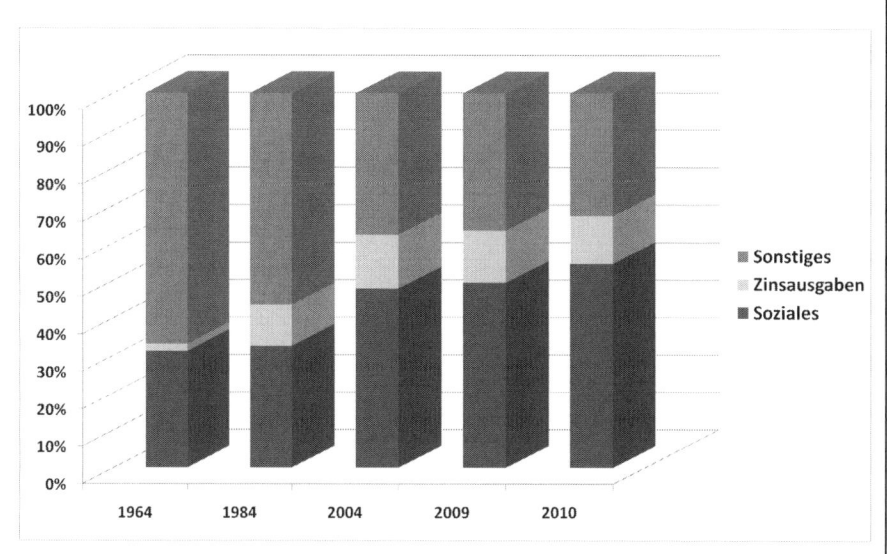

■ Abbildung 1: Verteilung des Bundeshaushaltes[74]

In der obigen Abbildung wird die relative Verteilung des Bundeshaushaltes in die drei Ausgabengruppen: Sozialausgaben, Zinsausgaben und Sonstiges unterteilt. Aus der Grafik wird deutlich, dass bereits die Hälfte des Bundeshaushaltes zur zusätzlichen Finanzierung des sozialen Sektors herangezogen wird. Kreditfinanzierte Sozialausgaben führen zu einer Zinsbelastung, welche den Handlungsspielraum der Bundesregierung einschränkt. Insgesamt belasten Zinsen und Sozialausgaben den Haushalt mit etwa 66 %. Nur ein Drittel des Haushaltes steht tatsächlich zur Verfügung. Hieraus wird deutlich, dass der Staat Ausgaben zur Sicherung des Sozialen Friedens bis an die Belastungsgrenze in Kauf nimmt.[75]

Unterschieden werden kann zwischen expliziter und impliziter Staatsverschuldung. Explizite Verschuldung beschreibt die bereits wirksame Verschuldung, die üblicherweise aus verbrieften Staatsverbindlichkeiten besteht. Daneben existiert eine implizite Verschuldung, die auch „versteckte Verschuldung" genannt wird. Diese ergibt sich dem Umfang der zukünftigen staatlichen Verpflichtungen, wie Renten oder Pensionszahlungen. Die Grafik erfasst aber nur Zinsen für explizite Schulden. Der aktuelle Schuldenstand von ca. 75 % des BIP bezieht sich auch nur auf die explizite Schuld des Bundes. Für einen ganzheitlichen Überblick der künftigen Zins- und Kreditentwicklung der öffentlichen Haushalte muss der implizite Teil der Staatsverschuldung untersucht werden. Für die Bundesrepublik sind zwei Gefahren besonders ausgeprägt:

---

[74] Eigene Darstellung.
[75] Eigene Berechnungen auf Datenbasis des Bundesnachtragshaushaltes 2009 vom 24.06.09.

- Zum einen die Pensionszusagen an Beamte, für die in keiner relevanten Weise Rücklagen gebildet wurden. Vorhandene Reserven, z.B. die Aktien der privatisierten Post, wurden bereits verkauft.

- Zum anderen die umlagefinanzierte Sozialversicherung, welche nicht auf den demografischen Wandel ausgelegt ist.

Der demografische Wandel bedeutet, dass aufgrund der steigenden Lebenserwartung und der rückläufigen Geburtenrate der Anteil der Bevölkerung im erwerbsfähigen Alter zwischen 20 und 64 Jahren sinken wird. Aktuell beträgt der Anteil 60 %. Er wird aber bis 2050 auf weniger als 50 % absinken.[76]

Aus ökonomischer Sicht besteht kein Unterschied dieser Effekte zu einer steigenden Staatsverschuldung. Gleiches gilt für den Verkauf von zukünftigen Forderungen des Bundes über den Kapitalmarkt. Folgenden Generationen vererbt die Regierung damit nicht nur die Schulden, sondern entzieht ihr auch die Einnahmen.[77]

Die implizite Verschuldung des Bundes dürfte sich im Bereich von etwa 350 % des BIP bewegen.[78] Im Sinne des Insolvenzrechts greift hier das Argument der Überschuldung. Der Gesetzgeber unterstellt dabei, dass das Gesamtvermögen des Schuldners nicht genügt, die bestehenden Verbindlichkeiten zu decken.[79] Über den Bund kann allerdings kein Insolvenzverfahren eröffnet werden.[80]

3.3 Wer zahlt nun?

10 % der Bürger haben 2003 [81] jeweils mehr als 65.000 EUR eingenommen und trugen damit etwa 50 % zum gesamten Einkommensteueraufkommen bei. Die wirklichen Top-Verdiener, also das oberste Prozent der Bürger mit den höchsten Einkommen, trug 20 % zum Einkommensteueraufkommen bei. Der Gruppe mit einer relativen Mehrbelastung steht eine Gruppe mit relativ geringer Belastung gegenüber. Etwa 20 % der Bundesbürger gelten als Geringverdiener, welche 0,1 % zum Einkommensteueraufkommen beitragen. Diese Belastungsstruktur verändert sich über den Zeitablauf nur unwesentlich.[82]

---

[76] Vgl. Statistisches Bundesamt, (2009), S. 17, 22.
[77] Vgl. o.V. (2009e).
[78] Vgl. o.V. (2009f).
[79] Vgl. § 19 Abs. II S.1 InsO.
[80] Vgl. § 12 Abs. I Nr.1 InsO.
[81] Die Daten zur Belastungsstruktur der Bevölkerung werden mit mehreren Jahren Verzögerung vom statistischen Bundesamt veröffentlicht.
[82] Vgl. Statistisches Bundesamt (2008).

V.2 Sozialkrise - Die Finanzkrise des Sozialsystems

Für 2004 ist ausgewiesen, dass von den 34 Mio. Steuerpflichtigen in Deutschland 9.688 Einkommensmillionäre mit durchschnittlichen Einkünften von 2,7 Mio. EUR waren. Das macht nur 0,03 % aller Steuerpflichtigen aus. Jeder dieser Einkommensmillionäre zahlte im Schnitt 968.000 EUR Einkommensteuer. Das Drittel der Haushalte mit den geringsten Einkommen bezieht fast 60 % aller Transferzahlungen und zahlt nur 5 % der Einkommensteuern und Sozialabgaben.[83]

Die Korrelation zwischen Steuerleistungen und geleisteten Beiträgen zur Sozialversicherung ist aufgrund der Kopplung von Einkommen und Beitragspflicht sehr ausgeprägt.

Abbildung 2: Einkommensteuerstatistik 2004[84]

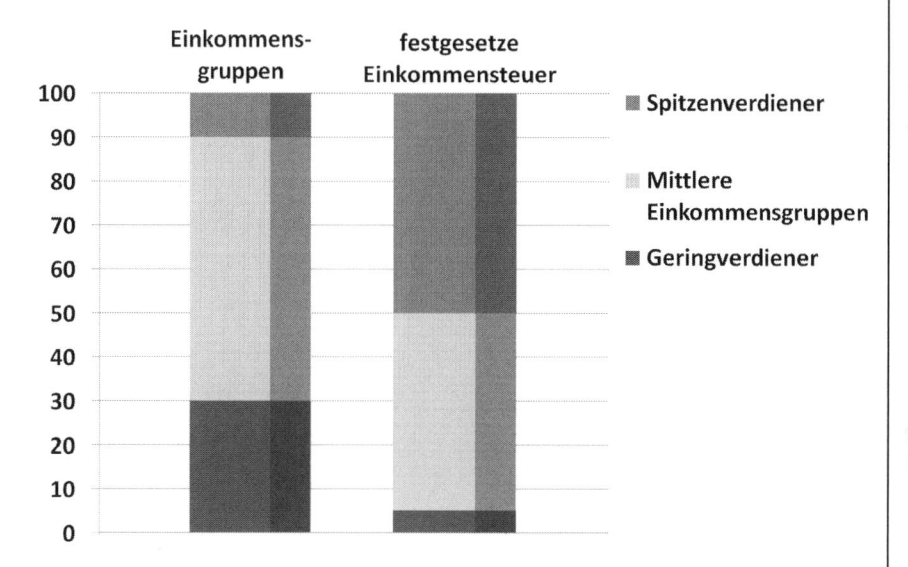

Mit Blick auf die Finanzkrise sind es regelmäßig Besserverdienende, welche von sinkenden Börsenwerten betroffen sind. Die Zahl der Menschen in Deutschland, deren Vermögen mehr als eine Mio. EUR betrug, ging 2008 um 23.000 auf 810 000 zurück. Unter dem Aspekt der Entwicklung des Finanzmarktes ein eher moderater Rückgang. Deutlicher wird es aber, betrachtet man die Entwicklung in anderen Ländern. In den USA ging die Gesamtzahl der Millionäre um 18 % zurück, in Großbritannien um 26 %, in Russland um 28,5 % und in Indien sogar um fast ein Drittel.[85]

---

[83] Vgl. o.V. (2009g).
[84] Eigene Darstellung.
[85] Vgl. Stocker, F. (2009).

Die Hauptlast wird aber nicht von Millionären getragen, sondern von den zukünftigen Generationen. Um das Jahr 2045 wird es ein Viertel weniger Erwerbstätige geben, die neben ihren Steuerleistungen auch Beiträge in die Sozialversicherungen einzahlen. Aufgrund dieser Entwicklung werden die Beiträge zu den Rentenkassen bei mindestens 22 % zu verorten sein. Für die Krankenkasse werden Beiträge um 27 % anfallen. Die Arbeitslosenversicherung wird einen Beitrag im Bereich von 2,5 % verlangen müssen. Unter Berücksichtigung der Zuzahlungen, der 2 % für die Unfallversicherung und Mindestleistungen für die persönliche Vorsorge, addieren sich die Beiträge zur Sozialversicherung auf ungefähr 60 % des Bruttoeinkommens. Fließt noch eine durchschnittliche Steuerbelastung von 30 % in die Rechnung ein, so wird das zu erwartende Scheitern der umlagefinanzierten Sozialversicherung auf dem aktuellen Niveau deutlich.[86]

4 Fazit

„Wir bezahlen Eure Krise nicht!", der Slogan der Protestbewegung wird sich bewahrheiten. Die einkommensschwachen Schichten werden weder die Krise bezahlen, noch wird das Sozialsystem unter den Folgen der Finanzkrise rasch zusammenbrechen. Die Krise wird allerdings auch nicht durch die Millionäre bezahlt werden.

Auch wenn die zusätzlichen Schulden schwindelerregende Höhen erreichen, so sind sie doch im Kontext der Gesamtschuldensituation nur die Spitze des Eisberges. Die soziale Krise, die wie eine Lawine auf uns zurollt, liegt in den strukturellen Fehlern und in der Kurzsichtigkeit der Vergangenheit begründet. Der totale Systemabsturz wird irgendwann in der Zukunft kommen und mit ihm verbunden die Sozialkrise.

Der Soziale Frieden ist dann nicht nur in Deutschland bedroht, sondern auf der ganzen Welt. Für das globale Problem der überschuldeten Staaten gibt es auch nur eine globale Lösung: Inflation.

Die verschuldeten Staaten werden kaum eine andere Alternative haben, als durch eine Phase galoppierender Hyperinflation zu gehen, um ihre Schulden loszuwerden und um aus der Asche ein neues Sozialsystem aufzubauen. Die Schuld für das Desaster wird man vermutlich einer übergeordneten und nicht beeinflussbaren Macht zuweisen.

Wenn ein Zahler dafür benannt werden muss, dann sind es die kommenden Generationen.

---

[86] Vgl. Germis, C. (2007).

Literaturverzeichnis

Arenhövel, M. (2002). *Wege aus dem Tal der Tränen.* In: Croissant, A./Erdmann, G./Rüb, F. (Hrsg.), Wohlfahrtsstaatliche Politiken in jungen Demokratien, S. 65-84, Berlin.

Baier, T. (2009). *Großbritannien zittert um Top-Rating.* In: Financial Times Deutschland vom 24.04.2009.

Beck, H./Wienert, H. (2009). *Anatomie der Weltwirtschaftskrise: Ursachen und Schuldige.* In: Aus Politik und Zeitgeschichte, Heft 20/2009, S. 7-12.

Becker, G. (2008). *Sozialpolitik und soziale Lage in Deutschland.* 4. Aufl., Wiesbaden.

Bindewald, A. (2004). *Unternehmensinsolvenzen in Deutschland und ihre Bedeutung für die volkswirtschaftliche Entwicklung.* In: Bindewald, A./Struck, J. (Hrsg.), Was erfolgreiche Unternehmen ausmacht. Heidelberg.

Blome, A./Keck, W./Alber, J. (2008). *Die vier Wohlfahrtsregime im Vergleich.* Heidelberg.

Bundesagentur für Arbeit (2008a). *Bundesagentur für Arbeit legt Finanzbericht über das vierte Quartal und das Jahr 2008 vor,* Presse Info 006 vom 28.01.2009. Abgerufen am 02. 06.09 von http://www.arbeitsagentur.de/nn_27008/zentraler-Content/Pressemeldungen /2009/Presse-09-006.html

Bundesagentur für Arbeit (2008b). *Erneute Senkung des Beitragssatzes zeigt Vertrauen in die BA, Presse Info 060 vom 06.10.2008.* Abgerufen am 02.06.2009 von http://www.arbeitsagentur.de/nn_27008/zentraler-Content/Pressemeldungen /2008/ Presse-08-060.html

Bundesagentur für Arbeit (2009c). *Verwaltungsrat der BA stellt Nachtragshaushalt für 2009 fest,* Presse Info 014 vom 13.02.2009. Abgerufen am 18.06.2009 von arbeitsagentur.de: http://www.arbeitsagentur.de/nn_27008/zentraler-Content/Pressemeldungen/ 2009/ Presse-09-014.html

Bundesagentur für Arbeit (2009d). *Der Arbeits- und Ausbildungsmarkt in Deutschland.* Abgerufen am 18.06.2009 von http://www.pub.arbeitsamt.de/hst/services /statistik /000000/html/start/monat/aktuell.pdf

Bundesagentur für Arbeit (2009e). *Arbeitgeberinformationen - Förderung der beruflichen Weiterbildung Beschäftigter.* Abgerufen am 13.06.2009 von http://www.arbeitsagentur.de /nn_27584/zentraler-Content/A05-Berufl-Qualifizierung/A053-Rehabilitanden/ Allgemein/Arbeitgeberinformationen-Foerderung-der-.html

Bundesagentur für Arbeit (2009f). *Verwaltungsrat der BA stellt Nachtragshaushalt für 2009 fest,* Presse Info 014 vom 13.02.2009. Abgerufen am 20.06.2009 von http://www.arbeitsagentur.de/nn_27008/zentraler-Content/Pressemeldungen/2009/Presse-09-014.html

Bundesministerium der Finanzen (2009). *Stellschrauben des Konjunkturpakets 2.* Abgerufen am 16.06.2009 von http://www.bundesfinanzministerium.de /DE/ Buergerinnen__und__Buerger/Gesellschaft__und__Zukunft/themenschwerpunkt__konjunkturpakete/Stellschrauben-des-Konjunkturpakets-2/075__in__Bewegung__halten.html

Bundesministerium für Gesundheit (2009). *Gesundheitsfond.* Abgerufen am 12.05.2009 von http://www.bmg.bund.de/cln_117/nn_1168248/SharedDocs/Standardartikel/DE/ AZ/G/Glossarbegriff-Gesundheitsfonds.html

Camasso, M. (2007). *Family Caps, Abortion and Women of Color: Research Connection and Political Rejection.* Oxford.

Creditreform (2009). *Insolvenzen, Neugründungen und Löschungen, 1. Halbjahr 2009.* Abgerufen am 12.06.2009 von http://www.creditreform.de/Deutsch/Creditreform/Aktuelles/Creditreform_News_dyn/Creditreform_News/2009-06-25_Presseinformation _Insolvenzen.jsp

Deutsche Rentenversicherung (2009a). *Rentenversicherung.* Abgerufen am 10.06.2009 von http://www.deutsche-rentenversicherung.de/nn_15834/Shared Docs/de/Navigation/Deutsche__RV/werte__rv__node.html__nnn=true#doc15836bodyText5

Deutsche Rentenversicherung (2009b). *Versicherungsfremde Leistungen.* Abgerufen am 08.06.2009 von http://www.deutsche-rentenversicherung.de/nn_7112/SharedDocs/de/Inhalt/Servicebereich2/Thema_20des_20Monats_20Archiv/2006/juli06__was_20sind__versfremde__leistungen.html

DGUV Deutsche Gesetzliche Unfallversicherung (2009). *Beitragssatz zur gesetzlichen Unfallversicherung erneut gesunken.* Abgerufen am 15.06.2009 von http://www.dguv.de/inhalt/presse/2009/Q2/jahreszahlen2008/index.jsp

Doenges, J. (2005). *Tragfähige Pflegeversicherung.* Köln.

DSVAE (2009a). *Finanzierung.* Abgerufen am 12.06.2009 von http://www.deutsche-sozialversicherung.de/de/rentenversicherung/finanzierung.html

DSVAE (2009b). *deutsche-sozialversicherung.de.* Abgerufen am 13.06.2009 von http://www.deutsche-sozialversicherung.de/de/arbeitslosenversicherung/leistungen.html

Ehrlich, P./Dunke, M. (2009). *Managerschelte lenkt ab,* Interview mit Gesine Schwan. Financial Times Deutschland, S. 2.

Eichenhofer, E. (2007). *Geschichte des Sozialstaats in Europa.* München.

Esping-Andersen, G. (1990). *The Three Worlds of Welfare Capitalism.* Cambridge.

Germis, C. (2007). *Die Pflege wird viel, viel teurer.* In: Frankfurter Allgemeine Sonntagszeitung vom 29.07.2007.

Gesetz zur Sicherung von Beschäftigung und Stabilität in Deutschland vom 2. März 2009, verkündet durch BGBl. I Bundesgesetzblatt Teil I, S. 416.

GKV-Wettbewerbsstärkungsgesetz – GKV-WSG (2007). Änderungen des SGB V durch das Gesetz zur Stärkung des Wettbewerbs in der gesetzlichen Krankenversicherung vom 26.03.2007.

GPO - United States Government (2009). *Detailed Functional Tables Fiscal Year 2009.* Abgerufen am 22.06.2009 von gpoaccess.gov: http://www.gpoaccess. gov/usbudget/fy09/sheets/25_13.xls

Hartz, P./Bensel, N./Luft, K./Gasse, P. (2002). *Moderne Dienstleistungen am Arbeitsmarkt, Vorschläge der Kommission zum Abbau der Arbeitslosigkeit und zur Umstrukturierung der Bundesanstalt für Arbeit.* Berlin.

Ifo-Institut (2009). *ifo Konjunkturprognose 2009/2010.* Abgerufen am 25.06.2009 von http://www.cesifo-group.de/portal/page/portal/ifoContent/N/data/forecasts/forecasts_container/kprogifo 20090623/kprog20090623-Kurzfassung.pdf .

InsO-Insolvenzordnung (2008). Vom 5. Oktober 1994 (BGBl. I S. 2866), zuletzt geändert durch Artikel 9 des Gesetzes vom 23. Oktober 2008 (BGBl. I S. 2026).

Keller, U. (2007). *Vergütung und Kosten im Insolvenzverfahren.* 2. Aufl., Köln.

Leuchtenburg, W. (2009). *Franklin D. Roosevelt and the New Deal: 1932-1940.* London.

Maus, K.-H. (2007). *Im Vorfeld der Insolvenz.* 2. Aufl., München.

Müller-Armack, A. (1952). *Stil und Ordnung der sozialen Marktwirtschaft.* In: Goldschmidt, N./Wohlgemuth, M. (Hrsg.), *Grundtexte zur Freiburger Tradition der Ordnungsökonomik, 2008* (S. 451-469). Tübingen.

Neumann, L. F./Schaper, K. (2008). *Die Sozialordnung der Bundesrepublik Deutschland.* Frankfurt am Main.

o.V. (2008). *Besserverdienende tragen die größte Steuerlast.* Abgerufen am 18.06.2009 von tagesschau.de: http://www.tagesschau.de/wirtschaft/steuern100.html

o.V. (2009a). *DGB droht Unternehmen mit sozialen Unruhen.* Abgerufen am 04.07.2009 von handelsblatt.com: http://www.handelsblatt.com/politik/deutschland/dgb-droht-unternehmen-mit-sozialen-unruhen;2248405 o.V. (2009b). *Lafontaine will Generalstreiks gegen die Regierung*. Abgerufen am 24.04.2009 von http://www.welt.de/politik/article3613858/Lafontaine-will-Generalstreiks-gegen-die-Regierung.html

o.V. (2009c). *Hartz IV kostet Hunderte Millionen Euro mehr*. Abgerufen am 28.05.2009 von welt.de: http://www.welt.de/politik/article2753070/Hartz-IV-kostet-Hunderte-Millionen-Euro-mehr.html

o.V. (2009d). *sozialleistungen.info*. Abgerufen am 07.06.2009 von http://www.sozialleistungen.info/con/hartz-iv-4-alg-ii-2/was-ist-hartz-iv.html

o.V. (2004e). *Wie der Verkauf von Forderungen funktioniert*. Abgerufen am 08.06.2009 von http://www.handelsblatt.com/politik/deutschland/wie-der-verkauf-von-forderungen-funktioniert;814448

o.V. (2004f). *Zur Tragfähigkeit der öffentlichen Finanzen*. Abgerufen am 15.06.2009 von http://www.bankenverband.de/print.asp?artid=1225&channel=12121010

OECD (2009). *Wirtschaftsausblick Nr. 85 - Juni 2009*. Abgerufen am 25.06.2009 von http://oberon.sourceoecd.org/upload/1209025etemp.pdf

Rürup, B./Bofinger, P./Franz, W./Wiegard, W./Weder di Mauro, B. (2007). *Jahresgutachten 2007/08 - Das Erreichte nicht verspielen*. Berlin.

RWI Essen (2009). *Wirtschaftsprognose 2009/10*. Abgerufen am 25.06.2009 von http://www.rwi-essen.de/pls/portal30/PORTAL30.wwv_media.show _newwindow ?p_id=151780&p_currcornerid=151775&p_settingssetid=1&p_settingssiteid=75&p_title =item88420&p_siteid=75&p_type=text&p_textid=151782

Sachverständigenrat der Bundesregierung (2008). *Jahresgutachten 2008/09 des Sachverständigenrates zur Begutachtung der gesamtwirtschaftlichen Entwicklung*. Abgerufen am 18.06.2009 von http://dip21.bundestag.de/dip21/btd/16/109/1610985.pdf

Schmalenbach, E. (2005). *Finanzierungen*, 3. Aufl., Leipzig 1932, zitiert von: Zirener, Jörg (2005). *Sanierung in der Insolvenz*, Wiesbaden.

Schmitt, M. (2009). *Die ewige Suche nach Gerechtigkeit*. In: Beise, M./Schäfer, U. (Hrsg.), *Kapitalismus in der Krise* (S. 44-48). München.

Schumpeter, J. (2002). *Theorie der wirtschaftlichen Entwicklung*. The American Journal of economics and sociology, Jahrgang 61, Nr. 2, S. 405-437.

Schwan, G. (2009). *Ich rechne nicht mit brennenden Barrikaden*. Abgerufen am 22.06.2009 von http://www.gesine-schwan.de/positionen/interviews/focus-online-24042009/

Seidl, A./Voß, T. (2006). *Die zweite Chance - So retten sie ihr Unternehmen mit dem Insolvenzplanverfahren*. Frankfurt a. Main.

SGB II - Zweites Buch Sozialgesetzbuch - Grundsicherung für Arbeitsuchende - (Artikel 1 des Gesetzes vom 24. Dezember 2003, BGBl. I S. 2954), zuletzt geändert durch Artikel 8 u. Artikel 9 des Gesetzes vom 2. März 2009 (BGBl. I S. 416).

SGB III - Drittes Buch Sozialgesetzbuch - Arbeitsförderung - (Artikel 1 des Gesetzes vom 24. März 1997, BGBl. I S. 594), zuletzt geändert durch Artikel 3 des Gesetzes vom 28. März 2009 (BGBl. I S. 634).

SGB V - Fünftes Buch Sozialgesetzbuch - Gesetzliche Krankenversicherung - (Artikel 1 des Gesetzes vom 20. Dezember 1988, BGBl. I S. 2477), zuletzt geändert durch Artikel 3 des Gesetzes vom 17. März 2009 (BGBl. I S. 534).

SGB VI - Sechstes Buch Sozialgesetzbuch - Gesetzliche Rentenversicherung - (Artikel 1 des Gesetzes vom 18. Dezember 1989, BGBl. I S. 2261, 1990 I S. 1337) in der Fassung der Bekanntmachung vom 19. Februar 2002 (BGBl. I S. 754, 1404, 3384), zuletzt geändert durch Artikel 4 des Gesetzes vom 3. April 2009 (BGBl. I S. 700).

SGB VII - Siebtes Buch Sozialgesetzbuch - Gesetzliche Unfallversicherung - (Artikel 1 des Gesetzes vom 7. August 1996, BGBl. I S. 1254), zuletzt geändert durch Artikel 15 Abs. 98 des Gesetzes vom 5. Februar 2009 (BGBl. I S. 160).

SGB XI - Elftes Buch Sozialgesetzbuch - Soziale Pflegeversicherung - (Artikel 1 des Gesetzes vom 26. Mai 1994, BGBl. I S. 1014), zuletzt geändert durch Artikel 2a des Gesetzes vom 15. Dezember 2008 (BGBl. I S. 2426).

Siems, D. (2009). *"Deutschland ist die Insel der Seligen".* Abgerufen am 17.06.2009 von http://www.welt.de/wirtschaft/article3756993/Deutschland-ist-die-Insel-der-Seligen.html

Statistisches Bundesamt (2006). *Bevölkerung Deutschlands bis 2050,* Wiesbaden.

Statistisches Bundesamt (2008). *Lohn- und Einkommensteuer.* Abgerufen am 21.06.2009 von destatis.de: http://www.destatis.de/jetspeed/portal/cms/Sites/destatis/Internet/DE/Navigation/Statistiken/FinanzenSteuern/Steuern/LohnEinkommensteuer/SteuernEinkommen.psml

Steinbrück, P. (2009). Rede von Bundesminister Peer Steinbrück „*Die Krise als Zäsur"* bei der Karl-Schiller-Stiftung. Abgerufen am 19.06.2009 von http://www.bundesfinanzministerium.de/nn_54098/DE/Presse/Reden_20und_20Interviews/210409__Schiller__Stiftung.html

Stocker, F. (2009). *Deutsche Millionäre kommen glimpflich durch die Krise.* Abgerufen am 23.06.2009 von http://www.welt.de/die-welt/article3993553/Deutsche-Millionaere-kommen-glimpflich-durch-die-Krise.html

U.S. Department of Labor (2009a). *Summary of the Major Laws of the Department of Labor.* Abgerufen am 14.06.202009 von dol.gov: http://www.dol.gov/opa/aboutdol/lawsprog.htm

U.S. Department of Labor (2009b). *Unemployment Insurance Weekly Claims Report, June 25, 2009.* Abgerufen am 26.06.2009 von dol.gov: http://www.dol.gov/opa/media/press/eta/ui/current.htm

Ullrich, C. (2005). *Soziologie des Wohlfahrtsstaates.* Frankfurt am Main.

U.S. Department of Health and Human Services (2009). *Temporrary Assistance for needy Families Programm.* Washington, D.C.

Zirener, J. (2005). *Sanierung in der Insolvenz.* Wiesbaden.

Rainer Elschen

V.3 Krisen im System oder Krise des Systems

1 Kann uns eine versagende Wissenschaft etwas sagen?	338
1.1 Deutsche Volkswirte im Konflikt	338
1.2 Rückbesinnung auf alte Ideen zur Marktwirtschaft	339
2 Systemversagen oder Regulierungsversagen?	341
2.1 Zinspolitik als Initialzündung zur Krise	341
2.2 Regulierungs- oder Marktversagen in der Subprime-Phase	342
2.3 Die Fortpflanzung der Krise über Verbriefung und Rating	344
2.4 Marktversagen durch Herdenverhalten	345
2.5 Beschränkte Haftung als Strukturfehler in der Marktwirtschaft	346
2.6 Noch mehr Regulierung nach Regulierungsversagen	348
3 Verschärfte Regulierung oder Systemwechsel als Alternativen?	349
3.1 Regulierung und die Kompetenz der Regulierer	349
3.2 Verzerrung von Marktinformationen durch Herdenverhalten	349
3.3 Marktversagen nach gezielter Obstruktion	351
3.4 Versagen des Informationssystems einer Zentralplanwirtschaft	352
3.5 Fundamentalinformationen für die Ressourcenlenkung	353
3.6 Regulierungsversagen, Strukturfehler und Marktversagen	355
3.7 Drei Ansatzpunkte gegen die Krisen	355
4 Berufungskartelle, Dogmatismus und Herdenverhalten	358
4.1 A-Journals und verfehltes „Wissenschafts-Rating"	358
4.2 Grundlagenwissen und Wissensintegration	359
5 Ergebnis	360
Literaturverzeichnis	361

V.3 Krisen im System oder Krise des Systems

"Rettet die Wirtschaftspolitik an den Universitäten!"

Diesen Aufruf unterschrieben 83 deutsche Professoren im Mai 2009[1]:

"Das Versagen der Ökonomen angesichts ihrer Jahrhundertaufgabe einer rechtzeitigen, lautstarken Krisenwarnung" hat *"die Ökonomen in eine Sinnkrise gestürzt"*[2].

Das soll *"Anlass sein, aus der Formelwelt in die reale Welt zurückzukehren und sich wieder stärker den Grundsatzfragen zu stellen"*[3].

Die finden die 83 Forscher in der traditionellen Ordnungspolitik: in Eigentumsrechten, Vertragsfreiheit, Wettbewerb und Betonung privater Haftung.

Diese Krise der Wissenschaft wurde offenbar ausgelöst durch das, was in den USA als nationale Krise zweitrangiger privater Hauskredite begann, als „Subprime-Krise". Diese ist über Verbriefungen und deren Export zur supranationalen Finanzkrise geworden. Sie beschränkte sich spätestens seit der Insolvenz von Lehman Brothers (Beitrag III.4) nicht mehr auf den Verlust des Vertrauens in Verbriefungen amerikanischer Banken oder das Urteil der Rating-Agenturen. Sie hat zum allgemeinen Vertrauensverlust in Interbankgeschäfte und zur Austrocknung des Finanzmarktes geführt. Entsprechend gewachsen sind die Spreads. Das erklärt die positiven Zahlen, die Banken, die 2008 noch arg gebeutelt schienen, im ersten Quartal 2009 veröffentlichten. Bei geschrumpften Umsätzen erzielen sie nun erhöhte Margen, die sie mit (erst jetzt?) gestiegenen Risiken begründen.

Über die Finanzkrise hinaus ist längst die Realwirtschaft betroffen, selbst in solchen Ländern, die nicht in die Finanzkrise verwickelt waren (Japan oder die Emirate). Es ist kaum mehr eine Frage der Zeit, dass die weltweite Wirtschaftskrise in eine Sozialkrise umschlägt (Beitrag V.2). Die Zahl der Arbeitslosen steigt, Krankenkassen und Rentensysteme kommen unter Druck, Steuereinnahmen schrumpfen, Lebensversicherungen können ihre Renditezusagen nicht einhalten.

Aufrufe zu sozialen Unruhen zeigen: Der Sozialkrise könnte eine politische Krise folgen. Forderungen nach mehr Regulierung und mehr Staat offenbaren Kritik am „Marktradikalismus", an der „neoliberalen Ideologie" und Zweifel am „Kapitalistischen Wirtschaftssystem". Die Globalisierung scheint gebremst. Manche betrachten sogar das marktwirtschaftliche System als gescheitert.

Die Krisen im System könnten zur Krise des Systems werden, wenn wir sie politisch dazu machen oder denen folgen, die das tun. Doch haben diese Leute recht? Kann eine versagende Wirtschaftswissenschaft überhaupt etwas dazu sagen? Haben wir es mit Marktversagen und mit Systemversagen zu tun oder liegen die Wurzeln der Krise im Staats- oder Regulierungsversagen? Welche System-Alternativen haben wir und wo-

---

[1] o.V. (2009a), S. 12.
[2] Nienhaus, L./Siedenbiel, C. (2009).
[3] Plickert, P. (2009). Dort auch das Folgende.

hin werden die uns führen? Welche Maßnahmen im System sind erforderlich, um uns aus der Krise zu führen und vergleichbare Krisen künftig zu verhindern? Wohin muss sich die Wirtschaftstheorie entwickeln, damit sich ihr Debakel nicht wiederholt? Dieser Beitrag behandelt diese Fragen der Reihe nach.

1 Kann uns eine versagende Wissenschaft etwas sagen?

1.1 Deutsche Volkswirte im Konflikt

Immer wieder taucht der Name eines Wissenschaftlers auf, der bei der Vorhersage der Krise nicht versagt hat: Nouriel Roubini. Er wird ein wenig makaber als „Prophet des Untergangs" „gefeiert"[4]. Und der Name von Robert Shiller. Der hat „basierend auf ökonomischen Bewertungsmodellen ... schon sehr früh auf Übertreibungen an den amerikanischen Immobilienwerten hingewiesen"[5]. – Die Frage ist nur: Warum wurden beide *vor* der Krise kaum beachtet? Reicht Shillers Erklärung mit „Herdetrieb in seiner eigenen Wissenschaft und einem unheilvollen Hang zum Dogmatismus"[6] aus, um das zu begründen?

In Deutschland stehen sich derzeit sogar zwei „Herden" mit „Dogmatismen" gegenüber: „Altdeutsche" und „Neuamerikaner". Ziel der „Neuamerikaner" ist ihre Anerkennung in internationalen Zeitschriften, die überwiegend amerikanisch sind und sich dem Votum amerikanischer Wissenschaftler beugen. Deren Kriterien befolgen sie: Sie sind methodenbetont und quantitativ.

Deutsche Nachwuchswissenschaftler sind „Neuamerikaner". Denn die Besetzung der Lehrstühle wird heute auch hierzulande durch die Aufnahme in amerikanische Journals entschieden. Die amerikanischen A-Journals sind die „Rating-Agenturen" der deutschsprachigen Wissenschaft. Für die eigene Karriere ersetzt der hiesige Nach-

---

[4] Piper, N. (2009).
[5] Gehrig, T. (2009). Es werden weitere Namen genannt. Vgl. etwa Zydra, M. (2009), bei dem es typischerweise Außenseiter wie Hülsmann und Thielemann sind, die es (schon immer?) gewusst haben.
[6] Zitiert nach Nienhaus, L./Siedenbiedel, C. (2009).

wuchs daher „deutsche Ordnungspolitik" und „philosophische Wirtschaftspolitik" durch das Zahlenspiel der dort vorherrschenden Ökonometrie[7].

Den einzigen Grund für die Beibehaltung der Wirtschaftspolitik sieht dieser Nachwuchs in der „Traditionspflege". Ursache für den Protest der 83 sei die „Frustration einer scheidenden Generation von Professoren"[8], als müsse man für die schöne neue Welt des wissenschaftlichen Fortschritts nur auf deren Wegsterben warten. Forschungspapiere der „Altdeutschen" hätten nämlich allenfalls „journalistische Qualität": „Nur ein journalistischer Kommentar, so wertvoll er auch sein mag, ist keine Wissenschaft."[9] „Eucken, Müller-Armack und deren Gedankengut" seien vielleicht interessant „für das durchaus ernstzunehmende Fach der Wissenschaftsgeschichte". Das aber bringe „keine frische Forschung zu den zentralen Themen."[10]

Was „wissenschaftlich" ist, was „zentrale Themen" sind, bestimmt sich für die „Neuamerikaner" allein aus den Standards amerikanischer A-Journals. Diese wollen stets methodisch und quantitativ sauber abgeleitete „frische" Ergebnisse: Neues! –

Doch im Streben nach Originalität werden deren Forschungsstränge kürzer, Themenwechsel abrupter, „älteres" Schrifttum immer weniger zur Kenntnis genommen. Die Maxime „der Zwerge auf den Schultern von Riesen"[11] gilt dort nicht mehr.

1.2 Rückbesinnung auf alte Ideen zur Marktwirtschaft

Im Bau von abgehobenen Wolkenkuckucksheimen verliert die Wissenschaft die Bodenhaftung. Wenn mit Modetechniken immer neue Versatzstücke von Einzelwissen hinzugetupft werden, gehen der Bezug zu Grundfragen und der Blick auf das Ganze verloren. Daher ist auch das, was bei „Neuamerikanern" ein „zentrales Thema" ist, selten identisch mit dem, was „Altdeutsche" für eine Grundfrage halten.

Deren Kritik an „Neuamerikanern" ist: Dort bestimme „das Werkzeug zunehmend, welchen Fragen man sich zuwendet."[12] Wissenschaftlichkeit werde allein „an den ... zur Anwendung kommenden mathematischen und statistischen Fertigkeiten"[13] gemessen. „Bedeutungsökonomie" und wirtschaftspolitische Philosophie seien überwuchert von tausenden bedeutungsloser statistischer und ökonometrischer Studien zu

---

[7] Vgl. Schmidt, C. M./aus dem Moore, N. (2009).
[8] Vgl. Schmidt, C. M./aus dem Moore, N. (2009).
[9] Bachmann, R./Uhlig, H. (2009).
[10] Bachmann, R./Uhlig, H. (2009).
[11] Salisbury, J. v. (1159), Johannes von Salisbury zitiert hier Bernhard von Chartres (1120).
[12] Vanberg, V. (2009).
[13] Vanberg, V. (2009).

isolierten Einzelfragen, die sich in kein Gesamtgefüge einordnen, die „ungewichtet" und daher beliebig im Wert sind. Es fehle die wissenschaftsstrategische Perspektive, die es gestatte, wichtige von unwichtigen Fragen zu trennen.

Bei den kleinen neuen Wahrheiten, die laufend dem Wissen zugefügt werden, verblasst aus dieser Sicht die Erinnerung an die großen alten Wahrheiten:

„The economic difficulties of today ... do demand an open-minded understanding of older ideas about the reach and the limits of the market economy."[14] Sen ruft damit faktisch die Renaissance der Ordnungspolitik der „Altdeutschen" herbei, obwohl er sie in typisch anglozentrischer Weltsicht nicht beim Namen nennt. *Dass Sen nicht auf aktuelle Forschung zurückgreifen kann, sondern für dieses akute Problem nach alten Lösungen suchen muss, ist das absurde Ergebnis der heutigen Forschungssituation.*

In den (A-)Journals der „Neuamerikaner" ist nämlich fast nichts über die Ursachen der Krise(n) zu erfahren, noch weniger über die Bewältigung und Vermeidung künftiger Krisen. Allem Wettern gegen „journalistische" Ordnungspolitiker zum Trotz behandeln selbst die Stars der „Neuamerikaner" diese Fragen „journalistisch", schon weil sie nicht in ihr Paradigma passen. „The Big Debate" über „The Future of Capitalism" wird mit einer Reihe von Nobelpreisträgern in der Financial Times, nicht in den A-Journals geführt[15]. Dort ist „business as usual". In der Financial Times aber wühlen sie in der angelsächsischen Geschichte, bei Adam Smith und Keynes, freilich auch bei Karl Marx, Schumpeter und von Hayek. Überlegungen der Freiburger Schule (Eucken) spielen dagegen keine Rolle, auch wenn von Hayek dieser nahe steht.

Für diese Schule war es von jeher wertvoller, wichtige Fragen zu stellen als unwichtige zu beantworten. Und wer wichtige Fragen ungefähr richtig beantworten kann, der sollte sich wenig aus dem Tadel derjenigen machen, die unwichtige Fragen genau falsch beantworten. Machte man nämlich die Vorstellung der „Neuamerikaner" von Wissenschaftlichkeit zum Maßstab von Antworten auf die Krise, müsste man Jahre darauf warten und erhielte auch dann nur ein brüchiges Mosaik. Es bleibt also vorerst nur der Weg der „Schwafelökonomie", sogar den „Neuamerikanern" selbst.

---

[14] Sen, A. (2009), S. 12.
[15] „The Future of Capitalism. The Big Debate". In: Financial Times vom 12. Mai 2009.

2 Systemversagen oder Regulierungsversagen?

2.1 Zinspolitik als Initialzündung zur Krise

Für Kapitalismuskritiker liegt es auf der Hand: Die gegenwärtige Krise zeigt, dass das Marktsystem versagt. Das deregulierte, (zu) freie Spiel der Kräfte hat uns in diese Krise geführt. Wir werden nur aus ihr herauskommen, wenn wir künftig staatlicher Regulierung und staatlichen Eingriffen stärker vertrauen. Solche Eingriffe machen dann selbst vor Verstaatlichungen und staatlicher Wirtschaftslenkung nicht halt.

Doch es gibt einen Unterschied zur Krise von 1930. Damals erschien ein bis dato „unbeflecktes" sozialistisches System als Alternative. Heute ist dieses so diskreditiert, dass es für die meisten kein „Ausweg" mehr ist[16]. Daher hat die Krise den Linksparteien auch nicht zu Wahlerfolgen verholfen. Sie hat zur Überraschung vieler sogar Parteien gestützt, welche die Marktwirtschaft weiterhin strikt bejahen[17].

Verfechter der (sozialen) Marktwirtschaft sehen Krisenursachen eher in verfehlten als in fehlenden Regulierungen. Oder in subjektiven Fehlern von Managern[18]. Unstrittig ist aber auch für sie: Die Marktwirtschaft braucht einen staatlichen Handlungsrahmen. Dieser bestimmt jedoch nicht wie in der Zentralverwaltungswirtschaft die Ergebnisse, sondern die Spielregeln für das ansonsten freie und freiwillige Handeln der Marktteilnehmer. Der Staat verzichtet auf eine „Vergesellschaftung der Produktionsmittel" und auf eine Fixierung von Preisen und Mengen.

Doch Ausnahmen gibt es allenthalben: Bei Mindestlöhnen und Wucherzinsen greift der Staat begrenzend nach unten bzw. oben ein, bei Zinsvorgaben der Zentralbank und Geldmengensteuerung richtungsweisend. Unternehmungen, die „too big to fail" sind, unterstützt und übernimmt der Staat, wie im Fall der Münchner Hypo Real Estate. Hier ist jedoch die „Systemkonformität" besonders fraglich.

Die Krise, die am Ende sogar einen enteignenden Eingriff „notwendig" gemacht haben soll, begann mit der Zinspolitik der amerikanischen Notenbank Fed. Mit der wollte sie

---

[16] Vgl. dazu Wolf, M. (2009), S. 9.
[17] Vgl. zuletzt die Wahlergebnisse der Europawahl 2009 in der Bundesrepublik Deutschland.
[18] Vgl. dazu Barber, L. (2009), Editorial zu „The Future of Capitalism" (Fn. 15), wo er rhetorisch die Frage stellt: „Are we dealing with a crisis of capitalism or a crisis caused by capitalists?" Sorrell, M. (2009) jedenfalls habe "little doubt that a few misguided capitalists are to blame".

Rainer Elschen

die Folgen des Schocks vom 11. September 2001 für die Wirtschaft bekämpfen. Diese Zinspolitik war notwendige Bedingung. Ohne sie hätte es die Krise nicht gegeben (Beitrag I.1). Doch sie reicht nicht hin, die Krise in Umfang und Ausmaß zu erklären.

2.2 Regulierungs- oder Marktversagen in der Subprime-Phase

Zeugt nun die Reaktion des Marktes auf diese Notenbankpolitik von „Marktversagen"? Oder liegen die Wurzeln der Krise im neoliberalen Denken und den Deregulierungskampagnen, in Reaganomics und Thatcherism[19]?

Haben Deregulierungen oder vermiedene Regulierungen zur Entstehung oder Verstärkung der Krise beigetragen? – Zur Entstehung dieser Krise sicher nicht. Dazu fehlt das „auslösende Moment", wie es der Zinserhöhung eigen ist; zur Verstärkung allenfalls, wo Regulierungen unterblieben, etwa bei Derivaten und Verbriefungen.

Aber sind fehlende oder falsche Regulierungen Folge von Reagonomics oder Thatcherism? Welche Politiker, denen man eine solche Regulierung überantworten müsste, haben überhaupt das Vergiftungspotential von Derivaten als „finanzielle Massenvernichtungswaffen"[20] erkannt? Nur insoweit hätte ein Grund zur Regulierung bestehen können. Selbst wenn die neoliberale Einstellung bei der Nicht- oder Falschregulierung mitwirkte: „Regulierungsversagen" wäre dann Ursache oder Verstärker der Krise, nicht „Marktversagen".

Wer sich zum „Marktversagen" bekennt, der bemängelt, der Markt habe die „richtigen" Signale der amerikanischen Notenbank Fed „falsch" verarbeitet. Es gibt freilich sogar Spott über die versagenden „Selbstheilungskräfte des Marktes", den eigentlichen Kern" der „neoliberalen Ideologie".

Doch ist es wirklich Kern dieser „Ideologie", dass der Markt jeden beliebigen Belastungstest durch verfehlte Interventionen in beliebig kurzer Zeit übersteht? Kann man dem Markt sogar das Genick brechen und sich dann über seine fehlenden Selbstheilungskräfte beschweren? Man kann! Manche tun das auch und kritisieren dann das System, nicht die Regulierer.

Wer dem Staat die Schuld zuweist, beklagt die mangelnde Antizipation der Wirkungen von Zinssenkung und anschließender Zinserhöhung durch die Fed selbst und

---

[19] Vgl. dazu Wolf, M. (2009), S. 6. Akzentuierter Barber, L. (2009), S. 3.
[20] Für Warren Buffet sind Derivate "financial weapons of mass destruction"; siehe Wolf, M. (2009), S. 8. Differenzierter Simon, H. (2009). Massiver Felix Rohatyn, in Hansell/Mühring (1992).

damit die Entscheidungsverantwortung der Notenbank. Für Letzteres sprechen Aussagen von Greenspan und Bernanke (Beitrag I.2). Doch die Geschichte geht ja weiter:

Das aggressive Marketing der Banken hat für den Absatz von Krediten selbst dort gesorgt, wo Risiken und ein Scheitern des Schuldendienstes offensichtlich waren. Was war dafür verantwortlich? War es eher die politische Housing-Campagne amerikanischer Präsidenten, die günstigen Zinsbedingungen oder die fehlende Selbstregulierungskraft des Marktes?

An der staatlichen Stützung und der starken Regulierung der Banken sehen wir, dass den Banken politisch eine systemische, halbstaatliche Funktion zugeordnet wird. Passt dazu aber ungezügeltes privatwirtschaftliches Bank-Marketing? In Bereichen mit ähnlicher Funktion, bei Steuer- und Rechtsberatung und im Gesundheitswesen, gibt es seit jeher Beschränkungen im Marketing, aus juristischer und aus kultureller Sicht. Begründet wird das mit der gesellschaftlichen Funktion, die auch der Bankensektor für sich reklamiert, wenn er um staatliche Hilfen wirbt und der Staat sie ihm aus Gründen der „Systemerhaltung" zuerkennt[21]. Das aber würde Regulierungen für den Marktauftritt von Banken nahelegen, wie wir sie in ähnlicher Weise aus dem freiberuflichen Bereich, aus Gesundheits- oder Rechtswesen kennen.

Einst sprach man sogar vom „Bank-Beamten" und der „Kredit-Antrag" stand für den „Kredit-Vertrag". Der „Antrag" wurde „hoheitlich genehmigt", nicht etwa „privat vereinbart". Erst in den Sechzigern hat sich die Auffassung durchgesetzt, auch Bankprodukte sollten so verkauft werden dürfen wie eine beliebige Ware. – Doch wie konnte das geschehen? Regulierungsversagen? Hat man hier ein „soziales Feld" zu großzügig unreguliert dem marktwirtschaftlichen Kräftespiel überlassen?

So scheinen sogar Amerikaner zu denken, die eine Rückkehr zum Trennbankensystem fordern mit einem streng regulierten, risikoscheuen Commercial Banking und einem fast regulierungsfreien, risikofreundlichen Investment Banking[22]. Entsprechend der Regulierung müsste es Staatshaftung nur beim Commercial Banking geben. Diesem wird eine systemtragende Funktion zugeschrieben, worauf der Staat durch Regulierung Einfluss nimmt. Beim Investment Banking gäbe es dagegen allein private Haftung. Folgerichtig müsste der Staat beim Commercial Banking dafür sorgen, dass den

---

[21] Es war ein Fehler, Lehman nicht diese Hilfe zuzuerkennen. Grübel, O. J. (2008) schrieb schon im Mai 2008: „... selbst die relativ kleine Bear Stearns war durch offene Kontrakte so stark mit anderen Banken verbunden, dass eine Schließung globale Auswirkungen gehabt hätte. Um das besser zu verstehen, muss man sich die offenen Kontrakte oder Geschäfte ansehen, welche die Banken außerhalb der Bilanz aufführen. Diese haben Nominalwerte von Hunderten von Billionen und würden beim Ausfall einer dieser Banken unweigerlich zum Stillstand des globalen Finanzsystems führen." Grübel, ehemals Chef der Credit Suisse, hatte verstanden, was US-Politikern nicht in den Sinn kam: Fallen Banken wie Steine am Domino Day, dann ist Doomsday für die Wirtschaft. (Beitrag II. 3).

[22] Vgl. dazu Lawson, L. N. (2009), S. 23.

Steuerzahlern nicht Risiken eines aggressiven Finanzmarketings aufgebürdet werden. – Doch die internationale Geschichte geht erst nach dem aggressiven Verkauf der Subprime-Kredite los.

2.3 Die Fortpflanzung der Krise über Verbriefung und Rating

Anschließend an die dubiose Kreditgewährung wurden Pools von Subprime-Krediten über mehrere Verbriefungsstufen mit dem Segen der Rating-Agenturen bis zu über 90% überführt in Collateralized Debt Obligations (CDOs) mit dem Spitzenrating AAA (Beitrag II.1).

Für den ursprünglichen Verleiher ist das eine elegante Form, sich von Risiken zu trennen: „A subprime lender who misled a borrower into taking unwise risks could pass them off the financial instruments to other parties remote from the original transaction"[23]. Die bei Verbriefung und Rating angewandten „mehrstufigen Methoden" und statistischen Grundlagen erwiesen sich als extrem fragwürdig, die Berechnungen als elegante Möglichkeit, noch genauer zu irren (Beitrag II.2).

Doch mit dem statistischen Segen der Rating-Agenturen verdrängten „Schattenbankgeschäfte" die traditionellen Bankgeschäfte[24]. Da die relative, nicht die absolute Bewertung über die Allokation entscheidet, liegt eine vernachlässigte Ursache für den Kauf solcher CDO-Papiere durch deutsche Banken sogar bei Basel II und den Warnungen vor den Risiken im deutschen Mittelstand. So kommt es nicht von ungefähr, dass sich an der Spitze der deutschen „Opfer der Subprime-Krise" die Industriekreditbank (IKB) und Landesbanken finden, die sich der Finanzierung des Mittelstands verschrieben hatten. Und während der Mittelstand mangels Kreditzusagen von einer Kreditklemme (Credit Crunch) sprach[25], „verzockten" sich „seine" Banken in vermeintlich sicheren CDOs.

Deren außergewöhnlich hohe Rendite für AAA geratete Papiere machte die kaufenden Banken nicht etwa stutzig, sondern „schnäppchengeil". Dabei gilt auf den relativ vollkommenen Märkten des Bankgeschäfts (anders als bei Venture Capital), dass höhere Zinsen faktisch immer ein höheres Risiko signalisieren. Oder um es mit Milton Friedman zu sagen: „There is no free lunch!".

---

[23] Sen, A. (2009), S. 12.
[24] Vgl. Wolf, M. (2009), S. 8.
[25] Obwohl die Märkte derzeit mit Liquidität geflutet werden, titelt das Handelsblatt am 25. Juni 2009 immer noch: „Kreditnot treibt Firmen in die Pleite"; Fockenbrock, D./Osman, Y. (2009).

Doch ist das Rating ein Marktsignal oder hat es Regulierungscharakter? Haben die Rating-Agenturen nicht seit 1975 Regulierungsfunktionen durch ihre Anerkennung als „Nationally Recognized Statistical Rating Organization" (NRSRO)"? Rating-Agenturen sind jedoch trotz dieser öffentlichen Funktion als private Unternehmungen nahezu unreguliert. Und sie handeln zum Teil recht perfide: Rating-Agenturen, die durch gute CDO-Ratings Banken zum Kauf wertloser Papiere anregten, stufen dieselben Banken nun im Rating herab.

Die großen Agenturen scheinen nicht einmal mehr auf Reputation angewiesen, mit der einst ihre vertrauensbildende Wirkung begründet wurde. Denn welches „Rating" würde man ihnen wohl für die Qualität ihrer eigenen Arbeit geben? Aber es gibt derzeit gar keine Alternative zu ihnen, keine andere „marktergänzende Institution", die mit ihrer Reputation das „Vertrauensproblem" auf Finanzmärkten lösen könnte[26]. Klammheimlich hat sich ein internationales Rating-Monopol gebildet.

Die Bankenaufsicht als staatliche Institution kann das Vertrauensproblem nicht lösen, obwohl denkbar wäre, ihr die Rating-Funktion zu übertragen[27]. Doch auch in anderen Bereichen übernehmen private Institutionen öffentliche Funktionen: Die Verpflichtung zur Rechnungslegung wird nicht vom Staat kontrolliert, sondern mit quasi-öffentlichem Auftrag von Wirtschaftsprüfern. Pläne, die Wirtschaftsprüfung einem staatlichen „Aktienamt" zu übertragen, sind früh gescheitert[28]. Warum sollten Staatsdiener mehr Moral oder gar mehr Kompetenz beweisen? Doch auch die private Lösung ist nicht ohne Tücken, wie die Fehlleistungen der Rating-Agenturen zeigen.

2.4 Marktversagen durch Herdenverhalten

Spekulationsblasen haben sich auf den Verbriefungsmärkten trotz oder gerade wegen der Begleitung durch Rating-Agenturen gebildet. In der Blasenbildung unterschied sich dieser Markt nicht vom Ausgangsmarkt für Immobilien- und Subprime-Kredite.

---

[26] Zum Einsatz marktergänzender Institutionen als Mittel der Vertrauensbildung vgl. z.B. Weiber, R./Adler, J. (1995a) und (1995b).

[27] Bundespräsident Köhler griff diese Idee beim 125. Geburtstag des Deutschen Sparkassen- und Giroverbandes auf. Kritik kam prompt: Der Staat sei zu langsam, einem einzelnen Staat fehle es an globalem Gewicht, er werde selbst geratet und sei Investor, was zu Interessenkonflikten führe. Dem stand die Auffassung entgegen, ein Staat sei dazu geeignet, denn er habe kein Gewinninteresse. Vgl. dazu Cünnen, H./Drost, F.M./Köhler, P. (2009). Aber auch politische Interessen sprechen im internationalen Kontext gegen ein staatliches Rating. Dieser Vorwurf wird auch gegen das amerikanische Rating-Monopol erhoben. Der US-zentrierte Blick führe zum Home Bias, der amerikanische Ratingobjekte zu positiv erscheinen lasse und die Kapitalkosten weltweit zugunsten der USA verzerre.

[28] Vgl. dazu etwa Richter, M. (1975).

Im Entstehen der Blasen könnte aber ein Grund für Marktversagen liegen, selbst wenn man alles andere dem Regulierungsversagen zuschriebe. Denn:

Marktpreisbildung funktioniert nur optimal, wenn alle Marktteilnehmer nach Fundamentalinformationen (eigenen Erwartungen) handeln. Folgen sie dagegen allein denen, die sie für „smart" genug halten, wird nur *deren* bereits „eingepreiste" Erwartung verstärkt. Keine neue (Fundamental-)Information kommt an den Markt. Die nachfolgende Schafherde nimmt dabei an, der Leithammel verfüge über eine Information, die das einfache Schaf nicht kennt. Durch die unflektierte Nachahmung wird diese „vermeintliche Information" „kursrelevanter" als sie bei strikter Orientierung an Fundamentaldaten sein dürfte. Sie wird zur Self-fullfilling Prophecy.

Dieses Herdenverhalten schafft es, Blasen entstehen und meist noch schneller platzen zu lassen. In der so genannten „technischen" Kursanalyse war das schon immer verankert. Es ist eine Binsenweisheit, dass man ohne fundamentale Kenntnisse hohe Gewinne machen kann, wenn man Trendwenden kurzfristig und schnell folgt. Vermutetes Insiderhandeln wirkt dabei verstärkend auf die Blasenbildung. Solange Marktteilnehmer glauben, Insiderhandeln leichter zu identifizieren als Fundamentaldaten der Anlage, ist das rechtzeitige Anhängen an Insider sogar erfolgreicher. –

Warum also haben Banken CDOs gekauft, obwohl sie das mehrstufig dahinter versteckte Risiko kaum durchschauen konnten? Für Shiller liegt die Ursache auch hier im „animalischen Herdentrieb": „because those smart people were buying them. Those enviable people who are buying these assets must be checking on them, therefore we do not need to. We need only run alongside them"[29]. Es gebe eben Zeiten, da seien die Menschen zu vertrauensselig.

2.5 Beschränkte Haftung als Strukturfehler in der Marktwirtschaft

Häufig aber wird den Käufern der CDOs auch Gier unterstellt, verstärkt durch ein aktienkursbezogenes Anreizsystem. Solche Anreizsysteme hat man im Rahmen des Shareholder Value-Prinzips entwickelt und als „eigentümerorientiert" angepriesen. Betrachtet man aber Bankaktiengesellschaften im Vergleich zu eigentümergeführten Banken, die in Form einer KGaA geführt werden, so weiß man bei Letzteren fast nichts vom Kauf von Verbriefungsprodukten mit Subprime-Hintergrund. Wie erklärt sich diese Enthaltsamkeit eigentümergeführter Banken?

Zwischen eigentümerorientierten Anreizsystemen und Shareholder Value-bezogenen Managemententlohnungen gibt es offenbar entscheidende Unterschiede:

---

[29] Shiller, R. (2009), S. 16.

- Eigentümer partizipieren bei Werterhöhungen proportional und nicht mehrfach gehebelt durch Optionen. Manager profitieren zudem nicht selten schon von der bilanziellen Darstellung einer Werterhöhung (Beitrag II.3).

- Eigentümer haften persönlich mit ihrem Privatvermögen, die Haftung der Manager erstreckt sich meist nur auf den Verlust von Bonuszahlungen: Beim Flugzeug nimmt man Passagieren die Angst mit der Behauptung, der Pilot wolle auch ankommen. Doch welcher Passagier glaubt das, wenn der Pilot das Flugzeug mit einem goldenen Fallschirm besteigt? Garantiert auch dann noch das Selbstinteresse des Piloten die Sicherheit der Passagiere?[30]

- Unternehmer verlassen ihre Unternehmung mit dem Verkauf ihrer Anteile. Manager nehmen Anteile und/oder Aktienoptionen nach ihrem Abschied mit. Manager profitieren daher von Werterhöhungen, die durch ihren eigenen Weggang bedingt sind. So lassen sie sich selbst Fehlleistungen vergolden durch Kurserwartungen, die ihre Nachfolger auslösen.

Die Trennung von Entscheidungsverantwortung und persönlicher Haftung fußt auf dem Institut der beschränkten Haftung. Die Väter der Sozialen Marktwirtschaft haben hierin jedoch einen grundlegenden Verstoß gegen die Gestaltung einer Wettbewerbsordnung gesehen. In ihren Augen muss in einer Marktwirtschaft gelten: „Wer den Nutzen hat, muss auch den Schaden tragen … Jede Beschränkung der Haftung löst eine Tendenz zur Zentralverwaltungswirtschaft aus."[31]

Für Eucken ist die beschränkte Haftung vor allem bei Aktiengesellschaften und im Konzernverbund ein „Strukturfehler" im marktwirtschaftlichen System. Dieser Strukturfehler tritt als dritte Kategorie neben Markt- und Regulierungsversagen, wird aber im Schrifttum meist mit „Marktversagen" gleichgesetzt. Betroffen ist dabei vor allem die „Corporate Governance". Unter diesem Siegel werden heute international viele Fragen der deutschen Ordnungspolitik neu gestellt, etwa die der Haftung.

Stiglitz sieht in der Corporate Governance eine Hauptursache der Krise: „I do think corporate governance was a problem, partly in the incentives provided for excessive risk-taking"[32]. Phelps stimmt ein: „… all we need is a return of good corporate governance, which will take care of the bonuses and the short-terminism and some regulation to take care of over-leveraging and poor quality of loans".

Als Ursache der krisenverstärkenden Anreizsysteme betrachten viele die Orientierung am Shareholder Value. Aber: "Shareholder value is a result, not a strategy. … End of year awards of options and stock had the added drawback of remunerating the staff well before the company or its shareholders could find out whether their bets had paid

---

[30] Vgl. dazu auch Greenspan, A. (2009), S. 37.
[31] Eucken, W. (1959), S. 172, 174.
[32] o.V. (2009b), Diskussionsbeiträge: Stiglitz, S. 29. Zum Folgenden Phelps, E., S. 30.

Rainer Elschen

off"[33]. Kombiniert mit Herdenverhalten und Spekulationsblasen werden solche Anreizsysteme selbst Teil dieser Auswüchse und veranlassen zur kurzfristigen Orientierung mit sofortiger Gewinnmitnahme.

Herdenverhalten gab es vor Beginn der Subprime-Krise schon bei den privaten Wohnimmobilien in den USA. Es war aber letztlich das radikale Umschwenken der Notenbank in die Hochzinsphase, das einen tückischen Schneeball ins Rollen brachte, der sich auf der schiefen Ebene des Herdenverhaltens und problematischer Regulierungen zur Lawine der Finanz-, Wirtschafts- und Sozialkrise formte, die mancherorts auch den politischen Erdrutsch auslöste.

2.6 Noch mehr Regulierung nach Regulierungsversagen

Allenthalben wird der Ruf nach „mehr" Regulierung laut. Doch ist das die Lösung? Die Krise hat doch einen extrem regulierten Bereich am stärksten getroffen: „Keine Industrie hat mehr Regeln und Vorschriften zu befolgen als die Finanzindustrie, und trotzdem ist es gerade hier zu überlebensbedrohenden Kapitalverlusten gekommen. Die Aufsichtsbehörden und -organe sind schlicht überfordert. Der Ruf nach noch mehr Regeln und Vorschriften oder mehr Kapital wird den nächsten Unfall nicht verhindern."[34]

Beweist das nicht eher, wir bräuchten weniger Regulierung? Denn: Nach dem Ende der am stärksten regulierten Volkswirtschaften folgt der Zusammenbruch des am stärksten regulierten Bereiches in der Marktwirtschaft und hier wiederum seiner am stärksten regulierten Teile: „ … commercial banks have been more regulated than most other financial institutions, yet they performed no better, in many ways worse"[35].

Die Kunst der Regulierung ist offenbar eine schwere und erfüllt nur selten die Forderung: „Regulation should enhance the effectiveness of competitive markets, not impede them." Denn: "Competition, not protectionism, is the source of capitalism's great success over the generations"[36]. Doch wie kann man effizienzfördernde Regulierungen identifizieren und von den anderen unterscheiden?

---

[33] Guerrera, F. (2009), S. 33f. Im ersten Teil des Zitats zitiert er Jack Welch.
[34] Grübel, O. J. (2008), der die Aufsichtsbehörden als einen „Verlierer der Krise" bezeichnet.
[35] Becker, G./Murphy, K. (2009), S. 41.
[36] Greenspan, A. (2009), S. 38.

3 Verschärfte Regulierung oder Systemwechsel als Alternativen?

3.1 Regulierung und die Kompetenz der Regulierer

Eine Frage stellt die Überschrift zu Kapitel 3 nicht: die nach einer „nicht verschärften, aber intelligenteren Regulierung". Denn jede Regulierung kostet. Sie setzt voraus, dass Regulierer fleißiger, intelligenter oder moralischer sind als Regulierte. Der deutsche Bürger aber zweifelt bei Staatsdienern an den beiden ersten Eigenschaften, in anderen Ländern beargwöhnt man sogar deren moralische Integrität. Und wie soll man kompetente Kräfte gewinnen, wenn man ihnen wenig zu bieten hat: „Es braucht Behörden und Verwaltungsräte, die das Geschäft verstehen und entsprechend beurteilen können. Diese Personen wird man nur finden, wenn man sich dem freien Markt anpasst. Weshalb soll jemand bei einer Behörde arbeiten für einen Bruchteil des Lohnes, der im freien Markt bezahlt wird?"[37]

Wie passt das alles zusammen mit der Forderung nach stärkerer Regulierung oder gar der „Vergesellschaftung des Finanzsektors"[38]? Wie lässt sich verschärfte Regulierung begründen vor dem Hintergrund des mehrfachen Regulierungsversagens, das entscheidende Ursache und Verstärker der Krise war?

Doch hat nicht auch der Markt versagt, wenigstens an der Stelle, wo es zu Spekulationsblasen auf dem Immobilienmarkt und letztlich auch bei CDOs kam? Eindeutig ja! Und genau an der Stelle, wo das marktwirtschaftliche System eigentlich sogar den entscheidenden Vorteil gegenüber der Zentralverwaltungswirtschaft hat.

3.2 Verzerrung von Marktinformationen durch Herdenverhalten

Friedrich von Hayek hat die Bewältigung des Informationsproblems in den Mittelpunkt marktwirtschaftlicher Funktionen gerückt. Keiner könne so viel Wissen generieren, wie der Markt es bereitstelle: „Only capitalism solves this ‚knowledge problem'",

---

[37] Grübel, O. J. (2008) mit Bezug auf die Bankenaufsicht.
[38] Vgl. dazu die Forderung der Linken im deutschen Bundestag bei Troost, A. (2009).

schreibt Phelps.[39] Doch diese Behauptung einer Lösung des Informations- und Wissensproblems bekommt durch den Herdentrieb und seine Unterstützer Schrammen.

Denn ausnahmslos jede Marktbewegung wird durch ein solches Verhalten verstärkt[40]. „Jeder Hauch ruft kleine finanzielle Wellen hervor, die schnell jeden Teil der Wirtschaft erfassen." Es ist den Herdentieren „wichtiger, die Reaktion des Marktes vorauszusehen, als den eigentlichen Inhalt einer Information zu verstehen." Dieser Herdentrieb hat die Finanzwelt mittlerweile fest im Griff: Wegen der neuen Technologien, die weltweites Handeln in „Echtzeit" ermöglichen, haben die „Händler ... keine Muße mehr, einige Tage über die Zusammenhänge nachzudenken, bevor sie agieren. Sie müssen sofort einen Entschluss fassen, ob es sich um eine Tatsache oder ein Gerücht dreht ... Ist der Händler im Zweifel und nicht in der Lage, ein Problem kritisch abzuwägen, hält er sich lieber an die anderen Händler. Sie lernen schneller die Zeichen ihrer Kollegen zu deuten als die zahlreichen Finanztipps zu beurteilen."

Die Marktwirtschaft kann aber nur informationseffizient im Sinne von Hayeks arbeiten, wenn sie fundamentale Knappheitsinformationen der Marktteilnehmer zum konsistenten Bild zusammenfasst. Darin liegt die Informationsfunktion der Marktpreise, die jeder Ökonomiestudent im ersten Semester lernt. Durch den Herdentrieb schaukelt sich jedoch die Preisbildung in beiden Richtungen auf: Es entstehen Blasen und Löcher, in denen der Anzeiger „Marktpreis" dann nur noch Fehlinformationen über Knappheit liefert. Der automatische Handel unterstützt diese *Sabotage am Preissystem und dessen Informationsfunktion* durch eine meist schlicht auf Trendverfolgung gerichtete Programmierung.

Neueste „Rekordgewinne" von Goldman Sachs im zweiten Quartal 2009 werden auf den Handel mit Rohstoffen, Währungen und festverzinslichen Unternehmensanleihen zurückgeführt. Dort handeln heute fast nur noch Computer untereinander. Goldman Sachs hat Erfolg, weil es hier auf eine Tausendstelsekunde ankommt und man über die schnellste IT-Infrastruktur verfügt.[41]

Die Krise blieb von diesem Effekt des automatischen Handels in der Subprime-Phase zunächst verschont. Erst beim Übergang der Finanzkrise in die Wirtschaftskrise (Beiträge III.2 und 3) hat der automatische Handel die Abwärtsbewegung der Aktien beschleunigt. Während Planung beim Einzelnen aber nur das Ersetzen des Zufalls durch den Irrtum ist, multipliziert der Herdentrieb fremden Irrtum gleich zigmal.

---

[39] Phelps, E. (2009), S. 46.
[40] Die folgenden Zitate bei Weatherford (1999), S. 317.
[41] Vgl. Goldman Sachs (2009) sowie Hornig, F./Pauly, C./Reuter, W. (2009).

3.3 Marktversagen nach gezielter Obstruktion

Doch es geht ärger: Während der Herdentrieb Blasen und Löcher meist nur unbewusst erzeugt, etwa als Reaktion auf regulatorische Eingriffe, gibt es auch Versuche von Investoren, Fehlfunktionen der Marktpreise gezielt herbeizuführen und sich dabei den Herdentrieb zunutze zu machen:

Ein respektabler Investor überschwemmt einen Markt mit Liquidität, etwa den Markt für Rohkakao oder Rohöl. Das lässt die Preise steigen, ohne dass real gestiegener Bedarf vorhanden ist oder erwartet wird. Die Herde anderer Investoren folgt dem Leithammel und kauft ebenfalls. Dies verstärkt den Preistrend und erhöht die Profite des Trendsetters.

Für die Schokoladeproduzenten aber signalisieren hohe Preise eine Knappheit des Rohstoffes, die es real gar nicht gibt. Dennoch führen die falschen Preissignale zu Kaufzurückhaltung und erhöhten Preisen bei Schokolade. Für die Produzenten des Kakaos gebieten sie Mehrproduktion, obwohl das Knappheitssignal „hoher Preis" über den spekulativen Geldeinsatz erzeugt wurde, nicht durch eine reale Knappheit.

Bevor die Diskrepanz zwischen (fehlender) realer Knappheit und der in den Preisen reflektierten künstlichen Knappheit für alle augenfällig wird, läutet ein Leitinvestor die Trendumkehr ein. Da es wie bei der Blasenerzeugung darauf ankommt, unter den ersten zu sein und noch zu hohen Preisen zu verkaufen, folgen die anderen Investoren in Windeseile und lassen die Preise in ein Loch stürzen. Sie konfrontieren den Markt explosionsartig mit einem Überangebot an Rohkakao.

Von diesen künstlichen Preiswellen profitieren die jeweils ersten im Trend. Sie haben – so paradox das klingt – Vorteile dadurch, dass sie die systemtragende Funktion des Preises als Knappheitsindikator unterhöhlen. Sie machen das „neutrale Tauschmittel Geld" zu einem toxischen Stoff für die Funktion des marktwirtschaftlichen Systems[42] und geben Globalisierungsgegnern politisches Futter.

Es ist schwer, das System der Knappheitsindikatoren vor solch zerstörerischen Angriffen zu schützen. *Der Markt und sein Preissystem versagen hier, weil sie – so abstrus das klingen mag - ihre Zerstörer für die Verfälschung der realwirtschaftlichen Allokationsfunktion belohnen.*

Nur mit Motivforschung käme man wohl dahinter, ob Markthandlungen auf fundamentalen Erwartungen beruhen oder der Erzeugung künstlicher Gewinnpotentiale dienen. Wäre es da eine Lösung, den Marktzugang für *marktfremde Finanz*investoren zu sperren und nur noch realwirtschaftlich tätige Schokoladenproduzenten als Nachfrager zuzulassen? Nein! Denn erstens können auch Schokoladenhersteller solche

---

[42] Vgl. dazu auch Greider, W. (1987), S. 688.

Trends auslösen und sich zunutze machen und zweitens gibt es Mittel und Wege, solche Wirkungen sogar indirekt zu erzielen.

Beim Marktsystem ist es wie bei der Umwelt. Diejenigen, die am meisten davon profitieren, tragen auch am meisten zu dessen Zerstörung bei. Die realwirtschaftliche Funktion des Preissystems, Ressourcen in die knappsten Verwendungen zu lenken, ist auf einigen Märkten durch die monetäre Manipulation des realen Knappheitsindikators Preis empfindlich gestört. Hier spricht man mit Fug und Recht von „Marktversagen", verursacht durch den toxischen Einsatz von Geld und einen Herdentrieb, der sich von fundamentalen Knappheitsinformationen und der Realwirtschaft insgesamt abkoppelt und immer schneller die Richtung wechselt. Hier holt sich derjenige die höchste Belohnung, der am schnellsten (auch die falschen) Signale setzen oder ihnen folgen kann. Der Mensch und seine Realwirtschaft sind dabei nur noch Mittel. Punkt! Mittelpunkt sind dagegen die auf finanziellen Erfolg getrimmten verselbständigten Computersysteme. Wer die beherrscht, macht Gewinn.

Nicht Sozialisten müssten über eine solche Verfälschung der Knappheitssignale kritisch nachdenken, sondern gerade die Befürworter der Marktwirtschaft. Es erscheint sonderbar, dass es meist eher umgekehrt ist.

3.4 Versagen des Informationssystems einer Zentralplanwirtschaft

Die Informationsqualität der Preise ist wohl die am meisten unterschätzte Bedingung für eine effiziente Allokation der Ressourcen. Denn auch der Niedergang des sozialistischen Wirtschaftssystems war eine Frage mangelnder Informationsqualität[43]:

In den siebziger Jahren des letzten Jahrhunderts stand in der Zeitschrift *Soviet Studies*, die russische Quellen ins Englische übersetzte, ein Artikel über die Informationsverarbeitung in der Zentralverwaltungswirtschaft. Es ging darum, wie der Sozialismus durch zentrale Informationsverarbeitung in einem gigantischen Zentralrechner den Westen überholen könne. Darin sollten alle Wirtschaftsdaten des Landes gesammelt und verarbeitet werden. Durch Terminals hingen alle Produktionsstätten an diesem Zentralcomputer. Er sah aus wie ein Riesenkrake mit unterschiedlich langen Armen und einem kolossalen Zentralgehirn. Die Maxime dahinter:

Warum Autos, Computer oder Waschmaschinen an verschiedenen Orten, in verschiedenen Betrieben unabhängig voneinander entwickeln und ein Geheimnis um die Konstruktion machen? Das war Verschwendung geistiger Ressourcen. Konzentrierte man die Ideen aller Produktionsstätten an einer Stelle, unterblieben überflüssige Parallel-

---

[43] Wiedergabe aus dem Gedächtnis. Quelle nicht (mehr) verfügbar.

entwicklungen. Die Entwicklungszeit würde abgekürzt und die Qualität der Produkte überträfe in absehbarer Zeit die im Westen. In Raumfahrt und Sport zeigte sich, wie erfolgreich man so sein konnte. – Doch die Sache hat einen Haken, der in der russischen Quelle nicht erwähnt wurde:

Es gab keine Anreize für Menschen und Institutionen am Ende der Tentakel, aktuelle und richtige Informationen an das Zentralgehirn zu senden. Schon gar nicht dafür, sie zu entwickeln und sich von Informationsvorsprüngen zu trennen. Belobigt und belohnt wurde vielmehr das Übertreffen von Leistungsvorgaben, auch solcher, die man zuvor durch eigene Fehlinformationen an die Zentralplanbehörde niedrig gehalten hatte. Nach diesen „potenzierten Irrtümern" steuerte man die Wirtschaft.

In der Selbstverlogenheit des Systems wurde dieses Problem zugleich geleugnet. Was nicht sein durfte, konnte nicht sein! Fehlinformationen oder die Vorenthaltung individuellen Wissens waren ideologisch undenkbar. Eine sozialistische Persönlichkeit dachte selbstlos zum Wohle der Gesellschaft und des Sozialismus. Wer auf die Idee kam das anzuzweifeln, hatte zwar ökonomisch gedacht, war aber ein Verräter am Sozialismus, weil er den Glauben an die Kraft der Ideologie und ihrer Auswirkung auf den Menschen verloren hatte.- Ergebnis: Ein effizientes Informationssystem sollte nicht auf Planungsirrtümern auf strapazierfähigem Papier bauen. Bei deren Verarbeitung rechnen Computer mit allem, nur nicht mit ihren Benutzern. Anstelle wissensbasierter Informationssysteme erzeugen sie bei unredlicher Informationseingabe wissensblasierte Informations-Ödeme. Die geben vor, brauchbare Informationen zu liefern, stillen aber mit toxischem Junk-Food nur den Informationshunger der Zentralplanung. Ein verlässliches Informationssystem über Knappheiten sollte aber in der Lage sein, die *Taten* von Menschen und Institutionen zu lesen. Denn nur die haben für sie echte Folgen.

3.5 Fundamentalinformationen für die Ressourcenlenkung

Auch in der Marktwirtschaft bedeutet warmes Wortgewäsch wenig. Wir handeln erst dann glaubhaft, wenn Geld fließt oder Arbeit eingesetzt wird. Allein unsere Taten sprechen eine ehrliche Sprache. Sie sagen, was wir wirklich denken. Diese *Taten* liest ein marktwirtschaftliches Preissystem im Unterschied zur sozialistischen Riesenkrakenplanung. Falsche Taten haben unerwünschte reale Folgen für den Täter, falsche Worte und Zahlen dagegen recht häufig erwünschte.

Niemand wird zu einem Preis kaufen, der über seinen Wertvorstellungen liegt. Niemand wird verkaufen zu einem Preis, der unter seinen Wertvorstellungen liegt. Keiner wird investieren, wenn er meint, dass sich seine Investition nicht auszahlt. Daher sind der Markt und seine Preise mit ihren durch Taten manifestierten Erwartungen die obersten Informationsinstanzen für die Allokation der Ressourcen. Nur ehrliche Erwartungen werden in den Stein rechtlich sanktionierter Verträge gemeißelt, wie immer auch im Vorfeld der Vertragsanbahnung getrickst oder gelogen wurde. Nur diese Taten werden zur Steuerungsgrundlage des marktwirtschaftlichen Systems und zur Basis der individuellen Planung der Marktteilnehmer.

Das freilich ist nur das Ideal: Es setzt voraus, dass die Marktteilnehmer nach realen Erwartungen über die Knappheit, also nach fundamentalen Daten handeln. Die künstliche Erzeugung von Knappheiten durch Spekulanten und das Herdenverhalten lassen daher auch das marktwirtschaftliche System an falschen Informationen scheitern. Was das System vor dem Zusammenbruch bewahrt ist die Tatsache, dass die Herde dieser Spekulanten nicht alle Märkte gleichzeitig heimsucht.

Um das Kind nicht mit dem Bade auszuschütten: Spekulation ist nicht an sich verwerflich. Spekulation heißt „über zukünftige wirtschaftliche Entwicklungen nachdenken". Das tut ausnahmslos jeder wirtschaftlich tätige Mensch mehr oder weniger intensiv. Spekulation wird es auch nicht anstößig, wenn Menschen danach handeln. Aber sie wird problematisch für das System, wenn nicht mehr über Fundamentaldaten spekuliert wird, sondern Herdenverhalten einsetzt. Und sie grenzt an Kriminalität, wenn damit die Funktion der Preise als Knappheitssignal gezielt ausgehebelt wird. Bewusst herbeigeführte Fehllenkungen in der realen Wirtschaft und schwere gesellschaftliche Schäden sind die Folge, während die Trendsetter profitieren.

Mit der Informationsqualität ist es nämlich wie mit der Güterqualität. Am Anfang steht die „Materialqualität". Falsche Informationen kann man irgendwie verarbeiten, kann sie aufbereiten, aggregieren, vergleichen, kann die schönsten und neuesten statistischen Methoden darauf anwenden: Das Ergebnis ist immer so, wie es Goethe schon wusste: *Getretner Quark wird breit, nicht stark.*

Schlechte Verarbeitung kann gute Informationen nur schlechter machen, aber schlechte nicht besser. Die bloße Existenz fortgeschrittener Methoden der Datenverarbeitung bügelt Mängel in den Ausgangsdaten nicht aus. Soweit aus falschen Ausgangsdaten Schlüsse gezogen werden und automatisiertes Handeln daran anknüpft, wird die Problematik der falschen Informationsbasis nur verschärft.

Die Verarbeitung der Preisinformationen und deren Aussagequalität in einer Marktwirtschaft können zudem unter der Einschränkung von Marktfunktionen leiden, etwa durch Kartelle, Monopole, staatliche Subventionen oder diskriminierende Besteuerung. Hier war schon immer der Ort für regulierende Staatseingriffe. Dennoch fallen diese Probleme im Vergleich zum globalen Herdenverhalten und der Marktvergewaltigung durch spekulative Gelder weniger ins Gewicht, wenn man die gegenwärtige Krise betrachtet.

3.6 Regulierungsversagen, Strukturfehler und Marktversagen

Beim überwiegenden Teil der Informationen und ihrer Lenkungsfunktion für den Ressourceneinsatz hat die Marktwirtschaft Vorteile gegenüber der Zentralverwaltungswirtschaft. Denn sie setzt auf Taten, die Fehlinformationen und Fehlspekulationen (in der Regel!) bestrafen und auf diese Weise die Ehrlichkeit der Wissensübertragung sichern. Doch es gibt gefährliche Ausnahmen, bei denen die Verfälschung des Informationssystems keine Bestrafung, sondern erhebliche Belohnungen nach sich zieht. Hier wäre der Ansatzpunkt für neue Regulierungen. Dabei entscheidet nicht die Menge solcher Regulierungen, sondern deren Ansatzpunkt (Ursache oder Symptom) und deren Steuerungs-Qualität (Erhöhung der Informationseffizienz des Preissystems).

Fasst man die multiplen Ursachen der Finanzkrise zusammen, dann ergibt sich folgendes Bild:

- Die meisten Ursachen gehören zu den Regulierungsfehlern: die Zinspolitik der amerikanischen Notenbanken; die Duldung ungezügelten Bank-Marketings; die Zulassung „toxischer" Finanzprodukte mit verzerrtem Qualitätsurteil der Rating-Agenturen; später die Entscheidung, Lehman Brothers die Rolle des Sündenbocks zu geben und trotz des Domino-Effekts in die Insolvenz gehen zu lassen.

- Ein Strukturfehler der Marktwirtschaft hat entscheidend zur Verstärkung der Krise beigetragen: die Trennung von Entscheidungsverantwortung und persönlicher Haftung in den Bank-Aktiengesellschaften, die verfehlte Anreizsysteme für das Management zu voller (Fehl-)Wirkung brachte.

- Erst auf dieser Grundlage hat der Herdentrieb zu mehrfachem Marktversagen geführt: auf dem Markt für Wohnimmobilien in den USA und auf dem Interbankenmarkt für CDOs. Gezielte Markt-Sabotage ist dagegen nicht ersichtlich. Dazu hätte es Unsummen an „Einsätzen" in der Hand eines einzelnen Manipulators bedurft.

3.7 Drei Ansatzpunkte gegen die Krisen

Aus der dreifachen Ursache Regulierungsversagen, Strukturfehler und Marktversagen folgt für die Bekämpfung dieser und künftiger Krisen:

- Regulierungen müssten besser überwacht werden. Das ist nicht der Ruf nach *mehr* Regulierung, sondern der nach *verbesserter* Regulierung. Und nach einer *besseren Überwachung der Regulierer*. Es geht um die von Befürwortern verschärfter Regulierung gemiedene Frage: Wer kontrolliert die Kontrolleure und mit welcher Kompetenz? Wo dazu die passende Kompetenz, Unabhängigkeit und Verantwortung beim Staat herkommen soll, ist durchaus fraglich.

Sicher kommt die Kompetenz nicht aus der Bankenaufsicht. Denn die Bankenaufsicht wäre selbst Gegenstand einer solchen Überwachung. Sicher hat diese Kompetenz nicht das Parlament. Doch wenn es Gremien gibt, die Steuerverschwendung analysieren, warum auch nicht solche, die sich mit Regulierungsversagen befassen. *Es fehlt entscheidend an dieser Selbstreflektion der Regulierer, ein Mangel, der durch mehr Regulierung noch verschärft würde.* Genau das aber verkennen die Befürworter verschärfter Regulierung.

Dennoch kann man diesen bei einer Frage Recht geben, die sie gar nicht stellen: beim Bank-Marketing. Warum ist das Marketing für Ärzte, Rechtsanwälte, Wirtschaftsprüfer und Steuerberater strikt „auf seriös getrimmt", während das Marketing für Finanzprodukte sich mittlerweile kaum von dem für Waschmittel unterscheidet? Die wildesten Versprechungen und Verführungen scheinen hier selbst im Geschäft mit dem „kleinen Mann" zulässig. Wohin das führen kann, zeigen die Subprime-Kredite in den USA. Wenn aber der Steuerzahler die Suppe auszulöffeln hat, weil dies systemrelevante Wirkungen zeigt, sollte man hier zu ähnlichen Einschränkungen kommen wie beim Marketing der freien Berufe. Obwohl dieses Problem in der gegenwärtigen Krisenlandschaft nur die Subprime-Kredite in den USA betrifft, sollte man hierzulande an dieser Stelle präventiv regulieren, insbesondere mit verschärfter Haftung für Finanzprodukte wie in den jüngsten Urteilen mit einer Tendenz zur Stärkung der Rechte von Bankkunden[44], aber nicht nur.

Auch die Rating-Agenturen sind in den Fokus zu nehmen. Verbunden mit dem Strukturfehler der Trennung von Entscheidungsverantwortung und persönlicher Haftung bleiben deren Kapitalfehler im doppelten Sinn bis heute ungesühnt. Das setzt falsche Signale für eine künftige Regulierung. Eine Übernahme des Ratings durch staatliche Stellen würde dieses Problem aber eher vergrößern. Denn abgesehen von den oben genannten Gründen: die persönliche Haftung der Entscheidungsträger ist für die staatlichen Entscheidungsträger bisher noch stärker eingeschränkt.

Folgt man Eucken, so gehören sämtliche Aktiengesellschaften abgeschafft. Sie wären durch KGaAs zu ersetzen, weil hier die wesentlichen Entscheidungsträger persönlich haften[45]. Die von der Bundesregierung am 11. März 2009 beschlossene Änderung der §§ 87, 107, 116, 193 AktG und weiterer Gesetze im „Gesetz zur Angemessenheit der Vorstandsvergütung"[46] geht nur einen Schritt in diese Richtung. Was „angemessen" ist, bleibt unklar, wird aber paradoxerweise mit verschärfter

---

[44] Vgl. BGH-Urteile Az XI ZR 152/08 und XI ZR 153/08.
[45] Ich danke meiner Tochter Sarah Elschen für diesen Hinweis.
[46] Vgl. dazu Bundesministerium für Justiz (2009).

Haftung des Aufsichtsrats verknüpft. Der soll nun sogar für das Interpretationsrisiko der Gerichte *persönlich* haftbar gemacht werden. In gleichem Maße ist von persönlicher Haftung des Vorstands dagegen nicht die Rede.

Die Verlängerung der Ausübungsfrist für Aktienoptionen verhindert nicht, dass geschasste Manager von „Reparaturleistungen" ihrer Nachfolger profitieren. Es ist zudem nicht ausgeschlossen, dass Vorstands- und Aufsichtsmitglieder diese Verpflichtungen in ihre Vergütungen einpreisen, z.B. in Höhe einer Versicherungszahlung bei Inspruchnahme. Anders als gegen echte unternehmerische Risiken ist hier eine Versicherung denkbar. Die soll künftig aber nur die Schäden abdecken dürfen, die über ein Jahresgehalt hinausgehen. Bei den in Großunternehmungen üblichen Gehältern kann das für die Entscheidungsträger kein großes Problem sein. Was aber „ein Jahresgehalt" ist, wird bei den stark schwankenden Gehältern nicht leicht zu bestimmen sein, vor allem wenn es zum Teil in Optionen ausgezahlt wird.

In jedem Fall wird die Bereitschaft sinken, zu solchen Konditionen einen Sitz im Aufsichtsrat einzunehmen. Das gilt bei mitbestimmten Unternehmen auch für die Arbeitnehmervertreter. Und die gleichmacherische Übertragung auf kleinere Aktiengesellschaften mit häufig unvergüteten Aufsichtsratsmandaten wird dort zum Mangel an Bereitschaft führen, ein solches Amt zu akzeptieren. Die impliziten Kostenerhöhungen werden gerade die Aktiengesellschaften treffen, die in einer Start-up Phase sind. Das aber wird zum gefährlichen Bumerang für die wirtschaftliche Entwicklung.

- Märkte und Signalfunktion der Preise müssen besser gegen unbewusste und bewusste Obstruktion geschützt werden. Das Kartellrecht und das Recht gegen unlauteren Wettbewerb gehen längst nicht weit genug. Sie verhindern zudem keine Obstruktion durch den Staat und sein Regulierungsversagen. Und sie schützen nicht gegen die Bildung von staatlich oder privat induzierten Spekulationsblasen und Herdentriebverhalten, das solche Blasen entstehen lässt, mit Folgen für die Fehllenkung von Ressourcen.

Es wäre denkbar, beim Kartellamt eine Institution für *Marktauditing* zu schaffen oder die Funktion der neu geschaffenen Finanzmarktstabilisierungsanstalt (Beitrag IV.1) auszuweiten im Sinne einer *Marktstabilisierungsanstalt*, die Blasenbildung auf Märkten beobachtet und die Aufgabe hat, bei vermuteter Blasenbildung einzugreifen. Dieser Eingriff braucht meist wohl nur in der Bekanntgabe dieser Vermutung zu bestehen. Denkbar ist auch präventiv einzugreifen, etwa durch das Verbot von Leerverkäufen. Sofern Erzeuger einer gezielten Marktobstruktion von dieser Bekanntgabe nicht vor anderen Marktteilnehmern erfahren, könnten sie zu den Verlierern gehören, wenn die Blase „vorzeitig" platzt. Künftige Marktobstruktionen könnten ihnen dadurch verleidet oder durch finanzielle Verluste unmöglich gemacht werden. Wichtig ist, Blasenbildung schon im Ansatz zu erkennen und die Blase früh zum Platzen zu bringen. Je größer die Blase und der Markt, auf dem sie entsteht, desto größer die Fehllenkung während ihres Wachstums und der Schaden beim Platzen.

Die Bundesregierung konzentriert sich bislang auf operative und symptomorientierte Rettungsaktionen und einen Flicken auf den Strukturfehler der Trennung von Entscheidungsmacht und Verantwortung. Was sich die Politik dabei gedacht hat, den Aufsichtsrat schärfer in die Haftung zu nehmen als den Vorstand und dabei die Haftungsbedingungen unklar zu lassen, bleibt ebenso nebulös wie die ungenügende Unterscheidung von kleinen und großen AGs.

Unbeackerte Felder sind dagegen noch das Finanzmarketing, die (Selbst-)Kontrolle der Regulierer und die Einrichtung eines Marktauditings, das bei Blasenbildung frühzeitig eingreift und das Platzen der Blase herbeiführt. Solange Menschen für ihr Herdenverhalten oder gar für gezielte die Obstruktion des Preissystems belohnt werden, wird das marktwirtschaftliche System Schwächen zeigen. Dieses Stück „Marktversagen" wird es immer geben, doch es steht bei weitem hinter dem Regulierungsversagen und Schwächen in der Systemstruktur. Aber es ist so gefährlich geworden, dass es nach Marktauditing schreit und nach Sanktionen für Obstruierer und Manipulierer.

4 Berufungskartelle, Dogmatismus und Herdenverhalten

4.1 A-Journals und verfehltes „Wissenschafts-Rating"

Fast dieselben zerstörerischen Kräfte, die auf den Märkten wirken, gibt es auch in der Wissenschaft. Sie sorgen für die gegenwärtige Krise der Wirtschaftswissenschaft. Berufungskartelle und Dogmenmonopole schotten den Markt ab, das Herdenverhalten sorgt für Modetrends, denen fast alle Wissenschaftler folgen müssen, wollen sie nicht im Abseits stehen.

Außenseiter werden nicht, ältere Erkenntnisse kaum mehr zur Kenntnis genommen, vor allem nicht vom Monopol der großen Journals. Die so genannten A-Journals mit der besten Reputation übernehmen die Rolle von Rating-Agenturen. Ihre Veröffentlichungspolitik ist daher wesentlich verantwortlich für die Krise in der Wissenschaft. Denn wenn die Ökonomie es nicht mehr versteht, die Ursachen der Krise zu klären oder Konzepte für eine künftige Krisenverhinderung zu bieten, kann man sehr wohl behaupten, dass sie wichtige Probleme nicht angegangen ist und nach wie vor nicht angeht. Wesentlich dafür ist die Dominanz der „Wissenschaflichkeit". Darunter versteht der Mainstream methodisch und quantitativ „abgesicherte" Lösungen. Die Qualität der Fragestellung tritt weit dahinter zurück. Dadurch aber entstehen zwei Folgen:

- Es werden zunehmend Randfragen gestellt.
- Es werden nur Fragen gestellt, die sich mit der gewählten Methode nach den Kriterien der Referenten „journalsicher" beantworten lassen.

Letzteres bedeutet eben, dass die Methode die Fragestellung bestimmt. Bedeutende Fragen bleiben dadurch unbeantwortet. Weil sie sich mit dem geläufigen Instrumentarium nicht „journalsicher" beantworten lassen, werden sie erst gar nicht angegangen. Es geht nach dem Grundsatz: „Lieber genau falsch als ungefähr richtig". Jedes Vortasten ins Unbekannte wird als journalistische Spekulation abgetan und erfüllt nicht die Veröffentlichungskriterien. Es fehlt jegliches Gefühl für die Bedeutung von Fragen, weil sich alles auf „Methodenqualität" fokussiert, so als könne man allein durch Perfektionierung der Backtechnik eine gute Pizza machen, ohne auf Bewirtungsanlass und Zutaten zu achten.

Auch Nobelpreisträger stärken dieses Verhalten, weil sie ein Wissenschaftskartell bilden, das bei der neuen Preisvergabe stets auf den „Stallgeruch" der Nachfolger achtet. Ordnungspolitik und Wirtschaftsphilosophie sind mittlerweile in den tiefen Keller der „durchaus ernstzunehmenden Wissenschaftsgeschichte" (Fn. 10) verbannt. Genau deshalb werden sie tatsächlich von keinem der führenden A-Journals mehr ernst genommen. Die konzentrieren sich fast sämtlich auf das Tagesgeschäft des methodisch-quantitativen Einzelwissens. Tiefgründige Philosophie, die Herstellung von Zusammenhängen und die Integration von Wissensfragmenten bleiben auf der Strecke. Man weiß immer mehr über immer weniger, bis man am Ende alles über nichts weiß, was bleibende Bedeutung hat. – Was benötigt wird, ist eine Zeitschrift vom Range eines A-Journals, die sich auf diese Fragen fokussiert und die Verknüpfung von mosaikartigem Einzelwissen zum strukturierten Gesamtbild einschließt.

4.2 Grundlagenwissen und Wissensintegration

Ein verstärkter Fokus auf Grundlagenwissen und Wissensintegration verlangt einen neuen internationalen Konsens der Wissenschaftler. Aus amerikano-zentraler Sicht wird eine solche Leistung derzeit kaum als „wissenschaftlich" betrachtet. So fehlt es den Beiträgen der A-Journals wohl weiterhin sowohl an echter Tiefe als auch an der Weite des Blicks und integrativem Fokus. Ihr einziger Glanz geht von der Präzision und methodischen Eleganz der Beiträge aus. Aber nach dieser Mode kleidete sich einst der „Stutzer", der als „Angeber" der neuesten Mode folgte und erster im „Wettkampf der Eitelkeiten" sein wollte. Dass dieser „Stutzer" auch die gegenwärtige Wissenschaft kennzeichnet, legt zwar deren Menschlichkeit dar, aber auch deren Schwäche. Diese Wissenschaft dringt derzeit kaum zu den wichtigen Fragen durch und bleibt an der Oberfläche der Mode(n):

„Die Eitelkeit eines Professors ist ... herrisch, eigensinnig, tyrannisch; sie möchte alles nach sich ummodeln, alles in das Prokrustesbett ihrer jeweiligen, meist ärmlichen Begriffe spannen. Wie manches Talent ist durch die Schuld dieser Herren schon untergegangen! Wie mancher Keim ward durch ihre sublime Torheit schon erstickt!", sagte Georg Herwegh 1840 über die deutschen Professoren[47].

Das gilt heute sogar im internationalen Maßstab unter der Vorherrschaft amerikanischer Methodendogmatik. Solange die allein dem Nachwuchs auf deutsche Lehrstühle hilft, wird sich daran nichts ändern. Aber wenn Sen (Fn. 14) durch den Inhalt seiner Bemerkung im Grunde den Aufruf der 83 deutschen Volkswirte unterschreibt, scheint der „altdeutsche" Weg sogar in den USA respektable Befürworter zu haben.

5 Ergebnis

Die Wirtschaftswissenschaft vermittelt in der Krise dank wissenschaftsstrategischer Desorientierung weder Erklärung noch Prognose oder Handlungsempfehlung. Selbst hartgesottene Methodiker weichen daher auf das verpönte Feld des „journalistischen Umgangs" mit Fachfragen aus. Allein hier ist es noch gestattet, sich den fundamentalen Fragen des Fachs zu widmen, ohne gleichzeitig Methodenkritik von Seiten der Fachkollegen befürchten zu müssen und sich ins methodische Abseits zu stellen:

Die derzeitige Krise kennt in ihren Ursachen und Verstärkern ein Konglomerat von

- massivem Regulierungsversagen (Zinspolitik der amerikanischen Notenbank; Zulassung aggressiven Finanzmarketings und toxischer Bankprodukte durch mehrere Bankenaufsichten; Unvermögen der Rating-Agenturen),
- marktwirtschaftlichen Strukturfehlern (Trennung von Entscheidungsverantwortung und Haftung in der Aktiengesellschaft gekoppelt mit Managementanreizen auf der Basis des Shareholder Value) und
- krassem Marktversagen (Unterversorgung des Marktes mit Fundamentalinformationen, Vervielfachung durch Herdentrieb mit Blasenbildung und plötzlicher Zerstörung.)

Daher bedarf es auch einer dreifachen Veränderung:

---

[47] Herwegh, G. (1840).

- Die Qualität der Regulierungen muss verbessert, deren permanente Qualitäts-Kontrolle eingeführt werden. Dies gilt insbesondere für die Notenbank, die Bankenaufsicht, für das Finanzmarketing und die Rolle von Rating-Agenturen.

- Beim Strukturfehler „beschränkte Haftung bei voller Entscheidungsverantwortung" wird man nicht zur Fundamentallösung „Abschaffung der AG" kommen. Das „Safety Patch", das die Bundesregierung mit dem „Gesetz zur Angemessenheit der Vorstandsvergütung" geliefert hat, zeigt in die richtige Richtung, weist aber Mängel auf. Die Angemessenheitsklausel ist unklar, die im Vergleich zum Vorstand stärkere Haftung des Aufsichtsrats einschließlich der Arbeitnehmervertreter unverständlich ebenso wie die mangelnde Rücksicht auf Größe und Entwicklungsstadium (Start-up) der Unternehmung.

- Für das Marktversagen mit gezielter oder unbewusster Obstruktion des Preismechanismus gibt es bislang keine Lösung. Die Lösung über das Kartellrecht umfasst nicht die Phänomene der Blasenbildung und das Herdenverhalten. Denkbar wäre, die Aufgaben des Kartellamtes auf ein *Marktauditing* auszuweiten oder diese Aufgabe an eine *Marktstabilisierungsanstalt* zu übertragen, die Blasen frühzeitig aufspürt und zum Platzen bringt. Für gezielte Marktobstruktion sollte man sogar einen Straftatbestand schaffen.

Wer aber den Segen pauschal in *mehr* Regulierung sucht, verkennt, dass vor allem Regulierungsfehler und mangelnde Selbstreflektion der Regulierer für die Krise verantwortlich sind und ein Mehr an Regulierung dieses Problem weiter verschärft. Das gilt umso mehr für den Systemwechsel in eine Zentralverwaltungswirtschaft, den in Deutschland nicht einmal die Linke ernsthaft in Erwägung zieht, aber auch für deren Vorschlag der „Vergesellschaftung des Finanzsektors". Bei etwas Selbstreflektion sollten sich die Befürworter fragen, was zu erwarten wäre, stünde einer ihrer Politiker dem staatlichen Finanzsektor vor: Man kann den Teufel auch mit dem Beelzebub austreiben, den Bock zum Gärtner machen und vom Regen in die Traufe kommen.

Literaturverzeichnis

Bachmann, R./Uhlig, H. (2009). *Methoden in der Ökonomie - Die Welt ist nicht schwarz oder weiß.* In: Frankfurter Allgemeine Zeitung, Nr. 75 vom 30. März 2009, S. 10.

Barber, L. (2009). *Capitalism redrawn.* In: Financial Times - The Future of Capitalism, S. 3.

Becker, G./Murphy, K. (2009). *Do not let the "cure" destroy capitalism.* In: Financial Times - The Future of Capitalism, S. 40-41.

Bundesministerium für Justiz (2009). *Neues Recht für Vorstandsgehälter.* Abgerufen am 17. Juni 2009 von http://www.bmj.bund.de/enid/0,58137d636f6e5f6964092d0935373732093a095f7472636964092d0935373734/Pressestelle/Pressemitteilungen_58.html

Cünnen, H./Drost, F. /Köhler, P. (2009). *Köhler liest Sparkassen die Leviten.* Abgerufen am 17. Juni 2009 von Handelsblatt.com: http://www.handelsblatt.com/unternehmen/banken-versicherungen/koehler-liest-sparkassen-die-leviten;2365334.

Eucken, W. (1956). *Grundlagen der Nationalökonomik.* Tübingen.

Fink, L. F. (2009). *Thoughts on a crisis.* In: Financial Times - The Future of Capitalism, S. 28-31.

Fockenbrock, D./Osman, Y. (2009). *Kreditnot treibt Firmen in die Pleite.* In: Handelsblatt vom 25. Juni 2009 , S. 1, 6, 14, 21.

Gehrig, T. (2009). *Wirtschaftswissenschaften - Schadet es, wenn Ökonomen rechnen können?* In: Frankfurter Allgemeine Zeitung, Nr. 108 vom 11.05.2009 , S. 12.

Greenspan, A. (2009). *We need a better cushion against risk.* In: Financial Times - The Future of Capitalism, S. 36-38.

Greider, W. (1987). *Secrets of the Temple, How the Federal Reserve Runs the Country.* New York.

Grübel, O. J. (2008). *Über die Verlierer der Finanzkrise: Herbe Nachwehen.* Abgerufen am 17. Juni 2009 von http://www.bilanz.ch/edition/artikel.asp?Session=FD99B17E-94E4-4DAB-995C-86DB5C558040&AssetID=5165

Guerrera, F. (2009). *A need to reconnect.* In: Financial Times - The Future of Capitalism, S. 32-34.

Herwegh, G. (1840). *Die deutschen Professoren.* Abgerufen am 17. Juni 2009 von http://www.payer.de/religionskritik/herwegh01.htm

Hornig, F./Pauly, C./Reuter, W. (2009). *Part 1: Banks reopen Global Casino, Part 2: Warding of Efforts to Tighten Regulations.* In: Spiegel-online vom 28. Juli 2009. Abgerufen am 30. Juli 2009 von http://www.spiegel.de/international/business/0,1518,638732,00.html

Lawson, L. N. (2009). *Capitalism needs a revived Glass Steagall Act.* In: Financial Times - The Future of Capitalism, S. 22-23.

Nienhaus, L./Siedenbiel, C. (2009). *Was ist schiefgelaufen? Die Ökonomen in der Sinnkrise.* In: Frankfurter Allgemeine Sonntagszeitung, Nr.14 vom 05. April 2009 , S. 44.

o.V. (2009a). *Volkswirtschaftslehre - Rettet die Wirtschaftspolitik an den Universitäten!* In: Frankfurter Allgemeine Zeitung, Nr. 97 vom 27. April 2009 , S. 12.

o.V. (2009b). Thoughts on a Crisis. *Diskussion.* In: Financial Times - The Future of Capitalism , S. 28-31.

Phelps, E. (2009). *Uncertainty bedevils the best system.* In: Financial Times - The Future of Capitalism , S. 46-47.

Piper, N. (2009). *Der Prophet des Untergangs.* Abgerufen am 16. Juni 2009 von http://www.sueddeutsche.de/wirtschaft/821/456489/text/

Plickert, P. (2009). *Wirtschaftswissenschaften - Ökonomik in der Vertrauenskrise.* In: Frankfurter Allgemeine Zeitung, Nr. 103 vom 5. Mai 2009 , S. 9.

Richter, M. (1975). *Die Sicherung der aktienrechtlichen Publizität durch ein Aktienamt.* Köln.

Salisbury, J. v. (1159). *Metalogicon.* In: J. B. Hall, Ioannis Saresberiensis metalogicon, 1991, S. 46-50. Turnhout.

Schmidt, C. M./Moore aus dem, N. (2009). *Wirtschaftswissenschaften - Quo vadis, Ökonomik?* In: Frankfurter Allgemeine Zeitung, Nr. 117 vom 22. Mai 2009 , S. 14.

Sen, A. (2009). *Adam Smith´s market never stood alone.* In: Financial Times - The Future of Capitalism , S. 10-12.

Shiller, R. (2009). *A failure to control animal spirits.* In: Financial Times - The Future of Capitalism , S. 14-17.

Simon, H. (2009). *Are Derivatives Financial "Weapons Of Mass Destruction"?* . Abgerufen am 20. Juni 2009 von https://email.t online.de/kc/index.php?ctl=download_attachment &p[msgid]=13776&p[folder]=INBOX&p[at¬tachid]=2&p[hash]=&p[imapmimeid]=2&p [method]=view

Troost, A. (2009). *Vergesellschaftung des Finanzsektors statt Verstaatlichung der Verluste.* Abgerufen am 18. Juni 2009 von http://www.linksfraktion.de/wortlaut. php? artike l=1540346069

Vanberg, V. (2009). *Wirtschaftswissenschaften - Die Ökonomik ist keine zweite Physik.* In: Frankfurter Allgemeine Zeitung, Nr. 86 vom 14. April 2009 , S. 10.

Weatherford, J. (1999). *Eine kurze Geschichte des Geldes und der Währungen,* Amerikanische Ausgabe: The History of Money, New York 1997. Zürich.

Weiber, R./Adler, J. (1995a). *Positionierung von Kaufprozessen im informationsökonomischen Dreieck: Operationalisierung und verhaltenswissenschaftliche Prüfung.* In: ZfbF, 47, Heft 2 , S. 99-123.

Weiber, R./Adler, J. (1995b). *Informationsökonomisch begründete Typologisierung von Kaufprozessen.* In: ZfbF, 47, Heft 1 , S. 43-65.

Wolf, M. (2009). *Seeds of his own destruction.* In: Financial Times - The Future of Capitalism, S. 6-9.

Zydra, M. (2009). *Eine Ahnung von der Krise.* Abgerufen am 17. Juni 2009 von http://www.sueddeutsche.de/finanzen/432/464036/text/

Anhang

Anhang

Chronologie der Wirtschaftskrise

10.03.2000	Der NASDAQ-Composite-Index der New Yorker Börse erreicht sein Allzeithoch bei 5048,62 Punkten.
07.11.2000	George W. Bush wird zum Präsidenten der Vereinigten Staaten von Amerika gewählt. Durch die juristischen Probleme der korrekten Stimmenauszählung in Florida dauerte es nach der Wahl mehr als einen Monat, bis ein Ergebnis feststand.
29.12.2000	Ende der DotCom-Blase: Der NASDAQ-Composite halbiert sich bis zum 29.12.2000 auf nur noch 2552,68 Punkte.
03.01.2001	Überraschende Zinssenkung durch die US Federal Reserve um 0,5 % auf 6 %.
21.08.2001	Senkung des US-Leitzinses in weiteren sechs Schritten auf 3,50 %.
11.09.2001	Terroranschläge u. a. auf das New Yorker World Trade Center.
07.10.2001	US-Einmarsch in Afghanistan (Operation Enduring Freedom).
02.12.2001	ENRON meldet Insolvenz an.
11.12.2001	Senkung des US-Leitzinses in weiteren vier Schritten auf 1,75 %.
21.07.2002	WORLDCOM meldet Insolvenz an. Der CEO, Bernie Ebbers, wird später zu 25 Jahren und der Finanzchef, Scott Sullivan, zu fünf Jahren Haft verurteilt.
25.06.2003	Tiefststand des US-Leitzinses mit 1 %.
30.06.2004	Erste Zinsanhebung durch die Fed auf 1,25 %, 16 weitere werden folgen.
29.06.2006	Der Fed-Leitzins erreicht seinen Höchststand mit 5,25 %.
30.07.2007	In einer Ad-hoc-Mitteilung erklärt die IKB-Bank, sie sei als Folge der Krise am US-amerikanischen Subprime-Markt in eine existenzbedrohende Schieflage geraten. Gesamtschaden: 14,3 Mrd. USD.
27.08.2007	Die Pleite der Sachsen LB ist abgewendet, der Kaufpreis von 328 Mio. EUR, den die Landesbank Baden-Württemberg zahlen muss und mögliche Gesamtrisiken in Höhe von 17,5 Mrd. EUR sind abgesichert. Wertberichtigungen bis Juni 2009: 2,5 Mrd. USD.
18.09.2007	Die Fed senkt den Leitzins von 5,25 % auf 4,75 %.
12.11.2007	Nach zwei weiteren Senkungen beträgt der Leitzins nun 4,25 %.

Anhang

22.01.2008	WestLB wird vor der Pleite gerettet. Die Eigentümer (Länder und Kommunen) haben beschlossen, der angeschlagenen Landesbank mit bis zu zwei Mrd. EUR Steuergeldern unter die Arme zu greifen.
17.02.2008	England verstaatlicht die Hypothekenbank Northern Rock.
10.03.2008	Bear Stearns bezeichnet Gerüchte über Liquiditätsprobleme als „absolut unwahr".
14.03.2008	Bear Stearns räumt eine „deutliche Verschlechterung der Liquiditätslage in den letzten 24 Stunden" ein.
16.03.2008	JPMorgan Chase übernimmt Bear Stearns.
11.07.2008	Der Baufinanzierer IndyMac wird von der Bankenaufsicht geschlossen und beantragt im August Gläubigerschutz nach Chapter 11.
03.08.2008	Steuerzahler und die KfW retten die IKB-Bank mit mit ca. 11 Mrd. EUR.
10.08.2008	Fünf Zinssenkungen der Fed in 2008 führen zu einem Leitzins von 1,5 %.
06.09.2008	In einer dramatischen Rettungsaktion bereitet sich die Regierung Bush jetzt mehreren Zeitungen zufolge darauf vor, die riesigen Finanzinstitute Freddie Mac und Fannie Mae komplett zu übernehmen. So soll ein Kollaps des Kreditmarkts verhindert werden.
15.09.2008	Die Investmentbank Lehman Brothers hat Konkurs angemeldet. Die ebenfalls angeschlagene Merrill Lynch wird an die Bank of Amerika für 50 Mrd. USD in Aktien verkauft. (613 Mrd. USD Schulden). Ein Konsortium von zehn großen Instituten hat am Wochenende 70 Mrd. USD bereitgestellt, um die Folgen zu entschärfen. Das Geld soll teilnehmenden Banken zugute kommen, die in einen Liquiditätsengpass kommen. Jedes der Geldinstitute (UBS, Credit Suisse, Barclays, Deutsche Bank, Morgan Stanley, JPMorgan Chase, Goldman Sachs, Merrill Lynch, Citibank und die Bank of America) hat 7 Mrd. beigesteuert. Am gleichen Tag übernimmt die Bank of America das Investmenthaus Merrill Lynch für 50 Mrd. USD, zahlbar in Aktien.
16.09.2008	Die US-Regierung weicht von ihrem Kurs ab und rettet den kurz vor der Pleite stehenden US-Versicherer AIG. Dem zweitgrößten Versicherungskonzern der Welt wird ein Kredit über 85 Mrd. USD gewährt - im Gegenzug übernimmt der Staat etwa 80 % der Anteile des Unternehmens.
18.09.2008	Die angeschlagene britische HBOS-Bank hat sich mit der Lloyds TSB auf eine Notfusion geeinigt. Der Kaufpreis beträgt umgerechnet 15,4 Mrd. EUR.
	Nach 70 Mrd. und 50 Mrd. USD in den vergangenen drei Tagen pumpt die US-Notenbank weitere 300 Mrd. USD in die Finanzmärkte.

Anhang

19.09.2008	Die US-Regierung legt dem Kongress einen Rettungsplan für den Finanzsektor vor (Troubled Asset Relief Program TARP). Mit 700 Mrd. USD soll der Staat angeschlagenen Banken faule Kredite abkaufen. Die Aufsichtsbehörden in den USA und Großbritannien verhängen ein weitreichendes Verbot für Leerverkäufe, also den Verkauf geliehener Aktien. Das Verbot gilt in den USA für knapp 800 Titel der Finanzbranche, in Großbritannien allgemein für Finanzwerte.
21.09.2008	Goldman Sachs und Morgan Stanley geben ihren Sonderstatus freiwillig ab. Von der US-Notenbank lassen sich die Institute zu herkömmlichen Bankenholdings ernennen.
25.09.2008	Die größte US-Sparkasse Washington Mutual ist insolvent. JPMorgan Chase kauft Teile des Geldinstituts für 1,9 Mrd. USD.
28.09.2008	Die Regierungen der Niederlande, Belgiens und Luxemburgs retten den Finanzkonzern Fortis. Für insgesamt 11,2 Mrd. EUR übernehmen sie jeweils 49 % an den Fortisaktivitäten in ihren Ländern.
29.09.2008	Bundesregierung und Bankenbranche springen dem Münchner Immobilienfinanzierer Hypo Real Estate (HRE) mit Krediten und Bürgschaften von insgesamt 35 Mrd. EUR bei.
	In Großbritannien wird die Hypothekenbank Bradford & Bingley verstaatlicht. Der Steuerzahler steht für Hypotheken und Kredite in Höhe von 63 Mrd. EUR gerade. Die Spareinlagen und das Filialnetz werden für rund 770 Mio. EUR vom spanischen Bankenriesen Santander übernommen. Es geht um 2,7 Millionen Kunden mit Einlagen von 25 Mrd. EUR.
	Island übernimmt die drittgrößte Bank Glitnir. Der Staat bekommt 75 % der Anteile für umgerechnet 600 Mio. EUR.
	US-Bank Wachovia geht an den US-Finanzkonzern Citigroup.
	US-Bank Morgan Stanley verschafft sich eine Kapitalspritze in Milliardenhöhe und holt den japanischen Finanzkonzern Mitsubishi UFJ als neuen Großaktionär an Bord.
	Im ersten Anlauf scheitert das Rettungspaket über 700 Mrd. USD der Regierung Bush. Der Dow Jones Index fällt um 700 Punkte.
30.09.2008	Belgien, Frankreich und Luxemburg greifen dem Immobilienfinanzierer Dexia mit einer Kapitalerhöhung von 6,4 Mrd. EUR unter die Arme. Die irische Regierung beschließt unbegrenzte Garantien für Einlagen in großen Banken des Landes.
	Die BayernLB braucht eine Finanzspritze über 1 Mrd. EUR. Bisher hat die BayernLB Ausfallrisiken aus der Finanzmarktkrise in Höhe von 4,9

Anhang

	Mrd. EUR genannt. Dazu kommen aus der Lehman-Pleite aktuell weitere Risiken, die der BayernLB-Sprecher auf rund 300 Mio. EUR beziffert.
01.10.2008	Die EU-Kommission schlägt strengere Regeln für Banken vor. Sie sollen sich unter anderem stärker gegen Risiken absichern. Die französische Finanzministerin Christine Lagarde bringt einen EU-Notfond zur Rettung von Banken ins Gespräch. Die Idee wird in Berlin prompt abgeschmettert.
	Das US-Militär stationiert eine aktive reguläre Armee-Kampfeinheit auf Dauer im Innern der Vereinigten Staaten. Sie soll für Notfälle bereit stehen, unter anderem zur Bekämpfung ziviler Unruhen.
02.10.2008	Auch Griechenland spricht eine unbegrenzte Garantie für Bankeinlagen aus.
03.10.2008	Das Rettungsprogramm TARP über 700 Mrd. USD der US-Regierung wird gebilligt. Großbritannien erhöht die Garantieobergrenze für Bankeinlagen von 35.000 auf 50.000 Pfund (64.200 EUR). Es war befürchtet worden, dass angesichts der unbegrenzten Bürgschaften in Irland Kunden massiv ihre Einlagen von britischen in irische Banken verlagern. Die Niederlande übernehmen den niederländischen Teil von Fortis für 16,8 Mrd. EUR komplett.
04.10.2008	Die Staats- und Regierungschefs Frankreichs, Deutschlands, Großbritanniens und Italiens beraten bei einem Sondergipfel in Paris über die Finanzmarktkrise.
	Die Finanzhilfe von 35 Mrd. EUR für Hypo Real Estate (HRE) (8,5 Mrd. EUR Banken, 26,5 Mrd. EUR Bund) reichen nicht aus, die Banken ziehen ihr Angebot zurück. Es wird erwartet, dass mindestens 50 Mrd. EUR notwendig sind.
05.10.2008	Die Bundesregierung der BRD spricht eine Garantie für alle Spareinlagen in der BRD aus. Die Spareinlagen werden auf ca. eine Billion EUR geschätzt. So soll Panik vermieden werden, damit die Sparer ihre Einlagen bei den Banken lassen. Das ist aber lediglich eine Absichtserklärung ohne gesetzlichen Rückhalt.
	Bundeswehreinsatz im Inneren soll genehmigt werden. Eine entsprechende Änderung des Artikel 35 GG wird angekündigt.
06.10.2008	Der DAX sackt in den ersten Handelsminuten um 4,54 % auf 5533,57 Punkte ab. In Tokio bricht der Nikkei-Index um 4,25 % ein: Das Börsenbarometer verliert am Montag 465,05 Punkte und schließt mit 10.473,09 Punkten. Die Börsen in Asien brechen ein.
	EZB akzeptiert Sicherheiten zur Refinanzierung, die sie vorher nicht akzeptierte. Die Fed zahlt 1,9 % Zinsen für Pflichtsicherungseinlagen der Banken bei ihr. In Indien wird die Pflichteinlage um einen halben

Anhang

Prozentpunkt auf 8,5 % gesenkt. Das verschafft dem Finanzmarkt 4,2 Mrd. USD mehr Volumen.

07.10.2008 Per Notstandsgesetz verstaatlicht Island alle Banken, um einen Staatsbankrott zu verhindern. Island ruft IWF zur Hilfe. Opelwerke in Deutschland stoppen Produktion für 3 Wochen. Erste Anzeichen einer Deflation und Wirtschaftskrise. Auch BMW stoppt die Produktion in der letzten Oktoberwoche aufgrund von Verkaufseinbrüchen besonders in den USA.

Der IWF prognostiziert die Verluste durch die Finanzkrise weltweit schon auf 1,4 Billionen USD.

08.10.2008 Die britische Regierung stellt dem Finanzsystem umgerechnet 65 Mrd. EUR zur Verfügung und die Zentralbank vergibt weitere 258 Mrd. EUR an kurzfristigen Krediten, um die Liquidität der Banken zu sichern. Antrieb dafür war der massive Kurseinbruch der Banktitel von bis zu 50 % ihres Börsenwertes.

Die Moskauer Leitbörse RTS stoppte den Handel wegen panikartiger Ausverkäufe "bis auf weitere Anweisung der Wertpapierbehörde". In Frankreich, Ungarn, Rumänien und Indonesien wurden die Geschäfte zumindest vorübergehend mit bestimmten Aktien ausgesetzt.

Sechs der führenden Notenbanken (EZB, Fed sowie die Zentralbanken von Grossbritannien, Kanada, der Schweiz und Schweden) treten der Finanzkrise mit einer gemeinsamen Zinssenkung von 0,5 Basispunkten entgegen. Unter anderem die Europäische Zentralbank (EZB), die US-Notenbank (Fed) und die britische Bank of England (BoE) kappten am Mittwoch in einer konzertierten Aktion die Leitzinsen. Japan senkt seine Zinsen nicht, weil es bereits einen Zinssatz von 0,5 % hat.

09.10.2008 Der Wochenverlust des deutschen Aktienindexes DAX beträgt 22 %. EZB-Chef Trichet bittet um "Vernunft" der Anleger, weil die Leitzinssenkung keinerlei Erfolge an den Aktienmärkten zeigt. Er ist der Meinung, sie sollen wieder zu "normalen" Geschäften übergehen.

Wachovia-"Schrott": Citigroup und Wells Fargo entdecken bei Buchprüfung der viertgrößten Bank der USA mit knapp 3500 Filialen im ganzen Land Unsummen von minderwertigen Anlagen. Trotzdem will die Fed vermitteln und den Verkauf vorantreiben.

Die deutsche Niederlassung der isländischen Kaupthing Bank in Frankfurt am Main stellte ihren Geschäftsbetrieb ein. Die Finanzaufsicht hat die Konten der verstaatlichten isländischen Bank eingefroren.

Der Dow Jones schließt mit fast 700 Punkten im Minus (7,33 %). Grund für den Absturz um über sieben Prozent ist die Erklärung einer Kredit-Rating-Agentur, sie erwäge eine Herabstufung von General Motors. Der Aktienkurs von GM bricht daraufhin um 31 % ein.

Eine Lehman Brother Auktion bringt für jeden USD lediglich nur 10 Cent, was einen Ausfall von ca. 360 Mrd. USD bedeutet, die der amerikanische Steuerzahler oder der Sicherurungsfond zu übernehmen hat.

G7-Staaten: USA, Japan, Deutschland, Großbritannien, Frankreich, Kanada und Italien einigen sich auf einen Krisenplan zur Finanzkrise in Washington. Sie verpflichten sich, "weiter zusammenzuarbeiten, um die Finanzmärkte zu stabilisieren, die Kreditströme wieder herzustellen und globales Wirtschaftswachstum zu fördern". Zudem verpflichten sich die Finanzminister und Notenbanker dazu, nationale Einlagensicherungen zu garantieren. Ebenso sollen die G24-Staaten die ärmsten Staaten mit zusätzlichen Finanzhilfen unterstützen.

11.10.2008	US-Finanzminister Paulson will durch den staatlichen Ankauf von Bankanteilen privatem Kapital einen Anreiz geben, der staatlichen Initiative zu folgen.
	Bundeskanzlerin Angela Merkel stellt eine Rettungspaket von übcr 400 Mrd. EUR für die Finanzunternehmen in Aussicht und das per Gesetz. Noch ist nichts offiziell. Dieses Rettungspaket braucht aber eine Gesetzesänderung, die schnellstens durchgeboxt werden soll.
13.10.2008	Euphorie macht sich an den Weltbörsen breit. Der Nikkei bleibt heute wegen eines Feiertages geschlossen. Doch der Hang Seng startet mit bis zu 10 % Plus in den Tag. Dax und Dow Jones schließen mit über 11 % im Plus.
	Fred Goodwin ist als Chef der Royal Bank of Scotland zurückgetreten. Außerdem hat die Großbank einen Bedarf von 20 Mrd. Pfund an frischem Kapital angemeldet.
	Das Rettungspaket der BRD mit 480 Mrd. EUR wird bestätigt. Frankreich verspricht 370 Mrd. EUR. Die Garantien des Fonds sollen bis 31.12.2009 gelten, also über den Bundestagswahltermin hinaus. Weiterhin will Merkel 22 Mrd. EUR in Bildung investieren.
15.10.2008	Fed-Chef Ben Bernanke bescheinigt, Amerika stehe am Beginn einer Rezession.
	Die Schweizer Regierung rettet UBS mit 43 Mrd. EUR.
17.10.2008	Der deutsche Bundestag stimmt dem Rettungspaket für Banken in Höhe von 500 Mrd. EUR zu. Im Schnelldurchlauf sollen im Laufe des Tages Bundesrat und Bundespräsident das Gesetz absegnen.
	China will die Kontrolle der Kreditvergabe verschärfen. Banken dürfen dann nur zweckgebunden ausbezahlen und müssen die Verwendung anschließend kontrollieren. Das scheint ein effektives Mittel gegen Missbrauch und Betrug zu sein. Europa und die USA pochen dagegen auf Basel II.

Anhang

19.10. 2008	Die BayernLB meldet als erste Bank in Deutschland einen Milliardenbedarf an.
21.10.2008	Die Aktie der MünchnerRück wird vorübergehend vom Handel ausgeschlossen.
22.10.2008	Bundeskanzlerin Angela Merkel geht auf Welttournee und wirbt für eine neue globale Finanzordnung - dazu besucht sie die "Schwellenländer" Indien und China. Hier wir klar, dass die neue Weltordnung ins Wanken kommen kann, wenn die neuen großen Länder sich nicht anschließen wollen.
26.10.2008	Ukraine (16,5 Mrd. USD) und Ungarn (Summe noch unklar) erhalten Finanzpaket vom IWF. Ungarn muss sich im Gegenzug verpflichten, die Wirtschaft zu reformieren.
29.10.2008	Fed senkt Leitzins auf 1 %, so tief wie 2003.
02.11.2008	Die neuen Bilanzierungsregeln treten in Kraft. Unter bestimmten Umständen ist eine Umklassifizierung der bisher in der Kategorie Held-For-Trading dem strengen Zeitwertprinzip unterworfenen Finanztitel in die Gruppe Held-To-Maturity möglich, wo sie zu Anschaffungskosten bewertet werden.
03.11.2008	Die Commerzbank nimmt 8,2 Mrd. EUR vom Staat als Kapitalspritze an (keine Bürgschaft), es soll eine stille Einlage sein - also ohne Mitspracherecht des Staates bei der Bank. Dafür sollen pro Jahr zwischen 400 Mio. und 500 Mio. EUR Zinsen gezahlt werden (ca. 4,8 % bis 6 % Zinsen). Des Weiteren werden 15 Mrd. als Bürgschaft vom Staat angenommen, um Anleihen zu kaufen. Noch ist unklar, ob es hier um Staatsanleihen handelt - das wären neue Schulden vom Staat, die nicht in der Neuverschulden auftauchen.
	HSH-Nordbank beantragt eine Bürgschaft von 30 Mrd. EUR. Ihr Defizit errechnet sich aus der Lehman-Insolvenz und aus isländischen Anleihen. Nach neuen Bilanzierungsregeln ergibt sich trotzdem noch ein Minus von 2,3 Mrd. EUR.
	Umsatzeinbruch in den USA bei BMW, Porsche und Daimler. Daimler verkauft fast 25 % weniger Autos in den USA.
05.11.2008	Kreissparkassen, die als sicher vor Spekulationen galten, melden auch Defizite aus der Lehman-Insolvenz, die anscheinend auf die Landesbanken zurückzuführen sind.
	Barack Obama wird zum neuen US-Präsidenten gewählt.
07.11.2008	General Motors eröffnet Autowerk in St. Petersburg mit 1700 Arbeitsplätzen.

Anhang

10.11.2009	Die Deutsche Bank setzt das Kursziel für die GM-Aktie auf Null, auch staatliche Hilfe können General Motors nicht aus der Krise helfen. Mit einer GM-Pleite könnten 2,5 Millionen Menschen ihre Arbeit verlieren.
11.11.2008	American Express und die Tochtergesellschaft Centurion Bank werden zu einer "normalen" Bank, damit sie Gelder aus dem 700 Mrd.-US-Programm beantragen können. Die Kreditkartenschulden der Amerikaner wachsen immer weiter an.
14.11.2008	Citigroup, ein großer US-Kreditkartenanbieter, kündigt die Streichung von 10000 Stellen an.
21.11.2008	Die LBBW erhält 5 Mrd. EUR von ihren Teilhabern, der Kreissparkasse und der Stadt Stuttgart. Autobank General Motors GMAC will als Geschäftsbank die Milliardenhilfe aus dem US-Rettungspaket anzapfen.
23.11.2008	England senkt die Mehrwertsteuer von 17,5 % auf 15 % und will damit das Weihnachtsgeschäft ankurbeln. Weitere drei regionale US-Banken sind pleite. Damit sind jetzt bereits 22 Bankhäuser konkurs und Experten erwarten, dass weitere von 8400 Banken in den USA folgen werden.
24.11.2008	Die US-Regierung rettet Citigroup mit Bürgschaften über 306 Mrd. USD und einer Finanzspritze von 20 Mrd. USD. Der Dax haussierte mit einem rekordverdächtigen Plus von 10,3 %.
26.11.2008	EU beschließt 200 Mrd. EUR Konjunkturpaket für die Wirtschaft.
28.11.2008	BayernLB braucht noch einmal 10 Mrd. EUR Hilfe vom Land.
04.12.2008	Deutscher Bundestag beschließt Konjunkturpaket mit einem Umfang von 31 Mrd. EUR für die nächsten beiden Jahre. EZB senkt Leitzins um 75 Basispunkte auf 2,5 %.
07.12.2008	Bush stellt den US-Autokonzernen 17 Mrd. USD zur Verfügung. Das reicht für ein Durchhalten bis zur Präsidentschaftsübernahme von Obama.
16.12.2008	Fed senkt Leitzins auf 0 %.
17.12.2008	Daimler Sindelfinden geht bereits am 17. Dezember 2008 in die Weihnachtsferien, der Produktionsstart im neuen Jahr ist noch nicht bekannt.
20.12. 2008	Lettland erhält Notkredit. Die Europäische Union greift Ungarn mit Milliardenhilfen unter die Arme. Die baltische Republik bekommt 3,1 Mrd. EUR aus Brüssel, auch der IWF und die Weltbank springen ein. Nach Ungarn waren 6,5 Mrd. EUR aus Brüssel geflossen.

Anhang

25.12.2008	Jetzt will auch die Fed bei GM mithelfen. GMAC, die hauseigene Bank von General Motors, wurde in eine normale Bank umgewandelt und kann jetzt auf den 700 Mrd. USD Rettungsschirm der USA zugreifen.
08.01.2009	Für eine weitere Kapitalspritze an die Commerzbank von zehn Mrd. EUR erhält die BRD 25 % plus eine Aktie an Anteilen. Aktien im Wert von 8,2 Mrd. ohne Mitspracherecht und lediglich Aktien im Wert von 1,8 Mrd. EUR mit Stimmrecht.
13.01.2009	US-Großbank Citigroup legt ihr Handelsgeschäft mit der Investmentbank Morgan Stanley zusammen. Somit verwalten sie jetzt insgesamt 1,3 Billionen USD Kundengelder. Deutschland: Konjunkturprogramm mit 50 Mrd. EUR wird verabschiedet.
14.01.2009	Die Deutsche Bank schockt damit, dass sie 4,8 Mrd. EUR in den letzten drei Monaten des Vorjahres (2008) verloren hat und das nach den neuen Bilanzierungsregeln.
15.01.2009	EZB senkt Leitzins auf 2 %.
16.01.2009	Citigroup meldet für das 4. Quartal 2008 einen Verlust von 8,3 Mrd. USD, das macht für 2008 einen Gesamtverlust von 18,7 Mrd. USD.
20.01.2009	Hypo Real Estate erhält weitere 12 Mrd. EUR Garantien, insgesamt sind bis jetzt 42 Mrd EUR vergeben. Insgesamt mit Bürgerschaften erhielt die HRE bis jetzt ca. 94 Mrd. EUR. Über weitere Kapitalaufstockung und Garantien wird noch verhandelt.
18.02.2009	LBBW hat einen Verlust von 2,1 Mrd. EUR für 2008 ausgewiesen.
19.02.2009	Gemäß Pressemeldungen benötigt die Hypo Real Estate weitere 20 Mrd. EUR Garantien. Bis heute hat die HRE insges. 102 Mrd. EUR vom Staat erhalten.
24.02.2009	HSH Nordbank wird mit einer Kapitalspritze von 3 Mrd. EUR durch die Länder Hamburg und Schleswig-Holstein vorerst gerettet. Außerdem bekommt die gemeinsame Landesbank eine Kreditgarantie von 10 Mrd. EUR.
05.03.2009	DZ Bank (Zentralbank der Raiffeisen-Banken) bestätigt Verlust von vier Mrd. EUR nach Steuern.
06.03.2009	Der Britische Staat übernimmt 75 % an Lloyds und versichert faule Wertpapiere im Volumen von 250 Mrd. Pfund (278 Mrd. EUR). Die Lloyds Banking Group ist aus der Notfusion von Lloyds TSB und der Halifax Bank of Scotland (HBOS) entstanden. Die Übernahme der Krisenbank HBOS hatte der neuen Bankengruppe einen Milliardenverlust beschert.

Anhang

09.03.2009	Gemäß "Wall Street Journal" hat die amerikanische Versicherungsgesellschaft AIG insgesamt 62 Mrd. USD nach der spektakulären Rettungsaktion der US-Regierung an andere Banken weitergeleitet. Darunter sind sechs Mrd. an die Deutsche Bank und sechs Mrd. an Goldman Sachs. Weitere 50 Mrd. USD gingen an andere, nicht namentlich genannte Banken.
10.03.2009	Die Citigroup verzeichnet für Januar und Februar 2009 schwarze Zahlen.
13.03.2009	China bittet um US-Zahlungsfähigkeitsnachweis. Die chinesische Regierung hat die USA aufgefordert, alles zu unternehmen, damit ihre Glaubwürdigkeit bezüglich der Rückzahlung ihrer hohen Staatsschulden untermauert wird. „Wir haben eine riesige Geldsumme an die USA verliehen, deshalb sind wir natürlich besorgt über die Sicherheit unserer Finanzanlagen", erklärte Wen Jiabao. "Ich habe tatsächlich einige Sorgen", unterstrich der Ministerpräsident.
17.03.2009	American Express hat wegen der steigenden amerikanischen Arbeitslosigkeit im vergangenen Monat einen Anstieg der Kreditausfälle verzeichnet. Die Ausfallrate sei im Februar auf 8,7 % von 8,3 % im Vormonat gestiegen.
23.03.2009	Nach den neuesten Schätzungen soll das Bruttoinlandsprodukt in 2009 um sechs bis sieben Prozent einbrechen, schreiben die Volkswirte der Commerzbank in einer Studie. „Ende 2010 werden wir dann nicht mehr weit weg von fünf Mio. Arbeitslosen sein".
26.03.2009	China fordert nachdrücklich eine neue Leitwährung.
25.04.2009	Laut einem Geheimpapier der Bafin liegen bei deutschen Geldinstituten toxische Kredite in Höhe von 816 Mrd. EUR: - Landesbanken: 355 Mrd. EUR, davon 180 Mrd. toxische Papiere, 175 Mrd. EUR derzeit nicht handelbare Papiere. Allein für die HSH Nordbank setzt die Bafin rund 100 Mrd. EUR an – etwa 13 Mrd. EUR davon sollen Giftpapiere sein. Nach Informationen der "SZ" sind bei der Landesbank Baden-Württemberg 92 Mrd. in der Bilanz, bei der Westdeutschen Landesbank 84 Mrd. EUR; - Hypo Real Estate: 268 Mrd. EUR; - Volks- und Raiffeisenbanken: 54 Mrd. EUR, 25 Mrd. EUR davon toxische Papiere und 29 Mrd. derzeit nicht handelbare Papiere; - Privatbanken wie Commerzbank und Deutsche Bank: 139 Mrd. EUR. Davon werden 53 Mrd. EUR als toxisch angesehen, 86 Mrd. als nicht handelbare Papiere. Die Deutsche Bank hat allerdings so gut wie keine Giftpapiere.
28.04.2009	Daimler meldet 1,4 Mrd. EUR Verlust.
30.04.2009	Chrysler reicht Insolvenzantrag ein.

04.05.2009	Porsche kommt ins Straucheln. Die Finanzierung der VW-Übernahme klappt nicht. Gemäß Spiegel sind die Verhandlungen für die Verlängerungen der Kredite schwierig.
05.05.2009	Die EU verdoppelt wegen der schweren Wirtschaftskrise die potenzielle Krisenhilfe für die osteuropäischen Mitgliedstaaten von 25 Mrd. auf 50 Mrd. EUR.
08.05.2009	EZB senkt Leitzins auf 1 %.
22.05.2009	Der Zusammenbruch der Bank United FSB in Florida mit einer Bilanzsumme von umgerechnet rund 9,2 Mrd. EUR ist der bisher größte Fall in 2009 - und das bereits 34. Opfer seit Jahresbeginn.
01.06.2009	GM (General Motors) reicht Insolvenzantrag ein.

Index

1

11. September ... VI, 6, 13, 16, 19, 21, 33, 35, 49, 86, 208f., 216, 342

A

ABCP siehe Asset Backed Commercial Papers
ABS siehe Asset Backed Securities
ADHGB 121, 123, 135, 140
Adjustable Rate Mortgage .... XVI, 42f., 56, 147
Adverse Selection 54
AIG siehe *American International Group*
A-Journals .... 338ff., 358f.
ALG .... XV, 313
Allianz .... XV, 160, 275
Allokation 69, 344, 352, 354
ALR .... XV, 120
Alt-A 40, 51, 87, 88, 153, 154
Ambac .... XV, XXI, 154, 160
American Express 374, 376
American International Group ...... XV, 82, 157, 160, 221, 230f., 235, 264, 368, 376
Anlagevermögen 118
Anschaffungskostenprinzip ... 115, 119, 121, 136, 138
Arbeitslosengeld .... XV, 312f., 318, 321
Arbeitslosenquote .... 14, 17, 21, 212f.
ARCANDOR 201
ARM siehe Adjustable Rate Mortgage
ASEAN XVI
Asset Backed Commercial Papers .. XV, 71, 81, 148
Asset Backed Securities .... XI, XV, XVII, XXI f., 67, 69ff., 77, 79ff., 88ff., 103, 145, 147, 149f., 153f., 162, 221, 225, 230, 267
Atrasius 205
Ausfallrisiko 22, 41, 82, 104, 215
Available-for-Sale .... 124ff.
Axa 105, 160

B

Bad Bank .... 190ff.
Baetge 139
Banco Santander 160, 266
Bank of America. XVI, 156, 157, 160, 223, 226, 229, 235, 368
Bank of England .... XVI, 241 f., 248ff.
Bank of Ireland 160, 271, 276
Bank Run 154, 250, 265
Bank United FSB 377
Bankgesellschaft Berlin 146
Barclays 160, 368
Basel II .... VIII, 80, 92, 109, 110, 344, 372
Basispunkt(e) . XVI, 10, 20, 77, 177, 188, 246, 249, 374
BayernLB 146, 150, 160, 369
Bear Stearns ..... 156 f., 160, 205, 221, 226, 228 f., 264, 277, 343, 368
Berkshire Hathaway 160
Bernanke, Ben ... 7, 11, 17, 19, 22, 24, 38, 39, 43, 44, 145, 343, 372
Bewertungsregeln ...... XI, 115, 117, 121, 128, 138
BGH 356
Bilanzverkürzung 73
BIP .... XVI, 14, 207ff., 317, 324ff.
Bistro-Deal 69, 91
Bloomberg 14f., 86, 128f., 149ff., 153, 155, 158, 160, 200, 208f., 210ff., 217f., 247

379

Index

BMW 172, 371, 373
BNP Paribas 160
BoA siehe *Bank of America*
Board of Governors ....6 f., 9, 24, 231, 242, 247, 256
BoE siehe Bank of England
Bonität.......XV, 10, 15, 40, 42, 49, 51, 54, 78, 80, 86ff., 99, 103 f., 127f., 147, 215, 241
BP siehe Basispunkt(e)
Bradford & Bingley 266, 276, 369
Bush, George W. 7, 59f., 367f., 374

C

Caisse d'Epargne 160
Case Law 123
Case Shiller 86
Cash-Flow 207
CBO siehe Collateralized Bond Obligation
CDO siehe Collateralized Debt Obligation
CDO-squared 90, 92
CDS siehe Credit Default Swaps
CESR .... XVII, 106, 109, 113
Chapel Funding LLC 150
China.... 17, 160, 208, 218, 271, 372, 373, 376
Chrysler 376
Citigroup... 57, 82, 86, 157, 160, 264, 279, 369, 371, 374ff.
Citröen/Peugeot 270
CLO siehe Collaterized Loan Obligation
CMBS siehe Commercial Mortgage Backed Securities
Code de Commerce 120
Code Law 122
Collateralized Bond Obligation ... XVII, 70

Collateralized Debt Obligation .... XV, XVII, XXII, 69f., 78f., 81, 83ff., 88, 90ff., 94, 103, 105f., 117, 145, 146f., 150, 153f., 156, 221, 225, 229f., 344ff., 349, 355
Collateralized Loan Obligation.... XVII, 70
Commercial Mortgage Backed Securities .... XVII, 70, 153, 154
Commercial Papers 151
Commerzbank ..146, 150, 160, 189, 267ff., 275, 373, 375f.
Conduits 81, 146
Corporate Governance 347
CPI 14
Credit Default Swap .... XVII, 156, 221
Credit Enhancement .... 81f.
Credit Suisse 160, 343, 368
Credit-Event 74

D

Daimler 373f., 376
DAX .... XVII, 370
Debt payment-To-Income-ratio ..XVIII, 40
Deflation 213, 217, 371
De-Kommodifizierung 309
Deleveraging 180
Deregulierung 59
Derivat 133
Deutsche Bank ..134, 139, 146, 150f., 160, 162, 178f., 188, 194, 267, 368, 374ff.
Dillan Read Capital 152
Diskontpolitik 8, 10
Diskontsatz .... 10, 19f.
Diversifikation 79, 81
Dominoeffekt 130, 132, 137, 262
Dow Jones .... 11, 13, 203, 371f.
Dresdner Bank 146, 150, 160
DZ Bank 146, 160, 375

E

EG Verordnung 133
Eigenkapitalrendite 80
ENRON 367
EONIA .... XVIII, 243ff., 257, 273
Erwartungsverlust 103
ESZB .... XVIII, 241
EU .... XVIII, 123, 184, 370, 374, 377
Euler-Hermes 205
EURIBOR .... XVIII, 273
Eurohypo 150, 188
Eurosystem 9, 26, 257
Export 16, 208, 210, 337
EZB XVIII, 8, 10, 127, 135, 139, 167, 175, 179, 180, 182ff., 186, 188f., 191, 194, 201, 241ff., 247ff., 257, 370f., 374f., 377

F

Fair-Value .. XIX, 117, 122ff., 132, 134ff., 154
Fannie Mae ..XVIII, XIX, 50, 59, 156, 160, 263f., 368
FBI .... XVIII, 60f.
FDIC 117, 132, 140
Fed siehe Federal Reserve System
Federal Funds Rate . .XVIII, 10f., 13, 17, 19, 22, 36, 245f.
Federal Open Market Committee ..XIX, 6f., 245, 257
Federal Reserve Reform Act 8
Federal Reserve System ....XI, XVIII, 3, 5ff., 11, 16f., 19ff., 26, 37, 49, 104, 145, 156, 157, 201, 241f., 245ff., 264f., 341f., 367f., 370ff.
FFR .... XVIII, 245, 246, 247, 248, 253
FICO .... XIX, 40
Financial Stability Plan 264f., 278
Finanzsystemkrise .... XII, 281
Finanzwirtschaft ..Vff., XII, XXVf., 143, 199, 216, 267

First-Loss (Piece) ... 75ff., 80, 85, 89, 91f., 147
Fitch 73, 101f., 104, 129
Fix-to-Float-Struktur 129
FMStG .... XIX, 184f., 193, 268
FOMC .... XIX, 6f., 9, 13, 18, 245ff., 257
Ford 241
Fortis 160, 369, 370
Frankreich . 119, 122, 218, 270, 273, 324, 369, 371
Fraud For Housing 60
Fraud for Profit 60
Freddie Mac XVIII, XIX, 50, 59, 156, 160, 263f.
FSO .... XIX, 242ff.
Fuld, Richard 136, 224f., 228, 230, 234
Fundamentalinformationen ... 335, 346, 353, 360

G

Gauss-Copula 105
GDP .... XIX, 207
Geldmarkt 81, 151, 194, 241, 243ff., 248, 250f., 255
Geldmenge .... 6, 9ff., 20, 23, 189, 213f.
General Motors 371, 373ff., 377
Gewinnteilung 288
Gharar 289
Gier .... VII, 5, 298, 346
Ginnie Mae .... XIX, 50, 59
Globalisierung 337
GM siehe General Motors
GMAC .... 374f.
Going-Concern 138
Goldman Sachs 157, 160, 368f., 376
Goldstandard 12
Greenspan, Alan .. 5, 7, 11ff.,16f., 23, 25, 42f., 69, 91, 253, 343, 347f., 362
Großbritannien .... 201, 218, 223, 242, 248ff., 259, 261, 265f., 270, 273f., 324, 327, 329, 369f.
Grübel 221, 234, 343, 348f., 362

H

halal 287
Handelsrecht 115, 120f., 125, 137
haram 287
Haushaltseinkommen .... 14f.
Hauspreisindex 15
HBOS 160, 368, 375
Helaba 146
Held-for-Trading .... .124ff., 132, 134f.
Held-to-Maturity .... 124ff.
Herdenverhalten ..335, 345f., 348f., 354, 358, 361
Herstellungskosten 118, 121f., 135
HGB 121ff., 148
Household Finance .... XIX, 43
HRE siehe Hypo Real Estate
HSBC .... XX, 43, 145, 150, 160
HSH (Nordbank) ... XX, 42, 146, 160, 171, 373, 375f.
hybrid ARM .... XVI, 42
Hypo Real Estate .... XIX, 151, 160, 267ff., 277, 341, 369f., 375f.
Hypothekendarlehen 39ff., 59f., 204, 264
Hypothekenmakler 55f., 58, 62
Hypothekenmarkt XI, 18, 22, 29, 31, 36, 40, 49, 55, 59, 152, 155, 204, 261, 267
Hypothekenzinsen ... 14, 18, 38, 41, 263, 308
Hypo-Vereinsbank 146

I

IAS 122f., 132ff., 140
IASB 122, 132, 135
IFRS 122ff., 134, 140
IKB ....XX, 90, 146, 148, 160, 162, 205, 267, 277, 344, 367
Industrieproduktion 207, 209, 317
IndyMac 90, 155, 160, 228, 368
Inflation VIII, 12, 14, 16, 18 f., 22, 26, 36, 43, 213f., 254, 296, 328

ING .... XV, 160
Interbankenmarkt 90, 177, 183, 209, 242, 250, 252f., 265, 273, 300, 355
IOSCO .... XX, 106, 108f., 111, 113
Irland ...... V, 123, 211, 215, 218, 271, 274, 370
Islam .... 287ff., 294, 296, 302f.
Islamic Banking ...... VII, XII, 283, 285ff., 290, 293ff., 301ff.
Island .... V, 218, 270, 369, 371
IWF .... XX, 146, 158, 270, 371, 373f.

J

Japan ...V, XX, 16, 23, 122, 159, 160, 201, 203, 208, 210, 214, 216, 218, 271, 337, 371
Johnson & Johnson 79
JPMorgan ...... 69, 91, 105, 156f., 160, 264, 277, 368f.
Junior-Tranche .... 75ff.

K

KBC 160
Kettenreaktion 43, 132, 261
KfW ....XX, 149, 173, 190, 194, 200f., 267, 269, 277, 303, 368
Konjunkturpaket 269, 275, 319, 324, 374
Konsum . 14ff., 18, 23, 31f., 34, 204, 210, 213, 218, 252, 321
Konsumverhalten ..... VI, XI, 29, 31f., 41, 43, 204
Koran 288f., 300
Kreditausfallwahrscheinlichkeit 103
Kreditklemme .. 167, 173f., 193, 201, 344
Kreditvergabe(prozess)…VI, XII, 10, 23, 40, 51ff., 55, 59, 62, 91, 167f., 174ff., 180ff., 186, 190ff., 202, 244ff., 252f., 261, 265f., 273, 308, 372

Index

L

Lafontaine 307, 332
Länderrating 215
Landesbank Baden-Württemberg ..XX, 90, 146, 149, 151, 160, 367, 374ff.
Lazard Frères 69
LBBW siehe *Landesbank Baden-Württemberg*
Lehman (Brothers)..... VIff., XII, 20, 91, 128f., 136f., 140, 156f., 160, 177, 200, 205, 209, 216, 219, 221ff., 241, 244, 248, 261, 307, 337, 343, 355, 368, 370, 372f.
Leitzins ...6, 10f., 13ff., 19ff., 36, 86, 254, 367f., 373ff., 377
Lender of Last Resort ... XX, 239, 251ff., 255
Lettland 374
LIBOR .... XVIII, XX, 77, 248ff.
Ijara 292
Lloyds 160, 368, 375
Loans and Receivables 124
LOLR siehe Lender of Last Resort
LTV ....XXI, 40

M

Mack, John 225
Marketing. VI, XI, 47, 49, 54f., 58f., 62f., 343, 356
Marktauditing 357f., 361
Mark-to-Market .... 131f.
Marktstabilisierungsanstalt 357, 361
Marktversagen...... VIII, 337, 342, 345ff., 351f, 355, 358, 360f.
MBIA .... XV, XXI, 154, 160
MBS siehe Mortgage Backed Securities
Mehrfachtranchierung 78, 79
Mellon Asset Management................... 150
Merkel, Angela .... 167, 192, 372f.
Merrill Lynch............... 86, 156f., 160, 368
Metro 172

Mezzanine-Tranche .... 75ff.
Mindestreserve 9, 11, 246
Misstrauen...................... 90, 92, 178, 209
Monetary Policy Committee...... ...XXI, 248f.
Monoliner... 153f.
Moody's 43, 73, 99, 101ff., 108
Moral Hazard ... 22, 54, 55, 77, 252, 253, 255, 262
Morgan Stanley 157, 160, 368f., 375
Mortgage Backed Securities ....XVII, XXIf., 21f., 50f., 60, 70, 86ff., 107, 117, 145, 147, 263, 278
Mortgage Fraud Task Force 61
MPC siehe Monetary Policy Committee

N

NASDAQ..................................... 12, 367
Natixis 160
négociant 119, 135, 140
Neubauten.................................... 38, 206
New Economy 5f., 12, 23, 34, 49, 86
Northern Rock... 154, 160, 205, 249f., 252, 254f., 265f., 276, 368
NRSRO.............................. XXI, 102, 345

O

Obama...373f.
OECD ....XXI, 317ff., 332
Offenmarktausschuss 7
Offenmarktgeschäft(e).........8ff., 20, 189, 242, 245ff., 250, 253f.
Originator............. 52, 55, 71, 73f., 80, 82
Ormond Quay 146, 149, 162
Osservatore Romano ....VII, 285, 303
Österreich ....218, 271, 274f.
Outright Operations 10

P

Paulson, Henry 145, 225, 228ff., 233, 278, 372
Pflegeversicherung ... 311, 314, 330, 333
Porsche 373, 377
Preisstabilität 8, 16, 242
Primary Dealers 10
Prime 39ff., 51, 55, 57, 153f., 270, 278
Private-Equity .... XXVI, 172f.
Privatinsolvenz .... VIII, 34

Q

Quantitative Lockerung 6, 20

R

Rating-Agentur(en) .... VIII, XI, XXII, 5, 16, 24, 73, 79, 83, 89, 91f., 97, 99, 100ff., 128, 149, 154, 180, 301, 324, 337f., 344f., 355f., 358, 360f.
Ratingprozess 99, 102, 107, 109, 112
Rating ... XVII, 24, 73, 75, 77f., 80, 83, 92, 94, 100ff., 105ff., 149, 152, 345, 356
Ratingskala 107
RBS siehe Royal Bank of Scotland
Realwirtschaft .... VIf., XII, 128, 130, 137f., 197, 199f., 206, 214, 216, 242, 244, 252, 255, 262, 307, 337, 352
Refinanzierung 18, 49, 55f., 81, 130, 170f., 177f., 181, 183, 186, 191, 194, 241, 253, 268, 272, 370
Rentenversicherung 311ff., 330, 333
Residential Mortgage Backed Securities .... XXII, 70, 79, 150, 153f.
Retail Sweep Programs 9
Rettungspaket. 148f., 151, 184, 189, 264, 266, 277, 372, 374
Rhineland Funding 148, 149
Risikoprämie 74f., 77
Risikotransfer 80

RMBS siehe Residential Mortgage Backed Securities
Rotationsprinzip 6
Royal Bank of Scotland ..... XXII, 160, 201, 267, 276, 372
Rucksack-Darlehen 42

S

S&P siehe Standard & Poor's
SachsenLB .. 90, 146, 149ff., 160, 163, 205, 367
Sadek 57
Säule III 109, 111
Savary 119ff., 135, 140
Schlüsselprinzipien .... 283, 285, 287f.
Schwan, Gesine 307, 330, 332
Schweiz ..... XVI, 152, 159, 163, 208, 210, 218, 371
Securitization 70, 91, 94
Senior-Tranche 75f., 82, 85, 90
Shiller 22, 24, 26, 36, 39, 44, 338, 346, 363
SIV siehe Structured Investment Vehicle
Societe Generale 160
SoFFin siehe Sonderfond Finanzmarktstabilisierung
Sonderfond Finanzmarktstabilisierung .. XXII, 165, 184f., 189, 195, 268f., 273, 275, 277f.
Soziale Gerechtigkeit 322
Sozialkrise VIIf., XII, 281, 305, 315, 323, 328, 337, 348
Sozialversicherungssystem 311, 315
Soziomatrix 130
Sparquote 15, 19, 34
Sparverhalten 34
SPE .... XXII, 74
Special Purpose Vehicle ... XV, XXII, 72, 80, 83, 149
Sponsorbank 72, 81, 90
SPV siehe Special Purpose Vehicle

Staatsverschuldung . VIII, 215, 325, 326
Standard & Poor's .... XXII, 13, 73, 75, 86, 100, 103f., 128, 192, 215, 324
Standardabweichung 52, 126
Stratifizierung 309
Structured Investment Vehicle ... ..XXII, 81
Structured-Finance .... 103, 108f.
Strukturfehler 346f., 355f., 358, 361
Subprime .... Vff., XI, 1, 6, 11, 15, 18, 22ff., 26, 31, 40f., 43f., 49, 51ff., 59ff., 65, 79, 87ff., 91, 93f., 99, 110f., 145, 150, 152ff., 156, 161, 178, 192, 199, 241, 249, 265, 278, 307, 337, 342, 344ff., 348, 356, 367
Südkorea 271
Sunnah 288
Super-Senior .. 76, 85, 89f., 106, 147, 153
Swiss Re 160

T

TARP siehe Troubled Asset Relief Program
Thain, John 225, 235
Tranchierung 75, 81ff., 85, 91
Troubled Asset Relief Program .... XXII, 157, 264f., 279, 369, 370
True-Sale .... 71ff.

U

UBS .... XXII, 86, 90, 106, 129, 152ff., 160f., 163, 368, 372
Ukraine 373
Umgliederungen 133
Umklassifizierungen .... 133f.
Ungarn .... 371, 373f.
UniCredit SpA 160
Unsicherheit 13, 17, 23, 85, 105, 177, 180, 200, 204f.,, 213, 216, 243, 246f., 249ff., 253, 261, 273, 289, 296, 298

US-GAAP .... XXIII, 123
US-Notenbank VI, VIII, XVIII, 5, 10, 17, 19, 22ff., 26f., 49, 86, 88, 248, 369, 371

V

Verbraucherpreisindex 14, 214, 216
Verbrauchervertrauen 35, 211, 212
Verbriefung . ... XXII, 15, 70, 71ff., 80f., 91, 100, 111, 150, 178, 344
Vermögenspreisverfall 200, 202
Vertrauensverlust ... 74, 90, 99, 108, 241, 254, 261, 337
Volatilität 115, 125ff., 203, 244, 245, 246ff., 250

W

Wachovia 160, 369, 371
Washington Mutual 61, 90, 157, 160, 163, 369
Wasserfallprinzip 75, 85
Wells Fargo 160, 371
WestLB 90, 146, 150, 160
Wiederverkaufswert 118
Wirtschaftssystemkrise .... XII, 281
WMC Mortgage Corp. 58
Wohlfahrtsstaat 309
WORLDCOM 367
WTO XXIII

Z

Zeitwert .... XIX, 118, 121, 123f., 126f., 133, 134
Zeitwertberechnung 115, 118, 121, 132, 135f., 138
Zentralbank(en) .... XVIII, 6, 8ff., 16, 20, 127, 135, 139, 177, 179, 213, 237, 239, 241ff., 248ff., 255, 262, 300, 341, 371, 375
Zentralverwaltungswirtschaft .... V, 341, 347, 349, 352, 355, 361

Index

Zero-Down-Payment 59
Zinsmarge 81
Zinsverbot .... 288, 291f., 294f.

Zweckgesellschaft .... XV, XXII, 72ff., 80ff., 85, 90, 92, 146, 148f., 153

Printed in Germany
by Amazon Distribution
GmbH, Leipzig